LA SOCIOLOGIE
HISTORIQUE

 Directeur de collection
Alain-G. Gagnon

Les recherches portant sur le Québec et le Canada ont pris un nouvel élan ces dernières années grâce au gain en popularité des études comparées et au rayonnement qu'elles ont connu sur la scène internationale. Le Québec est devenu une véritable inspiration pour les nations en quête de reconnaissance alors que, de son côté, le Canada est fréquemment présenté comme un modèle pour les sociétés traversées par la diversité nationale et le pluralisme identitaire.

La collection *Politeia* se concentre sur l'analyse des phénomènes politiques et sociaux, et cherche plus particulièrement à mieux comprendre les transformations de la vie politique au Québec et au Canada. Ses auteurs jettent un regard affûté sur l'évolution du régime politique, des systèmes partisans et de l'économie politique au pays, en plus de s'intéresser aux mutations économiques, idéologiques et politiques ayant marqué le Québec et le Canada.

La collection *Politeia* accueille les travaux de pointe portant sur les nations sans État et celles en voie d'habilitation, dans la mesure où ils feront avancer la réflexion sur le fédéralisme et le phénomène national et permettront de mettre en valeur la production scientifique des québécistes et des canadianistes.

Comité scientifique

James P. Bickerton
St. Francis-Xavier University

Gérard Bouchard
Université du Québec
à Chicoutimi

Stephen Brooks
University of Windsor

Eugénie Brouillet
Université Laval

Claude Corbo
Université du Québec
à Montréal

Bernard Gagnon
Université du Québec
à Rimouski

Nicolas Houde
Université du Québec
à Montréal

Jane Jenson
Université de Montréal

Michael Keating
University of Aberdeen

Guy Laforest
Université Laval

Ramon Maiz
Université Saint-Jacques
de Compostelle

Alain Noël
Université de Montréal

Johanne Poirier
Université Libre de Bruxelles

Daniel Salée
Université Concordia

A. Brian Tanguay
Wilfrid Laurier University

Luc Turgeon
Université d'Ottawa

Jean-Philippe Warren
Université Concordia

José Woehrling
Université de Montréal

 Membre de
L'ASSOCIATION
NATIONALE
DES ÉDITEURS
DE LIVRES

Presses de l'Université du Québec

Le Delta I, 2875, boulevard Laurier, bureau 450, Québec (Québec) G1V 2M2
Téléphone : 418 657-4399   *Télécopieur :* 418 657-2096
Courriel : puq@puq.ca   *Internet :* www.puq.ca

Diffusion / Distribution :

CANADA Prologue inc., 1650, boulevard Lionel-Bertrand, Boisbriand (Québec) J7H 1N7
Tél. : 450 434-0306 / 1 800 363-2864

FRANCE AFPU-D – Association française des Presses d'université
Sodis, 128, avenue du Maréchal de Lattre de Tassigny, 77403 Lagny, France – Tél. : 01 60 07 82 99

BELGIQUE Patrimoine SPRL, avenue Milcamps 119, 1030 Bruxelles, Belgique – Tél. : 02 7366847

SUISSE Servidis SA, Chemin des Chalets 7, 1279 Chavannes-de-Bogis, Suisse – Tél. : 022 960.95.32

LA SOCIOLOGIE HISTORIQUE
TRADITIONS, TRAJECTOIRES ET DÉBATS

Frédérick Guillaume Dufour

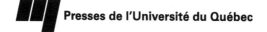 Presses de l'Université du Québec

Catalogage avant publication de Bibliothèque et Archives nationales du Québec et Bibliothèque et Archives Canada

Dufour, Frédérick Guillaume

  La sociologie historique : traditions, trajectoires et débats

  (Collection Politeia)

  Comprend des références bibliographiques.

  ISBN 978-2-7605-4348-5

1. Sociologie historique. I. Titre. II. Collection : Collection Politeia.

HM487.D83 2015   301.09   C2015-940979-9

Financé par le gouvernement du Canada   Funded by the Government of Canada | Canadä

Conseil des arts du Canada   Canada Council for the Arts

SODEC

Québec

Conception graphique
Vincent Hanrion

Mise en pages
Info 1000 Mots

Dépôt légal : 4ᵉ trimestre 2015
› Bibliothèque et Archives nationales du Québec
› Bibliothèque et Archives Canada

REMERCIEMENTS

L'une des plus grandes chances que me donne le métier d'enseignant est de rencontrer des étudiantes et des étudiants dont la curiosité intellectuelle n'a pas de frontières. En sociologie historique, de tels étudiantes et étudiants nous font voyager et nous forcent à constamment ressaisir et réexaminer les objets que la sociologie et la science politique tiennent pour acquis.

Je tiens à remercier toutes celles et tous ceux qui ont contribué d'une façon ou d'une autre à cet ouvrage. Certains en prenant part aux recherches qu'il a nécessitées ; d'autres en relisant des ébauches de chapitres ; d'autres, enfin, en menant des recherches sociohistoriques sous ma direction : Laurent Alarie, Alexis Brabant, Mathieu Brière-Provencher, Charles Carrier-Plante, Joël Casséus, Félix Deslauriers, Sophie Dorion, Marilou Favreau-Léger, Frantz Gheller, Mathieu Jean, Jonathan Lalande-Bernatchez, Gabriel L'Écuyer, Caroline Malette, Laurence Morin, Sabrina Paillé, Corynne Laurence-Ruel, Maxime Robert, Hubert Rioux-Ouimet, Louis-Philippe Lavallée, Fanny Theurillat-Cloutier et Jonathan Viger. Nancy Turgeon, Thierry Drapeau et Mathieu Forcier ont constamment alimenté ma réflexion sur la Chine, l'Atlantique et les théories contemporaines du nationalisme, alors que Michel-Philippe Robitaille m'a fourni une aide importante à plusieurs étapes de ce projet.

Un grand nombre de collègues des départements de sociologie et de science politique de l'Université du Québec à Montréal (UQAM) ont également contribué à rendre cet ouvrage possible par leurs encouragements, leurs commentaires, leurs critiques et leurs travaux : Élisabeth Abergel, Victor Armony, Leila Celis, Julian Durazo-Herrmann, Paul Eid, Jean-François Filion, Elsa Galerand, Louis Jacob, Xavier Lafrance, Jonathan Martineau, Dan O'Meara, Jean-Guy Prévost, Shirley Roy et Valérie Vézina. En dehors de l'UQAM, je tiens à remercier plusieurs collègues et amis de la communauté des sociohistoriens au Québec et au Canada : John A. Hall, Georges C. Comninel, Bruce Curtis, Andrew Dawson, Hannes Lacher, Matthew Lange, Thierry Lapointe, Frédéric Mérand, Martin Petitclerc, Victor Piché, Sébastien Rioux, Stéphanie Rousseau, Susan Spronk et Ellen M. Wood. L'accueil des collègues du Centre for Social Theory and Comparative History à UCLA, Bob Brenner et Rogers Brubaker notamment, et des collègues du Département de relations internationales de l'Université Sussex, Samuel Knafo, Benno Teschke et Justin Rosenberg, fut déterminant pour l'orientation qu'allait prendre cet ouvrage. Alain-G. Gagnon, directeur de cette collection aux Presses de l'Université du Québec, a cru dans ce projet du début jusqu'à la fin. Je le remercie pour cet appui indéfectible. Enfin, je tiens à remercier l'équipe des Presses de l'Université du Québec pour son professionnalisme et son excellent travail d'édition.

La réalisation de ce projet avait pour principal rival mon temps passé avec Mélanie et nos deux fils, Émile et Édouard. J'avoue ne regretter aucun des moments passés avec eux au détriment de la rédaction.

TABLE DES MATIÈRES

LISTE DES TABLEAUX

INTRODUCTION

*Toute sociologie digne de ce nom
est une sociologie historique.*

(C. Wright Mills, 1967, p. 154)

Près d'un siècle après la publication de l'ouvrage *Économie et
société*, un étudiant en sociologie qui entamerait une thèse de
doctorat sur l'économie politique de l'Empire romain, les guildes
médiévales ou le judaïsme antique rencontrerait plusieurs
obstacles. Plusieurs sociologues estiment que ces thèmes sont
à exclure de ce qu'il est méthodologiquement raisonnable
d'aborder en sociologie. De fait, ces objets requièrent souvent
des compétences linguistiques et des connaissances historiques
qui incitent à sortir des sentiers battus de la sociologie contemporaine. Les méthodes d'enquête de terrain et de collecte de
données qui se sont développées notamment dans le sillon de
l'école de Chicago sont peu adaptées à de tels objets. Enfin,
les retombées pratiques, voire pécuniaires, des recherches sur
ces objets ne sont pas évidentes. Ces réserves sont pertinentes,
mais elles ne justifient pas l'interdit en faveur duquel militent
certains méthodologues. Elles montrent, d'une part, la nécessité
d'explorer une collaboration plus soutenue entre les sciences
sociales et l'histoire. C'est cette tâche que se sont donnée des
revues comme *Social Science History, Comparative Studies in
History and Society, Journal of Historical Sociology, History and*

Theory et le *Journal of World History* pour ne nommer que les plus spécialisées. Ces réserves permettent, d'autre part, l'exploration des débats méthodologiques et épistémologiques entourant la relation des sciences sociales à la discipline historique. Cette exploration est en partie l'objet de cet ouvrage.

Weber (1991, 2001, 2010) ne considérait pas les objets énumérés précédemment comme des préoccupations byzantines. Les catégories idéales-typiques répertoriées dans *Économie et société* étaient engagées dans un dialogue avec l'histoire. L'engagement de Max Weber à l'endroit de l'histoire comparée du droit et de la religion était sans équivoque. Le « père » de la sociologie allemande estimait que cette discipline devait conserver un dialogue avec l'histoire afin de construire des catégories sociohistoriques s'inscrivant dans des modèles théoriques. Weber était animé par le souci de développer, clarifier, mettre à l'épreuve ou invalider les idéaux-types et les hypothèses théoriques en conservant une modestie à l'égard de leur portée heuristique.

Cette orientation historique de la discipline signifie-t-elle qu'il faille sans cesse mettre à l'épreuve et renouveler les idéaux-types en fonction des fondements de la discipline sociologique ? Certainement pas. Cela suppose-t-il que toute problématique sociologique requiert une mise en contexte historique exhaustive ? Non. Des volets importants de la recherche contemporaine en sociologie s'inscrivent dans le cadre d'une période de « science normale », pour reprendre l'expression de Thomas Kuhn. Le point important est plutôt que les programmes de recherche portant seulement sur la courte durée ne permettent pas d'enquêter sur un ensemble de questions sociologiques que les sciences humaines ont hérité de Karl Marx, Max Weber, W. E. B. Du Bois et Émile Durkheim. L'enfermement dans le temps présent entraîne des contraintes théoriques et politiques. Non seulement il appauvrit la portée de la réflexion sociologique, mais il limite l'imagination de ce qu'ont été d'autres mondes que le nôtre. Face à ces périls, la théorie sociale continue d'avoir besoin « d'une approche qui enquête sur la constitution historique des catégories théoriques de base » (Calhoun, 1997a, p. 328).

Cet ouvrage se penche sur les trajectoires, débats et concepts au cœur des développements de la sociologie historique comparative. La sociologie historique est un sujet modulaire qui ne fait pas l'objet d'une définition consensuelle. Nous reprenons et développons la définition qu'en propose l'institutionnaliste George Lawson qui l'a décrite comme

> une tentative, datant d'au moins deux cents ans (quoique cela dépende à certains égards de quand et d'où l'on commence à compter), d'économistes, de philosophes de l'histoire et de sociologues de fournir une explication à la fois historique et généralisable de l'émergence du capitalisme, de l'industrialisation, du rationalisme, de la bureaucratisation, de l'urbanisation et d'autres aspects centraux du monde moderne (Lawson, 2007, p. 344).

Cet ouvrage aborde la sociologie historique à la fois comme un carrefour disciplinaire, un ensemble de convictions méthodologiques, un espace de débats traversé par différentes traditions théoriques et un certain nombre d'objets. Il met l'accent sur des contributions qui permettent de problématiser l'historicité du social et du politique.

LA SOCIOLOGIE HISTORIQUE COMME CARREFOUR (IN)DISCIPLINAIRE

Plutôt que comme une discipline ou une sous-discipline, nous abordons la sociologie historique comme un *carrefour* de trajectoires disciplinaires et antidisciplinaires en sciences sociales. Entendue dans son acception large, celle-ci est le lieu où convergent des chercheurs œuvrant en sociologie (politique et culturelle), en économie institutionnaliste, en politique comparée, en relations internationales, en anthropologie économique et dans différentes branches de l'histoire sociale, démographique, économique, politique et des idées politiques. Ce carrefour est le lieu où peuvent dialoguer un politologue qui reconstruit les transitions entre les différents systèmes internationaux ou les différents appareils statistiques ; un comparativiste qui analyse les dynamiques patrimoniales de différents États ; une sociologue qui s'intéresse aux développements des États et des nationalismes; un historien qui compare les processus de démocratisation, les stratégies matrimoniales ou les cycles de consommation; et une économiste qui s'intéresse aux conditions d'émergence du capitalisme. Ce carrefour est antidisciplinaire dans la mesure où celles et ceux qui s'y aventurent cherchent à sortir des contraintes de leurs disciplines respectives et remettent en question la division du travail entre les sciences sociales et l'histoire (Wallerstein, 2000).

Circonscrire le champ de la sociologie historique exige qu'on situe celle-ci par rapport à la politique comparée et à l'étude des relations internationales. Cet ouvrage soutient qu'il s'agit dans une large mesure de vases communicants. Avec Lawson, nous refusons la frontière disciplinaire entre l'étude des relations internationales et la sociologie: « *both arenas share common dynamics of social action and social change made observable through the historical, comparative study of institutions* » (Lawson, 2004, p. 45). Comme aimait à le répéter Charles Tilly, la sociologie et la science politique peuvent difficilement se passer d'une certaine forme d'analyse historique (Tilly, 2006b, p. 417-421)[1]. L'influence des Stein Rokkan, Charles Tilly, James Mahoney, Theda Skocpol, Barrington Moore, Ernst Gellner, John A. Hall, Michael Mann, Michael Hechter, Dietrich Ruschemeyer, Rogers Brubaker et Andreas Wimmers se fait sentir dans une discipline comme dans l'autre. Si la politique comparée met l'accent sur les propriétés formelles des organisations, institutions, processus et mécanismes politiques, la sociologie historique s'intéresse à leurs trajectoires historiques en fonction des changements sociaux et politiques (Buzan et Little, 1996; Hobden, 1998; Hobden et Hobson, 2002). La politique comparée, par exemple, permet de dégager une typologie des conflits susceptibles d'être engendrés par la répartition constitutionnelle des pouvoirs au sein d'un régime politique unitaire, fédéral ou confédéral; ou, encore, les dynamiques formelles associées aux différents modes de scrutin. Elle n'explique pas nécessairement pourquoi telle ou telle trajectoire

----

1. Sur cette question, voir Bayly *et al.*, 2011.

constitutionnelle a été adoptée par un État, mais plutôt les dynamiques que la répartition des pouvoirs enchâssée dans une constitution engendre entre les différents niveaux de législation[2]. La sociologie historique, elle, s'intéresse également aux causes de la variation de ces trajectoires constitutionnelles.

Des convictions méthodologiques

John M. Hobson propose de «définir la sociologie historique [...] comme une approche critique qui refuse de traiter le présent comme une entité autonome en dehors de l'histoire, et qui insiste pour l'enchâsser dans des lieux sociotemporels particuliers» (Hobson, 2002, p. 13). Dans cette veine, les sociohistoriens sont animés par deux convictions. Selon la première, il y a une valeur ajoutée à étudier ou comparer les phénomènes sociaux sur la longue durée, soit dans des contextes délimités au moyen d'une périodisation contrôlée par la théorie[3]. Selon la seconde, un des piliers d'une démarche rigoureuse en sociologie politique est l'adoption d'une méthode comparative.

Suivant la première conviction, la sociologie historique se distingue de la politique comparée, moins par sa méthode et ses objets que par l'échelle à laquelle elle opère (Elias, 1987). Elle aborde des échelles macrosociales, bien que ce soit de plus en plus à partir de méthodes mésosociologiques (relationnelles, cognitivistes et interactionnistes symboliques). La longue durée permet de procéder à des comparaisons diachroniques contrôlées par la théorie. Cette échelle met en relief des tendances imperceptibles à de plus petites échelles (Collins, 1999; Fukuyama, 2011, p. 17; Bonnell, 1980). Affirmer que les périodisations doivent être contrôlées grâce à une théorie veut dire que l'individualité historique des objets étudiés doit être délimitée en fonction d'une théorie. Ainsi, plutôt que de découper l'histoire en procédant par périodes, le XVe siècle, le XVIe siècle, on compare des processus structurants, les cycles hégémoniques,

---

2. Pour une approche sociohistorique des constitutions, voir Thornhill, 2011.

3. Sur l'analyse politique contextualisée, voir Goodin et Tilly, 2006.

les transitions ou, encore, la guerre civile européenne, le court XXe siècle, le long XIXe siècle, etc. La longue durée est parfois évoquée également pour faire éclater des mythes. Jean-François Bayart, par exemple, l'utilise pour remettre deux mythes en question : celui de l'isolement immémorial de l'Afrique subsaharienne par rapport au reste du monde et celui du rapport de dépendance passive qu'entretiendrait le même continent face à des forces externes (Bayart, 2006). La longue durée permet également de reconstruire l'évolution du pouvoir d'agir des divers acteurs et d'illustrer des schèmes d'action qui se forment et se transforment au fil de temps.

Si l'histoire est une valeur ajoutée, alors il est légitime de se demander jusqu'où il faut faire remonter la chaîne causale qui a mené à un événement, un mécanisme, une relation sociale, un processus ou une institution donnés. Raymond Aron soulignait que la première étape de la démarche sociohistorique de Weber consistait en l'identification, la construction et la délimitation de l'« individualité historique » d'un objet ou d'un problème précis (Aron, 1967, p. 510-512). Force est de constater que ces objets varient beaucoup en sciences sociales. Certains, comme le géographe Jared Diamond (2000), l'historien Ian Morris (2010) et le politologue Francis Fukuyama (2011), nous proposent de remonter à l'organisation sociale des primates pour aborder des enjeux contemporains. Justin Rosenberg (2010) ainsi que Barry Buzan et Richard Little (2000) font remonter leurs enquêtes aux sociétés de chasseurs-cueilleurs. Dans la même veine, Christopher Chase-Dunn et Thomas D. Hall (1991, 1997) carto-graphient la présence de systèmes-mondes à l'ère des sociétés tribales. Le sociologue Michael Mann (2012a), l'anthropologue Jack Goody (2012) et les théoriciens du système-monde André Gunder Frank et Barry Gills (1993) remontent à la Mésopotamie ou aux cinq derniers millénaires. Plus modestes, le sociologue Shmuel N. Eisenstadt (1986) et d'autres spécialistes de la ques-tion (Bozeman, 1960 ; Arnason, 2003) explorent l'âge axial des civilisations (−800 à 200). À la suite de Weber, John A. Hall prend pour point de départ le développement des religions et des éthiques universelles du VIe siècle avant l'ère chrétienne jusqu'au VIIe siècle (Hall, 1986). Janet Abu-Lughod (1989) et

John M. Hobson (2004) explorent les systèmes-mondes préeuropéens (600-1200). Victoria Hui, Edgar Kiser et Yong Cai analysent l'origine militaire de la bureaucratie chinoise dans des temps anciens (Hui, 2005 ; Kiser et Cai, 2003). Charles Tilly (1992) propose un modèle de la convergence organisationnelle vers le modèle de l'État national portant sur la période allant de 990 à 1990. La figure de proue de l'école historique des Annales, Fernand Braudel (1996, 1998), nous amène en voyage autour de la Méditerranée du XIVe siècle, alors qu'Immanuel Wallerstein (2011a) entame son étude de la division internationale du travail autour du pôle européen vers 1450. Thomas Ertman (1997), Brian M. Downing (1992) et Geoffrey Parker (1988) s'intéressent aux transformations constitutionnelles et militaires du début de l'ère moderne européenne (voir aussi Hintze, 1975 ; Kiser et Linton, 2001). Des chercheurs travaillant dans la mouvance du marxisme politique diagnostiquent les conséquences économiques et géopolitiques de la transformation de l'État anglais durant sa transition vers le capitalisme (1550-1688) (Brenner, 1990, 2003 ; Lacher, 2006 ; Teschke, 2003, 2006c ; Wood, 2003), alors que l'École historique californienne se penche sur les divergences fondamentales qui se creusèrent entre l'Europe, la Chine et l'Inde à partir du XIXe siècle (Bayly, 2007 ; Burbank et Cooper, 2011 ; Wong, 1997 ; Parthasarathi, 2011 ; Pomeranz, 2000). Encore plus près de nous, plusieurs auteurs se penchent sur les empires nationaux européens (Cooper, 2010 ; Mahoney, 2010 ; Barkey et Von Hagen, 1997) ; les révolutions sociales (Lawson, 2005 ; Klooster, 2009 ; Paige, 1978 ; Skocpol, 1985 ; Goldstone, 1983, 2001 ; Teschke, 2005) ; les régimes autoritaires et fascistes (Paxton, 2004 ; Griffin, 1993, 2007 ; Eatwell, 2003 ; Kershaw et Lewin, 1997 ; Mann, 2004 ; Downing, 1992 ; Moore, 1966) ; les vagues de décolonisation et les dynamiques néopatrimoniales (Bach et Gazibo, 2011 ; Durazo-Hermann, 2010, 2011).

Une seconde conviction animant la recherche sociohistorique est que la démarche comparative est essentielle pour isoler les causes et les spécificités des phénomènes étudiés. Weber avait recours aux analyses comparatives contrefactuelles pour mettre à l'épreuve des explications. Pour la tradition wébérienne, il en va de la rigueur de la démarche sociohistorique d'effectuer de telles comparaisons entre l'Europe, l'Inde, la Chine et le Proche-Orient afin d'isoler leur spécificité. C'est généralement au moyen de telles analyses que procèdent les comparativistes. Sceptique, l'anthropologue Jack Goody (2004) demandait récemment comment on peut évaluer un ouvrage décrivant les Pays-Bas comme la *première* société moderne sans procéder à des comparaisons. D'où l'intérêt des sociohistoriens pour la diversité des trajectoires en Europe (Anderson, 1978a, 1978b; Brenner, 1987; Lachmann, 2000), dans le «Nouveau» monde (Delâge, 1991; Trigger, 1992; Blackburn, 1998; Bouchard, 2000; Weaver, 2003; Tomich, 2004; Greer, 2009; Mahoney, 2010); à l'échelle euroasiatique (Bayly, 2007, 2012; Chaudhuri, 1985, 1990; Goody, 2004, p. 80-125, 2010a; Hodgson, 1993; Huang, 1990; Isett, 2007; Mazumdar, 2001; Pomeranz, 2000; Brenner et Isett, 2002) et à une échelle plus globale (Bendix, 1978; Moore, 1966; Mann, 2012a, 2012b; Goody, 2010a, 2010b).

Des traditions théoriques

Tout programme de recherche en sociologie politique s'inscrit dans un horizon normatif. Inversement, la théorie politique est rarement exempte d'hypothèses sociohistoriques, à propos de ce qui est susceptible d'entraîner la stabilité ou l'instabilité des régimes politiques, par exemple (Somers, 1998, p. 731). C'est parce qu'ils ont proposé des hypothèses fortes sur les causes du développement économique ou social qu'Adam Smith, Karl Marx et Max Weber sont désormais incontournables en sociologie historique. En cherchant à comprendre les transformations qui bouleversaient leur univers, ils mirent en chantier des programmes de recherche qui résistent aux effets de modes. Lorsque ces théoriciens ont remis en question les transformations sociales à l'œuvre dans le monde qui les entourait, les sciences sociales en étaient encore à leurs balbutiements. Les récits des historiens sur lesquels ils se basaient étaient d'un style bien différent de celui des récits d'aujourd'hui. Pourtant, lorsqu'on regarde l'évolution de la réflexion sociohistorique depuis un siècle, on ne peut qu'être frappé par la perspicacité des questions et des intuitions théoriques à l'origine de leur réflexion. Si plusieurs classiques des sciences sociales ont effectué des contributions importantes à des questions sociohistoriques – Malthus à l'étude de la démographie ; Tocqueville à l'étude des mécanismes démocratiques ; Jefferson à l'étude du fédéralisme ; Durkheim à l'étude de la division sociale du travail –, peu d'auteurs hormis Smith, Marx et Weber ont proposé des explications aussi puissantes des origines sociales et géopolitiques du capitalisme et de l'État moderne ainsi que de leurs incidences sur le façonnement du monde. Quoi qu'en disent l'ensemble des « post » ceci et des « post » cela, la majorité des processus et mécanismes à l'œuvre dans notre monde avaient été repérés par ces classiques.

La sociologie historique s'est renouvelée au XXᵉ siècle en intégrant les contributions d'autres secteurs des sciences sociales. Ainsi, bien que l'influence de Marx et Weber soit omniprésente, celle d'Erving Goffman, de Norbert Elias et de Charles Tilly n'est pas moins importante pour l'analyse de mécanismes sociaux et des interactions sociales. Les travaux de sociologues comme Bruce Curtis, Pierre Bourdieu, Philip Corrigan, Derek Sayer, Charles Tilly ou George Steinmetz sont pour leur part incompréhensibles sans un détour par les écrits d'Antonio Gramsci, Michel Foucault ou Roland Barthes. Dans l'ensemble, ces emprunts sont allés de pair avec des développements tant empiriques que théoriques. Un ensemble d'institutions juridiques, administratives et politiques doivent être analysés à l'aide d'outils théoriques permettant une compréhension subtile de l'État et des relations de pouvoir. Même la division des économistes a renoué avec l'interdisciplinarité et a été récemment le lieu d'importantes analyses hétérodoxes d'objets sociohistoriques (Acemoglu et Robinson, 2012 ; Easterly, 2014 ; Piketty, 2013).

Des thèmes classiques

Il est difficile de délimiter la sociologie historique par des thèmes. Le répertoire habituel comporte généralement « les structures, l'histoire et les bibliographies » (Wright Mills, 1967) ; « les dynamiques sociétales ; les époques de transformation culturelle ;

les structures sociales» (Skocpol et Somers, 1980); ou encore «les structures, l'histoire et l'international» (Hobson, Lawson et Rosenberg, 2010). Plus concrètement, l'institutionnaliste George Lawson (2007, p. 344) propose «l'émergence du capitalisme, de l'industrialisation, du rationalisme, de la bureaucratisation, de l'urbanisation et d'autres aspects centraux du monde moderne». Parmi ces thèmes centraux de la sociologie, cet ouvrage met l'accent sur la formation des classes sociales, le développement de l'État moderne, la transition au capitalisme, le processus de rationalisation, les processus de démocratisation et le nationalisme.

Alors que la sociologie prenait ses distances avec Parsons, des auteurs comme Barrington Moore, Charles Tilly, Immanuel Wallerstein, Shmuel Eisenstadt, Randall Collins et Theda Skocpol ravivèrent une imagination sociohistorique inspirée de Weber et Marx. Ces chercheurs se demandèrent dans quelle mesure les grandes matrices sociohistoriques que furent le développement du capitalisme et celui d'un système d'États nationaux souverains contribuèrent à la mise en place d'un ensemble d'institutions modernes. Quelles institutions furent nécessaires et suffisantes à l'émergence de ces deux matrices de transformations sociales (Hartman, 2004; Tilly, 1981, 1984, 1992)? Aujourd'hui, plusieurs axes de recherche en sociologie historique demeurent inscrits au sein de ces grandes problématiques. On pense aux nationalismes et aux racismes; aux conflits sociaux et aux révolutions sociales; à l'action collective et aux mouvements sociaux; à la violence collective et aux génocides; aux inégalités sociales; et aux organisations et régimes politiques.

À lui seul, Tilly analysa les processus de formation étatique; les révolutions européennes; les processus de démocratisation et de (dé)démocratisation; les inégalités sociales; la sociologie urbaine et l'histoire du travail; et l'étude des formes de contestation sociale (Tilly, 1992, 1995c, 2003, 2007; Tilly et Tarrow, 2008). Plusieurs travaux macrosociologiques ont cherché à rendre compte des corrélations entre de grands phénomènes sociaux: les tendances démographiques, les stratégies matrimoniales et le développement (Goody, 1976; Bouchard, 1996;

Hartman, 2004 ; Miller, 1998 ; Laslett, 1972, 1977, 1984 ; Wrigley, 1988 ; Wall, Rodin et Laslett, 1983) ; l'industrialisation et le nationalisme (Gellner, 1964, 1983, 1997) ; les dynamiques patrimoniales et patriarcales (Adams, 2005a ; Bach et Gazibo, 2011 ; Durazo-Herrmann, 2010, 2011 ; Weber, 1991, 1995a, 1995b) ; les révolutions (Goldstone, 1983, 2001 ; Halliday, 1999 ; Lawson, 2005 ; Skocpol, 1985), la guerre et les génocides (Aron, 1962a ; Derriennic, 2001 ; Fortmann, 2010 ; Halperin, 2004 ; Kiernan, 2007 ; Mamdani, 2001 ; Melson, 1996 ; Shaw, 2003, 2005 ; Tilly, 2003 ; Wimmer, 2013) ; le développement de l'économie de marché (Brenner, 1990, 1997 ; Polanyi, 1994 ; North et Thomas, 1973) ; les révolutions bourgeoises (Comninel, 1990 ; Mooers, 1991 ; Davidson, 2012) ; la variation des systèmes géopolitiques (Aron, 1962a ; Cox, 1987 ; Fortmann, 2010 ; Giddens, 1987 ; Hall, 1986 ; Lacher, 2006 ; Rosenberg, 1994 ; Ruggie, 1986, 1993 ; Spruyt, 1994 ; Teschke, 2002) ; le développement des États modernes et la variation des régimes politiques (Barkey, 1994 ; Barkey et Von Hagen, 1997 ; Bendix, 1978 ; Ertman, 1997 ; Eisenstadt, 2000 ; Fukuyama, 2011 ; Moore, 1966 ; Porter, 1993 ; Rokkan, 1975 ; Tilly, 1992, 2006a) ; la trajectoire comparée des États-providence (Marshall, 1967 ; Orloff, 1993 ; Orloff et Skocpol, 1984 ; Baldwin, 1990 ; O'Connor, Orloff et Shaver, 1999 ; Esping-Andersen, 1999 ; Petitclerc, 2011/2012 ; Skocpol, 1995 ; Katznelson, 2013 ; Quadagno, 1984, 1985).

Les objectifs et particularités de l'ouvrage

Cet ouvrage présente un panorama de débats liés à des thèmes classiques de la sociologie historique et politique : le changement social, les conflits sociaux, les clôtures sociales, la transition au capitalisme et le « miracle » européen, ainsi que les formes historiques de l'État et de la domination politique. Son objectif n'est pas de proposer des solutions définitives à ces débats. S'il reconstruit d'une certaine manière le champ de production intellectuelle de la sociologie historique, cette reconstruction tend volontiers à mettre en valeur des auteurs marginalisés par les courants dominants et à contrer des effets de mode. Notre objectif est également de présenter soit de nouvelles façons d'aborder des questions classiques, soit des recherches empiriques mettant à l'épreuve des réponses traditionnelles à ces questions. Bref, il s'agit de réactiver, alimenter et approfondir des débats classiques. L'ouvrage cherche également à établir un dialogue entre les méthodes et les questions classiques de Marx et de Weber et les innovations théoriques de recherches contemporaines.

Notre présentation de la sociologie historique du politique survole des développements américain, britannique et canadien qui ne sont pas toujours accessibles en français[4]. Les chapitres sont souvent organisés autour d'un auteur dans l'orbite duquel s'inscrivent des débats importants : Robert Brenner, Rogers Brubaker, Charles Tilly, Ernest Gellner et Max Weber, par exemple. Les deux premiers chapitres de l'ouvrage traitent des enjeux relevant davantage de la méthode et de l'épistémologie des sciences sociales. Le chapitre 1 effectue un survol de la problématique de la relation entre la sociologie et l'histoire. Il souligne l'influence de Parsons dans l'articulation de cette problématique avant de revenir sur la rupture qui s'opéra avec lui durant les années 1970. Le chapitre 2 porte sur les objectifs des méthodes comparatives en sociologie historique et sur leurs conséquences sur la prise en compte des dimensions temporelles et spatiales du développement social. Les chapitres suivants abordent des thèmes classiques de la sociologie historique de Weber et Marx. Le chapitre 3 se penche sur la question des classes sociales, des relations sociales de propriété ainsi que des familles et des ménages comme agents au cœur des processus sociohistorique. Plus que les autres, il entre en dialogue avec l'histoire sociale, notamment parce que celle-ci s'est intéressée davantage à l'histoire des femmes que ne l'a fait la sociologie historique. Le chapitre 4 a pour objet l'étude de l'État en sociologie historique. Il en examine de nombreuses dimensions : la question du pouvoir, ainsi que celles de la centralisation, de

....

4. D'importantes traditions sociologiques et historiques développées dans la francophonie sont donc absentes de cet ouvrage, la sociologie de Michel Freitag à titre d'exemple. Sur cette tradition, nous renvoyons le lecteur à l'important ouvrage d'introduction de Jean-François Filion (2006).

l'autonomie, de la souveraineté et des formes de catégorisation et de groupalité dont l'État est à l'origine. Le chapitre 5 s'intéresse aux imposantes problématiques de la transition au capitalisme et de la trajectoire de l'Occident. Il revient sur le débat concernant la place de l'esclavage dans le développement du capitalisme, ainsi que sur le renouveau des études comparatives de l'Asie et la Chine en particulier. Les chapitres 6 et 7 étudient deux problématiques connexes : les processus révolutionnaires et les processus de démocratisation. Le chapitre 8 est consacré à la sociologie du nationalisme.

Si la sociologie historique est un carrefour, on peut y arriver par différentes avenues. Cet ouvrage ne fait pas exception. Il accorde une place importante à la sociologie historique des relations internationales et à l'étude des trajectoires globalisantes (Hobson, Lawson et Rosenberg, 2010). Puis il adopte une conception ouverte de la sociologie historique. Si plusieurs ouvrages sur la sociologie historique adoptent une perspective néowébérienne, le présent ouvrage cherche à rétablir un équilibre, non pas un consensus, entre les intuitions théoriques de Karl Marx et de Max Weber en les situant par rapport à l'héritage d'Adam Smith. Il ne faut pas lire l'ouvrage en quête de ce que Marx ou Weber « auraient vraiment voulu dire ». L'ouvrage s'intéresse plus aux questions que ces auteurs ont suscitées qu'à l'exégèse de leurs textes. L'ouvrage entre également en dialogue avec des disciplines voisines : l'histoire sociale et globale notamment. Bien souvent, une conception étroite de ces champs est un obstacle à l'avancée des connaissances. Si cette introduction à la sociologie historique peut aider, d'une part, à combattre un traitement positiviste et anhistorique du monde social et, d'autre part, à supprimer les écueils d'un relativisme faussement sophistiqué, il aura atteint ses objectifs.

CHAPITRE 1

LA SOCIOLOGIE HISTORIQUE

trajectoires et débats

La généalogie d'un champ de recherche ne peut s'effectuer en l'absence de normativité. L'exercice exige de rappeler les débats qui ont marqué l'histoire de la discipline ; de dégager les différentes modes qui l'ont structurée ; d'y repérer les énonciateurs retenus comme légitimes ainsi que les ouvrages pivots. Il requiert également de distinguer les débats, les questions et les problématiques qui sont légitimes ou illégitimes à telle ou telle période (Juteau, 1981). L'exercice donne aussi une cohérence, parfois *a posteriori*, à l'évolution des controverses. Il ne faut pas sous-estimer les effets de mode annonçant autant de virages, de tournants que de ruptures. Cette prudence est d'autant plus nécessaire en sociologie historique qu'y convergent des chercheurs issus de disciplines ou de traditions entretenant différentes relations à l'histoire. Des contraintes disciplinaires forcent les politologues à cadastrer les terrains respectifs de la sociologie historique, de la politique comparée et de l'étude des relations internationales. D'autres contraintes disciplinaires incitent les historiens à distinguer la sociologie historique de l'histoire sociale et de l'histoire globale.

On trouve plusieurs périodisations du développement de la sociologie historique (Smith, 1991 ; Calhoun, 1997a). Elles décrivent généralement des trajectoires différentes aux États-Unis et en Grande-Bretagne (Smith, 1991 ; Hall, 1989). En 1991, Smith analysait la transition d'une sociologie historique du triomphe américain durant la guerre froide (1945-1960) à la redécouverte des conflits et mouvements sociaux durant l'ère des luttes pour les libertés civiles (1960-1980), puis à un engouement pour la longue durée avec la fin de la guerre froide (1975-1990) (Smith, 1991). Plus récemment, Julia Adams, Elisabeth S. Clemens et Shola Orloff (2005) ont distingué trois vagues de sociologie historique : une première caractérisée par son accent mis sur *les causes* de la modernité européenne ; une seconde qualifiée par ses descriptions de *la* modernité européenne ; et, enfin, une troisième rivée sur l'étude des émotions, de la culture, du pouvoir et des généalogies constitutives de l'incantation de la modernité comme telle. Cependant, la grande diversité des approches théoriques et méthodologiques présentées dans cet ouvrage collectif ne confirme pas toujours la cohérence de cette nouvelle vague annoncée par les directeurs de l'ouvrage, pas plus que d'autres tentatives récentes de présenter un virage culturel cohérent en sociologie historique (par exemple Steinmetz, 1999). En Angleterre, c'est aux travaux de John M. Hobson, Stephen Hobden et George Lawson que l'on associe généralement le qualificatif de « seconde vague » de sociologie historique (Hobden et Hobson, 2002). Le principal critère de démarcation entre ces deux vagues est la prise de distance de ces nouveaux auteurs avec les fondements néoréalistes de l'étude des relations internationales qui caractérisent la « première vague » de sociologie historique (Dufour et Lapointe, 2010a ; Lapointe et Dufour, 2012).

1.1. LA SOCIOLOGIE HISTORIQUE AVANT LE « RETOUR » DE LA SOCIOLOGIE HISTORIQUE

Selon une interprétation répandue, la sociologie historique a émergé durant les années 1960 en réaction à la sociologie fonctionnaliste de Talcott Parsons (Skocpol, 1987, p. 18 ;

Bhambra, 2010, p. 219). Cette interprétation est pertinente dans la mesure où la constitution d'un champ récent de la sociologie historique s'effectue effectivement en grande partie contre Parsons (Skocpol, 1987 ; Smith, 1991). Elle présente cependant deux inconvénients. Le premier est d'être américanocentrée, voire centrée sur les querelles du Département de sociologie de l'Université Harvard. Or, la sociologie américaine durant les années 1950 ne se réduit pas à Parsons. Comme le souligne Guy Rocher (1972), Parsons est lui-même « à contre-courant » en se positionnant contre l'école de Chicago, elle non plus pas très portée sur l'histoire[1]. D'autres courants sociologiques n'ont pas fait de la prise de distance avec l'histoire un gage de scientificité, comme le béhaviorisme et le structuro-fonctionnalisme. Enfin, la réaction contre Parsons a avant tout été américaine. Le deuxième inconvénient est plus fondamental. En situant l'émergence de la sociologie historique au cours des années 1960, on tient pour acquis le processus par lequel les sciences sociales se sont détachées des sciences de la nature, de l'économie politique et de la biologie au tournant du XXe siècle, ainsi que ceux qui participèrent à la scission entre la sociologie, le droit, l'étude des relations internationales et l'histoire. Avant de réintroduire l'histoire dans la sociologie, il a fallu vider les concepts sociologiques de leur teneur historique.

L'intérêt pour l'étude d'objets que l'on qualifie aujourd'hui de sociohistoriques n'est pas récent. Les philosophes grecs qui comparaient les régimes politiques s'intéressaient aux causes de leur corruption et de leur décadence, de même qu'aux types de régimes plus aptes à servir la chose publique et à prévenir la violence. Ces thèmes demeurent centraux en politique comparée.

Plusieurs auteurs ont cherché à actualiser la conception de l'histoire d'Ibn Khaldun (1332-1406) (Khaldun, 2013 ; Hall, 1986 ; Cox, 1996, p. 144-173 ; Atalas, 2007). On trouve chez cet historien et diplomate nord-africain une démarche annonçant plusieurs aspects de la sociologie historique. Khaldun étudie les changements politiques et sociaux de son temps. Sa démarche

....

1. Sur le contexte de la sociologie américaine avant Parsons, voir Hinkle, 1994.

empirique combine des stratégies inductives avec l'emploi de stratégies comparatives. Au moyen d'analyses contrefactuelles, il reconstruit les spécificités de l'histoire des Berbères par rapport à celle des Arabes et des Perses pour tenter d'en tirer des leçons historiques.

On trouve également chez Machiavel des questionnements (1469-1527) qui annoncent ceux de la sociologie historique : Qu'est-ce qui explique la stabilité des régimes politiques ? Quel est le rôle des conflits dans la préservation ou la transformation des régimes ? Quelles formes de gouvernance assurent la pérennité du pouvoir ? Quelles sont les conséquences de la géopolitique sur les processus politiques et la stabilité des régimes politiques ? L'auteur du *Prince*, des *Discours sur la première décade de Tite-Live* et de *L'histoire florentine* s'attelle à ces questions en comparant l'histoire de Florence, Rome, Venise, Milan, Sparte et Athènes afin d'isoler des variables, de déceler des tendances et de dégager des règles générales à partir de cas particuliers. À travers une réflexion sur la *fortuna* et la *virtu*, le fonctionnaire florentin pose des questions sur le rôle des agents dans l'histoire et sur leur capacité à rompre avec la routine des mécanismes sociaux. Ces questions ne vieillissent pas.

Giambattista Vico (1668-1744), Adam Smith (1723-1790) et Thomas Malthus (1766-1834) ont énoncé des théories à propos du développement historique et du changement social qui ont fait école. Smith et Malthus ont formulé des arguments qui ont fortement influencé la réflexion sur l'activité commerciale, la division sociale du travail et les cycles démographiques. L'hypothèse de Smith selon laquelle la division sociale du travail est un processus structurant le développement social est une des idées les plus influentes du monde moderne. Smith conçoit le progrès comme une succession de modes de subsistance allant du plus primitif à celui où la division du travail atteint son plein développement, la société commerciale. Sa science du gouvernement a une portée historique et comparative (Arrighi, 2007, p. 40-68). Smith est notamment conscient de la position enviable de la Chine à l'échelle mondiale dont il cherche à saisir la logique développementale (Arrighi, 2007, p. 1-4, p. 24-39 ; Frank, 1998).

Giambattista Vico, Charles de Montesquieu (1689-1755) et John Stuart Mills (1806-1873) fournissent un cadre de référence pour les études comparatives ainsi que pour la réflexion sur l'emploi des méthodes des sciences naturelles en histoire. En léguant une riche tradition théorique et méthodologique, ces auteurs laissent également un legs d'anecdotes, de préjugés et de préconceptions à propos de sociétés distantes qui vont marquer profondément leurs successeurs.

C'est à partir du XVIIIe siècle que le thème des transformations et des changements sociaux qui accompagnent le passage des sociétés dites traditionnelles aux sociétés modernes devient omniprésent en théorie politique. On peut affirmer, avec Comninel (2003, p. 85), que c'est à partir de ce moment que l'on voit clairement apparaître un registre de questions sociohistoriques. La Révolution française aura des conséquences importantes sur le développement des sciences sociales. Elle devient rapidement un objet dont les contemporains cherchent à expliquer les causes et les effets, de même qu'à interpréter le sens[2]. Les détracteurs de la Révolution influenceront les balbutiements de la théorie sociologique en France. Cette convergence entre la pensée conservatrice et les thèmes qui traversent la naissance de la sociologie a été analysée (Seidman, 1983 ; Zeitlin, 2001 ; Comninel, 2013, p. 30-32 ; Sternell, 2010 ; Ducange, 2014). On pense aux craintes suscitées par la fragmentation et l'éclatement du social, à la quête de l'ordre social, à la réduction des idées phares du libéralisme aux maux engendrés par l'individualisme, à l'usage anthropomorphique du concept de société ou à la défense du corporatisme, notamment (Tilly, 1984 ; Kurasawa, 2013).

L'influence de Karl Marx (1818-1883) sur la sociologie historique est majeure. D'abord parce que Marx est persuadé que les spécificités du capitalisme doivent être au cœur d'une critique de l'économie politique (Lacher, 2006). Selon cette critique, le pouvoir et les modalités selon lesquelles il s'exerce

---

2. Sur les débats théoriques de ce contexte, voir Ducange, 2014 ; McDonald, 1993 ; Comninel, 2003, p. 85.

et se reproduit sont particuliers à chaque mode de production ou régime social de propriété[3]. Il en découle, selon Marx, qu'il est impossible d'analyser l'ensemble des modes de production, ou des régimes sociaux de propriété, au moyen des mêmes catégories. On a donc, chez Marx, les fondements d'une approche du monde social où les catégories à travers lesquelles celui-ci est analysé doivent elles-mêmes être saisies par une analyse historique, sociale et réflexive (Gingras, 2009, p. 438-443). Les processus et les mécanismes par lesquels s'institue et s'exerce le pouvoir social ne répondent pas à une rationalité transhistorique (Marx, 1973 ; Godelier, 1973 ; Rosenberg, 1994, p. 38). La sociologie marxiste se caractérise également par son approche globale du monde social. Le développement d'un régime social de propriété est toujours *plus* qu'un développement *économique*. Sur le plan spatiotemporel, prendre en compte le caractère global du changement social suppose de dépasser le nationalisme méthodologique, afin de replacer dans une perspective globale un ensemble de trajectoires développementales et les relations internes qu'elles entretiennent. Cela exige également de reconstruire la relation entre l'institutionnalisation du pouvoir social et les régimes de production de l'espace (Agnew, 2005 ; Lacher, 2006 ; Conrad, 2010).

Marx n'est pas le seul à s'être penché sur le rapport à l'histoire des catégories de l'économie classique. Ce rapport a aussi été l'objet de la querelle des méthodes qui opposera durant les années 1880 les tenants de l'école historique allemande à ceux de l'école autrichienne (Tribe, 1995). L'école historique allemande ne conteste pas seulement l'universalité des catégories de l'économie politique classique, elle rejette aussi la possibilité pour l'économie politique d'opérer avec des catégories abstraites en général. Contre ce degré d'abstraction qui lui paraît universaliser des caractéristiques, des particularités et des intérêts propres au développement de la Grande-Bretagne, ou à celui des États-Unis, les tenants de cette école de pensée proposent un programme de recherche empirique, inductif et axé sur

---

3. Sur la notion d'époque historique, voir Lacher, 2006.

les spécificités historiques des cas qu'elle étudie. À la suite de Friedrich List (1789-1846), ses partisans conçoivent l'économie dans un cadre national et historique. Plusieurs tenants de l'école en viendront à théoriser l'économie nationale comme un organisme (Hodgson, 2001, p. 63). Weber s'appropriera la quête de l'école historique allemande de réduire la tension entre expliquer et comprendre le monde social. À l'opposé, Carl Menger (1840-1921) considérera comme intenable l'épistémologie réaliste et empirique défendue par l'école historique allemande. Pour ce représentant de l'école autrichienne, l'économie ne saurait relever d'une démarche purement empirique, sans *a priori* théorique et sans catégories abstraites. À l'époque, la frontière entre la sociologie et l'économie demeurait poreuse. Hinnerk Bruhns rappelle qu'en 1923 un économiste et politicien allemand pouvait encore clamer que la mort de Weber était celle « d'un des plus grands » de la science économique allemande (Bruhns, 1996, p. 1259). Comme nous le verrons dans cet ouvrage, on attribue souvent à Weber le fait d'avoir distingué le type d'actions censées intéresser les économistes de celles devant faire l'objet de l'étude des sociologues. La théorie de Weber est profondément traversée par ces tensions.

Le siècle séparant la naissance de Karl Marx (1818-1883) de la mort de Max Weber (1864-1920) oppose deux mondes distincts sur les plans politique, social et culturel[4]. Marx avait 30 ans au moment de coécrire le *Manifeste du Parti communiste* en 1848. Plusieurs régions européennes traversaient l'une des plus violentes périodes de polarisation des classes sociales du XIXe siècle. Durant la courte période qui sépare la publication du premier volume du *Capital* (1867) et la publication posthume du troisième (1894), Bismarck écrase la France lors de la guerre franco-prussienne (1870), unifie l'Allemagne (1871) et mène une politique intérieure impitoyable à l'endroit des socialistes, des catholiques et des minorités, polonaise et danoise notamment. Weber, quant à lui, publie *L'Éthique protestante et l'esprit du*

---

4. Sur Marx et son contexte, voir Sperber, 2014. Sur Marx et Weber, voir Wood, 1995a, p. 146-178 ; Parsons, 1966, p. 510 ; Turner, 2002 ; Riesebrodt, 1986 ; Sayer, 1991 et Löwy, 1973, 2013.

capitalisme en 1904. Il assiste à la montée du mouvement social-démocrate allemand et prend acte des réformes que celui-ci arrache à Bismarck. Il a 50 ans au moment où éclate la Première Guerre mondiale. Il constate l'abîme qui sépare le monde qui a engendré la guerre franco-prussienne de celui qui entraîne la guerre de 1914-1918. Il appuie le mouvement révolutionnaire de 1918 avant de fonder, en 1919, un parti visant l'union des libéraux et des sociaux-démocrates (le Parti démocrate allemand). De 1870 à 1920, l'Allemagne connaît l'une des plus intenses périodes de transformations sociales. L'urbanisation et l'industrialisation engendrent de nouvelles expériences sociales, de nouvelles tensions et elles mettent en péril les repères traditionnels. Ces transformations laissent une empreinte importante sur la discipline sociologique qui émerge chez des auteurs comme Max Weber, Georg Simmel (1858-1918) et Siegfrieg Krakauer (1889-1966) notamment (Nisbet, 1984, p. 37-65). Les historiens allemands de la même époque ne partagent pas nécessairement la même préoccupation. En effet, on voit déjà naître une tension entre une discipline préoccupée par la question du changement social et une autre occupée à faire la narration d'une identité nationale : « Plusieurs historiens croyaient que leur propre rôle social était moins d'expliquer un monde en transformation rapide que de solidifier la notion d'Allemagne » (Sachsenmaier, 2011, p. 114 ; traduction libre). Ce qui vaut pour le champ universitaire allemand n'est cependant pas généralisable au développement de ces disciplines. En outre, l'Angleterre a connu une urbanisation et une industrialisation antérieures à celles de l'Allemagne, alors que l'industrialisation et l'urbanisation de la France étaient encore embryonnaires à la même époque.

C'est à la fin du XIXe siècle qu'une partie des sciences sociales adoptent le nationalisme méthodologique faisant de la nation, ou de la société nationale, la principale forme de subjectivité politique et les principales catégories de vision et de division du monde à travers lesquelles sera interprété, produit et reproduit le XXe siècle en sciences sociales. L'école historique allemande joue un rôle central dans le développement de telles catégories (Hodgson, 2001, p. 64). Hannes Lacher rappelle que « les sciences sociales modernes [...] étaient fortement imbriquées dans les luttes sociales liées à l'organisation de l'espace et des communautés politiques prenant place durant les XIXe et XXe siècles, naturalisant ainsi l'État-nation et délégitimant les alternatives sociales » (Lacher, 2003, p. 523 ; Halperin, 2013). Ce biais était en gestation dans la géopolitique allemande du XIXe siècle et il a survécu dans le champ des relations internationales (Teschke, 2006b, p. 327).

Depuis la fin du XIXe siècle, les sciences sociales sont fortement déchirées par l'opposition entre expliquer et comprendre. Comme le soulignent certains sociologues, il semble que nous soyons condamnés à revivre la querelle allemande des sciences sociales de façon épisodique. L'angle présenté dans cet ouvrage est beaucoup plus pragmatique. Les traditions iconographiques et nomothétiques n'ont cessé d'évoluer au cours du XXe siècle. Ces méthodes ont des forces et des limites. Elles doivent surtout être ajustées aux objectifs des chercheurs. La recherche en sociologie historique, aujourd'hui, est bien souvent un mélange de telles méthodes et cette évolution est très salutaire.

Depuis les années 1990, sous l'impulsion notamment de l'histoire globale, on assiste à une importante volonté de problématiser les phénomènes transnationaux et mondiaux. Cette volonté s'exprime dans l'étude des classes, des mouvements sociaux, des conflits sociaux et du nationalisme. Elle se manifeste également sur le plan théorique comme une volonté de voir naître une sociologie politique des processus globaux et internationaux qui jouent un rôle constitutif dans l'existence de phénomènes traditionnellement étudiés au regard de l'État ou de la société. Intégrer ces dimensions dans l'analyse des phénomènes sociaux constituera un des défis centraux de la sociologie au XXIe siècle.

On assiste aujourd'hui à une vaste remise en question en sociologie, comme en histoire globale et sociale, des piliers hérités de la sociologie classique : la périodisation du « miracle occidental » ; le nationalisme méthodologique ; l'eurocentrisme de la discipline ; la marginalisation des relations raciales, genrées et coloniales; le traitement de la culture comme une entité opaque; le rapport à la normativité. Tout est passé à la loupe (Chaudhuri, 1985; Côté, 2010; Côté et Bélanger, 2009; Frank, 1998; Pomeranz, 2000; Hobson, 2004, 2007a, 2012a, 2012b; Goody, 2006; Grosfoguel, 2007, 2008; Matin, 2013a; Sindjoun, 2010; Parthasarathi, 2011; Halperin, 2013; Sachsenmaier, 2011). Loin de nous l'idée de remettre en question l'importance de ces développements. Dans cet ouvrage, nous défendons cependant l'idée qu'à plusieurs égards ces remises en question sont moins nouvelles qu'elles ne paraissent et qu'elles sont moins en rupture avec des positions déjà énoncées par plusieurs classiques des sciences sociales. Ces classiques n'étaient pas plus de tristes modernes qui voyaient le monde à travers une série de dichotomies, comme l'affirment certains postmodernes, que les Lumières ne peuvent être réduites à un groupe monolithique d'impérialistes qui se drapaient dans l'idée de progrès.

1.2. La sociologie de Talcott Parsons et son rapport à l'histoire

À la suite de la Seconde Guerre mondiale, peu de sociologues ont joué un rôle aussi important que Talcott Parsons dans l'articulation du rapport de la sociologie à l'histoire et à l'économie (Hodgson, 2001, p. 187 et 200): d'abord en raison de l'influence de sa sociologie, puis de son rôle dans l'édition et l'interprétation de Weber aux États-Unis. Au Québec, Guy Rocher (1972) a joué un rôle clé dans la diffusion des idées de Parsons. Pour Parsons, comme pour Weber, l'activité rationnelle en fonction des moyens utilisés pour atteindre une fin est le terrain de l'économie; le travail de la sociologie est de reconstruire le sens des activités sociales échappant à ce type particulier d'activité sociale. Les interprétations de ce qui mena Parsons à évacuer l'histoire de sa théorie sociologique demeurent objets de débats (Clarke, 1991; Hodgson, 2001; Laurin-Frenette, 1978).

Il faut remonter à l'entre-deux-guerres pour effectuer la genèse de l'antihistoricisme de l'auteur de *Structures of Social Action* (1937) et *The Social System* (1951). Parsons entreprend sa formation en économie durant les années 1920. Il

est influencé par deux phares de l'économie institutionnaliste : Walton Hamilton et Clemence Ayres (Hodgson, 2001,
p. 178-179). Il quitte Amherst College pour la London School
of Economics en 1924 avant d'obtenir un doctorat en économie
à Heidelberg en 1927 sur la théorie du capitalisme de Weber
et Werner Sombart. À l'époque, Parsons ne tarit pas d'éloges
sur ces auteurs, qui, contrairement à la « pensée anglo-
américaine », sont sensibles à la spécificité historique du capitalisme (Hodgson, 2001, p. 182-194). L'intérêt de Parsons pour le
problème de la spécificité historique des institutions s'estompe
après son retour à Harvard au tournant des années 1930. Là,
un environnement néoclassique et la fréquentation du Cercle
Pareto, sous la direction du sociologue et biochimiste Lawrence
Joseph Henderson, l'auraient conduit, selon Geoffrey Hodgson
(2001, p. 186), à se distancier de l'institutionnalisme et de
l'empirisme. Une distance très claire dans *Structures of Social
Action*, ainsi que dans l'interprétation de Weber qu'il propose
au public américain. Ce dernier est notamment dépouillé de
son pessimisme vis-à-vis de l'idée de progrès et de sa sensibilité sociohistorique (Hodgson, 2001, p. 185). Avec son départ du
Département d'économie pour celui de sociologie, fondé par
Pitirim Sorokin en 1931, l'intérêt de Parsons pour la démarcation entre la sociologie et l'économie est au centre de son
travail. Il devient l'architecte d'une sociologie générale teintée
par l'évolutionnisme et la théorie économique néoclassique.

Les sociologies britannique et française ne subiront pas
l'influence de Parsons au même titre que la sociologie américaine. Norbert Elias et Karl Polanyi se réfugieront en Angleterre
durant la montée du nazisme et plusieurs Britanniques,
travaillant dans une perspective sociohistorique, feront en
partie carrière en Amérique du Nord, comme Perry Anderson,
Anthony Giddens, Michael Mann et John A. Hall. En Grande-
Bretagne, les tenants de l'école anglaise des relations internationales, Hedley Bull et Martin Wright, n'ont jamais adhéré à
l'antihistorisme méthodologique défendu par les néoréalistes
américains adeptes de la pensée de Kenneth Waltz. Depuis
les années 2000, c'est également en Angleterre, autour du
travail de Fred Halliday, Simon Bromley, John M. Hobson,

George Lawson, Justin Rosenberg, Benno Teschke et Robbie Shilliam, que s'est opéré un rapprochement entre les relations internationales et la sociologie historique. Ces auteurs s'appuyaient sur une riche tradition d'histoire sociale et politique. Les travaux de Maurice Dobb, Christopher Hill, Rodney Hilton, E. P. Thompson, Eric J. Hobsbawm et Laurence Stone, par exemple, auront une influence certaine sur ceux de Charles Tilly, Robert Brenner, Heide Gerstenberger et Jack Goldstone (Kaye, 1995 ; Martineau, 2013).

En France, Raymond Aron et certains de ses successeurs seront d'importants interprètes et praticiens de la sociologie de Weber. Aron aura une influence marquante sur des chercheurs comme Pierre Hassner et, au Québec, Jean-Pierre Derriennic (2001) et John A. Hall (2013). Jean Baechler (1995a, 1995b), Michel Beaud (2000), et plusieurs autres contribueront à la réflexion sociohistorique sur les origines du capitalisme. En France, comme en Angleterre, le travail de nombreux historiens seront une source d'inspiration pour plusieurs praticiens des méthodes comparatives, démographiques et sociohistoriques : Marc Bloch, Lucien Febvre, Georges Duby, Fernand Braudel, Guy Bois et Emmanuel Le Roy Ladurie[5]. Au Québec, les développements théoriques associés à l'école des Annales influenceront des figures majeures de la discipline historique ; qu'on pense à Fernand Ouellet, Louise Dechêne, Gérard Bouchard et Denys Delâge, par exemple.

1.3. Après Parsons : de l'amnésie méthodologique à l'imagination sociohistorique

> *You don't have to do Talcott Parsons*
> *to be a sociologist.*
>
> (Tilly, cité dans Stave, 1998, p. 189)

À partir du milieu des années 1960, on assiste à un feu nourri de critiques à l'endroit de la sociologie parsonienne (Calhoun, 1997a, p. 306). C'est aussi durant cette période que se concrétise

....

5. Sur les historiens des Annales, voir aussi Chirot, 1984.

l'«âge d'or» de la macrosociologie américaine (Collins, 1999). Dès 1959, C. Wright Mills dénonce le théoricisme abstrait de la sociologie ambiante. Pour l'auteur de *L'imagination sociologique*, la sociologie doit procéder à la triangulation d'outils d'analyse structuraux, historiques et biographiques. Celle de Parsons est perçue comme trop abstraite pour accomplir cette tâche. Barrington Moore (1913-2005) influencera une génération de critiques de la sociologie parsonienne. Diplômé de Yale en 1941, Moore enseigne notamment à Charles Tilly (1984) et Theda Skocpol (1973, 1985, 1994), qui s'imposeront en sociologie historique durant les années 1980 et 1990. Une autre figure influente sur la formation de cette génération de sociologues est Seymour Martin Lipset (1922-2006). Comme Samuel Huntington (1968), Lipset (2003) sera un défenseur de la théorie de la modernisation, mais il s'avérera également un comparativiste influencé par les méthodes historiques.

Durant les années 1980 et 1990, Habermas, Wallerstein et Tilly participent dans des contextes différents à la critique de Parsons. Ils insistent notamment sur le caractère problématique du rapport à l'histoire de sa sociologie. Habermas (1987, 1998) en critique la théorie de l'action, l'analyse fonctionnaliste et une conception totalisante des systèmes sociaux. Il cherche à pallier les limites de la sociologie de Parsons au moyen de la théorie de l'agir communicationnel. Il complète la théorie des systèmes par une pragmatique universelle dans le but de reconstruire les conditions permettant une activité communicationnelle irréductible à la rationalité systémique des systèmes sociaux.

Wallerstein reprend à la sociologie parsonienne l'idée de faire d'un système social fermé l'unité d'analyse par laquelle doit débuter l'enquête sociologique[6]. Toutefois, il ne voit aucune raison de faire correspondre ce système social à l'État national. Cette forme particulière de l'État est le fruit de conditions historiques dont la sociologie politique doit rendre compte. Ses frontières n'ont jamais été opaques, une condition nécessaire à ce que le système soit dit fermé. En conséquence, la théorie

....

6. Pour une formulation du concept de système, voir Wallerstein, 1974, p. 347.

du système-monde adopte une perspective macrosociale selon laquelle on ne peut comprendre les parties d'un ensemble sans en saisir d'abord la totalité ; d'où la nécessité de dresser l'histoire du système-monde capitaliste et d'inscrire les comparaisons analytiques dans le « temps du monde » (Wallerstein, 1980, p. 12). Au-delà de Wallerstein, plusieurs courants théoriques en sociologie historique et en histoire globale considèrent que la priorité ontologique accordée à l'État en sociologie politique est une limite importante.

Reinhard Bendix (1916-1991) a fui le nazisme pour les États-Unis en 1938. Il étudie à l'Université de Chicago avant d'accepter un poste au Département de sociologie de Berkeley en 1947. À une époque dominée par Parsons, Bendix propose une interprétation de Weber, insistant sur les méthodes comparatives et sur l'importance de l'action orientée en valeur[7]. Avec Philippe Gorsky, il est parfois qualifié de « wébérien culturel » en raison de l'importance accordée à la dimension culturelle, à la religion notamment, dans son travail.

Un développement important de la remise en question de la sociologie de Parsons est le travail qui, dès les années 1970, en dénoncera le caractère a-historique et le nationalisme méthodologique. On pense aux travaux de Marshall Hogdson, William McNeil, Eric R. Wolf, André Gunder Frank, comme à ceux de l'école des Annales ou de l'école du système-monde (Amin, 1991 ; Braudel, 1979a, 1979b, 1979c ; Wallerstein, 1974, 2011a, 2011b, 2011c, 2011d ; Wolf, 1997 ; Frank, 1998). Le travail de Shmuel Eisenstadt sur le néopatrimonialisme et sur les empires jouera également un rôle important dans la remise en question de la théorie de la modernisation défendue par les parsoniens.

Enfin, plusieurs marxistes occidentaux, Perry Anderson, Robin Blackburn, Robert Brenner et Jeffery M. Paige, s'imposeront avec d'importantes études comparatives (Anderson, 1978a, 1978b ; Brenner, 1977 ; Paige, 1978). Au Québec, la sociologue Nicole Laurin-Frenette développera une critique incisive de la sociologie fonctionnaliste. Puis, de Gilles Bourque à

----

7. Sur ces aspects, voir Bendix, 1962, 1978.

Gérard Bouchard en passant par Denys Delâge, d'importants développements de la sociologie se sont inscrits dans des débats qui ont alimenté autant les transformations du marxisme que la réflexion sur les méthodes en sociologie historique comparée (Laurin-Frenette, 1978 ; Bourque, 1970 ; Bouchard, 1996, 2000 ; Delâge, 1991). Dans le reste du Canada, Philip Corrigan, Derek Sayer et Bruce Curtis ouvrent l'étude des processus de formation étatique sur un ensemble de nouveaux objets.

La trajectoire de Charles Tilly est indissociable du développement de la sociologie historique aux États-Unis. Tilly étudie à Harvard où il a notamment pour mentors Sam Beer et Pitirim Sorokin. Il soutient sa thèse sous la direction de George Homans et Barrington Moore. Il obtient son doctorat en 1958 et publie *The Vendée* quelques années plus tard (Tilly, 1964). Il partage avec Sorokin et Moore une inclinaison pour une sociologie plus empirique et historique que celle de Parsons dont il affirme : «Elle est atemporelle. Elle est terriblement abstraite. Les gens n'ont aucun pouvoir d'agence» (Tilly, cité dans Stave, 1998, p. 189). Tilly dénonce notamment la linéarité, l'absence d'une perspective comparative et l'incapacité de la théorie de la modernisation à rendre compte du changement social. C'est de ces limites que plusieurs cherchent à libérer la sociologie en ayant recours à des stratégies méso ou microsociologiques. Tilly (2008, p. 55-61 et 112), par exemple, rejette les explications systémiques où la logique de l'action est déduite du rôle fonctionnel joué par une structure, un processus ou un agent dans un système voué à l'autoreproduction et dans lequel les unités empiriques sont souvent dissimulées derrière un épais brouillard.

La sociologie historique remet en question l'interprétation que Parsons effectue de Weber. Elle critique l'emprunt des concepts des sciences naturelles dans le dessein de donner un vernis de scientificité à la démarche sociologique. Cette critique épistémologique se prolonge souvent dans la remise en question de l'orientation normative de la sociologie de Parsons et de Robert Merton en faveur de l'ordre social. Il faut cependant noter que Merton jouera également un rôle important dans la prise de distance avec la grande théorie à la Parsons. Son invitation à adopter des théories moins totalisantes et plus ciblées, les *middle range theories*, participera à la réorientation de la discipline. La génération de sociologues des années 1960-1970 met en relief le rôle de l'interprétation de la théorie sociale, notamment quant à l'interprétation de l'effervescence sociale de l'époque. S'il faut réduire l'opposition à une conception moniste du développement social à un ouvrage, *The Formation of National States in Western Europe*, dirigé et publié en 1975 par Charles Tilly, serait un bon candidat. L'analyse sociohistorique présentée par l'équipe de Tilly a inversé le schème théorique du politologue comparativiste Gabriel Almond, imprégné de la théorie de la modernisation. Elle amène au premier plan le rôle de la coercition et des résistances dans l'explication de la diversité des trajectoires. Cela remet en cause le caractère stable et homogène du développement. Analysant cet ouvrage avec du recul, Tilly trouve que sa plus grande faiblesse est sa difficulté à rendre compte «des différences internationales» (Tilly, cité dans Stave, 1998, p. 197). Ce thème devient important en sociologie historique à compter des années 1990.

Avec l'intérêt des sociologues pour les comparaisons sur la longue durée et celui des historiens pour les outils théoriques développés en sciences sociales, il est difficile de distinguer la sociologie historique de l'histoire sociale, globalisante ou comparée. Le développement de la sociologie historique, d'une part, et de l'histoire sociale, d'autre part, est d'abord un mouvement de révolte contre l'orthodoxie propre à chaque discipline (Skocpol, 1987, p. 21; Tilly, 2008; Calhoun, 1998, p. 849). L'histoire sociale s'inscrit en réaction, d'une part, à une interprétation stalinienne et déterministe du marxisme et, d'autre part, aux intrigues de palais prisées par l'histoire constitutionnelle et politique (Eley et Nield, 2007, p. 19-34; Martineau, 2013). Plusieurs dénonçaient également l'influence du structuralisme sur le marxisme, puis la dissolution du social dans l'océan des discours (Thompson, 1995; Anderson, 1992; Palmer, 1990; McNally, 2001; Lapointe, 2012). Récemment, cependant, la virulence qui a caractérisé les débats d'une certaine époque entre l'histoire sociale et l'histoire culturelle, puis le postmodernisme, est devenue moins à propos.

La sociologie historique américaine des années 1970 est une réaction contre l'«orthodoxie jumelle» que sont la «grande théorie» (le fonctionnalisme structurel de Parsons) et l'«empirisme abstrait» (Skocpol, 1987, p. 19 ; Wright Mills, 1967). Ira Katznelson rappelle l'atmosphère dans laquelle des chercheurs de différentes disciplines ont fondé l'association Social Science History :

> The historians were mostly quantitatively oriented, self-consciously analytic, and systematic in method and research design. Seeking to overcome what they saw as the limits of traditional narratives, they badly wanted to make social science, as they saw it, constitutive of their scholarship. Yet the political scientists and sociologists who attended were the humanists in their disciplines, very much open to various critical impulses, including those who called into the very nature of social science and history as causal enterprises (Abbott et al., 2005, p. 72).

Skocpol (1987, p. 18) présentait la sociologie historique et l'histoire sociale comme des voies complémentaires caractérisées essentiellement par une différence d'accent. Les deux disciplines partageaient un certain avenir commun dans la mesure où elles convergeaient autour de trois éléments : «le réalisme organisationnel» ; un accent mis sur les relations sociales plutôt que sur les individus, la société ou les systèmes sociaux ; et l'étude des relations entre «les structures sociales et l'organisation politique» (Skocpol, 1987, p. 18 et 25-26). Dans chaque discipline, soutient Skocpol, «*the greatest progress [...] will be achieved through explicitly comparative research, including the sort of "variations finding" across places and times that macroscopic comparisons across nations or world-areas that I often advocate*» (*ibid.*, p. 27). Enfin, elles se rejoignaient également autour du projet de connecter les transformations structurelles à l'expérience des groupes (*ibid.*, p. 28). En dépit de leurs nombreux désaccords, les historiens Christopher Hill et Peter Laslett ont inspiré les historiens, comme les sociologues, qui ont tenté de connecter les transformations sociales apportées par l'industrialisation à l'expérience subjective des groupes qui l'ont vécue (Laslett, 1984 ; Hill, 1984).

Tous ne se réjouissent pas de cette convergence des méthodes et des objets de la sociologie historique et de l'histoire sociale. Edgar Kiser et Michael Hechter (1991, 1998) estiment qu'elle éloigne la sociologie des standards de scientificité auxquels elle doit aspirer en développant des modèles hypothético-déductifs, proposés, notamment, par les théories du choix rationnel. Ils dénoncent l'engouement pour l'induction, l'empirisme, les récits et la recherche de particularités historiques conduisant rarement à des hypothèses généralisables[8].

Pour Craig Calhoun trois enjeux distincts étaient amalgamés par Kiser et Hechter : Quels doivent être les paramètres de l'épistémologie des sciences sociales ? Quel doit-être le rôle de la théorie en sociologie historique ? La théorie du choix rationnel devrait-elle servir de modèle hypothético-déductif en sociologie ? Selon Calhoun, Kiser et Hechter présentent une opposition trop rigide entre l'histoire et la théorie, la description et l'explication, la narration et l'analyse causale, l'induction et la déduction, puis entre la description particulière et le recours à des théories générales. Or, défend Calhoun (1998, p. 849), ces pôles sont rarement opaques et toute théorie en sciences sociales repose sur une conception de l'histoire, qu'elle en soit consciente ou non. Bien qu'il prenne ses distances avec Kiser et Hechter, Calhoun estime que certains sociohistoriens ont mal défendu leur projet : « *Rather than emphasizing sociology's substantive need for history – the need for social theory to be intrinsically historical – Skocpol, Tilly and others argued that historical sociology should be accepted because it was or could be comparably rigorous to other forms of empirical sociology* » (*ibid.*, 1998, p. 850 ; 1997a, p. 307-309). Tilly, quant à lui, répond que s'il est juste que les approches macrosociales doivent prendre au sérieux la question des fondations ontologiques de leurs unités d'analyse, cela ne doit pas être pour épouser une ontologie néoclassique qui n'est guère mieux armée pour rendre compte de la variation dans le temps des mécanismes sociaux.

---

8. Sur le débat entre les tenants de la théorie du choix rationnel et les partisans d'approches historiques, voir Gould, 2007 ; Carver et Thomas, 1995.

Le développement de la macrosociologie ne s'est pas fait sans heurts avec la communauté des historiens. Pendant que certaines voix s'élèvent soit pour remettre en question la pertinence d'une distinction entre l'histoire et la sociologie, soit pour y diagnostiquer une différence de tonalité sur un dégradé de méthodes allant des études des structures sociales aux enquêtes biographiques, d'autres insistent pour le maintien d'une barrière disciplinaire. Le sociologue John H. Goldthorpe distingue les disciplines en fonction de leur rapport aux faits. Les « faits de l'historien », insiste-t-il, sont des « inférences des reliques » (Goldthorpe, 1991, p. 213). Ils se caractérisent à la fois par leur nombre (ils sont limités ou finis) et par leur caractère incomplet (certains d'entre eux n'existent plus). Les sociologues, quant à eux, seraient surtout occupés à construire des faits. Toutefois, ce qui rebute Goldthorpe est l'usage que font certains macrosociologues de la littérature secondaire produite par les historiens. Cette littérature, rappelle-t-il, n'a pas le statut d'une relique. Elle constituerait le pied d'argile de la macrosociologie. Bien qu'intéressant, cet argument n'est pas décisif. D'abord, plusieurs sociologues, comme Gérard Bouchard, Bruce Curtis, Michael Mann ou George Steinmetz, travaillent à partir de sources premières. De plus, l'argument de Goldthorpe caricature l'activité des macrosociologues. En outre, ceux-ci ne considèrent pas les monographies historiques comme des parchemins de vérités révélées. Nous n'avons aucune raison de croire que les sociologues ne réévaluent pas leurs conclusions quand il est démontré qu'elles reposent sur des monographies dont les sources sont fabriquées ou farfelues. Le débat sur la théorisation des révolutions bourgeoises, par exemple, doit constamment se reporter aux études historiques sur la composition du prolétariat, de la bourgeoisie, de l'aristocratie et de la paysannerie qui ont participé aux mobilisations sociales dans différents États et à différentes étapes des séquences révolutionnaires[9]. Il n'y a pas d'argument décisif chez Goldthorpe

---

9. Seulement pour la France, voir Cobban, 1964 ; Furet et Richet, 1965/1966 ; Beik, 1985 ; Skocpol, 1985 ; Comninel, 1990 ; Markoff, 1996 ; Mooers, 1991 ; Lafrance, 2013 ; Davidson, 2012 ; Ducange, 2014 ; Hobsbawm, 2014.

pour se défaire d'une approche sociohistorique selon laquelle « l'histoire rejoint les sciences sociales lorsque les arguments qui l'organisent deviennent explicites, falsifiables et informés par la théorie » (Tilly, 2008, p. 40 ; voir aussi Bryant, 1994).

L'intervention de Goldthorpe présente également un portrait de l'opposition entre le travail des historiens et celui des sociologues qui ne rend pas compte de la complexité et de l'étendue des débats au sein même de la communauté des historiens[10]. La pratique des historiens les amène souvent à effectuer des interventions à différents niveaux théoriques. L'historien de l'Angleterre des Tudor, Robert Brenner (1987, 1997, 2003, 2006b), suscitera d'importants débats non seulement à la suite de monographie sur l'histoire sociale et politique de la période des Stuart, mais également par ses interventions sur l'histoire comparée des structures sociales dans l'Europe préindustrielle, par ses exposés sur la théorie marxiste. Il suscitera également débats sur l'économie politique internationale depuis la Seconde Guerre mondiale. Plusieurs autres historiens saisissent leur objet à partir d'une multitude d'angles irréductibles à une seule méthode. Ian Kershaw (1987, 1995, 2007 ; Kershaw et Lewin, 1997), par exemple, apporte des contributions majeures à l'étude comparative du nazisme, à celle des structures sociales du régime, à la compréhension de la personnalité d'Hitler, à l'histoire politique du régime nazi durant la guerre et à l'analyse de la bureaucratie nazie. Comme dans le cas de Brenner, chacune de ses interventions s'adresse à des interlocuteurs et à des débats différents. Non seulement le travail de plusieurs historiens est-il proche de celui des sociologues, mais il permet de mettre à l'épreuve les périodisations proposées par ces derniers. On pense aux travaux de l'historien Robert Ian Moore (1987, 1994) sur l'origine de la persécution et des mouvements contestataires dans l'Europe médiévale ou à ceux de Jean-Marie Fecteau (2004) et Martin Petitclerc (2011/2012) sur la régulation de la pauvreté, et souvent des pauvres, au Québec.

....

10. Voir, par exemple, Novick, 1988 ou Evans, 2000.

Ces tensions, présentes dans le travail d'un seul historien, se multiplient lorsque l'on se penche sur les différentes conceptions du rapport entre théorie et empirie au sein d'un domaine de l'historiographie. Dans la foulée de la publication de l'ouvrage *Magistrats, police et société. La justice criminelle ordinaire au Québec et au Bas-Canada (1764-1837)*, les historiens Donald Fyson (2007, 2010) et Jean-Marie Fecteau (2007b, 2007c) ont lancé un débat sur le rôle de la théorie et de l'empirie dans la pratique de l'histoire. Les arguments présentés en faveur d'une approche plus empiriste par Fyson et en faveur d'une histoire plus théorique par Fecteau ne sont pas réservés à ce secteur de l'historiographie. Et l'on ne parle pas ici des débats beaucoup plus virulents suscités par l'influence des études littéraires ou postcoloniales sur la discipline historique.

Les historiens qui travaillent sur une périodisation de l'histoire du capitalisme au Québec et au Canada adoptent une conception *théorique* du capitalisme, consciemment ou non. Les politologues et les sociologues n'ont guère le choix de se positionner sur ces mêmes enjeux (Bourque, 1970 ; Delâge, 1991 ; Bernier, 1976 ; Bernier et Salée, 1995). Ainsi, bien que l'on puisse sans doute discerner des tendances et des pratiques plus répandues chez les historiens et les sociologues, il est difficile de trouver un critère de démarcation décisif entre les deux disciplines.

Tilly avance un autre argument contre une conception inductive des faits historiques. Commentant son étude sur les contentions politiques en Grande-Bretagne, il souligne que « les mêmes processus qui ont transformé les répertoires de contention politiques en Grande-Bretagne entre 1750 et 1830 ont transformé le type d'évidences accessibles pour l'étude de ces processus » (Tilly, 2008, p. 19). La connaissance historique joue donc un rôle central dans la production métathéorique des catégories de régularités sociales, car, sans une connaissance de celle-ci, le sociologue est condamné à formuler des lois transhistoriques qu'il plaque sur « les faits ». On ne peut dissocier fondamentalement la quête des reliques, d'une part, et la réflexion sur cette quête, d'autre part.

La sociologie historique a connu plusieurs développements depuis les années 2000. Cet ouvrage porte une attention particulière à certains d'entre eux[11]. Un premier développement a été l'invitation à poursuivre et approfondir l'effort de réflexivité des concepts sociologiques. Selon Calhoun, par exemple, le mordant de la sociologie historique aurait été « domestiqué » par le courant dominant de la sociologie américaine. Ses exposants auraient trop mis en avant son intérêt comme *méthode* au détriment de son intérêt comme *projet théorique* de reconstruction substantielle des concepts de la discipline sociologique. Il en conclut que « la sociologie historique n'est pas parvenue suffisamment à historiciser la théorie sociale et qu'elle devient souvent trop athéorique » (Calhoun, 1997a, p. 306). Le projet de la sociologie historique ne devrait pas être seulement de proposer des hypothèses dont l'heuristicité s'applique à des échelles temporelles toujours plus ambitieuses, ni de sélectionner les événements *x*, *y*, *z* permettant de « confirmer » la validité d'une théorie. Ce projet doit aussi être de problématiser l'évaluation du passé à partir du vocabulaire théorique actuel, de reconstruire la genèse des institutions contemporaines et d'en dénaturaliser le caractère.

John M. Hobson (2002, p. 3) notait « une convergence croissante entre l'étude des relations internationales et celle de la sociologie historique ». Cette convergence, observable surtout en Angleterre, permet de mettre en relief deux distorsions dans le rapport des sciences sociales à l'histoire, soit le *tempocentrisme* et le *chronofétichisme*. Hobson définit le tempocentrisme de la façon suivante :

> *a mode of ahistoricism which conveys the illusions that all international systems are equivalent (isomorphic) and have been marked by the constant and regular tempo of a chronofetishised present, which paradoxically obscures some of the most fundamental constitutive features of the present international system.*

Et il donne du chronofétichisme la définition suivante :

---

11. Voir aussi Tilly, 2008 ; Burke, 2005 ; Adams, Clemens et Orloff, 2005 ; Hobson, Lawson et Rosenberg, 2010.

> *a mode of ahistoricism which conveys a set of illusions that represent the present as an autonomous, natural, spontaneous and immutable system that is self-constituting and eternal, and which necessarily obscures the processes of power, identity/social exclusion and norms that gave rise to, and continuously reconstitute, the present as an immanent order of change (ibid., p. 12).*

Dans la mesure où la sociologie historique s'intéresse à ces distorsions, elle peut contribuer à accroître la réflexivité de la discipline.

Depuis les années 2000, un second développement concerne la multiplication des appels à repenser la place, le rôle et la cohérence de l'Europe comme unité d'analyse en sociologie historique (Burawoy, 2005). Les enjeux soulevés par ces appels sont importants, parce que l'analyse de la place de l'Europe dans le monde à la fin du XIXe siècle et au début du XXe a joué un rôle majeur dans la trajectoire de la discipline sociologique, autant en ce qui a trait à l'analyse du développement social et économique, qu'en ce qui touche l'analyse de l'État et de la rationalité. Ce qui est en jeu dans les débats contemporains sur *l'eurocentrisme* de la discipline c'est notamment la remise en question des thèses selon lesquelles l'émergence du capitalisme, de l'État-nation et de la modernité aurait d'abord eu lieu en Europe d'une manière endogène avant de devenir un standard de civilisation. Selon les variantes de cette critique, on reproche à *l'eurocentrisme* : 1) de ne pas considérer les développements institutionnels parallèles dans le reste du monde ; 2) de ne pas tenir compte du rôle joué par le reste du monde dans la trajectoire de ces institutions en Europe ; 3) de considérer que cette trajectoire institutionnelle est supérieure aux autres, et 4) qu'elle devrait donc être adoptée par le reste du monde, ou lui être imposée, d'une manière ou d'une autre.

Ces orientations normatives de la sociologie classique sont remises en question. Au début des années 2000, sous l'impulsion de l'histoire globale et des études postcoloniales, le thème de l'eurocentrisme occupe une place importante en sociologie historique (Bhambra, 2010 ; Magubane, 2005 ; Hobson, 2004, 2007a ; Sindjoun, 2010 ; Matin, 2013a). Plusieurs éléments favorisent l'émergence de cette problématique ; deux retiendront notre attention. D'abord, certains comparativistes soulignent que les trajectoires européennes de développement, autant sur les plans démographiques, économiques, culturels que politiques, sont trop différentes pour que l'Europe puisse être considérée comme une unité cohérente. On ne peut parler d'une renaissance, d'un humanisme, d'un mouvement des Lumières, d'un mouvement romantique, d'un mouvement libéral, socialiste ou fasciste, qui aurait été *le même* en Europe en général. La cohérence de l'Europe est donc remise en question d'abord comme unité d'analyse et de comparaison. La cohérence du monde colonial et postcolonial est également loin d'être claire. Non seulement en raison de sa grande diversité, mais aussi parce que les colonisateurs ont laissé un legs institutionnel bien différent d'un endroit à un autre. Pensons seulement aux différents systèmes constitutionnels hérités des métropoles, des différentes traditions juridiques et des différents modes de scrutin. Puis, sous l'impulsion de la nouvelle histoire globale (Maurel, 2009 ; Douki et Minard, 2007 ; Sachsenmaier, 2011), de nombreux comparativistes brossent un portrait plus complexe des trajectoires des différentes régions d'Europe, d'Inde et d'Asie (Hobson, 2004 ; Hobson et Malhotra, 2008). Certaines régions riches ou pauvres d'Europe et d'Asie avaient parfois plus en commun avec celles de l'autre région qu'avec le reste de l'Europe ou de l'Asie. Ces contributions de la recherche incitent moins à rompre le dialogue avec les classiques de la discipline qu'à renouer un dialogue critique avec eux.

LECTURES COMPLÉMENTAIRES

Adams, Julia, Elisabeth S. Clemens et Ann Shola Orloff (dir.) (2005). *Remaking Modernity*, Durham, Duke University Press.

Lachmann, Richard (2013). *What Is Historical Sociology?* Malden, Polity Press.

Rocher, Guy (1972). *Talcott Parsons et la sociologie américaine*, Paris, Presses universitaires de France.

Skocpol, Theda (dir.) (1984). *Vision and Method in Historical Sociology*, Cambridge, Cambridge University Press.

Wright Mills, Charles (1967). *L'imagination sociologique*, Paris, Maspero.

CHAPITRE 2

LA SOCIOLOGIE HISTORIQUE

---

questions de méthode

> *L'histoire rejoint les sciences sociales*
> *lorsque les arguments qui l'organisent*
> *deviennent explicites, falsifiables,*
> *et informés par la théorie.*
>
> (TILLY, 2008, p. 40 ; traduction libre)

Selon une représentation héritée de l'opposition entre les sciences nomothétiques et idiographiques, la démarche des historiens relèverait de l'herméneutique, alors que celle des sociologues serait nomothétique. Les historiens reconstruiraient le sens des récits, les sociologues identifieraient des causes. Ces raccourcis sont à l'origine de malentendus bien documentés en sociologie historique et en épistémologie de l'histoire (Evans, 2000 ; Dray, 1964 ; Hobsbawm, 1998 ; Novick, 1988 ; Stinchcombe, 1978 ; Sewell Jr., 2005 ; Eley et Nield, 2007). Nul ne conteste le fait qu'une dimension herméneutique est centrale dans le travail des historiens. Les historiens des idées cherchent par exemple à reconstruire le sens que pouvait avoir pour Guillaume d'Occam le concept de *proprietas*, pour Machiavel le concept de *virtu*, pour John Locke ceux de *property* ou de *servant*, ou, encore, ceux de démocratie, de souveraineté ou d'État dans différentes traditions politiques et linguistiques (Skinner, 1978, p. 88-94 ; Dunn, 1993 ; Kennedy, 2008, p. 227 ; Wood et Wood, 1997, p. 125 ; Skinner, 2010 ; Noyes, 1936 ; Tully, 1989). Les historiens des mentalités, par exemple, enquêtent sur le sens que pouvaient avoir la peur, le paradis ou la confession dans l'histoire européenne et, de façon plus générale, sur les défis que représente l'étude historique des émotions (Delumeau, 1978; Nagy et Boquet, 2009, 2010). D'autres montrent comment l'exploration de la subjectivité des classes donne au marxisme une dimension herméneutique et phénoménologique. La pratique des historiens ne se réduit cependant pas à cela.

La représentation parallèle selon laquelle la sociologie serait une discipline nomothétique est également lacunaire[1]. Ancré dans la tradition néokantienne, Weber est prudent sur la question de la causalité dans l'étude du monde social. Il se méfie notamment des «lois de l'histoire» identifiées par certains socialistes de l'époque; de celles relevant d'un déterminisme économique, notamment, mais de façon plus générale de celles dont l'heuristicité sort du cadre de cas construits à travers des idéaux-types historiquement spécifiques. Weber évoque des *tendances* développementales plutôt que des *lois* développementales dans le cadre de ses études sur la Prusse rurale et l'histoire agraire romaine (Riesebrodt, 1986, p. 489-492)[2]. Puis, souligne Aron :

> Jamais Max Weber n'aurait dit, à la manière de Durkheim, que la curiosité historique devait être subordonnée à la recherche de généralités. Quand l'humanité est l'objet du savoir, il est légitime de s'intéresser aux traits singuliers d'un individu, d'une époque ou d'un groupe, autant qu'aux lois qui commandent le fonctionnement et le devenir de sociétés (Aron, 1967, p. 506).

Lecteur de Kant, Jaspers, Dilthey et Nietzsche, Weber place au centre de sa théorie de l'action les questions du sens, de l'orientation subjective et de la valeur des actions qui ne relèvent pas de l'activité instrumentale (*ibid.*, p. 504-506; Habermas, 1987). L'interprétation de ces valeurs est une étape fondamentale de sa démarche sociologique (Kalberg, 2010). Elle

....

1. William Herbert Dray (1964) analyse les limites de l'application d'un modèle hypothético-déductif en histoire; voir aussi Elster, 2000.

2. Sur les explications en termes de «chance» ou de «probabilité» chez Weber, voir aussi Aron, 1967, p. 517. Sur la tension entre l'universel et le particulier dans l'interprétation parsonienne de Weber, voir Hodgson, 2001, p. 194-195.

suppose une démarche interprétative. Pour ces raisons, même durant l'Âge d'or du positivisme logique, les chercheurs étaient divisés quant à la possibilité et à la désirabilité de faire de la prédiction un critère de scientificité en sociologie (Elias, 1978, p. 158-162)[3].

Entre ces deux pôles, nous situons la sociologie historique comme une tradition comparativiste qui s'appuie sur un éventail de méthodes quantitatives et qualitatives, tout en empruntant des méthodes idiographiques de la discipline historique (Ragin, 1989 ; Lange, 2013b). La sociologie historique a toujours été marquée par une tension entre les chercheurs plus tournés vers l'emploi de méthodes des sciences sociales, pouvant mener à des résultats généralisables, et d'autres chercheurs plus enclins à adopter les méthodes idiographiques des historiens. Ces dernières années, l'effort d'historicisation des catégories sociologiques a également poussé plusieurs chercheurs en relations internationales à se rapprocher des méthodes de l'histoire conceptuelle (Lawson, 2007 ; Koselleck, 2002, 2004 ; Teschke, 2014 ; Thibault, 2005, 2013).

Les sociohistoriens sont sceptiques à l'égard des théories, comme le structuro-fonctionnalisme, dont l'*explanans* réside dans *la* modernité ou *la* modernisation en général. Dans ces théories, l'*explanans*, *la* modernité, est conçue comme une totalité organique devant permettre de reconstruire le processus, postulé homogène, de constitution du monde occidental plus ou moins depuis les Lumières (Tilly, 1984 ; Lacher, 2006). À ce degré de généralité, les hypothèses formulées sont soit triviales, soit imprécises, soit les deux à la fois.

Le fait que le monde social renferme peu de causes *suffisantes* ou de causes nécessaires *absolues* n'entraîne pas que la sociologie doive abdiquer devant la contingence, les accidents et le hasard (Bunge, cité dans Calhoun, 1998, p. 867). L'institutionnaliste George Lawson énumère les principes médiateurs employés aujourd'hui par les sociohistoriens. Ces principes correspondent à autant de façons de théoriser

....

3. Sur ce débat en sociologie des révolutions, voir Keddie, 1995.

les liens entre des dimensions du monde social. Ils vont du rapport de *détermination* à la relation *événementielle*. Entre les deux, on compte cependant un important dégradé de principes médiateurs : la primauté, la hiérarchie, l'ordre, la grammaire, la tendance, le canevas, la régularité, le flot et la connexion (Lawson, 2007, p. 359). Lawson ne pousse malheureusement pas l'exploration épistémologique plus loin. Un important travail reste à faire sur l'usage de ces différents principes médiateurs en sociologie historique. Il s'agit surtout de démonter le faux dilemme qui oppose détermination et contingence.

TABLEAU 2.1.

Les objectifs et les stratégies de la recherche en sciences sociales

	Recherche qualitative	Recherche comparative	Recherche quantitative
1. Définir des tendances générales		Utilisation occasionnelle	Utilisation fréquente
2. Tester et raffiner des théories	Utilisation occasionnelle	Utilisation occasionnelle	Utilisation fréquente
3. Faire des prévisions		Utilisation occasionnelle	Utilisation fréquente
4. Interpréter le sens	Utilisation fréquente	Utilisation occasionnelle	
5. Explorer la diversité des cas		Utilisation fréquente	Utilisation occasionnelle
6. Donner la voix aux acteurs	Utilisation fréquente		
7. Proposer de nouvelles théories	Utilisation fréquente	Utilisation fréquente	Utilisation occasionnelle

Source : Adaptation de C. C. Ragin, 1994, p. 51.

Un autre faux dilemme présente un choix entre une théorie réductionniste et la multicausalité postmoderne. La critique du réductionnisme en sciences sociales ne doit pas devenir une formule politiquement acceptable pour se soustraire à l'exercice d'isoler des processus et des mécanismes ayant plus d'influence que d'autres, sans lesquels certains phénomènes ne peuvent se produire, et où toute analyse contrefactuelle est condamnée à l'avance. C'est pourtant sur cette base que le néowébérien

John M. Hobson suggérait de faire de la multicausalité et de la multispatialité deux principes nécessaires au renouvellement de la sociologie historique néowébérienne. En refusant toute hiérarchisation des causes, en opposant à la hiérarchisation des échelles spatiales et en faisant de la complexité la matrice de l'histoire et du changement social, Hobson (2000, p. 194) procède à un mariage d'éléments d'analyse wébérienne et post-moderne[4]. C'est une chose de dire que la culture, la politique, la géographie, les facteurs épidémiologiques et la géopolitique doivent être pris en compte dans l'analyse du monde social, comme le font plusieurs wébériens. C'en est une autre que d'affirmer que leur rôle est aléatoire et qu'il ne peut faire l'objet d'un travail théorique préalable. Une des conditions permettant l'exploration scientifique du monde social est que ses institutions, processus, dynamiques et mécanismes ne soient pas seulement le fruit de hasards, d'accidents et de coïncidences. Les phénomènes sociaux sont le produit d'un ensemble de facteurs que l'on peut chercher à isoler, hiérarchiser et mettre en relation[5]. Lorsqu'un ensemble de conditions sont réunies dans un contexte précis, on peut évaluer la *probabilité* qu'elles entraînent tel ou tel phénomène (Ragin, 2000).

Dans *Les causes sociales du déclin de la civilisation antique*, Weber (2001, p. 64) commence son exposé en énumérant les causes généralement invoquées pour expliquer le déclin de la Rome antique : les invasions, l'émancipation de la femme romaine, le luxe et l'immoralité des élites, le despotisme, etc. Il rejette ces causes une à une en montrant qu'elles sont plus des « effets » de mécanismes plus profonds que des « causes » du déclin. Puis, procédant au moyen d'une reconstruction théorique de la logique d'ensemble des « particularités de la structure sociale antique » (*ibid.*, p. 65), il analyse la grammaire générative d'une structure sociale. Il identifie, d'une part, les matrices

---

4. Pour une défense de l'analyse multicausale, voir Kalberg, 2002, p. 89-219. Pour une critique de cette démarche, voir Brenner, 2006 ; Teschke, 2006a. Pour une critique de la disparition de la rationalité en valeur dans cette interprétation de Weber, voir Lapointe et Dufour, 2012.

5. Sur les causes et leur hiérarchisation en sciences sociales, voir Mahoney et Schensul, 2006 ; Collier et Levitsky, 2009.

qui en permettent l'expansion et, d'autre part, les limites qui en engendrent l'asphyxie et la contraction. Weber procède de façon analogue lorsqu'il reconstruit la logique abstraite des différentes formes idéales-typiques de légitimité. Ces formes rendent compte à la fois d'une série de conditions favorables à leur émergence, à leur transformation et à leur déclin.

L'historien Richard Evans présente la structure logique de certaines explications causales :

1. Causes *nécessaires* : Si A ne s'était pas produit, alors B n'aurait pas pu se produire. Elles peuvent être *hiérarchisées : absolues ou relatives.*

   - *Causes absolues* : Si A ne s'était pas produit, alors B n'aurait définitivement pas pu se produire.

   - *Causes relatives* : Si A ne s'était pas produit, alors B n'aurait probablement pas pu se produire.

2. Causes *suffisantes* : Le fait que A se produise était suffisant pour que B se produise.

Evans (2000, p. 134-135) souligne que les historiens préfèrent un vocabulaire plus prudent en termes de «probabilité», de «plausibilité» ou de «disposition» à l'analyse causale et surtout monocausale. Ces précautions, cependant, ne sauraient distinguer la pratique des historiens de celle des sociohistoriens qui, dans la foulée de Bendix, Elias et Bourdieu, font preuve de la même prudence en usant par exemple des concepts de configuration, de champs, d'habitus, de dispositions, d'affinités, de corrélations, etc. Là encore, le critère de démarcation entre l'histoire sociale et la sociologie historique n'est pas décisif. Une autre façon d'explorer la relation entre l'histoire et la sociologie historique est de se pencher sur les types de causes qui intéressent ces disciplines.

2.1. La causalité et l'individualité historique des *explanandum*

Le défi que tentent de relever les sociohistoriens est celui de «fixer la causalité dans le temps» (Tilly, 2008, p. 120). Raymond Aron, l'un des plus importants interprètes de Weber, souligne que le type de causes que le sociologue recherche est intrinsèquement lié à « l'individualité historique dont on prétend retrouver les causes » (Aron, 1967, p. 512). L'auteur des *Étapes de la pensée sociologique* précise que

> chercher les causes de la guerre de 1914, c'est rechercher pourquoi la guerre européenne a éclaté au mois d'août 1914. Les causes de cet événement singulier ne se confondent ni avec les causes de la fréquence des guerres dans l'histoire de l'Europe, ni avec les causes du phénomène que l'on retrouve dans toutes les civilisations et qui s'appelle la guerre (*ibid.*).

Dans l'exemple d'Aron, nous avons affaire à des *explanandum* dont les *explanans* se situent à différents degrés d'abstraction. Aux deux extrémités du continuum, on cherche, d'une part, des événements et des actions sur un plan événementiel et, de l'autre, des causes communes d'un degré d'abstraction plus élevé. Le sociologue des révolutions, Jeffery M. Paige, procède à des nuances importantes sur cette question en distinguant trois types d'explications : *narratif, conjoncturel* et *conditionné historiquement*. Ces trois types sont à distinguer des explications *transhistoriques*, dont l'*explanans* devrait s'appliquer à l'ensemble des cas possibles indépendamment du temps ou du lieu (Hodgson, 2001, p. 21-50).

Le premier type d'explication, dit *narratif*, « voit les événements eux-mêmes comme des causes et il assume que les séquences contingentes d'événements limitent les possibilités futures et déterminent l'action » (Paige, 1999, p. 782). Le premier exemple proposé par Aron, celui des causes immédiates du déclenchement de la Première Guerre mondiale au mois d'août 1914, requiert un tel type d'explication. On pense également aux travaux des historiens Christopher Browning ou Saul Friedländer sur les événements précis ayant mené à l'adoption de la « solution finale » par le régime nazi. Dans ces travaux, les *événements*, c'est-à-dire les communications et les décisions des fonctionnaires, des bureaucrates et des différentes autorités, sont passés à la loupe au fil de l'évolution du contexte politique et géopolitique (Browning, 2007 ; Friedländer, 2008). Ce niveau de causalité, dit événementiel, est celui auquel opèrent généralement les historiens empirico-inductivistes. Le recours au seul niveau événementiel n'est pas rare en sociologie, mais rares sont les sociologues qui défendent ou qui soutiennent que la sociologie devrait faire des explications épisodiques ou événementielles sa seule planche de salut[6].

Les sociohistoriens ne défendent pas un retour à l'induction ou à une forme de subjectivisme historique radical (Tilly, 2008, p. 4-5 et 39 ; Burawoy, 1989). Cela ne signifie pas que des anecdotes, des accidents, des actions aux résultats inattendus, ou des conjonctures fortuites ne puissent être à l'origine de phénomènes importants, que ce soit une décision politique ou une transformation sociale (Aron, 1967, p. 510-513). Ce que cela suppose, cependant, c'est qu'alors que la prise en compte de ces événements est importante pour la *description* des causes d'un événement précis, elle ne l'est pas si l'on cherche des explications généralisables des phénomènes sociaux. Pour reprendre l'argument d'E. H. Carr, si ce que l'on cherche à expliquer, l'*explanandum*, comporte inévitablement des propositions événementielles, l'ensemble de propositions théoriques à partir duquel on cherche à l'expliquer, l'*explanans*, ne peut, lui, être composé de telles propositions (Evans, 2000, p. 111-113). Il doit relever d'un degré d'abstraction qui va au-delà de la description ou de la narration empirique.

Le second type défini par Paige, les *explications conjoncturelles*, «met l'accent sur le fait qu'une combinaison particulière de causes et d'événements, et en particulier le temps et le lieu peuvent créer des conséquences uniques qui ne se répéteront pas nécessairement dans d'autres contextes» (Paige, 1999, p. 782). Reprenant l'esprit du deuxième exemple d'Aron, on peut évoquer les travaux qui cherchent à contextualiser le type de guerres de la période post-guerre froide, ceux de Martin Shaw (2005) notamment, dont la portée explicative est restreinte à une courte période, et ceux plus généraux portant sur la dynamique des guerres civiles, celui de Jean-Pierre Derriennic (2001) par exemple. Plusieurs travaux sur les mouvements sociaux et l'action collective procèdent à ce degré d'abstraction pour tenter

---

6. Pour une approche en ce sens, voir Sewell, 2005.

d'expliquer les contextes, stratégies et événements favorisant ou non la réussite des actions collectives. Le travail de Tilly sur les révolutions illustre, d'une part, sa prise de distance avec un modèle hypothético-déductif qui attribue des lois universelles aux processus révolutionnaires ; et, d'autre part, ses réserves devant la réduction pure et simple du monde social à un univers de contingences. Ainsi Tilly défend :

> Revolutions do not resemble eclipses of the sun, which because of the regularities of celestial motion repeat on a precise schedule under specifiable and perfectly comprehensible conditions – those conditions and no others. Instead revolutions resemble traffic jams, which vary greatly in form and severity, merge imperceptibly into routine vehicular flows, and happen in different circumstances for a number of different reasons. Yet traffic jams do not happen randomly ; they occur according to strong regularities in the timing of traffic, responses of drivers to weather conditions, patterns of highway maintenance and construction, locations of automobile accidents and breakdowns, and a number of other factors, each of which is somewhat independent of the others but relatively predictable on its owns. The coincidence of these factors is so complex as to seem almost a matter of chance. Dense fog, for example, is a likely sufficient condition for traffic jams in one kind of setting, a stalled car in another, opening of a drawbridge in yet another (Tilly, 1995c, p. 7).

Poursuivant l'analogie avec la congestion routière, Tilly défend qu'une fois une séquence entamée, la tâche du sociologue est de prévoir la probabilité qu'entre en jeu un ensemble de mécanismes et de processus. Bien que ces scénarios exigent la coordination d'un ensemble d'actions et de stratégies individuelles, celles-ci n'échappent pas à certaines régularités, qui, elles, peuvent être prédites (*ibid.*). En somme, il est impossible de formuler une théorie générale des conditions nécessaires et suffisantes des révolutions ou des congestions routières. Cela ne doit pas décourager le sociologue de s'intéresser aux processus et mécanismes causaux qui contribuent à en expliquer l'occurrence. Ceux-ci requièrent d'être situés dans le temps. Les conditions les rendant possibles et la probabilité qu'ils surviennent ne sont pas transhistoriques.

Des chercheurs s'intéressent au sens des actions des acteurs, aux dynamiques du changement social et à l'individualité historique de leurs *explanans*. Ici, la dimension subjective des processus sociohistoriques passe au premier plan. C'est moins la généralisation des relations causales entre des idéaux types qui intéresse ces chercheurs que la reconstruction du sens qu'a pu avoir un événement pour un individu, un groupe d'individus, une communauté ou un mouvement social. L'accent de la recherche est ici mis sur la singularité et les spécificités historiques d'un cas ou d'une trajectoire parmi d'autres. Ces méthodes, parfois qualifiées d'idiographiques, mènent à l'élaboration de biographies individuelles ou collectives. Les historiens sont les grands défenseurs de telles méthodes.

Les comparativistes adoptant des modèles hypothético-déductifs cherchent des explications causales permettant la quantification de phénomènes sociaux, l'identification de lois, de tendances ou de corrélations entre des événements et des causes. Ici, l'heuristicité, la simplicité et l'élégance d'un modèle théorique sont considérées comme des gages de scientificité[7]. On trouve plus de sociologues que d'historiens parmi les tenants de cette position[8]. Certains sociologues reprochent aux historiens de procéder à des comparaisons trop prudentes, excessivement particularisantes, conduisant à des généralisations infécondes ou banales. Selon Randal Collins (1999, p. 13), par exemple, le prix à payer pour des comparaisons trop contextuelles est l'abandon de questions théoriques fondamentales. Plutôt que d'approfondir la réflexion sur ces questions, déplore Collins, les comparaisons contextuelles tiennent pour acquises des réponses à ces questions. En cherchant à ne pas énoncer de théories, ces postures se retrouvent à faire de la mauvaise théorie.

Les avocats du troisième type d'explications causales, les *explications conditionnées historiquement*, estiment ceci :

---

7. Pour une synthèse de telles positions, voir Hodgson, 2001, p. 29-32.

8. Pour une défense de cette position, voir Kiser et Hechter, 1991, 1998. Sur la méthodologie des programmes de recherche en sciences sociales, voir Burawoy, 2005.

L'environnement spécifique devrait, mais souvent ne le fait pas, inclure des conditions historiques au sein desquelles les lois s'appliquent. Préciser ces conditions exige plus que de simplement mentionner les noms appropriés pour les lieux où et les périodes au cours desquelles les lois s'appliquent. Cela suppose [...] de définir les « analogies causales profondes », qui unissent les situations au sein desquelles les lois s'appliquent (Paige, 1999, p. 785 ; traduction libre).

Marx, par exemple, insistait sur la nécessité de distinguer les dynamiques particulières du capitalisme de celles d'autres formations sociales (Marx, 1981 ; Comninel, 2003, p. 90 ; Hodgson, 2001). Les sociologues marxistes ont longuement débattu du caractère abstrait ou historiquement spécifique de concepts employés par Marx : le travail et la force de travail ; la valeur ; les modes et relations sociales de production ; les forces productives ; les relations sociales de propriété, etc. Selon certains, les concepts de force de travail et de capital, compris comme une relation sociale, décrivent des dynamiques propres au capitalisme (Wood, 1995a ; Postone, 2009). Le sociohistorien Matthew Lange (2013b, p. 74-75) emploie, lui, la notion d'« effet de période » pour référer à l'importance de l'analyse contextuelle. Un autre défenseur de telles méthodes est Tilly :

> We should build concrete and historical analyses of the big structures and large processes that shape our era. The analyses should be concrete in having real times, places, and people as their referents and in testing the coherence of the postulated structures and processes against the experiences of real times, places, and people. They should be historical in limiting their scope to an era bounded by the playing out of certain well-defined processes, and in recognizing from the outset that time matters – that when things happen within a sequence affects how they happen, that every structure or process constitutes a series of choice points. Outcome at a given point in time constrains possible outcomes at later points in time (Tilly, 1984, p. 14).

Afin de poursuivre le parallèle avec la réflexion d'Aron, il faut noter que ce type d'explication n'est pas du même ordre que celui qu'invoque Aron dans son dernier exemple. Alors qu'Aron renvoie à un type de cause transhistorique, c'est-à-dire dont l'heuristicité s'étend à n'importe quel contexte, Paige propose une combinaison de causes relevant à la fois de mécanismes ou processus généralisables et d'événements précis.

2.2. L'HOLISME, L'INDIVIDUALISME MÉTHODOLOGIQUE ET LES PROCESSUS STRUCTURÉS

Dans cette section, nous revenons rapidement sur le débat entre holisme et individualisme méthodologique en sociologie historique. En dépit de leur attrait pour les objets macrosociaux et pour la contextualisation des processus sociohistoriques sur le plan global, les sociohistoriens se méfient de certaines formes d'holisme sans pour autant abdiquer devant les théories du choix rationnel. La tendance des dernières années a plutôt été d'avoir davantage recours à un ensemble d'outils de niveaux mésosociologiques : analyse relationnelle, transactionnelle, processuelle, théorie des réseaux, théories interactionnistes, afin de mettre en relief des mécanismes et processus trop fins pour être perçus au télescope macrosocial (Lawson, 2007).

À la suite de Christopher Lloyd, nous qualifions d'*holistes* des théories qui, non seulement accordent une importante portée explicative aux concepts de système, société et structure, mais leur attribuent une existence *autonome* dotée d'une intentionnalité. Lloyd définit l'holisme comme :

> the idea that society or culture or economy or nation are somehow objectively existing external entities, which can be conceptualized and studied as though they are more or less unchanging things. The role of individuals here is as the passive carriers of collective generated social forces. Changes somehow mysteriously come from the social whole and are implemented by individuals (Lloyd, 1993, p. 42).

Par conséquent, l'holisme englobe des théories où les agents sont dépourvus d'intentionnalité ; où la politique est un épiphénomène et où le changement social est expliqué par des hypothèses *ad hoc*. Au moyen de concepts importés de la cybernétique ou de la biologie, on attribue à ces entités l'*intention* de s'*adapter* à un nouvel environnement. Ce transfert conceptuel ne va pas de soi (Habermas, 1987, p. 99-117).

On trouve cette variante d'holisme dans des développements de la théorie du système-monde. Ici, l'opposition entre l'individu et la société est remplacée par l'analyse plus ambitieuse des systèmes-mondes. Ces perspectives sont invoquées à l'encontre du nationalisme méthodologique de la discipline[9]. Chez certains de ces praticiens, Gunder Frank (1998, p. XXVI et 33) par exemple, elles empruntent à l'analyse fonctionnaliste une métaphore organiciste où le tout vient expliquer la fonction et le rôle de chaque partie. Rares sont cependant les sociohistoriens qui se revendiquent aujourd'hui d'un tel holisme. Leur prise de distance avec l'holisme ne se manifeste pas par un désintérêt pour les questions globales, mais plutôt par une critique nominaliste de certains concepts de la tradition holiste et par une reconstruction du macrosociologique à partir du mésosociologique. Pour nos fins, un chercheur qui s'intéresse à un objet à l'échelle globale n'est pas de ce fait même un holiste. Nous refusons par exemple de qualifier d'holistes l'ensemble des travaux de l'histoire globale en raison de l'échelle que celle-ci privilégie. Nous qualifions d'holiste une approche dont l'*explanans* et non l'*explanandum* est global ou total. Une explication qui attribue une intentionnalité ou des qualités humaines à une nation ou à une société est holiste. Une explication qui place dans un contexte global des réseaux commerciaux, des rapports de forces géopolitiques, des flux financiers, des processus culturels ne l'est pas nécessairement (Douki et Minard, 2007 ; Pomper, 1995).

À l'encontre de l'holisme, les sociohistoriens préfèrent généralement un ensemble d'approches mésosociologiques : transactionnelles, relationnelles, situationnelles, processuelles et structurelles (Goffman, 1974a ; Collins, 1981 ; Elster, 1982 ; Tilly, 2008). Ces approches conservent des microfondations ou adhèrent à une forme de réalisme critique, organisationnel ou relationnel, ou de matérialisme historique (Bryant, 2000 ; Calhoun, 1998). Elles n'attribuent pas à un individu rationnel présocial et abstrait une valeur heuristique supérieure à celle

....

9. Sur le nationalisme méthodologique, voir Burawoy, 2005 ; Chernilo, 2006, 2007, 2011 ; Wimmer et Glick Schiller, 2002 ; Amelina, 2012.

des interactions et des relations sociales. Tilly, par exemple, prend ses distances avec les théories de l'action collective dont les microfondations reposent sur une ontologie néoclassique à partir de laquelle les actions individuelles et les conflits sociaux sont appréhendés d'abord en tant qu'actions stratégiques plutôt qu'en tant que processus interactifs (Tilly, 2008, p. 18-19 et 49). En dépit de cette prise de distance avec l'ontologie néoclassique, il reste profondément nominaliste :

> Aucun théoricien ne peut se réfugier de façon responsable derrière des énoncés vagues à propos de « la société » quand il a le choix d'énoncés à propos des États nationaux, des blocs de pouvoir internationaux, des régions, des modes de production régionaux, des classes sociales, des groupes linguistiques et de beaucoup d'autres unités sociales (Tilly, 1984, p. 81, traduction libre ; voir aussi Magubane, 2005, p. 94-97).

Pour comprendre la méfiance à l'égard de l'holisme, un détour par la discussion des concepts de système et de structure en sciences sociales est nécessaire. Ces concepts, employés comme métaphores biologiques dans des explications fonctionnalistes, ont eu une carrière controversée en sciences sociales (Laurin-Frenette, 1978). Parsons tentera de leur faire jouer un rôle aussi important en sociologie que celui qu'ils jouent en biologie, mais cette démarche sera soumise à un examen critique durant les années 1970-1980. Sur le plan ontologique, c'est le concept de système comme unité d'analyse qui est remis en question, la prémisse selon laquelle les systèmes sociaux auraient un « état stable » qui ne soit pas le résultat de rapports de forces historiques notamment[10]. Sur le plan épistémologique, c'est, d'une part, l'attribution d'une intentionnalité au système qui a été remise en question et, d'autre part, le fait que les explications fonctionnalistes fassent fi de l'intentionnalité réelle des acteurs (Elster, 1982 ; Habermas, 1987). Ces deux critiques seront développées plus tard dans ce chapitre. Bien que le structuro-fonctionnalisme soit en partie tombé dans l'oubli avec Parsons, le type de raisonnement fonctionnaliste qui en est le corollaire a survécu dans différentes théories des sciences sociales : la

---

10. Nous reviendrons sur ces limites dans la section sur les méthodes comparatives.

théorie du système-monde de André Gunder Frank, la théorie du nationalisme de Ernest Gellner, la théorie du pouvoir social de Michael Mann, la théorie de la culture de Jeffrey Alexander et dans certaines variantes de postmodernisme.

Le rapport de la tradition marxiste à l'holisme est équivoque. Marx a inspiré des programmes de recherche ayant des interprétations bien différentes du concept de *totalité* des rapports sociaux. Certains affirment que l'analyse du monde social doit en reconstruire la totalité à partir de l'ensemble des rapports sociaux de production. Des chercheurs dans cette mouvance se sont réclamés d'une certaine forme d'holisme (Haldon, 1993). Plus modestes, d'autres soulignent l'importance de considérer la dynamique des relations sociales au-delà et en deçà du cadre étatique *strictu sensu*. Plutôt que de partir du concept de totalité, Hannes Lacher s'intéresse aux processus de *totalisation* et d'*internalisation* à travers lesquels le capitalisme subsume et incorpore des éléments qui lui sont extérieurs et se voit en retour modifié par ces éléments (Lacher, 2005, p. 36-37). Aux fins de notre propos, nous qualifions d'*holistes* seulement les approches qui attribuent un comportement collectif à cette totalité de rapports sociaux. Ce n'est pas uniquement le concept de système qui a été remis en question par des approches prenant leur distance avec l'holisme. Celui de société requiert également d'être problématisé.

2.2.1. Quelle heuristicité pour le concept de société ?

Le concept de société joue un rôle central dans la tradition sociologique de Durkheim. Parsons contribuera beaucoup à sa pérennité. Anthony Giddens définit la société comme « *a social system which "stand out" in bas-relief from a background of a range of other systemic relationships in which they are embedded. They stand out because definite structural principles serve to produce a specifiable overall "clustering of institutions" across time and space* » (Giddens, 1984, p. 164). Cette définition reste fortement imprégnée d'une théorie des systèmes héritée de Parsons avec toutes les lacunes qu'elle comporte.

Les traditions marxiste et wébérienne sont plus prudentes à l'égard du concept de société. Elles en font un usage plus descriptif qu'analytique[11]. En tant que représentation collective, la société oriente les actions de millions d'individus. Le sociologue ne peut donc pas négliger de telles représentations, mais il doit se méfier du traitement anthropomorphique de ce concept. Eric Wolf résume bien les appréhensions de plusieurs chercheurs quand il estime que

> les concepts comme « nation », « société » et « culture » menacent des transformer des noms en choses. C'est seulement en comprenant ces noms comme des noyaux de relations, et en les replaçant au sein du champ dont ils furent extraits, que nous pouvons espérer éviter des inférences douteuses et ainsi accroître notre compréhension intersubjective (Wolf, 1997, p. 3; traduction libre).

Du XIXe siècle à aujourd'hui, plusieurs sociologues ont contesté l'interchangeabilité des concepts de société et d'État national (Magubane, 2005, p. 101-103). Très tôt, des intellectuels afro-américains ont dénoncé les rapports de force masqués par un concept de société qui refoule l'historicité des relations de pouvoir racisées. C'est seulement par la violence de l'abstraction que nous créons un concept de société dont sont exempts les espaces de contestations, les réseaux, les relations de classe et les hiérarchies sexuées, genrées et racisées. Attribuer une agence, une volonté collective, une identité ou une mémoire à cette entité est très problématique. Comme les libéraux, les marxistes se sont intéressés au concept de société civile plus qu'à celui de société. Ils en font cependant un usage distinct qui vise à mettre en relief les débats, les contradictions, les mouvements, le caractère multiple et contradictoire des intérêts et non pas l'harmonie et l'unité d'action (Cohen et Arato, 1994; Wood, 1995a, p. 238-263 et chapitre 7; Rosenberg, 1994).

Tilly fournit d'autres raisons à la base de l'appréhension de plusieurs chercheurs à l'égard du concept de société : « Bien que les États nationaux existent, il n'y a pas de "société" qui exerce d'une quelconque manière un contrôle social et qui incorpore

---

11. Weber usait du concept de *domaine sociétal* (Kalberg, 2002, p. 55-56).

des conceptions partagées de la réalité » (Tilly, 1984, p. 12, traduction libre, et 20-26 ; voir aussi Mann, 2012a). Au-delà de l'enjeu du traitement anthropomorphique du concept, celui des critères en fonction desquels délimiter empiriquement une société pose également problème :

> All of the standard procedures for delineating societies run into severe trouble when the time comes either to check the clarity and stability of the social boundaries thus produced or to describe the coherent structures and processes presumably contained within those boundaries. How ? In many variants, all the troubles return to two fundamental difficulties : first, how to make boundaries of the « same » unit consistent in time, space, and personnel ; second, how to determine whether the proposed boundaries do, in fact, delimit a distinct and coherent social entity (Tilly, 1984, p. 22).

La question de la délimitation empirique d'une société, considérée comme un tout organique, est une boîte de pandore dont découle une série d'autres problèmes. « Même si tous les aspects de la vie sociale avaient des frontières bien délimitées, ce ne serait pas assez », souligne Tilly. « Si les frontières de différentes sortes d'action ne coïncident pas, l'idée de société en tant que système autonome, interdépendant et organisé perd toute plausibilité » (ibid., p. 25 ; traduction libre).

Michael Mann (2012a, p. 1-32) partage la critique d'un concept de société censée pouvoir délimiter, voire contenir, un ensemble de réseaux politiques, culturels, idéologiques et militaires. En 1988, il distingue encore le concept de société, qu'il définit comme « un réseau d'interactions sociales aux frontières desquelles se produit un clivage d'interactions relatives », des sociétés à grande échelle, c'est-à-dire « des réseaux d'interactions sociales, avec des clivages à ses frontières, qui s'étendent au-delà de plusieurs centaines de milles » (Mann, 1988, p. 34 ; traduction libre). Ces définitions restent consistantes avec la critique ontologique qu'il effectue du concept dans The Sources of Social Power et l'option théorique qu'il propose à la théorie des systèmes, au structuro-fonctionnalisme et à certaines variantes du marxisme. Sa critique ontologique du concept est que « les sociétés ne sont pas unitaires. Elles ne sont pas plus des systèmes sociaux (ouverts ou fermés) que des totalités. Nous ne pouvons jamais trouver une seule société fermée dans un espace géographique ou social » (Mann, 2012b, p. XI, traduction libre, et 1; voir aussi Hobden, 1999, p. 258-259). L'option théorique que Mann propose est d'analyser sur la longue durée quatre sources de pouvoir social : idéologique, politique, militaire et économique. Ces pouvoirs sont institutionnalisés à travers quatre réseaux sociospatiaux prenant différentes configurations dans le temps, rarement réductibles aux frontières d'une unité politique. Il ne suffit donc pas de remplacer le concept de société par celui d'État, selon Mann, puisque l'État est le lieu principal d'une seule forme de pouvoir social : le politique.

L'histoire sociale arrive à des conclusions similaires par d'autres voies. D'une part, la théorisation d'un espace de liberté constitué par une société civile indépendante de l'État est une idée révolutionnaire de la tradition libérale anglaise. On en trouve une formulation limpide dans la critique que John Locke effectue dans le *Traité du gouvernement civil* de la conception de l'État patriarcal formulée par Robert Filmer. L'histoire des idées politiques a, par exemple, contribué à l'historiographie des nombreuses composantes desdites sociétés omettant les influences idéologiques et les orientations politiques (Armitage, 2013, p. 17-32). Si au départ l'histoire sociale reprenait à son compte la croyance en une certaine totalité organique pouvant être saisie au moyen du concept de société, cette croyance a été érodée ces dernières décennies au point où deux de ces éminents représentants concluent que « l'idéal de saisir des sociétés dans leur ensemble, d'écrire l'histoire de "sociétés entières" [...] est l'objet d'un extrême désarroi » (Eley et Nield, 2007, p. 49 ; Valverde, 2012). Cela ne signifie pas qu'il faille bannir le concept de société du vocabulaire sociohistorique. Il faut plutôt se méfier des tentatives d'attribuer une trop grande portée explicative à ce concept.

2.2.2. L'individualisme méthodologique, la rationalité des agents et les structures sociales

Avec la remise en question du structuralisme, le retour aux théories de l'action sera l'une des avenues empruntées par les chercheurs critiques de l'oblitération de la subjectivité des acteurs dans les structures sociales, de la réduction du politique à l'économique, ou de l'absence de microfondations à l'ontologie des sciences sociales (Collins, 1981). Il ne faut pas réduire caricaturalement l'ensemble de ces positions à des variantes d'individualisme méthodologique complice de l'économie néoclassique. Ce retour aux théories de l'action suscita un intérêt pour celle de Weber (Kalberg, 2010). Nous reviendrons ici sur certains problèmes sociologiques que posent ces théories pour la sociologie historique de Weber notamment.

L'individualisme méthodologique repose sur la conviction épistémologique selon laquelle : « *all social phenomena – their structure and their change – are in principle explicable in ways that only involves individuals – their properties, their goals, their beliefs and their actions. Methodological individualism thus conceived is a form of reductionism* » (Elster, 1985, p. 5). La conviction que partagent ses adeptes est que « toute explication, pour être complète, doit comporter une description des motivations des acteurs » (Kiser et Baer, 2005, p. 229 ; Elster, 1985, 2009). Weber soutient que la sociologie doit avoir pour objet les articulations entre l'action des personnes et la structure sociale (Weber, 1995a ; Kalberg, 2002, p. 55-56), ce qui ne signifie pas qu'il faille extraire les individus de leur contexte social, mais plutôt « prendre au sérieux la difficulté de comprendre la relation entre le choix individuel et les processus sociaux » (Wright, 1995, p. 21 ; traduction libre). Ces choix conscients ou non s'effectuent à la lumière de normes, de valeurs et d'intérêts qui varient dans différents univers de sens et qui ne sont pas naturels. D'où la dimension herméneutique en sociologie.

Le retour à Weber inspirera plusieurs développements n'accordant pas tous la même importance à sa théorie de l'action rationnelle en valeur ni à son traitement des structures sociales (Kalberg, 2002, p. 65-84 ; Colliot-Thélène, 2006 ; Brubaker, 2011 ; Raynaud, 1996 ; Habermas, 1998). Stephen Kalberg souligne que

> contrairement à ce que l'on pense fréquemment, ces notions familières [l'individualisme méthodologique et les orientations de l'action par les significations subjectives] – de même que le rôle central de l'idée de « compréhension interprétative » (*Verstehen*) – n'impliquent pas, dans l'ensemble des

textes de Weber, l'oubli des déterminations structurelles. Bien plutôt, comme on l'exposera en détail, des organisations, des classes et des groupes de statut déterminé se cristallisent d'eux-mêmes de *manière régulière et configurée* à partir de l'orientation de l'action des personnes (Kalberg, 2002, p. 56 ; voir aussi Kalberg, 2010, p. 83).

Reinhard Bendix (1962, p. 286) insiste sur l'importance de la dimension subjective de la théorie de l'action de Weber. Dans celle-ci, toute action est orientée à la fois entre des personnes et entre des personnes et des normes. C'est en ce sens que la culpabilité, l'honneur, l'envie, le désir d'acquérir, la quête de sécurité ou la pudeur sont des valeurs et des normes *sociales* (Weber, 1995a, p. 28-29). C'est parce qu'ils sont socialisés à travers elles que des fonctionnaires ou des armées acceptent, par exemple, de travailler sans en tirer de bénéfices instrumentaux. De façon plus générale, ces normes rendent possibles des actions dites rationnelles en valeur et irréductibles à une activité purement instrumentale ou stratégique.

L'individualisme méthodologique ne dérive pas de l'individualisme possessif. Cela dit, certains sociologues ont souligné des implications plus subtiles de la théorie de l'action proposée par Weber dans *Économie et société* notamment. Norbert Elias (1978, p. 120) exprime des doutes quant à la distinction de Weber entre les actions sociales et les actions « purement individuelles », en particulier celles à l'égard des objets inanimés. Simon Clarke propose une critique encore plus incisive de la théorie de l'action de Weber en montrant qu'elle reprend une conception marginaliste de l'économie. C'est à partir de cette conception que Weber divise le travail entre sociologues et économistes :

> On the one hand, Weber explained the social relations and social institutions of capitalist society in terms of generalised process or "rationalisation", which was only the subjective expression of the naturalistic theory of capitalist social relations developed by marginalist economies. From this point of view a "rational" value-orientation was imposed on society as the means of achieving economic and administrative efficiency. On the other hand, Weber insisted that such a "rational" value orientation was culturally and historically specific to Western civilisation, and

> undermined the "substantive rationality" embodied in alternative value-orientations, which appealed to higher values, but which had no rational foundation. Thus Weber's sociology was caught between the naturalistic rationalism of marginalist economics and the romantic irrationalism of German idealist philosophy (Clarke, 1991, p. 233).

Nous reviendrons sur les conséquences de cette tension épistémologique sur la théorie de l'action de Weber et sur sa sociologie historique (Lapointe et Dufour, 2012).

Le concept de structure a été au centre de plusieurs théories sociohistoriques[12]. Comme pour les concepts de système et de société, son traitement anthropomorphique a été fortement critiqué. Or, les structures ne peuvent être traitées comme des acteurs intentionnels. Contrairement à ce que postulent des versions simplistes du marxisme, du féminisme ou d'autres théories du pouvoir, on ne peut comprendre le sens d'une action orientée en valeur à partir du seul emplacement d'un acteur au sein d'une structure sociale. Les sociologues ont donc cherché à enchâsser le concept de structure dans des processus mésosociologiques. On insiste aujourd'hui sur le caractère historique, construit, intersubjectif que prennent les structures comprises comme des « relations régularisées entre des positions sociales qui situent des individus par rapport à des ressources déterminées » (Rosenberg, 1994, p. 48). Plus récemment, le politologue Samuel Knafo soulignait que même le concept de « contraintes structurelles » devrait être théorisé de façon à mieux rendre compte de la subjectivité des acteurs :

> What appears to be the product of structural constraints is always a product of agency when properly resituated within a social relation that takes into account the power of another actor exploiting these structural constraints. The agency/structure debate is thus ill defined because it examines the issue in terms of a dual relation between structure and agent, when in fact we are dealing with a social relation between agents which is only mediated by structures (Knafo, 2010, p. 504).

------

12. Sur le déclin du paradigme structuraliste en France, voir Dosse, 1992, p. 313-494.

Sur un plan plus macrosociologique, le travail de Jean-François Bayart illustre bien cette critique d'une conception rigide des structures sociales au profit d'une approche plus souple en termes de matrice d'actions. Cherchant à situer les acteurs dans les trajectoires de dépendance des États subsahariens, Bayart interprète ces trajectoires à travers le paradigme de l'extraversion. Ce paradigme, propose-t-il, « nous paraît permettre de saisir la dynamique de la dépendance dans laquelle se trouve le sous-continent : celle-ci est un processus historique, une matrice d'action, plutôt qu'une structure comme incline à la concevoir, de façon trop statique, le raisonnement dépendantiste » (Bayart, 2006, p. XXVII)[13]. Il s'inscrit autant contre une approche déterministe des structures sociales que contre la théorie du choix rationnel.

Ses défenseurs soutiennent que les structures sociales doivent être conçues comme des interactions répétées entre des individus (Tilly, 2008, p. 123). Dans cette équation, ce sont moins les individus qui sont intéressants que les interactions sociales auxquelles ils prennent part : « *Social relationships, indeed, are merely abstractions from multiple interactions among individual human beings. But that brings us to the point : We abstract not from individual behaviors, but from sets of individual behaviors involving two or more persons at a time* » (Tilly, 1984, p. 27). Une fois institutionnalisée, la répétition de ces interactions devient un *mécanisme social* structurant. Tilly qualifie de mécanismes « des séquences causales récurrentes de portée générale – qui figent les inégalités catégorielles en place » (Tilly, 1999, p. 7 ; traduction libre). On trouve une notion de structure sociale similaire chez Rosenberg :

> *a regularized relation between social positions which places individuals with respect to determinate resources (of various kinds). It is an abstraction posed in order to illuminate the form and properties of a definite set of relationships – rather than a law which operates from without to manipulate the individuals concerned* (Rosenberg, 1994, p. 48).

....

13. L'expression « dépendantiste », ici, désigne le type d'explications généralement proposées par la théorie de la dépendance ; voir le chapitre sur la transition au capitalisme.

Mann critique également les notions déterministes de structures au profit d'une conception de celles-ci en tant que cristallisation « de relations intergroupales autour de la distribution de ressources liées au pouvoir » (Mann, 2012a, p. x ; traduction libre).

C'est chez Marx, Georg Simmel et George Herbert Mead que Charles Tilly voit la plus importante tradition d'explications transactionnelles et relationnelles (Tilly, 2008, p. 30). La particularité de ces explications est

> d'utiliser les interactions entre des sites sociaux comme point de départ, en traitant à la fois les événements et les caractéristiques durables de ces sites comme le résultat d'interactions. Les explications transactionnelles deviennent relationnelles [...] lorsqu'elles mettent l'accent sur les caractéristiques persistantes de transactions entre des sites sociaux précis (Tilly, 2008, p. 27 ; traduction libre).

Affirmer que le social prend forme à travers des interactions dont la répétition crée des processus ou des structures vise également à dépasser certains truismes du constructivisme. Il ne suffit pas d'évoquer *ad nauseam* le caractère construit du monde social (Hacking, 2000). La sociologie doit développer des outils théoriques permettant de comprendre pourquoi certaines constructions se reproduisent, se transforment, se pétrifient, s'adaptent ou se métamorphosent. Quels mécanismes sociaux, et quelles combinaisons de ceux-ci, permettent les expériences sociales que sont, par exemple, les marqueurs de l'identité ? Dans quelle mesure la combinaison de mécanismes sociaux à une échelle locale engendre-t-elle des processus sociaux à une échelle macrosociale ?

Cette section a souligné différents enjeux épistémologiques et ontologiques auxquels sont confrontés les concepts de système, de société et de structure en sociologie historique. Un autre enjeu, méthodologique celui-là, est bien important en sociologie historique. C'est celui des méthodes comparatives au cœur desquelles les questions relatives aux unités de comparaison, aux séquences historiques et à la connexion des trajectoires au sein d'une histoire globalisante sont fortement débattues.

2.3. Les méthodes comparatives en sociologie historique

> *The world the historian investigates is differentiated, so to*
> *speak, "all the way down". But it is also fractal, in that at each*
> *scale similar pressures and similar rifts can be detected.*
>
> (Maier, 2012, p. 78)

On apprécie depuis longtemps l'importance de l'analyse comparative en sciences sociales (Bloch, 1928; Gazibo, 2002, 2008; Gazibo et Jenson, 2004). À l'époque des Lumières, Montesquieu (1748) et surtout John Stuart Mill (1843) s'intéressaient aux mérites et aux limites de l'analyse comparée des phénomènes sociaux. Bien que Marx ait eu recours à de nombreuses comparaisons, diachroniques notamment, c'est chez Weber que l'on trouve l'emploi le plus systématique de telles méthodes. Durant les années 1950 et 1960, les théories de la modernisation tentaient d'identifier les facteurs expliquant les trajectoires déviantes par rapport à la modernisation idéal-typique conçue comme normale, et surtout d'y remédier[14]. Avec le déclin de ces théories, les comparativistes se sont penchés sur la diversité des trajectoires développementales; puis, par un retour du balancier, sur les éléments de convergence entre des trajectoires longtemps conçues comme divergentes (Collins, 1998, p. 152-176; Eisenstadt, 2000).

Dans les sections suivantes, nous survolons différentes questions relatives aux finalités de l'analyse comparée[15]. Nous nous attardons aux questions suivantes: Les catégories d'analyses doivent-elles être transhistoriques ou particulières à certaines époques ou à certains contextes particuliers? Incidemment, doivent-elles viser l'explication du plus grand

---

14. Sur la théorie de la modernisation et son contexte, voir Bromley, 2008.

15. Pour une introduction à l'étude en sciences sociales des méthodes de comparaison par convergence; par divergence; par convergence et divergence, voir Tilly, 1984, 2006b; Collier, 1993; Ragin, 1994; Kalberg, 2002; Collier et Adcock, 1999; Gazibo, 2002, 2008; Gazibo et Jenson, 2004; Paige, 1999; Abbott, 2001, p. 91-153; Cohen et O'Connor, 2004; Gazibo et Jenson, 2004; Mahoney, 2004; Collier et Levitsky, 2009; Fukuyama, 2011. Sur la question de la violence de l'abstraction voir Sayer, 1987. Sur la normativité des méthodes comparatives dans l'histoire comparée du Québec, voir Bouchard, 2000, p. 392 et suiv.; Rudin, 1998; Langlois, 2002. Sur la question de l'eurocentrisme et les méthodes comparatives, voir aussi Bhambra, 2010, p. 130.

nombre de cas possibles ou la compréhension de certains cas précis (2.4)? Nous nous intéressons ensuite à la relation entre les types d'analyse comparative et les conceptions du développement sociohistorique (2.5). Les sociohistoriens doivent garder en tête que certaines stratégies comparatives peuvent être enchâssées dans des logiques temporelles et spatiales dérivées de conceptions sociohistoriques du développement. Il faut aborder ces logiques de façon réflexive.

2.4. LES COMPARAISONS UNIVERSALISANTES ET INDIVIDUALISANTES

Comme les autres sciences sociales, la sociologie historique est traversée par la tension épistémologique entre expliquer et comprendre[16]. Les sciences sociales doivent-elles expliquer le monde social, c'est-à-dire rendre compte de ses lois ou régularités causales en l'objectivant à l'aide de modèles hypothético-déductifs, parcimonieux et généralisables, ou le comprendre, c'est-à-dire rendre compte de la subjectivité des acteurs en ayant recours à une méthode d'interprétation du sens de leurs actions et à des explications causales seulement sur le plan individuel? Faut-il choisir entre des théories déductives, rigoureuses et abstraites ou des théories inductives, interprétatives et rivées sur l'empirie[17]? Ainsi, on retrouverait à un pôle des théoriciens du nationalisme comme Ernest Gellner et Michael Hechter dont les théories visent à expliquer le plus grand nombre de cas possibles à partir d'un cadre théorique parcimonieux. À l'autre pôle, on retrouve la juxtaposition empirique de cinq trajectoires nationalistes documentées de façon exhaustive chez Liah Greenfeld ou l'étude comparative à la fois subtile sur le plan théorique et sophistiquée sur le plan empirique de

....

16. Sur ce débat, voir Apel, 1984 et Habermas, 1987 ; Berlin, 1998 ; Colliot-Thélène, 2004 ; Holis et Smith, 1991.

17. Pour une introduction à ces questions, voir Ragin, 1989, 1994 ; McMichael, 1990 ; Calhoun, 1998 ; Rueschemeyer, 2003 ; Paige, 1999 ; Berger, Feldner et Passmore, 2003 ; Cohen et O'Connor, 2004. Tilly (2006b) aborde cet enjeu en comparant le résultat de ses propres recherches à ceux de Raymond Grew. Pour une défense classique du critère de parcimonie, voir Olson, 1982.

la transformation des régimes de nationalité et d'ethnicité en Turquie, en Allemagne et en Russie par Sener Aktürk (Gellner, 1983; Hechter, 2000; Greenfeld, 1993; Aktürk, 2012). Les défenseurs de la première stratégie comparative favorisent les *comparaisons universalisantes*. Ce type de comparaison «identifie les propriétés communes entre un ensemble de phénomènes» (Tilly, 1984, p. 81; traduction libre). Il «vise à établir le fait que chaque instance d'un phénomène se conforme essentiellement à la même règle» (*ibid.*, p. 82; traduction libre). On cherche par exemple les causes universelles de la croissance économique, du développement humain, de l'émergence des États-providence, de la guerre, du déclin des partis sociaux-démocrates, de la stabilité de certains modes de scrutin, etc.

À l'opposé, les défenseurs de la seconde option préfèrent les *comparaisons individualisantes*. Ces comparaisons «traitent chaque cas comme unique, en prenant un cas à la fois, et en minimisant ses ressemblances avec d'autres cas» (*ibid.*, p. 81; traduction libre). Leur objectif est «de distinguer des occurrences spécifiques d'un phénomène donné afin de faire ressortir les particularités de chaque cas» (*ibid.*, p. 82). Les comparaisons individualisantes les plus intéressantes ne sont pas celles qui se situent seulement sur le plan événementiel. À cet égard, il est un peu trivial d'affirmer que chaque cas est unique. Les comparaisons individualisantes sont intéressantes lorsqu'elles portent sur les mécanismes, processus ou configurations qui divergent dans des cas où, intuitivement, on aurait de bonnes raisons d'assumer qu'ils convergent. Une enquête comparative individualisante retiendra davantage l'attention si elle explore un cas contre-intuitif, c'est-à-dire un cas qui semble échapper à une règle générale ou au sens commun. Pour quelles raisons la Corée du Sud accéda-t-elle à une croissance soutenue entre 1980 et 1998, alors que plusieurs États périphériques, l'Inde notamment, n'y parvinrent pas (Kohli, 2004; Chibber, 2006b)? Pour quelles raisons l'Angleterre entra-t-elle dans une période de révolution industrielle plus tôt que la France et les Pays-Bas, d'autres grandes puissances européennes (Allen, 2009)? Ces questions invitent à une comparaison qui cherche à individualiser la trajectoire de la Corée du Sud ou de l'Angleterre, selon le cas, par rapport à un ensemble d'autres cas.

Des thèmes classiques de la sociologie historique ont été au cœur de débats entre les partisans des comparaisons individualisantes et universalisantes. L'analyse du processus de formation de l'État moderne a donné lieu à une vaste littérature à propos du caractère moderne ou non des institutions de l'Angleterre, de la France et des Pays-Bas à différentes époques. Ces cas sont souvent comparés afin de singulariser une trajectoire plus moderne que d'autres qui seraient, elles, caractérisées par la résilience d'institutions patrimoniales ou absolutistes. Les comparaisons visant à singulariser la « trajectoire occidentale » des autres procèdent en singularisant la trajectoire du Nord-Ouest européen par rapport à celles du reste de l'Europe, de l'Afrique ou de l'Orient (Lachmann, 1989 ; Gerstenberger, 2007 ; Wood, 1991 ; Bryant, 2006 ; Brubaker, 1996b ; Birnbaum, 1992 ; Clapham, 1955 ; Teschke, 2003 ; Wallerstein, 2011a, p. 165-221 ; Brenner et Isett, 2002 ; Mooers, 1991 ; Moore, 1966 ; Anderson, 1978a, 1978b ; Berend, 2003 ; Topolski, 1994 ; Wilson, 2000). Sur la Chine, voir Pomeranz (2000) ; sur l'Afrique, voir Bayart (2006), Cooper (2010, 2014a, 2014b) et Sindjoun (2010) ; sur l'Inde, voir Parthasarathi (2011) ; sur l'Empire ottoman, voir Barkey (2008). Dans le débat sur la transition vers le capitalisme, une controverse oppose les chercheurs pour qui la trajectoire de l'Angleterre doit faire l'objet d'une explication particulière en raison des spécificités de sa transition (Brenner, 1989, 1997 ; Mann, 1987 ; Allen, 2009), alors que d'autres considèrent que, prises globalement, les trajectoires de l'Europe de l'Ouest durant le XIXe siècle convergent suffisamment pour faire l'objet d'une explication universelle (Halperin, 2004, p. 22-24).

Les différentes stratégies comparatives ne produisent pas les mêmes effets. Elles isolent, mettent en relief, mettent en commun, singularisent, rapprochent ou éloignent. Au-delà de leur rôle analytique, elles renforcent ou désamorcent des perceptions que les acteurs ont du monde social. L'exercice comparatif suppose différents types de prétentions à la validité. Sur le plan cognitif, le comparativiste doit défendre les mérites de sa comparaison identifiant clairement un *explanans* et un *explanandum*. Sur les plans moraux et subjectifs, il doit aborder réflexivement les implications normatives de ses comparaisons.

Comme le souligne l'historien Charles S. Maier, il n'existe pas de recette pour savoir quelles comparaisons devraient viser le singulier et lesquelles devraient viser le similaire. Pour chaque cas, le chercheur «doit défendre publiquement ses jugements de façon convaincante, et ce sera au public critique d'en évaluer ultimement la pertinence» (Maier, 2012, p. 78).

Entre les défenseurs d'un modèle hypothético-déductif et ceux d'une démarche inductive et herméneutique, il y a cependant un important dégradé de positions. À la suite de Weber, les sociohistoriens trouvent souvent un équilibre entre différentes méthodes explicatives et interprétatives (Bendix, 1978, p. 15). Paige distingue les explications universelle, conditionnelle et conjoncturelle. Par explication universelle, il entend «les théories avec aucune spécification ayant trait au temps ou à l'espace» (Paige, 1999, p. 785); par théorie historiquement conditionnelle, il entend celles «qui spécifient explicitement le champ de conditions historiques dans le cadre desquelles la théorie est censée s'appliquer» (ibid.). Ce second type d'explication ne doit pas être confondu avec des explications conjoncturelles ou contingentes, car, «contrairement aux explications conjoncturelles ou contingentes, ces explications impliquent des généralisations au-delà d'un cas individuel» (ibid.). Les explications conjoncturelles ou contingentes, elles, portent sur des cas particuliers et ne prétendent pas fournir d'explications universelles. On pense ici aux travaux menant à la reconstruction d'une biographie collective dans un contexte historique donné. Paige souligne que plusieurs sociohistoriens combinent ces niveaux d'explication. Il défend pour sa part que l'avenir de la sociologie historique passe par «les théories conditionnelles de la seconde génération qui incorporent à la fois des récits et une temporalité conjoncturelle, des comparaisons guidées par la théorie et des généralisations historiques conditionnées qui n'étaient pas mises en relief dans les théories et comparaisons universalisantes de la première génération» (ibid., p. 781 et 784).

2.5. LES STRATÉGIES COMPARATIVES
ET LES CONCEPTIONS DU DÉVELOPPEMENT

Des Lumières jusqu'à la théorie de la modernisation, plusieurs stratégies comparatives ont été accusées de reposer sur une conception normative et insuffisamment réflexive du développement[18]. Le fait de tenir pour acquis le caractère normal ou non d'une séquence développementale amène par exemple les chercheurs à s'interroger sur les facteurs qui font qu'une trajectoire dévie des normes attendues par le modèle. Les théories marxistes et libérales ont longtemps tenu pour acquis que le rôle normal de la bourgeoisie était d'amorcer une révolution bourgeoise et, pour cette raison, ces théories ont passé considérablement de temps à chercher les causes de l'absence de ce rôle révolutionnaire qu'aurait dû jouer la bourgeoisie.

Dans un ouvrage classique effectuant une synthèse des méthodes comparatives en sociologie historique, Tilly analyse et évalue les méthodes comparatives, notamment en fonction d'une échelle de comparaison allant du plan macro et global au plan micro et spécifique.

Dans le tableau 2.2, plus on se déplace vers le haut, plus le contexte global au sein duquel s'inscrit la comparaison est important et, conséquemment, plus les comparaisons sont arrimées à une conception globale du développement. Nous garderons ce tableau en tête en présentant différents types de stratégies comparatives.

18. Sur cette critique, voir Collins, 1999, p. 152-176 ; Cox, 1976 ; Calhoun, 1998, p. 869 ; Bromley, 2008 ; Brenner, 2011.

TABLEAU 2.2.

Les niveaux d'analyse en sociologie historique et en histoire globale

Histoire globale	Comparaison portant sur les spécificités d'une époque ou d'une région dans le développement de l'histoire globale. Exemples : schèmes évolutionnistes ; montée et déclin des empires ; théories de la succession des modes de production
Système-monde	Analyse des connexions, des variations et des répercussions des réseaux constituant les plus grands ensembles de structures sociales interdépendantes. *En présence d'un seul réseau mondial cohérent, ce niveau fusionne avec le premier.* Exemples : analyse du système-monde et de ses réseaux de coercition et d'échange
Macro-sociologique	Analyse des variations des structures et processus de niveau macro au sein de réseaux spécifiques. Exemples : prolétarisation ; accumulation de capital ; urbanisation ; formation étatique ; bureaucratisation
Micro-sociologique	Analyse de l'expérience vécue par les individus et les groupes qui interagissent au sein des structures et processus. C'est le niveau d'analyse privilégié par l'histoire sociale ou l'histoire « par le bas ». *Si les comparaisons macrosociologiques se situent uniquement à ce niveau, il y a fusion avec le niveau macrosociologique.* Exemples : bibliographie collective de mouvements sociaux ; études des foules

Source : Adaptation de C. Tilly, 1984, p. 60-65.

2.5.1. La comparaison analytique d'unités discrètes

La comparaison d'unités discrètes inclut l'identification d'unités dotées d'une certaine opacité, au moins sur le plan analytique, dont on peut délimiter nettement la cohérence, les qualités et les limites. La politique comparée se penche par exemple sur les partis politiques, les mouvements nationalistes, les modes de scrutin, les régimes politiques et les politiques publiques. Ce type de comparaison est souvent atemporel. Il retire les unités discrètes du temps et de l'espace où elles s'inscrivent, ou alors, il ne leur attribue pas un rôle déterminant dans une explication. Pour certains objets, les modes de scrutin par exemple, cela peut aller de soi, mais nous verrons que, pour d'autres, cela peut causer certains problèmes, comme l'étude des mouvements nationalistes.

La première question que doit se poser le chercheur en sociologie historique comparative est celle des unités discrètes qui feront l'objet de sa comparaison. De façon générale, on peut se demander ce qui constitue une unité de comparaison valide en sociologie historique. Une liste non exhaustive comprend : des empires ; des États ; des sociétés ; des pratiques ou des mouvements nationalistes ; des organisations ; des mouvements sociaux ; des classes ; des relations sociales de production ; des régimes de propriété ; des ménages ; des modes de production ; des régions ; des villes ; des aires géographiques ; des civilisations. Aucune de ces unités ne va de soi. Chacune doit faire l'objet d'une définition appuyée par une revue exhaustive de la littérature.

Une autre question que pose le chercheur en sociologie historique est celle de l'heuristicité *historique* des unités qu'il compare. Le concept de révolution, par exemple, peut-il être utilisé pour comparer les causes de la Révolution française à celles du renversement du régime libyen dirigé par Mouammar Kadhafi ? Le concept d'empire peut-il servir à comparer les États-Unis en ce début de XXIe siècle à l'Empire britannique du XIXe siècle ou à l'Empire inca de la fin du XVIe siècle ? Si l'on peut comparer le mouvement nationaliste au Québec de façon diachronique à différentes époques, jusqu'où peut-on comparer la « nation québécoise » sans que cela soit anachronique ? Peut-on comparer la résilience des pratiques et institutions seigneuriales en France et au Bas-Canada ? Dans certains cas, l'asymétrie des unités comparées pose d'importants problèmes. Peut-on comparer des politiques émises par des organisations asymétriques, la politique d'immigration d'une province canadienne, comme le Québec, et celle de la France, alors que l'immigration est un champ de compétence partagé entre les provinces et le fédéral au Canada. Il n'y a pas d'emblée de réponses faciles à ces questions (Gagnon et Requejo, 2011 ; Kennedy, 2013 ; Dieckhoff, 2014). Comme le souligne Maier (2012, p. 78), « il n'y a pas de mesures inscrites dans les sociétés [de façon générale dans les unités comparées] elles-mêmes », c'est au chercheur de justifier les objectifs de sa comparaison et de les soumettre à la discussion savante.

2.5.2. Les limites des unités discrètes : temporalité complexe et multispatialité

Le recours à l'analyse comparative d'unités discrètes ne fait pas l'unanimité. Des historiens ont critiqué le fait que l'histoire comparée réifie des stéréotypes nationaux en comparant des unités discrètes qui, à l'abri d'influences transnationales, fixent des stéréotypes nationaux en dehors de leur contexte historique (Bayly, 2007; Espagne, 1994; Tyrrell, 1991; Werner et Zimmermann, 2003). Chez les sociologues, la critique de la comparaison d'unités discrètes est venue notamment de chercheurs pratiquant des comparaisons englobantes et incorporées (McMichael, 1990; Pomeranz, 2000; Caillé et Dufoix, 2013). Le choix d'un modèle de référence en fonction duquel sont effectuées des comparaisons de cas «normaux» ou «déviants» requiert une démarche réflexive. La principale critique adressée à la théorie de la modernisation est le fait qu'elle emploie des comparaisons visant à identifier les facteurs qui expliquent en quoi une trajectoire développementale diverge de celle des États-Unis ou de l'Angleterre. Les théories postcoloniales voient dans ce type de comparaison un relent de la prémisse de la normalité européenne ou américaine par rapport aux déviations du reste du monde (Chakrabarty, 2007). Or, de telles comparaisons sont également utilisées pour expliquer la déviation de l'Allemagne par rapport à l'Angleterre ou l'absence de modernisation de l'Europe centrale par rapport à l'Europe de l'Ouest (Collins, 1999; Anderson, 1978a, 1978b; Berend, 2003; Chirot, 1991). D'autres enfin formulent un argument encore plus général selon lequel la comparaison diachronique chez Durkheim et la comparaison synchronique chez Weber ont souvent participé à une conception étapiste du développement et du changement social remise en question sur les plans empiriques comme normatifs (Magubane, 2005).

Une des études comparatives les plus commentées en sociologie historique est l'ouvrage *États et révolutions sociales* de Theda Skocpol[19]. Skocpol y diagnostique une convergence

---

19. Voir aussi le chapitre sur la sociologie des révolutions pour le modèle de T. Skocpol.

entre les révolutions sociales française, russe et chinoise qui les fait diverger des trajectoires des révolutions sociales avortées en Angleterre, en Allemagne et au Japon. Le sociologue Jeffery M. Paige critique le fait que Skocpol, en proposant un échantillon s'échelonnant sur plus de trois siècles, abandonne une intuition centrale de la sociologie historique, celle selon laquelle « les effets et les causes diffèrent en fonction de différentes époques ». Il souligne que les comparaisons effectuées par Skocpol sont abstraites de la « séquence » et « du temps historique » à travers lesquels elles se sont déployées (Paige, 1999, p. 790-791, traduction libre ; voir aussi Steinmetz, 2004). Ce problème se pose pour les cas étudiés par Skocpol, mais également pour les cas ultérieurs : les mouvements de contestation en Égypte, au Maroc, en Libye, en Tunisie et en Jordanie en 2011 peuvent-ils être analysés à partir du même ensemble d'effets et de causes que la Révolution française de 1789 et la Révolution russe de 1917 ? Le chercheur ne peut esquiver une explication théorique justifiant sa réponse à ces questions.

Les nationalismes nativistes qui refont surface en Inde, en Hongrie, en France et ailleurs depuis le début du XXIe siècle peuvent-ils être expliqués par les mêmes facteurs que ceux exploités dans les années 1930 ? On retrouvait déjà le même questionnement chez les chercheurs qui comparaient certains régimes sud-américains et africains durant les années 1970 avec les régimes fascistes européens[20]. Le modèle de l'émergence et de la transformation des mouvements nationalistes, formulé par Miroslav Hroch (1985), est-il aussi valable pour le XIXe siècle que pour aujourd'hui ? Brubaker (1993) s'expose à un problème similaire en comparant les stratégies des anciennes élites coloniales au moment de l'effondrement des empires lors de la fin des Habsbourg, de l'Empire ottoman et de l'URSS.

Ce sont des questions concernant la portée historique des concepts : Y a-t-il une époque historique à l'intérieur de laquelle ceux-ci devraient être employés et, si oui, en fonction de quels

---

20. Pour la littérature comparative sur le fascisme, voir Eatwell, 2003 ; Paxton, 2004 ; Griffin, 1993, 2007. Pour une analyse comparée du stalinisme et du nazisme, voir Kershaw et Lewin, 1997 ; sur le populisme, voir Taguieff, 2007.

critères devrait-on délimiter cette époque ? Y a-t-il des facteurs propres à des contextes historiques qui ne peuvent en être extraits ? Un comparativiste qui cherche à inscrire ses comparaisons dans des époques historiques invoque notamment que les acteurs orientent leurs actions et leurs discours en fonction des mouvements qui les ont précédés. Ils s'inscrivent dans un répertoire historique. D'où l'importance de prendre en compte ces séquences et ce temps historique dans l'analyse comparative.

L'analyse comparative d'unités discrètes rencontre une autre limite lorsqu'elle n'est pas située dans le temps et dans l'espace. Elle ne peut pas rendre compte des cas où il y a une *dépendance des trajectoires* entre les unités comparées. Les institutionnalistes utilisent le concept de *dépendance avec sentier* pour décrire des situations où des choix individuels sont orientés en fonction du sentier déjà tracé par des choix antérieurs[21]. Cette dépendance à l'égard du sentier peut persister en dépit du fait que le choix n'est pas considéré comme le meilleur, mais où le coût de quitter le sentier est trop élevé pour mener à une modification du choix. Nous dévions de ce sens précis pour évoquer le fait que des événements d'une trajectoire survenus dans un temps 1 à une première location peuvent influencer ceux qui surviendront en un temps 2 à un autre endroit. Les événements de la trajectoire t1 font alors partie de l'explication de la trajectoire t2, ce qui suppose que les deux événements ne peuvent être expliqués par exactement le même ensemble de causes. On peut illustrer cette question par l'effondrement de l'ex-URSS qui impliquait une séquence de situations révolutionnaires dans différents États (Russie, République démocratique d'Allemagne, Hongrie, République populaire de Bulgarie, République socialiste tchécoslovaque). Les tenants de l'analyse de la dépendance des trajectoires font valoir que l'on ne peut pas comparer les causes de l'effondrement des régimes communistes sans prendre en compte l'effet d'entraînement qu'a pu avoir le *timing* des événements en encourageant de plus

....

21. Sur le concept de dépendance avec sentier (*path dependency*), voir Mahoney et Schensul, 2006 ; Mahoney, 2000 ; Pierson, 2003, p. 195-198 ; Lange, 2013b, p. 75-79 ; North, 1990 ; Hodgson, 2001.

en plus d'acteurs d'autres États à évaluer qu'une mobilisation contre leur régime puisse être victorieuse. En l'occurrence, la réaction, ou plutôt l'absence de réaction, de Moscou aux importantes vagues de manifestations en République démocratique d'Allemagne en octobre 1989 envoya un signal fort pour les acteurs au sein des autres régimes.

L'enjeu de la prise en compte du temps historique est moins important dans le cas de comparaisons synchroniques où il est moins clair que l'un des cas ait pu avoir un effet sur l'autre, par exemple dans l'analyse effectuée par Matthew Lange (2013a) de la relation entre le nationalisme et la violence au Canada et au Sri Lanka, ou dans l'analyse effectuée par Bill Kissane (2013) de la recomposition de l'identité nationale en Finlande et en Irlande après la guerre civile. Ici, l'individualité historique d'un cas peut être reconstruite sans que des liens causaux soient présumés, ou établis, avec l'autre cas. Par contre, une étude de l'évolution des sentiments nationaux au pays de Galles, en Irlande et en Écosse se prête davantage à une comparaison incorporée du développement des dynamiques identitaires au Royaume-Uni ; de même que l'analyse des mouvements nationalistes basques, catalans et flamands se prête à une analyse incorporée campée dans le cadre du processus d'intégration européenne ou de mondialisation.

Au début du XXe siècle, plusieurs auteurs se sont intéressés à cette dépendance des trajectoires en réaction aux schèmes évolutionnistes hérités du siècle précédent. Dans son *Histoire de la révolution russe*, Léon Trotski qualifie de développement inégal et combiné les trajectoires des États périphériques qui subissent l'influence d'États capitalistes plus avancés. Selon Trotski, la trajectoire des États périphériques est systématiquement inégale à celle des États avancés parce qu'elle doit s'adapter à celle d'un État bénéficiant de différents avantages économiques et institutionnels : « Une contrée arriérée s'assimile les conquêtes matérielles et idéologiques des pays avancés. Mais cela ne signifie pas qu'elle suive servilement ces pays, reproduisant toutes les étapes de leur passé » (Trotski, 1950, p. 40). Cette trajectoire est également combinée parce que l'État « retardataire » est amené à combiner différentes institutions et différents modes de production afin d'effectuer un rattrapage par rapport aux États plus avancés. Bien souvent, prévient Trotski, l'emprunt d'un savoir ou d'une technologie a des effets équivoques sur les pratiques politiques et culturelles locales. L'économiste Alexander Gerschenkron (1966; Selwyn, 2011) s'intéresse à l'incidence de ce processus sur l'industrialisation. Il soutient que, dans cette dynamique, le retardataire a un avantage du fait qu'il peut reproduire à moindre coût les innovations du plus avancé. Si ce principe s'applique entre les États, son effet est encore plus important au sein d'une fédération politique où les principes de redistribution et de péréquation viennent encourager ce transfert de connaissances à faible tarif entre les différentes unités fédérées. L'étude des dynamiques de développement inégal et combiné a été appliquée à un grand nombre d'objets : les idées politiques, l'économie, le développement urbain, le nationalisme et l'étude des relations internationales (Shilliam, 2009a, 2010 ; Nairn, 1997 ; Rosenberg, 2006, 2010).

Depuis le début des années 2000, le politologue Justin Rosenberg a promu ce retour à l'analyse du développement inégal et combiné afin de remédier à l'absence d'une définition sociologique de l'international, c'est-à-dire « de cette dimension de la réalité sociale qui émerge spécifiquement de la coexistence en son sein de plus d'une société » (Rosenberg, 2006, p. 308, traduction libre, 2010). Rosenberg participe à la critique du caractère sociocentré de la démarche sociologique. Si la charge n'est pas nouvelle, sa formulation est éloquente et elle survient à un moment où la frontière entre l'étude de la politique comparée, des relations internationales et de la théorie politique est remise en question. La théorie sociale classique, soutient Rosenberg, comporte une lacune fondamentale. Elle a théorisé « la société » au singulier et non au pluriel ; elle n'a pas su tenir compte de la multiplicité des sociétés et de la dynamique internationale et historique de leurs interactions. Trop souvent les spécialistes des relations internationales se sont rabattus sur une « analogie avec le domestique » afin de problématiser l'international ou la société internationale. Or, cette analogie pose plus de problèmes qu'elle n'en résout.

2.5.3. La comparaison englobante

La comparaison englobante est une stratégie comparative qui vise à réintroduire la dimension temporelle généralement absente de la comparaison d'unités discrètes. Elle remet en question l'idée selon laquelle on peut comparer adéquatement le développement économique de deux États sans les situer dans une totalité, généralement à l'échelle mondiale, dont le développement historique assigne des emplacements spatiaux qui prennent part à des processus et mécanismes exogènes. Immanuel Wallerstein (2011a) est l'un des pionniers de cette approche comparative. Il reprend l'idée de l'importance du système social dans la théorie de la modernisation. Toutefois, avec Braudel et contre Parsons, il soutient que la « société nationale » est une unité d'analyse isolée de la totalité historique, le système-monde, au sein de laquelle elle évolue.

C'est sur le fond de cette totalité historique en développement, à travers laquelle s'organise une division internationale du travail, qu'entre en scène la comparaison englobante. Celle-ci procède en sélectionnant « des emplacements dans une structure ou un processus (large) et elle explique les similarités et les différences entre ces emplacements comme une conséquence de leurs relations à l'ensemble » (Tilly, 1984, p. 123, cité dans McMichael, 1990, p. 388 ; traduction libre). Une comparaison englobante pourrait viser à mettre en parallèle le rôle, la fonction et l'emplacement de la France et des Pays-Bas dans le système-monde dominé par l'Angleterre à la fin du XIXᵉ siècle. Tilly voit des avantages à ce type de comparaison : « elles prennent directement en compte l'interconnexion d'expériences ostensiblement séparées et elles offrent un important incitatif pour fonder les analyses explicitement dans les contextes historiques des structures et processus qu'elles incluent » (Tilly, 1984, p. 147 ; traduction libre). Les comparaisons englobantes permettent de mener plus loin l'effort de contextualisation historique. Il y a d'autres avantages à cette stratégie comparative. Elle permet d'explorer des interactions entre un plus grand nombre de facteurs. Comme le souligne Dietrich Rueschemeyer,

> historical work that uses both within-case and cross-case analysis can explore more complex interactions among causal factors, it can better trace multiple paths of causation, and it does not make the assumption of a linear relation between independent and dependent variables that [...] multiple regression analysis often adopt (Mahoney et Rueschemeyer, 2003, p. 324).

Cette perspective vient donc répondre à un constat important :

> Le sujet de l'analyse ne peut plus être l'unité isolée, que ce soit la tribu isolée de l'anthropologie structuro-fonctionnaliste, la civilisation isolée de l'époque de Spengler ou l'État-nation aimé des historiens nationalistes. Ces unités existent dans un monde d'unités similaires et différentes, et leurs types de relations font de chacune d'elles ce qu'elle est (Collins, 1999, p. 6 ; traduction libre).

La comparaison englobante a cependant des critiques. Le sociologue Philip McMichael souligne qu'elle « tend à tenir pour acquis la "totalité" qui gouverne ses "parties" » (McMichael, 1990, p. 386 ; traduction libre). La conséquence de ce qui précède est que

> l'analyse d'unité préconçue [...] enlève l'unité d'analyse de possibilité de contestation théorique et limite le spectre et les possibilités d'explication historique. Par conséquent, l'enquête comparative tend à être construite autour d'une relation « extérieure » entre des « cas » et la théorie, où les « cas » et l'« ensemble » sont extirpés de leur emplacement dans le temps et dans l'espace (ibid., p. 389 ; traduction libre).

En somme, la stratégie, bien qu'elle vise à réintroduire les dimensions de temps et d'espace, finit, selon les critiques, par effacer la distinction entre son objet analytique et son objet empirique, le système-monde. Elle met en quelque sorte l'existence du système-monde à l'abri d'une contestation empirique (Tomich, 2004, p. 54-55). Avec cette stratégie, la logique des catégories abstraites prend le dessus sur l'analyse des contextes historiques concrets, et la diversité des formes sociales qui ont composé l'histoire globale est négligée au profit de l'analyse systémique. Si certains y voient un gain sur le plan de l'effort de systématisation, d'autres y voient un appauvrissement sur le plan de l'analyse historique.

La comparaison englobante est également critiquée pour son traitement fonctionnaliste de l'agence des parties de la totalité du monde social. Ces parties se voient attribuer la fonction de reproduire la totalité, considérée *a priori* comme un organisme visant son autoreproduction (Bonnell, cité dans McMichael, 1990). Ce fonctionnalisme n'explique pas la variation des formes de résistance et de collaboration avec le pouvoir. En somme, les problèmes ontologique et épistémologique découlant du concept de système font de l'ombrage à la stratégie comparative de la théorie du système-monde. Le problème ontologique réside dans le fait que l'unité d'analyse, le système-monde, est à la fois une donnée théorique et un domaine d'investigation empirique. Le problème épistémologique réside dans le fait que ses principes opératoires sont dérivés de la prémisse théorique selon laquelle la fonction des composantes du système est de viser téléologiquement à sa reproduction (McMichael, 1990, p. 386-391, 1991 ; Bonnell, 1980, p. 165).

2.5.4. La comparaison incorporée

Les comparaisons incorporées « sont utilisées pour conceptualiser la variation à travers le temps et l'espace quand ces dimensions ne sont ni séparées ni uniformes » (McMichael, 1990, p. 385 ; traduction libre). Philip McMichael y voit une façon de surmonter les limites de la comparaison englobante. Comme la majorité des approches comparatives, la comparaison incorporée s'inscrit dans le sillon des critiques de la modernisation. McMichael classe l'étude de Perry Anderson sur *L'État absolutiste* et celle de Barrington Moore sur *L'origine sociale de la dictature et de la démocratie*, parmi les classiques associés à ce type de comparaisons. L'objectif de celles-ci « n'est pas de développer des hypothèses invariantes à travers la comparaison de cas plus ou moins uniformes, mais de donner une substance à un processus historique (une totalité) à travers la comparaison de ses parties. La totalité, cependant, n'a pas d'existence indépendante de ses parties» (*ibid.*, p. 386; traduction libre). La distinction entre cette stratégie comparative et la précédente est que, dans la comparaison incorporée, «la totalité est une procédure conceptuelle, plutôt qu'une prémisse empirique ou conceptuelle. Son statut est imminent, plutôt qu'une propriété *prima facie*. La totalité est découverte à travers l'analyse des parties qui se conditionnent mutuellement» (*ibid.*, p. 391; traduction libre).

McMichael distingue deux types de comparaisons incorporées: les multiples et les singulières. La stratégie de comparaison multiple «analyse un processus cumulatif à travers des occurrences différenciées dans le temps et dans l'espace d'un processus historique singulier» (*ibid.*, p. 392; traduction libre). Il a en tête l'analyse comparative des voies de modernisation de différents États répertoriés par Moore. La stratégie de comparaison singulière, quant à elle, «analyse des variations au sein et à travers l'espace dans une conjoncture historique. Elle se distingue de la comparaison multiple en ce qu'elle met l'accent sur les différentes échelles d'une configuration sociale plutôt que sur la reproduction dans le temps et dans l'espace» (*ibid.*, p. 393; traduction libre).

Selon McMichael, le développement des formes de production n'est pas linéaire. Il ne faut pas postuler leur hiérarchisation, comme le faisait Smith, mais analyser quelles ont été leurs relations historiques. S'il faut considérer les particularités, il ne faut pas pour autant se limiter à une analyse particulariste; il faut situer le particulier dans le général, dans le mondial, sans postuler une image préconçue de ce niveau. La comparaison incorporée surmonterait ainsi les limites des comparaisons discrètes, sans postuler une unité totalisante. Elles peuvent prendre en compte des cas multiples et diachroniques, comme des cas singuliers et synchroniques (*ibid.*, p. 385; traduction libre).

Développant une analyse sociohistorique de l'esclavage, Dale Tomich critique la tendance du marxisme classique à effectuer des comparaisons d'unités discrètes, indépendantes de la logique interne des modes de production. Ces approches, soutient Tomich, juxtaposent régulièrement l'idéal-type du mode de production capitaliste et celui du mode de production esclavagiste sans problématiser leur interaction historique concrète. Or, dans l'histoire globale, soutient l'auteur, on ne rencontre jamais de modes de production se développant en vases clos au sein d'un espace national opaque. En procédant à de telles abstractions, les marxistes sous-estiment l'insertion des relations de classe dans un ensemble de facteurs et de réseaux socioéconomiques. Tomich propose de reconstruire et de comparer les spécificités de ces nœuds de relations sociales en les replaçant au centre des réseaux qui en tissent une stabilité artificielle :

> *Particular class boundaries appear to be inherently plural, heterogeneous and unstable, the product of the interaction of multiple relations and processes operating simultaneously across varying spatial and temporal scales. Rich, many-sided, and historically dense and complex concentrations of diverse elements, they are not comprehensible in terms of their apparently "intrinsic" characteristics, but rather through their relation to the whole* (Tomich, 2004, p. 54).

Tomich procède à des comparaisons incorporées au sein d'une histoire connectée qui reconstruit les particularités de différents régimes esclavagistes ayant participé à l'essor du capitalisme.

Les recherches de Benno Teschke sur le passage de la hiérarchie géopolitique carolingienne à l'anarchie féodale procèdent également à des comparaisons incorporées en se gardant d'aller aussi loin que Tomich dans ses concessions à une histoire connectée et multilinéaire où il devient plus difficile de voir ce qui *a priori* ne pourrait constituer un facteur explicatif. Comme Wallerstein et Rosenberg, Teschke estime que les études comparées ont sous-estimé « le rôle constitutif de l'international dans le développement historique » (Teschke, 2005, p. 4 ; traduction libre). Contrairement à Wallerstein, il ne postule cependant pas un système préexistant, et, contrairement à Rosenberg, il refuse de faire de structures abstraites transhistoriques et multilinéaires la pierre angulaire d'une sociologie historique de l'international (Teschke, 2014).

La préoccupation centrale de Teschke est de développer une sociologie historique des ordres géopolitiques qui dépasse le cadre d'analyse réaliste tenu pour acquis par plusieurs sociohistoriens, tels que Skocpol et Tilly. En somme, résume Teschke,

> the challenge for Marxism, rather, is to understand how social-property relations determine the modes in which different polities are inserted into the international and to integrate the geopolitical as one dimension of social reproduction into an overall reconstruction of the regionally differentiated expansion of capitalism within and through the European system of states. In other words, we need to come to terms with the nationally specific and diachronic, yet cumulatively connected and internationally mediated nature of 'capitalist transitions' within the framework of socially uneven and geopolitically combined development (Teschke, 2005, p. 13).

Dans *The Myth of 1648*, Teschke reconstruit les trajectoires d'un ensemble de régimes sociaux de propriété constitués sur les ruines du monde carolingien. La cohérence des unités politiques de ce monde est reconstituée de façon syncrétique et synchronique, sans que soit postulée une cohérence systémique d'ensemble qui puisse expliquer *a priori* les trajectoires particulières dont les connexions et interactions sont analysées empiriquement. Les trajectoires menant à la formation des États territoriaux européens sont ainsi reconstruites à travers des comparaisons à la fois synchroniques, diachroniques et connectées qui ne sont pas isolées de la reconstruction d'une totalité historique. Les trajectoires ainsi étudiées ne se conforment pas à une implacable logique développementale. Au contraire, l'expansion territoriale des féodalismes européens débouche précisément sur des régimes politiques différents, l'État capitaliste anglais et une variété de régimes patrimoniaux ou absolutistes sur le continent qui doivent être comparés, mis en relation et connectés (Teschke, 2002, 2003, 2005, 2006a). Chacune de ces trajectoires est génératrice d'une grammaire de conflits politiques et géopolitiques qui se répondent les unes aux autres par des moyens géopolitiques complexes, mais pas aléatoires. Teschke défend que « c'est dans le choc d'impératifs externes et de réponses internes, avec en toile de fond des constellations nationales de classes préexistantes et distinctes, que réside la clé pour comprendre la diversité de transitions au capitalisme » (Teschke, 2005, p. 8 ; traduction libre).

2.5.5. Les comparaisons réciproques et les connexions globales

Depuis les années 2000, des praticiens de l'histoire globale, comme Kenneth Pomeranz (2000) et Christopher A. Bayly (2002, 2007), proposent de revoir la démarche comparative (voir aussi Douki et Minard, 2007 ; Trivellato *et al.*, 2014). Ils revoient également les liens entre l'histoire hégémonique et les récits subalternes ; le centre et les périphéries ; l'Europe et ses terrains d'expansion. Bien que les praticiens de l'histoire globale rejoignent ceux de la théorie du système-monde quant à l'importance de reconstruire des processus historiques à l'échelle mondiale, ils ne reprennent pas, de cette théorie, sa conception systémique d'un système mondial. Comme la théorie du système-monde, l'histoire globale remet en question le nationalisme méthodologique et l'eurocentrisme. Un des points de divergence entre l'histoire globale et la théorie du système-monde réside dans le fait qu'elle s'inscrit généralement dans un horizon néosmithien où le capitalisme a moins à être problématisé que les causes de son développement inégal en raison de facteurs généralement écologiques, énergétiques ou géopolitiques (McNeil, 1991). Au sein de l'ensemble mondial, ce sont surtout des facteurs de cette nature qui expliquent des divergences de trajectoires. Dans l'ensemble, cependant, l'histoire globale met davantage l'accent sur la convergence et les similitudes des trajectoires développementales que sur l'identification de mécanismes socioéconomiques ou géopolitiques qui médiatisent son développement à travers des divergences profondes. On trouve donc moins systématiquement chez les praticiens de l'histoire globale une analyse des répercussions sociales du développement du capitalisme que chez les sociohistoriens marxistes. On y trouve davantage une explication des rôles et de l'étendue des marchés, du commerce et des échanges culturels médiatisés à travers le marché (Pomeranz et Topik, 2006).

Plusieurs historiens analysent les «connexions» entre différentes pratiques culturelles incluant les formes et les modes de consommation, les modèles d'emprunt, d'émulations et d'hybridations institutionnelles et la diffusion des idées (Bertrand, 2011; Subrahmanyam, 2007; Magubane, 2005). L'histoire globale présente des fresques épiques où la multilinéarité des trajectoires et des connexions est mise fortement en relief. Certains ont cependant reproché à ces fresques de placer un ensemble de facteurs sur un pied d'égalité. Il y a certes quelque chose de louable sur le plan normatif et d'intéressant sur le plan épistémologique à tenter d'établir des connexions contre-intuitives, comme le suggère Gurminder K. Bhambra (2010, 2011). Cependant on ne peut conclure du caractère multilinéaire des connexions et des processus globaux que l'ensemble de ces connexions et de ces processus ont la même importance. Certains processus, l'émergence du capitalisme, l'industrialisation et la colonisation de l'ensemble du globe durant l'ère des empires, ont certainement joué un rôle central dans la mise en place du monde moderne (Lazarus, 2002, p. 60; Chibber, 2007).

Pomeranz propose une stratégie de *comparaisons réciproques* visant à sortir du paradigme où une trajectoire de développement est observée, interprétée et traduite systématiquement à la lumière d'une autre. C'est un tel paradigme, orientaliste, qui serait à l'origine de bien des études comparatives sur l'Asie, selon l'historien. Il propose d'effectuer des comparaisons dites réciproques en «voyant chaque côté de la comparaison comme une "déviation" lorsqu'elle est perçue en fonction des attentes de l'autre, plutôt que de laisser un côté être toujours la norme». Puis, précise l'historien, «une stratégie de comparaison à deux voies permet aussi de justifier la création de liens entre ce qui donne d'abord l'impression de constituer deux enjeux séparés» (Pomeranz, 2000, p. 8; traduction libre). Si le projet théorique de Pomeranz est intéressant, il n'est pas clair que sur le plan empirique le traitement de cette comparaison réciproque diffère tellement d'autres comparaisons des trajectoires européennes et asiatiques également en rupture avec la normativité inhérente à la théorie de la modernisation. Nous reviendrons sur son travail dans le chapitre sur la transition au capitalisme et le « miracle » occidental.

L'une des plus ambitieuses analyses sociohistoriques procédant à des comparaisons réciproques est celle de Victor Libermann. Dans son *opus magnum Strange Parallels*, un ouvrage qui par son étendue et son ambition dépasse celui de Perry Anderson sur les États absolutistes, Liebermann effectue des comparaisons connectées, synchroniques et diachroniques entre les trajectoires de l'Asie du Sud-Est (le Siam, la Birmanie et le Vietnam notamment), le Japon, la Chine et l'Europe. Il documente densément le cas de la France. Dans cette fresque étonnante, Liebermann effectue des comparaisons synchroniques, certaines indiquant des convergences, d'autres des singularités, entre les développements de la France et ceux des États de l'Asie du Sud-Est durant la même période. Il soutient notamment la thèse selon laquelle :

> *if French political discourse was unique, certain political and social strains resembled, at a reasonable level of abstraction, tensions in mainland Southeast Asia. Comparable too were the phoenix-like collapse and rapid reassembly of French and Southeast Asian states in the late 1700s, the rejuvenated states' passionate embrace of warfare, and the ensuing imperative to further administrative reform and ethnic unification* (Lieberman, 2009b, p. 341).

Lieberman s'intéresse notamment à cinq axes de comparaison entre la France du XVIIIe siècle et les États du Sud-Est asiatique sous l'influence des pressions démographiques et commerciales sur un ensemble de processus dont la consolidation étatique, la sécularisation et les dynamiques de rébellion et de compétition (*ibid.*, p. 342-347). Il passe notamment en revue les effets en Europe, comme en Haute-Birmanie, de la croissance démographique sur les rébellions populaires et la compétition entre les élites, l'incidence de la circulation des biens et des idées sur le développement d'une éthique méritocratique et la mise en péril des « fondations sociales de l'Ancien régime ». Un troisième point de comparaison constitue un point de divergence plus significatif entre les deux régions. En

France, le siècle qui a précédé la Révolution a rendu possible la diffusion d'une littérature où le peuple, la nation et l'opinion publique deviennent des lieux d'autorité face à celle du roi et des corporations (*ibid.*, p. 345-346). Il n'y a pas eu de développement parallèle en Asie du Sud-Est défend Lieberman et, en dépit du fait que le néoconfucianisme a pu favoriser la formation d'élites enclines à la participation civique, il manquait, d'une part, les conditions matérielles à l'avènement de telles idéologies, notamment « l'imprimerie, les communications de masse et l'espace urbain » (*ibid.*, p. 346). Il manquait, d'autre part, les traditions institutionnelles de la France :

> *As recurrent crises intensified debates on financial and constitutional reform, the legal right of parliaments, provincial estates and the Estates General [...] to discuss such issues let them operate openly and independently of the crown in a political fashion quite unknown in Asia. In their internal operations, moreover, France's honeycomb of corporate bodies [...] espoused political principles – equality, liberty as protection from arbitrary authority, and liberty as participation – that had no Asian parallel, and that, David Bien argues, moved effortlessly onto the national stage* (*ibid.*, p. 347).

Enfin, soutient Liberman, un des plus importants points de convergence entre « la France du XVIIIe siècle et l'Asie du Sud-Est » réside dans « leur sensibilité à l'intensification des pressions militaires » (*ibid.*, p. 349). Il en veut pour preuve :

> *France's collapse – like those of Burma, Siam, and Vietnam between 1752 and 1768 – reflected economic, social, and institutional strains in combination with a string of short-term military and political miscalculations. Whether ultimately the monarchy could have assimilated the new concepts of nation and citizen is debatable, but surely its prospects for survival were reduced by the refusal of Louis xv and his successor to choose decisively between fiscal necessity and solidarity with aristocratic privilege, by Louis XVI's American venture, and by the latter's failure to forge a consensus behind moderate political reform* (*ibid.*, p. 350-351).

Une problématique au cœur des débats entre sociohistoriens est celle de la relation entre le développement du capitalisme et celui d'autres régimes sociaux de propriété. On se demande par exemple si le développement du capitalisme peut être analysé en abstraction de la totalité des autres lieux d'accumulation de pouvoir avec lesquels il est en contact. Les études qui ont souvent le mieux illustré la connexion des trajectoires mondiales ont retracé la carrière de certaines marchandises à travers les différentes étapes que sont leur extraction, leur production, leur transformation, leur transport, leur mise en marché et leur consommation. Pensons aux travaux de Bruce Trigger sur la fourrure, de Sidney W. Mintz sur la place du sucre dans l'histoire moderne, de Xinru Liu sur la soie ou de Marcus Rediker sur l'esclavagisme. En mettant l'accent sur ces trajectoires et ces connexions concrètes, les dynamiques de l'histoire globale sont reconstruites de l'intérieur (Trigger, 1992 ; Mintz, 1985 ; Liu, 2010 ; Rediker, 2007). Nous reviendrons sur ces enjeux méthodologiques tout au long des chapitres portant sur des débats empiriques.

CONCLUSION

Les méthodes comparatives ont souffert de bien des préjugés qui relèvent plus du sens commun que de lacunes inhérentes à ces méthodes. Par exemple, il n'est pas rare encore aujourd'hui que le fait de vouloir comparer deux événements soit interprété comme l'affirmation qu'ils sont « pareils ». Or, même lorsque les chercheurs qui procèdent à des comparaisons par convergence visent à mettre en relief des mécanismes, processus ou séquences similaires à l'œuvre lors de deux événements, ils savent bien que ceux-ci ne sont pas « pareils ». Cela dit, bien des comparaisons visent précisément à mettre en relief l'absence de communalité entre deux événements ou les spécificités de chacun.

Les méthodes comparatives ont également été soupçonnées de participer à une lecture évolutionniste de l'histoire. Il y a de bonnes raisons à cela. L'épistémè de la fin du XIXe siècle était caractérisé par des schèmes téléologiques, dont aucun n'a survécu au XXe siècle. En sciences sociales, ces schèmes se sont sédimentés dans le réflexe de certains comparativistes de mettre en relief le caractère « arriéré » de certaines sociétés par rapport à d'autres. Or, c'est précisément le grief que les défenseurs de la sociologie historique comparative ont formulé à l'endroit des théories de la modernisation durant les années 1970 et 1980. Loin de postuler un schème de développement normal et universel, la sociologie historique durant ces années a cherché à démontrer que des facteurs internationaux, comme l'impérialisme, mais aussi des facteurs intérieurs, comme les conflits sociaux, contribuaient à expliquer la diversité de trajectoires développementales. Cela ne signifie pas que certaines comparaisons ne participent pas au renforcement d'un imaginaire évolutionniste ou colonial. Certaines ont clairement cet effet. Comme d'autres domaines de la méthode, la sociologie historique comparative ne peut faire l'économie d'une démarche réflexive.

Comme ce chapitre l'a souligné, les méthodes historiques comparatives doivent relever deux autres défis importants. Le premier est de définir le statut des entités comparées. Ces entités sont-elles opaques? Sont-elles dotées d'une agentivité collective? Sont-elles contradictoires, traversées de relations de pouvoir? Le second est lié au statut des liens entre ces entités. En d'autres mots, il faut théoriser l'historicité de l'espace global mondial ou international au sein duquel ces entités évoluent.

LECTURES COMPLÉMENTAIRES

Caillé, Allain et Stéphane Dufoix (dir.) (2013). *Le tournant global des sciences sociales*, Paris, La Découverte.

Gazibo, Mamoudou et Jane Jenson (2004). *La politique comparée. Fondements, enjeux et approches théoriques*, Montréal, Les Presses de l'Université de Montréal.

Kalberg, Stephen (2002). *La sociologie historique comparative de Max Weber*, Paris, La Découverte.

Lange, Matthew (2013). *Comparative Historical Methods*, Los Angeles, Sage.

Ragin, Charles C. (1994). *Constructing Social Research*, Londres, Pine Forge Press.

CHAPITRE 3

LES CLASSES SOCIALES, LES RELATIONS SOCIALES DE PROPRIÉTÉ ET LA FAMILLE

Le débat sur le concept de classe sociale subira plusieurs modifications au cours du XXe siècle. Si le concept constitue le terrain de jeu principal des marxistes, il demeure également important au sein d'autres traditions sociologiques, de Weber à Anthony Giddens, en passant par T. H. Marshall et John Goldthorpe. Son heuristicité sera remise en question de façon cyclique, mais jamais décisive (Pakulski et Waters, 1996 ; Crompton, 2008). Durant le boom d'après-guerre, les théories des stratifications sociales lui reprocheront de ne pas rendre suffisamment compte des facteurs influençant la mobilité sociale au sein des États industriels, alors que les théories de la démocratie pluraliste en marginaliseront l'importance, notamment pour comprendre les comportements électoraux (Lipset et Bendix, 1962 ; Aron, 1962b ; Bell, 1976 ; Goldthorpe, 1976 ; Bernier, 1994). L'analyse de classe sera confrontée à d'importants défis : l'émergence des nouvelles classes moyennes et des positions de classe contradictoires (Wright, 1979, 1997a, 1997b, 2009 ; Esping-Andersen, 1999 ;

Miliband, 2012; Langlois, 2004; Langlois *et al.*, 2002; Bosc, 2008; Camfield, 2004/2005; Chibber, 2008, 2013); la montée des classes managériales et des cadres (Duménil et Lévy, 2003, 2014; Jessop, 2008); le développement d'une économie des services et des produits financiers (Panitch et Gindin, 2012); l'émergence des corporations, des firmes multinationales et des classes transnationales (Van der Pijls, 1984, 2007; Robinson, 2004; Sklair, 2008; Therborn, 2008; Halperin, 2004). Avec les théories du choix rationnel, la possibilité de l'action collective des classes sera remise en question par le problème du passager clandestin (Olson, 1965, 1982). Pourtant, Michael Burawoy dressera en 1982 un bilan positif du « renouveau du marxisme dans la sociologie américaine ».

En histoire sociale, le concept de classe sociale représente la « catégorie maîtresse » des débats des années 1960-1970 (Eley et Nield, 2007, p. 20; Palmer, 2006). Des sociohistoriens l'utilisent dans le cadre d'études comparatives de grande envergure (Katznelson et Zolberg, 1988). Durant les décennies suivantes, certains cercles postmarxistes le délaissent pour l'analyse des discours ou l'histoire culturelle (Laclau et Mouffe, 1985)[1]. Différentes théories lui reprochent de ne pas rendre compte d'autres formes d'oppressions (Young, 2004; Eley et Nield, 2007, p. 44-45). Le concept survivra tant bien que mal aux analyses intersectionnelles (Scott, 1999)[2], mais plusieurs critiquent aujourd'hui la dématérialisation du pouvoir de ces analyses des rapports sociaux (Acker, 2006; Kergoat, 2009; McNally, 2001; Mohanty, 2003). Après des décennies de politiques néolibérales, l'analyse de classe reprend du galon (Panitch et Albo, 2014). Ces dernières années, la question du contenu moral des classes sociales a suscité un certain engouement chez les sociologues et les philosophes (Sayer, 2005). Enfin, le concept revient à l'avant-plan en économie politique avec une convergence des études

1. Pour une analyse critique de ces courants, voir Wood, 1998; Chibber, 2006a; Palmer, 1990; Lapointe, 2012; Lafrance, 2013, p. 195-198.

2. Sur l'évolution de ce débat au XXe siècle concernant les discussions théoriques sur le genre et les rapports de sexe, voir Pfefferkorn, 2007.

sur les conséquences qu'ont les politiques néolibérales sur les inégalités sociales et les classes sociales (Harvey, 2003, 2010 ; McNally, 2006 ; Hooks, 2010 ; Lafrance, 2012 ; Spronk, 2012).

Ce chapitre traite de certains enjeux de la littérature sur les classes sociales en sociologie historique. Nous y découvrons d'abord le traitement que les sociologues ont généralement effectué du concept de classe sociale chez Marx et chez Weber (3.1). Nous nous penchons ensuite sur le concept de classe sociale chez E.P. Thompson et Robert Brenner (3.2). Puis, dans la foulée de ces développements, nous examinons des contributions de l'histoire sociale envers les femmes et des femmes à l'histoire sociale. Nous considérons notamment l'importance des études sur les relations sociales de propriété en sociologie historique en soulignant que ces relations ne s'atténuent pas dans la problématique des classes sociales, mais qu'elles sont tout aussi importantes dans l'étude des rapports entre les sexes et celle des relations racisées (3.3). Nous évoquons enfin différentes problématiques sociohistoriques où les enjeux de la propriété, de la famille et du mariage sont à l'origine d'importantes enquêtes sociohistoriques (3.4).

3.1. LES CLASSES SOCIALES CHEZ MARX ET WEBER

Cette section distingue l'analyse des classes sociales dans la sociologie marxiste et wébérienne. Elle s'attarde moins aux divergences entre différentes approches au sein du marxisme qu'aux propositions et concepts qui tendent à fédérer celui-ci (Wright, 1979, 1995, 1997a, 1997b ; Wright, 2005 ; Chibber, 2008). Elle présente ensuite certaines particularités de l'analyse wébérienne des inégalités et de la différenciation sociale.

L'analyse marxiste des classes sociales est une *analyse relationnelle* (Wright, 2005, p. 14). Elle se distingue des analyses dites géologiques où les classes sont vues comme différentes strates définies en fonction du revenu ou du patrimoine, mais où les relations entre ces strates ne font pas l'objet d'une analyse sociologique. L'enjeu d'une sociologie relationnelle est de déterminer quels mécanismes ou processus mettent les classes en relation. Dans cette perspective, il ne suffit pas d'affirmer par exemple qu'un écart se creuse entre les riches et les pauvres ; il faut aussi identifier les causes de cette dynamique et celles de la mobilité sociale. Chez les marxistes, l'exploitation et l'aliénation du travail constituent les mécanismes qui articulent ces relations, l'aliénation de la force de travail étant propre au capitalisme. Les principes d'interdépendance, d'exclusion, d'asymétrie et d'appropriation sont au cœur de cette analyse de classe.

Dans chaque formation sociale, l'organisation de la production exige le déploiement de *facteurs de production* ou de *capital fixe* : outils, machines, terre, habiletés, information, connaissance (Wright, 2005, p. 9). L'accès ou le non-accès à ces facteurs de production est médiatisé à travers des institutions. En termes relationnels, « les individus qui participent à la production ont certains droits et pouvoirs sur l'usage des facteurs de production et sur le résultat et les usages de la production » (Wright, 2005, p. 9)[3]. Lorsqu'un régime social de propriété institutionnalise les droits et les pouvoirs de façon asymétrique dans le domaine de la production, on parle de cette asymétrie comme d'une relation d'exploitation. Une telle relation génère des voies de reproduction sociale antagoniques entre les acteurs, les classes et les familles participant à cette relation (Chibber, 2008, p. 355). Cette répartition inégale tisse un ensemble de relations de pouvoir entre les classes sociales, et en leur sein, notamment en articulant les relations d'appropriation de surplus et la division sexuelle du travail salarié et non salarié, celui au cœur des ménages. En somme, chez Marx, pour qu'il y ait *relation de classe*, « il n'est pas suffisant qu'il y ait inégalité de droits et de pouvoirs en ce qui concerne la possession de ressources. Il faut qu'il y ait une inégalité dans les pouvoirs et les ressources qui rend possible l'appropriation des résultats de l'usage de ces ressources » (Wright, 2005, p. 10 ; traduction libre). L'ensemble des luttes politiques et sociales engendrées par ces rapports différenciés est appelé lutte des classes (Halperin, 2004, p. 19).

3. « *By "power" over productive resources I mean effective control over the use and disposition of the resources in question. The term "rights" provides the additional idea that these powers are viewed as legitimate and enforced by the state. The expression "property rights" thus means "effective power over the use of property enforced by the state"* » (Wright, 2005, p. 9, note 7).

Ces luttes ne sont jamais simplement économiques. Ce que l'histoire sociale a mis en relief, c'est leur médiation à travers un ensemble d'institutions et de représentations politiques, juridiques et culturelles. Les relations de classe, selon cette perspective, ne précèdent pas les processus racisés et genrés; elles en sont constitutives. En négligeant cette consubstantialité des rapports sociaux, plusieurs analyses du fordisme, du postfordisme ou de la financiarisation du capitalisme tendent à négliger la racisation et la féminisation de certains secteurs du marché du travail sans lesquels la totalité des rapports sociaux ne peut être reconstruite de façon cohérente (Brenner, 2007a; Harris, 1993; Roediger, 2007; Katznelson, 2013).

Pour les marxistes, les relations de classe sont constituées par des processus et des relations historiques qu'elles fondent en retour. Les classes s'inscrivent dans une axiomatique plus large, une conception de l'histoire dans laquelle les rapports sociaux de production ou les relations sociales de propriété représentent la clé principale de l'interprétation des processus sociaux et du monde social. La première proposition du *Manifeste du Parti communiste*, selon laquelle «l'histoire de toute société jusqu'à nos jours est l'histoire de la lutte des classes» (Marx et Engels, 1998 [1848], p. 73), montre une portée programmatique que l'on ne retrouve pas dans l'analyse wébérienne des classes. Pour la sociologie marxiste, cette proposition exige que, pour comprendre la forme particulière que prennent les relations de classe, les conflits sociaux, le développement social et les trajectoires institutionnelles dans un contexte sociohistorique donné, on reconstruise les conditions au sein desquelles est institutionnalisé un accès différencié à la propriété, y compris à la propriété de sa propre personne. Les marxistes ont procédé à leur périodisation du temps historique en fonction de ces différents *régimes de propriété* chez les brenneriens ou *modes de production* chez les marxistes classiques.

Les classes sont au cœur d'une histoire caractérisée par différents régimes d'*aliénation du travail*. Elles ne sont pas exclusives au capitalisme. Marx s'intéresse surtout à la forme que prend l'*exploitation* dans le capitalisme. Dès 1844, il envisage cependant le développement social comme un processus où le produit du travail d'un groupe est accaparé par un autre groupe. C'est à travers ce processus d'exploitation que le travail est aliéné. Marx, rappelle Comninel, concevait la propriété comme la conséquence du travail aliéné (Marx, 1999; Comninel, 2013, p. 38-42). Le travail est aliéné à travers un ensemble de régimes historiques de propriété produisant et reproduisant des relations de classe. Le mécanisme au cœur de l'analyse marxiste des classes est donc différent de celui de Weber. Alors que chez Marx l'exploitation est à l'origine des relations des classes, chez Weber ce sont les différentes occasions (ou chances) offertes par la vie qui expliquent ces relations. La sociologie wébérienne se concentre «sur les façons par lesquelles les positions sociales permettent à certaines personnes de contrôler des ressources économiques de manière à en exclure d'autres» (Wright, 2009, p. 102; traduction libre). Ces occasions ne sont pas le fruit du hasard ou des seules capacités individuelles. Elles sont configurées dans le contexte des relations de domination que Weber définit comme

> la chance, pour des ordres spécifiques (ou pour tous les autres), de trouver obéissance de la part d'un groupe déterminé d'individus. Il ne s'agit pas cependant de n'importe quelle chance d'exercer «puissance» et «influence» sur les autres individus. En ce sens, la domination («l'autorité») peut reposer, dans un cas particulier, sur les motifs les plus divers de docilité: de la morne habitude aux pures considérations rationnelles en finalité. Tout véritable rapport de domination comporte un minimum de volonté d'obéir, par conséquent un intérêt, extérieur ou intérieur, à obéir (Weber, 1995a, p. 285; voir aussi p. 285-325; Bendix, 1962, p. 290-299).

L'analyse marxiste insiste sur l'interdépendance des relations de classe. L'exploitation est une relation d'interdépendance où l'exploiteur a besoin du travail de l'exploité (Wright, 1997a, p. 11; Chibber, 2008, p. 356). Wright rappelle trois principes constitutifs de l'analyse marxiste des classes:

Le principe d'interdépendance inversée du bien-être: le bien-être matériel des exploitants dépend causalement de la privation matérielle des exploités. Cela suppose que les intérêts matériels des acteurs de ces relations ne sont pas seulement différents, ils sont antagoniques : les exploiteurs ne peuvent satisfaire leurs intérêts qu'au détriment des exploités.

2. *Le principe d'exclusion* : l'interdépendance inversée du bien-être des exploitants et des exploités dépend de l'exclusion des exploités de l'accès à certaines ressources productives.

3. *Le principe d'appropriation* : l'exclusion génère des avantages matériels pour les exploiteurs parce qu'elle leur permet de s'approprier la force de travail des exploités (Wright, 2005, p. 23 ; traduction libre).

Cette relation d'interdépendance se caractérise par l'asymétrie, voire l'opposition, des intérêts matériels des classes. Chibber souligne qu'elle «génère un antagonisme, mais c'est un antagonisme devant être contenu afin de pouvoir être reproduit» (2008, p. 356 ; traduction libre). Ce n'est pas le cas de toute relation de domination. En l'absence du principe d'appropriation, on peut parler de relation d'oppression économique sans exploitation. Dans ce type de relation, le groupe social privilégié n'a, à la limite, pas besoin du groupe social exclu. Ce type de contexte expose les subordonnés à des pratiques allant de l'expulsion aux massacres de masse. On pense à la colonisation du territoire américain par la conquête de l'Ouest et du Sud au détriment des populations autochtones ou à tout autre contexte où la reproduction des moyens de subsistance d'un groupe est mise en péril par l'action d'un autre groupe[4]. L'extinction des Béothuks sur l'île de Terre-Neuve, celle des Assiniboines dans les prairies canadiennes et le processus de dépossession et de déportation des Acadiens sur les côtes de la Louisiane par les autorités impériales britanniques sont des cas d'oppression économique de l'histoire canadienne.

4. Comparant la stratégie coloniale à l'endroit des Autochtones aux États-Unis et en Afrique du Sud, Wright souligne que, si dans les deux cas le principe d'exclusion de l'accès aux ressources s'applique, aux États-Unis l'absence du troisième principe, celui d'appropriation de la force de travail, ouvre la porte à l'oppression génocidaire des populations autochtones ; voir Wright, 2005, p. 24. Pour une explication différente, voir Mann, 2005, p. 72-73.

Selon les wébériens, les classes supérieures, qu'elles soient dites de possession ou de production, reproduisent leur pouvoir *prima facie* à travers des stratégies monopolistiques sur différents marchés (Weber, 1995a, p. 391). Les ordres sont des organisations spécialisées dans la poursuite de telles stratégies (*ibid.*, p. 396). Marx et Weber accordent donc une place différente aux concepts de *domination* et d'*exploitation*. Alors que la sociologie de l'État et des organisations de Weber est indissociable de sa sociologie de la domination, les analyses marxistes de l'État ont longtemps eu tendance à faire de la domination un produit dérivé des relations d'exploitation (Giddens, 1971, p. 234). Alors que les marxistes en concluent que les relations de classe naissent des relations sociales de production, les wébériens en font davantage une question de conflits liés à la distribution. Il en découle que l'analyse des classes sociales chez les marxistes revendique une plus grande portée explicative, ou interprétative, que chez les wébériens (Halperin, 2004, p. 22). Sur le plan macrohistorique, les relations de classe s'ajoutent, selon les brenneriens, à d'autres facteurs, comme les cycles démographiques et le contexte géopolitique, afin de rendre compte des trajectoires de changement social, des révolutions sociales, des processus de formation étatique, du développement des moyens de production, des transformations des régimes politiques, de la mise en œuvre des politiques publiques, sociales, économiques et étrangères. Sur le plan microsocial, l'analyse de classe vise à décrire les rapports de force, par exemple lors d'une grève bien précise, dans la lutte que se font différents partis politiques pour séduire des sections de l'électorat, ou à rendre compte autant des stratégies de consommation que de résistance ou de subsistance. Wright estime que, si ces deux niveaux sont séparables sur le plan analytique, ils sont interdépendants dans la pratique: «les processus macrosociologiques ont des microfondations et les processus microsociologiques sont médiatisés dans des contextes macrosociologiques» (Wright, 2005, p. 20; traduction libre).

Nous verrons plus loin comment l'analyse de classe a été mobilisée en histoire sociale. Nous approfondirons d'abord la conception des classes et de la différenciation sociale chez

Weber. Dans *Économie et société,* Weber qualifie de *classe* un «groupe d'individus qui se trouve dans la même situation de classe», cette situation étant définie comme

> la chance typique qui, dans un régime économique donné, résulte du degré auquel, et des modalités d'utilisation selon lesquelles, un individu peut disposer (ou ne pas disposer) de biens ou de services afin de se procurer des rentes ou des revenus; chance qui [doit être évaluée sous trois chefs] : *a)* de sa capacité à se procurer ces biens, *b)* de ses conditions de vie extérieures, *c)* de sa destinée personnelle (Weber, 1995a, p. 391).

Dans la même section, Weber distingue quatre classes sociales : «la classe ouvrière dans son ensemble [...], la petite bourgeoisie [...], les intellectuels et les spécialistes sans biens [...] et la classe des possédants et de ceux qui sont favorisés par leur éducation» (*ibid.*, p. 394). La relation fondamentale que met en relief la sociologie des classes de Weber est l'inégalité de pouvoir sur le marché ou sur le plan de la circulation. Chez Marx, les relations de classe, aussi importantes soient-elles sur le marché, débutent dès les relations de production. En outre, Weber souligne que «l'articulation des *classes de possession* n'est pas à elle seule "dynamique", c'est-à-dire qu'elle ne conduit pas nécessairement à des luttes de classes et à des révolutions de classes» (*ibid.*, p. 393). La tâche des sociologues des classes, du conflit social et de la mobilisation politique est d'expliquer les mécanismes influençant la probabilité que ces dynamiques deviennent conflictuelles[5].

Chez Weber une classe peut être dominante sans relation d'exploitation. Le sociologue Michael Mann, par exemple, a recours au concept de classe dominante pour désigner la «combinaison de la classe économique dominante et les gouvernants politiques et militaires». Cette combinaison, précise-t-il, n'a rien de permanent ou de nécessaire (Mann, 1987, p. 340)[6]. Richard Lachmann a recours au concept d'*élite*

....

5. Voir le chapitre sur la sociologie des révolutions.

6. Sur les conflits et les alliances de classe dans les sociétés précapitalistes et les empires anciens, voir aussi Mann, 1988, p. 52-57.

pour désigner «un groupe qui partage le contrôle d'une organisation qui extrait des ressources d'une classe subordonnée et qui protège l'accès à ses ressources contre des élites rivales et les classes subordonnées» (Lachmann, 1989, p. 147; traduction libre). Lachmann préfère le concept d'élite à celui de faction de classe. Analysant l'organisation féodale du pouvoir social, il part de l'hypothèse voulant que «les différences entre les groupes dominants dans les sociétés féodales soient dans les mécanismes organisationnels et idéologiques qu'ils emploient pour s'approprier des ressources, et non dans une autorité particulière sur un point ou processus de production» (*ibid.*). Certains brenneriens ont cherché à rendre compte de la même nuance en mettant l'accent sur le fait que dans les sociétés féodales et absolutistes la propriété est constituée politiquement. Il n'y a pas de procès de production qui soit isolé de l'organisation politique ou théologico-politique des relations de pouvoir (Brenner, 1987)[7].

La sociologie wébérienne se penche sur le rôle des organisations dans la production et la reproduction de systèmes d'inégalité et d'accès monopolistique à des ressources. Dans *Durable Inequalities*, par exemple, Tilly s'intéresse «aux causes, aux usages, aux structures et aux effets des inégalités catégorielles» (Tilly, 1999, p. 6; traduction libre). Sa thèse repose sur le fait que les inégalités durables entre les catégories émergent «parce que les personnes qui contrôlent l'accès aux ressources productrices de valeur règlent des problèmes organisationnels au moyen de distinction catégorielle. Délibérément ou non, ces personnes mettent en place des systèmes de clôture sociale, d'exclusion ou de contrôle» (*ibid.*, p. 7-8; traduction libre). Les organisations retiendront généralement les systèmes de catégories dont l'application est la plus simple. La création, puis la diffusion, de dispositifs catégoriels à travers lesquels les organisations règlent des problèmes leur permet de réduire la compétition et de créer un effet de rareté ou de distinction. Plusieurs chercheurs mettent l'accent sur le rôle de l'État et des institutions dans le processus de catégorisation et d'assignation

7. Sur la propriété constituée de façon théologico-politique, voir Dufour, 2012b.

identitaire des groupes minorisés. Ces groupes constituent une
« formation imaginaire, juridiquement entérinée et matériellement efficace » (Guillaumin, 1992, p. 191 ; voir aussi Martiniello
et Simon, 2005).

Tilly distingue les effets de différents systèmes de classification. Les inégalités sociales ont peu à voir selon lui avec
les capacités ou les performances individuelles. Elles reposent
sur des mécanismes sociaux à travers lesquels des organisations gérèrent de la différence sociale. Il distingue deux types
de systèmes de classification. Un système de classification peut
avoir des catégories binaires ou multiples. Aussi, et simultanément, il propose des systèmes de classification reposant sur
des catégories soit fermées, soit ouvertes. Des exemples de classification binaire fermée sont les duos masculin et féminin ;
citoyen et étranger ; ou marié et non marié. Un système qui
oppose les catégories de riche et de pauvre, de grand et de
petit, de beau et de laid présente des classifications binaires
et ouvertes. L'histoire des organisations politiques est indissociable de celles des catégories à travers lesquelles elles
perçoivent, classifient, gèrent et produisent les populations.
Alors que les vagabonds se multiplient au cœur de Londres
durant les années 1530, un nouveau discours sur la régulation
sociale dans le contexte des lois sur les pauvres inaugure l'opposition catégorielle entre les *deserving poors* et les *underserving
poors*. Celle-ci revient de façon cyclique dans le discours et les
politiques des États contemporains (Kennedy, 2008, p. 108 ; Fox
Piven et Cloward, 1993).

Tilly identifie deux mécanismes robustes et deux mécanismes secondaires à l'origine des inégalités sociales. Le
premier mécanisme robuste est l'exploitation, comprise comme
un « mécanisme causal à l'œuvre lorsque des gens liés et puissants contrôlent des ressources à l'aide desquelles ils obtiennent
un taux élevé de profit en coordonnant les efforts d'étrangers
qu'ils excluent de la valeur totale ajoutée par leur effort ». À ce
premier mécanisme s'ajoute « l'appropriation d'opportunités en
réseau fermé » : mécanisme causal à l'œuvre lorsque les membres
d'un réseau reposant sur un système de catégories fermées

acquièrent un accès à des ressources de valeurs renouvelables, sujettes à un monopole, propices à l'entretien d'un réseau d'activités et pouvant être améliorées par les activités du réseau. Deux autres mécanismes peuvent renforcer l'effet des premiers. Il s'agit d'abord de l'émulation : « l'imitation de modèles organisationnels établis ou la transplantation de relations sociales existantes d'un contexte à un autre ». Vient ensuite l'adaptation : « l'élaboration de routines quotidiennes comme de l'aide mutuelle, de l'influence politique et des collectes d'information basées sur des structures catégoriques inégales » (Tilly, 1999, p. 10 ; traduction libre). Plus le nombre d'organisations appliquant les mêmes classifications binaires fermées dans le cadre de relations d'exploitation ou d'appropriation d'opportunités est élevé, plus le système d'inégalités sociales devient généralisé, réifié et difficile à contrer. Le fait de participer à des systèmes de classification différents et d'incorporer des mécanismes de discrimination crée une difficulté d'adaptation à de nouvelles organisations aux mécanismes différents.

Lorsque ces systèmes de classification deviennent générateurs d'inégalités sociales, ils sont susceptibles de produire des inégalités incarnées dans les corps mêmes des individus, comme en témoigne la différence de taille de près d'un pied entre un jeune homme de quatorze ans qui entrait dans la Royal Military Academy réservée aux membres de la noblesse et un autre qui s'engageait dans la London's Marine Society destinée aux pauvres (*ibid.*, p. 1 ; traduction libre). L'inégalité se traduit dans des pratiques alimentaires différentes qui ont des effets sur un ensemble d'aspects du développement physique et psychosocial. Le type de routines quotidiennes qu'impliquent différentes configurations socioéconomiques produit des effets sur les classes, mais aussi sur le genre. Dans certains cas, cette division peut même entraîner le genricide des fillettes. Enfin, l'effet produit par ces systèmes de classification apparaît dans le langage ordinaire, comme le rappelle l'expression « regarder quelqu'un de haut » (*ibid.*, p. 1-4). Si la contribution de Tilly à l'analyse des inégalités durables est substantielle, Mann souligne qu'« en dépit de sa prétention à expliquer les inégalités [elle] met l'accent sur les mécanismes plutôt que sur les causes » (Mann, 1999b, p. 30 ; traduction libre). Selon lui, Tilly nous renseigne sur les mécanismes à travers lesquels les inégalités sont produites et reproduites dans le monde moderne ; il n'explique pas les trajectoires historiques de ces mécanismes, ni ce qui établit leur prédominance dans le monde moderne.

Selon une interprétation répandue, Marx aurait une conception « économique » des classes sociales, alors que Weber, en distinguant les classes du statut, prendrait en compte des rapports de domination politique ou culturelle en l'absence de relations d'exploitation. L'analyse du statut social ou celle des différentes formes de capital que l'on retrouve par exemple chez Pierre Bourdieu (social, politique, linguistique, symbolique, etc.) rendent compte de mécanismes de différenciation sociale que la seule analyse de classe n'arrive pas à décrire. Plusieurs membres de la noblesse étaient sans fortune et leur titre ne faisait pas moins l'envie de certains bourgeois beaucoup plus fortunés. Encore aujourd'hui, en France, une grande carrière au sein de l'appareil d'État est le gage d'un prestige pour lequel il n'y a pas d'équivalent en Amérique du Nord. Encore une fois, la théorie sociale fait écho à une intuition déjà bien exposée par Adam Smith selon laquelle le désir d'admiration représente l'une des plus puissantes forces à l'origine des actions humaines. De Veblen à Bourdieu, en passant par Weber (2013, p. 43-60), Elias et Goffman, plusieurs chercheurs ont étudié les interactions et la différenciation selon le statut ou le capital, qu'il soit linguistique, culturel ou d'autochtonie. Aussi riches et dominants soient-elles dans leurs colonies, il a longtemps été caractéristique des élites coloniales d'imiter les codes de la métropole, de ses grandes écoles, de ses modes vestimentaires et intellectuelles, de ses accents et de ses rituels. Aussi, les réactions face à cette domination symbolique peuvent se traduire par la subversion ou le rejet de ces codes (Bouchard, 2000).

Il demeure cependant que des propositions telles que *Marx a une conception économique des classes, alors que Weber en a une conception politique* ou, encore, *le capitalisme implique le passage d'une société de statut à une société de classe*, sont trop simplistes. Reprenons un argument de Nancy Fraser afin d'illustrer les limites de la première proposition. Fraser affirme s'approprier la conception wébérienne des classes sociales parce que celle-ci aborde

> la position de classe d'un acteur en fonction de sa relation au marché et non de sa relation à des moyens de production. Cette conception wébérienne des classes comme catégorie écono-mique sert mon intérêt pour une compréhension de la distribu-tion comme une dimension normative de la justice mieux que la conception marxiste des classes comme une catégorie sociale. Ceci dit, je ne rejette pas l'idée marxiste selon laquelle « le mode de production capitaliste » est une totalité sociale (Fraser, 2000, p. 117, note de bas de page ; traduction libre).

Cette position place dans une situation précaire la stratégie de Fraser, qui vise à problématiser l'injustice en prenant en compte les inégalités économiques et les relations « culturelles » de pouvoir. D'abord, les marxistes s'intéressent également à la position des acteurs par rapport au marché, mais ils ne croient pas que l'analyse de classe puisse faire abstraction de la sphère de la production, comme semble le faire Fraser. Puis ils s'inté-ressent au marché en tant qu'institution dont le rôle dans la régulation des relations sociales varie à travers l'histoire. Partir du marché sans le problématiser historiquement revient à partir du marché tel qu'il est institutionnalisé dans le capitalisme et à en faire une catégorie transhistorique. En évitant de parler de la sphère de la production, Fraser en vient à réifier le marché et la séparation de l'économique et du politique propres au capi-talisme. Cette stratégie reprend le postulat que l'économique est apolitique et aculturel, un postulat wébérien contesté par des marxistes[8]. Or, si certaines analyses marxistes peuvent être taxées de réductionnisme économique, d'autres se sont distan-ciées de ce point de vue. Par contre, le postulat de Weber est qu'il y a une séparation transhistorique de l'économique et du politique et que les règles de l'économie, dépeintes par l'analyse néoclassique, décrivent l'idéal-type d'une activité purement économique. Dans *Économie et société*, Weber dit « d'une action

---

8. Frantz Oppenheimer avait formulé une opposition similaire entre la politique et l'économie dès 1912.

qu'elle a une *"orientation* économique", quand elle vise dans son intention à aller au-devant d'un désir d'"utilité"» (Weber, 1995a, p. 101). Il distingue par la suite deux idéaux-types : « "[l']activité économique" [est] l'exercice pacifique d'un droit de disposition d'orientation *essentiellement* économique, alors que "l'activité économique rationnelle" serait une activité économique rationnelle en finalité, donc *planifiée*» (*ibid.*). La séparation idéale-typique que Weber effectue entre l'économique et le politique alimentera bien des discussions. Alors que, chez Weber, les idéaux-types sont des unités de sens propres à des époques particulières, ceux concernant la séparation de l'économique et du politique sont transhistoriques dans *Économie et société*. Le sociologue Simon Clarke souligne que cette démarche semble procéder d'un «fétichisme des catégories capitalistes» (Clarke, 1991, p. 230-231). En substance :

> The distinction between economy and society is not an empirical distinction, but a conceptual one, resting on the conceptual distinction between the essential rationality of capitalism and its social reality, a distinction that in turn rests on the definition of economic relations as essentially asocial, concerning not relations between people, but relations of subjective evaluation of things by abstract individuals, mediated by the technical relations of production and the formal relations of exchange. The definition of the nature and significance not only of modern economics, but also of modern sociology, depends on the legitimacy the economists' abstraction of social actors from their social and historical context, an abstraction that is based on the definition of the economics not as the science of a particular set of social relations, but of a particular orientation of action, "the science which studies the processes of rational acquisition of scarce means to the actor's ends by production and economic exchange, and of their rational allocation as between alternative uses" (*ibid.*, p. 231).

Cette abstraction par laquelle l'économie et le politique sont dissociés phénoménologiquement a été peu problématisée, autant chez les marxistes au début du XXᵉ siècle que dans la sociologie wébérienne. La proposition de Weber (1995a, p. 102) selon laquelle «l'activité économique n'est pas en soi nécessairement une activité sociale» a également été interprétée comme relevant d'une certaine naturalisation de l'économie chez Weber.

Weber et Mann ont une conception des classes plus complexe que celle selon laquelle les sociétés de classe succéderaient, avec le capitalisme, à des sociétés précapitalistes structurées uniquement autour des statuts. Les deux sociologues se penchent dans plusieurs études empiriques sur le rôle différent que jouent les classes dans les formations sociales précapitalistes et capitalistes (Mann, 1988). Dans *Histoire économique*, par exemple, Weber distingue trois acceptions conceptuelles de la «bourgeoisie». Au sens économique du terme, la bourgeoisie serait une classe sociale unifiée qui aurait contribué de façon unique au développement occidental. Au sens politique, la bourgeoisie correspond aux citoyens détenteurs de certains droits politiques. Cette classe aurait vécu essentiellement en Occident et l'on en trouverait des occurrences dès l'Antiquité et le Moyen Âge. Enfin, au sens social, on entend par la bourgeoisie «toute personne qui, d'une manière générale, possède une formation universitaire et répond par là d'un certain niveau d'exigence sociale, d'un certain prestige social» (Weber, 1991, p. 334). La différenciation sociale statutaire a évidemment joué un rôle central dans les sociétés anciennes, mais, même à cet égard, les représentations rigides des hiérarchies de statuts doivent être nuancées. Cela, même pour les cas de «la Chine, de l'Inde, du Japon et du Moyen-Orient, qui, aux yeux des Européens du XVIIIe siècle, passaient pour des systèmes figés dans des coutumes et un conservatisme immuables» (Bayly, 2007, p. 59). L'importance accordée au statut social varie moins en fonction du type d'organisation de la production qu'en fonction de l'importance qu'une organisation politique attribue à l'honneur. L'honneur conféré par le statut peut découler d'une situation de classe, mais l'observation des codes liés à un statut peut, elle aussi, conférer un accès monopolistique à des privilèges de classe. Le processus de modernisation ayant tendance à engendrer des «hommes sans qualité», pour reprendre la formule de Musil, on pourrait en inférer que le statut jouait un rôle plus important dans les sociétés précapitalistes. Évidemment, les travaux sur le capital culturel, symbolique, linguistique, d'autochtonie indiquent non seulement la résilience des dynamiques statutaires, mais leur très grand nombre dans le monde contemporain.

Une des propositions importantes de la sociologie historique du pouvoir social de Michael Mann est que « l'institutionnalisation des conflits de classe a été l'accomplissement politique principal du monde occidental. Il a généré à la fois les États libéraux et les États sociaux-démocrates » (Mann, 2005, p. 57 ; traduction libre). Cette institutionnalisation ne mettra pas fin aux conflits liés à la redistribution des ressources, mais ceux-ci seront désormais régulés par la compétition entre des partis politiques.

Si Marx et Weber ont inspiré de nombreux sociologues, le traitement des classes sociales effectué par ces derniers au sein d'approches structuralistes a mécontenté plusieurs historiens. La prochaine section présente certaines de ces objections de l'histoire sociale.

3.2. LES CLASSES SOCIALES DANS L'HISTOIRE SOCIALE

De E. P. Thompson à Peter Linebaugh, la conception des classes sociales qui s'est développée en histoire sociale entre en collision avec les conceptions économistes et structuralistes que l'on trouve chez certains sociologues[9]. Cette tension reflète bien les contributions historiques de Marx et ses écrits théoriques dans lesquels il élabore sa critique de l'économie politique. Les chercheurs dans la mouvance de Thompson se méfient des approches où les classes sont plus comprises comme des positions structurelles au sein de relations de production que

---

9. La conception des classes de Thompson était dirigée contre celle des sociologues N. J. Smelser et Ralf Dahrendorf ; voir Thompson, 1993 ; Eley et Nield, 2007, p. 46. Pour des analyses qui développent la tradition de Thompson, voir Linebaugh, 2008, 2014 ; Viau, 2013 ; Palmer, 2014 ; Lafrance, 2012 ; Bradbury, 2007.

comme des relations sociales ancrées dans l'histoire[10]. Dans un passage clé de *La formation de la classe ouvrière anglaise*, Thompson affirme :

> J'entends par classe un phénomène *historique*, unifiant des événements disparates et sans lien apparent, tant dans l'objectivité de l'expérience que dans la conscience. J'insiste sur le caractère historique du phénomène. Je ne conçois la classe ni comme une « structure » ni même comme une « catégorie », mais comme quelque chose qui se passe en fait – et qui, on peut le montrer, s'est passé – dans les rapports humains (E. P. Thompson, 2012, p. 15).

Thompson propose une conception *relationnelle* et *processuelle* des classes sociales mettant l'accent sur l'expérience subjective et non réductible des acteurs (Wood, 1995a, p. 76 ; Eley et Nield, 2007, p. 24-25). Sa conception des classes sociales est rivée sur leur développement historique, car, soutenait-il, « [il est] convaincu que la seule façon de l'appréhender est de considérer la classe comme une formation sociale et culturelle, résultant de processus que l'on ne peut étudier que si l'on en examine le développement historique au cours d'une période relativement longue » (E. P. Thompson, 2012, p. 18).

Thompson distingue la distribution objective des situations de classe au sein des modes de production du processus de formation des classes. Wood affirme que seul le second processus donne aux classes leur visibilité empirique (Wood, 1995a, p. 81). Selon elle, l'opposition structurelle des classes sociales constitue donc une condition nécessaire, mais non suffisante, à la formation des classes sociales (*ibid.*, p. 94). Aujourd'hui encore, les chercheurs qui se réclament de cette tradition voient dans l'intérêt de Thompson pour la texture culturelle des classes sociales une approche permettant de marier l'intérêt du postmodernisme pour la subjectivité des acteurs à l'étude des conséquences structurelles plus larges du capitalisme (Eley et Nield, 2007, p. 17). Chez Thompson, pas plus

---

10. Par exemple, voir E. P. Thompson, 2012 ; Wood, 1995a, p. 76 ; McKay, 2005 ; Lafrance, 2012 ; pour l'approche en matière de relations sociales de production, voir Cohen, 2001 ; et pour une conception mitoyenne, voir Anderson, 1980.

la culture que le droit ne sont réduits à de simples instruments d'une domination de classe. Au contraire, souligne l'auteur de *Whigs and Hunters*, le droit est une arène de luttes beaucoup plus complexes (Thompson, 1977, p. 259-263). La tradition thompsonienne a montré que les classes sociales sont des sujets et des objets des processus historiques (Wood, 1995a, p. 92). Elle a poussé les intuitions de Thompson plus loin en étendant l'analyse à celles des processus racisés, dans la formation du monde atlantique notamment, et genrés, lors de l'industrialisation (Linebaugh, 2008 ; Rediker, 2004a, 2004b, 2007 ; Drapeau, 2014). À la suite de Joan W. Scott, plusieurs historiennes ont approfondi le travail de Thompson afin de distinguer la réalité sociale vécue par les hommes et les femmes et, surtout, de ne pas tenir pour acquis que leurs intérêts sont toujours les mêmes en dépit de leur appartenance à la même classe (Scott, 2012).

Thompson développe la notion d'«économie morale des foules» dans deux articles regroupés de *Customs in Commons*, un ouvrage complémentaire à *La formation de la classe ouvrière anglaise*. Par l'«économie morale des foules», il entend les répertoires de conceptions, raisons et justifications invoquées par des acteurs prenant part à des actions collectives, des contestations populaires essentiellement, au XVIIIᵉ siècle. Ces répertoires fournissent des modèles de légitimation morale aux actions collectives dans lesquels Thompson précise que

> *the men and women in the crowd were informed by the belief that they were defending traditional right or customs ; and, in general, that they were supported by the wider consensus of the community. On occasion this popular consensus was endorsed by some measure of license afforded by the authorities* (Thompson, 1993, p. 188).

Par rapport au structuralisme, ces études déplacent l'accent sur la stratégie et l'agence des classes. James C. Scott (1976), par exemple, reconstruit l'étendue des stratégies de résistance paysannes. Thompson invitait à la reconstruction des expériences sédimentées dans des contextes culturels et institutionnels qui informent l'économie morale de leurs actions collectives :

> *It is of course true that riots were triggered off by the*
> *soaring prices, by malpractices among dealers, or by hunger. But*
> *these grievances operated within a popular consensus as to what*
> *were legitimate and what were illegitimate practises in marketing,*
> *milling, baking, etc. This, in its turn was grounded upon a consis-*
> *tent traditional view of social norms and obligations, of the*
> *proper economic functions of several parties within the commu-*
> *nity, which, taken together, can be said to constitute the moral*
> *economy of the poor. An outrage to these moral assumptions,*
> *quite as much as actual deprivation, was the usual occasion for*
> *direct action* (*ibid.* ; voir aussi E.P. Thompson, 2012, p. 13).

Cette conception de la régulation morale des prix d'une économie de subsistance représente l'idéal régulateur invoqué par les paysans lors des hausses des prix du blé ou du pain au XVIIIe siècle. Les paysans s'y réfèrent comme à ressource morale afin de légitimer des actions collectives se réclamant d'un modèle paternaliste où le marché reste enchâssé dans un ordre moral de devoirs réciproques (Thompson, 1993, p. 197-198, 200 et 208).

Certains reprochent à Thompson de ne pas ancrer suffi-samment les relations de classe dans les structures sociales. Anderson estime qu'il propose une analyse de la formation de la classe ouvrière anglaise exclusivement sur le plan des conséquences subjectives des développements du capitalisme industriel et ne porte pas suffisamment attention au dévelop-pement des structures sociales, à l'industrialisation et à l'ac-cumulation du capital (Anderson, 1980 ; Wood, 1995a, p. 85). D'autres, comme Sandra Halperin, conservent une conception structurelle des classes où celles-ci existent indépendamment de la conscience des gens d'y appartenir :

> *"a group of persons in a community identified by their*
> *position in the whole system of social production, defined above*
> *all according to their relationship... to the conditions of produc-*
> *tion and to other classes". Class conflict becomes intrinsic to this*
> *definition when it is applied to the conditions of production that*
> *characterized the capitalist society of nineteenth-century Europe*
> (Halperin, 2004, p. 19).

À la défense de Thompson, Wood soutient que

> the underlying objective determinations affecting the developments 1790s-1832 were, then, the working out of capitalist modes of expropriation, the intensification of exploitation this implied, and the structure of social relations, legal forms and political powers by which that exploitation was sustained (Wood, 1995a, p. 89 ; traduction libre).

L'auteur de *La formation de la classe ouvrière anglaise* « déplace notre attention de facteurs purement "techno-logiques", des cycles économiques et des relations marchandes, vers les relations de production et l'exploitation de classe » (*ibid.*, p. 90 ; traduction libre). Enfin, le travail de Thompson nous sort des débats stériles sur l'opposition entre la vraie et la fausse conscience de classe.

Au Canada, l'histoire sociale d'inspiration thompso-nienne donne lieu à plusieurs travaux allant au-delà du corpus marxiste classique. On pense ici aux travaux de Bryan Palmer (2014), Martin Pâquet (2005) et Jean-Marie Fecteau (2004), qui reprennent des éléments de Foucault ; aux travaux de plusieurs historiennes de l'histoire des femmes, dont Bettina Bradbury (2007), Magda Fahrni (2005, 2013) et Denise Baillargeon (2012) ; et à ceux de Martin Petitclerc (2011/2012) où l'inspiration de Polanyi côtoie celle de Thompson.

Bien que son travail s'inscrive dans la mouvance de Thompson et de Gramsci, l'historien canadien Ian McKay critique la perspective mélancolique à laquelle s'accrochent certains marxistes, selon laquelle la classe ouvrière serait le seul étendard de la « vraie gauche » canadienne. L'auteur de *Rebels, Reds and Radicals* rappelle que « l'individualisme libéral, sous toutes ses formes, a toujours eu une base ouvrière beaucoup plus large au Canada que le socialisme » (McKay, 2005, p. 37 ; traduction libre). En somme, dans son ouvrage consacré à l'histoire de la gauche canadienne, McKay met en garde contre la tentation de « réduire l'histoire de la gauche canadienne à l'histoire des classes [qui] est un résidu de vieilles habitudes sectaires et sentimentales » (*ibid.*).

L'historien de l'Angleterre des Tudor, Robert Brenner, adopte une conception des classes sociales partageant plusieurs éléments de la définition de Thompson. Chez lui, les classes sont réinscrites dans une dynamique historique, relationnelle et dotée d'un comportement politique irréductible à une infrastructure matérielle. Il serait en outre contestable de réduire l'ensemble des actions, comportements et stratégies politiques des membres d'une classe sociale à une seule option rationnelle ; et il serait absurde de ne pas problématiser les luttes politiques horizontales au sein d'une classe sociale. Décrivant les conséquences de cette conception, Wood soutient : « *The connections and oppositions contained in the production process are the basis of class ; but the relationship among people occupying similar position in the relations of production is not given directly by the process of production and appropriation* » (Wood, 1995a, p. 95). Les classes se constituent à travers « deux processus, l'un entre les classes, l'autre en leur sein » (*ibid.*, p. 93 ; traduction libre). La matrice autour de laquelle s'articulent les relations de classe chez Brenner est constituée des *relations sociales de propriété*, c'est-à-dire les « relations entre producteurs directs, entre exploiteurs et entre exploiteurs et producteurs directs, lesquelles rendent possible et précisent l'accès régulier des individus et des familles aux moyens de production et au produit social en soi » (Brenner, 2007b, p. 58 ; traduction libre). Les régimes sociaux de propriété sont constitués d'un ensemble de normes, de coutumes, de pratiques, d'institutions et de lois qui encadrent l'accès à la propriété dans un régime social donné.

Certaines analyses de Brenner rappellent le style de la théorie du choix rationnel, mais certains éléments de son travail le distinguent de plusieurs marxistes analytiques (Wood, 1995b ; Wright, 1995). Par exemple, Brenner soutient que « la forme que prennent les relations de propriété *a*) façonne les règles de reproduction des acteurs économiques individuels qui, à leur tour, *b*) déterminent les modèles de développement ou *c*) de non-développement économique sur le long terme » (Brenner, 1989, p. 19 ; traduction libre). Ainsi, si les règles de reproduction sociale peuvent être dites rationnelles, ce n'est pas à la lumière de normes transhistoriques. La rationalité de ces stratégies découle d'un contexte social et institutionnel où l'organisation de la propriété est liée à l'institutionnalisation des relations de pouvoir. Pour comprendre les tendances à long terme des trajectoires développementales, il faut reconstruire les relations sociales de propriété qui caractérisent un contexte donné et dont découlent des stratégies de reproduction sociale antagoniques. Benno Teschke éclaire l'approche relationnelle des structures sociales de Brenner :

> C'est seulement lorsque des influences structurelles, non subjectivées [...] sont comprises en tant que produit des relations sociales de propriété définies, et quand leur influence sur l'action humaine est modifiée par les décisions d'agents historiques, que le cours de l'histoire acquiert une direction définie et par le fait même une signification pouvant être découverte (Teschke, 2003, p. 79 ; traduction libre).

Les structures sociales n'apparaissent donc pas ici comme données. Elles sont reconstruites à partir de l'analyse historique. Cela n'empêche pas certains brenneriens de tenter de prendre davantage en compte la subjectivité des agents que ne le fait Brenner (Knafo, 2010).

Chez Brenner, les régimes sociaux de propriété ne sont pas réductibles à des modes de production. Le nombre d'institutions médiatisant l'accès à la propriété est tel qu'il force un ensemble de distinctions non seulement entre les trajectoires féodales et absolutistes en Europe, mais aussi entre celles présentes dans le reste du monde, celle entre *encomienda* et *hacienda* lors de l'implantation de la puissance espagnole en Amérique, par exemple (Baschet, 2004, p. 260-266). Ces régimes articulent autour des relations, des possibilités, des *stratégies* ou des *voies* de reproduction sociale[11] :

> Au sein de chaque économie sociale, de telles relations de propriété existeront et rendront possible pour les producteurs directs et les exploiteurs (s'il en existe) de continuer à

....

11. Alors que Brenner emploie le concept de stratégies, d'autres auteurs préfèrent celui de voies de reproduction qu'ils considèrent moins déterministes ; voir Teschke et Lacher, 2007.

se maintenir dans la position de classe qu'ils détenaient déjà. Mais, plus particulièrement, ces relations de propriété, une fois établies, détermineront les potentialités d'action économiques qu'il est rationnel de suivre pour les producteurs directs et les exploiteurs, c'est-à-dire leurs stratégies de reproduction (Brenner, 1991, p. 18-19 ; traduction libre).

Le modèle théorique de Brenner sera repris dans l'étude comparée des révolutions et en sociologie historique des relations internationales (Teschke, 1998, 2002, 2003 ; Lacher, 2006). Bien que Brenner ait touché rapidement à la rationalité sociale des ménages, il n'a pas exploré systématiquement les relations sociales de propriété qui traversent les ménages et les familles.

Le sociologue et historien Gérard Bouchard a effectué une importante enquête sur les familles paysannes qui ont participé à la colonisation de la région du Saguenay. Il ne situe pas explicitement les conditions de reproduction élargie des familles paysannes relativement à ce que Brenner qualifie de régime social de propriété, mais son travail n'aurait pas été tellement différent s'il l'avait fait. Par l'expression reproduction de la famille paysanne, Bouchard fait référence à

l'ensemble des aménagements ou des dispositions – pouvant éventuellement prendre la forme de véritables stratégies – au gré desquelles, à chaque génération, les couples paysans disposaient de leurs avoirs (fonciers, mobiliers) en faveur de leurs descendants immédiats tout en servant des intérêts variés, souvent divergents (Bouchard, 1996, p. 159).

Les voies de cette reproduction ne sont pas déterminées à l'avance par la logique d'un seul mode d'activité rationnel. Elles s'inscrivent plutôt au sein d'une grammaire de voies de reproduction sociales qui rend l'occurrence de certaines stratégies plus probable que pour d'autres. Bouchard distingue notamment cinq objectifs non mutuellement exclusifs que peut poursuivre la famille paysanne :

a) assurer la sécurité du couple conjugal durant la vieillesse, *b)* préserver l'intégrité d'un « patrimoine » familial identifié à un « vieux bien », *c)* garantir la survie du nom ou de la lignée, *d)* établir le maximum d'enfants sur des terres, *e)* ménager aux autres la carrière ou le niveau de vie le plus enviable possible (Bouchard, 1996, p. 160).

L'équilibre auquel parvient Bouchard entre explication et compréhension est différent de celui des textes de Brenner sur les stratégies de reproduction des familles paysannes. Là où chez Brenner l'explication des règles d'action antagoniques suscitées par la propriété est au premier plan, chez Bouchard la compréhension des imaginaires sociaux façonnant la diversité des voix de reproduction sociale offre tout un panorama symbolique absent de l'analyse du premier.

3.3. LES CLASSES ET LES SEXES

Les conceptions marxistes et wébériennes des classes ont été débattues, parfois rejetées et souvent amendées, par plusieurs chercheures en études féministes (Legg et Brown, 2013 ; Benston, 1969 ; Rowbotham, 1976). Kate Millet, par exemple, propose de définir le patriarcat comme une forme de domination au sens wébérien du terme (*herrschaft*) (Millet, cité dans Murray, 2005, p. 7). Les débats féministes ont porté, d'une part, sur la façon de théoriser le travail domestique : Ce travail est-il producteur de valeur d'usage ou de valeur d'échange ? Quel rôle joue-t-il dans la reproduction du capitalisme ? Il a porté, d'autre part, sur la question de l'articulation du capitalisme et du patriarcat : le patriarcat peut-il être expliqué à partir des catégories de Marx ou doit-il faire l'objet d'une analyse indépendante et ensuite articulée au premier (Vogel, 2014 ; Hartmann, 1976 ; Juteau, 1999, p. 103-129) ? Des féministes matérialistes ont développé le concept de classe de sexe afin d'étudier la division sexuelle du travail[12] ou le mode de production domestique. Pour Christine Delphy, par exemple, les femmes sont constituées comme classe au sein du mode de production familial à travers l'appropriation du surplus de leur travail par leur mari rendue possible par le contrat de mariage dans le cadre du mode de production domestique[13]. Bien que la théorie de Delphy ne fasse pas l'objet d'une enquête sociohistorique, Stevi Jackson (1992)

12. Sur le concept de sexage, voir Guillaumin, 1978, p. 9-10.

13. Pour une critique de la problématisation de la relation entre classe, exploitation et appropriation chez Delphy, voir Molyneux, 1979.

a esquissé un projet de recherche lui donnant une dimension historique et empirique. Plusieurs féministes se méfient de l'emploi d'un concept de patriarcat défini comme une entité macrosociologique agissant en soi. Elles lui préfèrent des conceptions plus mésosociologiques des pratiques patriarcales ou fraternelles.

Dans cette section, nous survolons des problématiques socioéconomiques à propos desquelles les recherches sur l'histoire des femmes remettent en question les périodisations historiques de l'organisation et de la division sexuelle du travail et de la propriété[14]. Il ressort de l'histoire de la division sociale et sexuelle du travail, des femmes, de la consommation et de la maternité un portrait plus complexe et différencié des dynamiques de pouvoir et des institutions qui se reproduisent et se transforment sur le long terme[15]. Ces travaux mettent en branle de nouvelles études comparatives sur les dynamiques de pouvoir, le lien entre la consommation et les révolutions industrieuses et la régulation des espaces public-privé en remettant en question les analyses de Weber et Engels[16].

Une première question posée dans les recherches traitant de la place des femmes sur le marché du travail pourrait être formulée ainsi : dans quelle mesure les transformations du marché du travail qui accompagnent les périodes clés de transformations sociales des périodisations traditionnelles affectent-elles également les femmes ? Pour le formuler autrement, les périodisations historiques sont-elles genrées ? Selon plusieurs féministes, la réponse à cette question est oui. De façon générale, les femmes ne seront pas affectées de la même façon que les hommes lors des périodes des transformations sociales retenues

14. Pour une introduction à l'histoire des femmes et du genre et de sa relation avec l'histoire sociale, voir Scott, 1999 ; Tilly et Tilly, 1987.

15. À la suite de J. W. Scott (1999, p. 2), nous emploierons l'expression «le genre» dans cet ouvrage pour parler de «l'organisation sociale des différences sexuelles».

16. Pour un survol de ces questions, voir Kelly-Gadol, 1984 ; Mies, 1986 ; Scott, 1999 ; Murray, 2005 ; Federici, 2004, 2012 ; Seccombe, 1992, 1993 ; Quick, 2010 ; sur le Québec, voir Gossage, 1999 ; Baillargeon, 2012 ; sur le Canada, voir Brandt, Black, Bourne et Fahrni, 2010 ; Darroch, 2014 ; Baskerville, 2008.

par l'historiographie dominante. L'ascension sociale des travailleuses, comme celle des travailleurs, représente des dynamiques à géométrie variable. La Renaissance, la période baroque, la révolution industrielle, le fordisme, les Trente Glorieuses ont affecté différemment les femmes et les hommes, notamment en ce qui a trait au marché du travail. D'où, selon Katrina Honeyman et Jordan Goodman, l'enjeu principal de l'histoire du travail des femmes : « expliquer la nature et les changements de la division sexuelle du travail et de la persistance des femmes dans les occupations les moins payées, les moins stables et les moins valorisantes » (Honeyman et Goodman, 1998, p. 353 ; traduction libre). Depuis Engels, plusieurs ont tenté de souligner une affinité élective entre la domination masculine et l'émergence du capitalisme industriel. Selon le raisonnement d'Engels, à chaque mode de production correspond une certaine forme de famille. La famille bourgeoise se développant avec l'industrialisation serait le noyau de la société civile. Elle serait cependant déchirée par des intérêts privés, résultant de la propriété privée et, par conséquent, serait un lieu dépourvu de « sentimentalité » (Marx et Engels, 1998). Or, s'il est clair que la culture victorienne, avec laquelle le privé devient le royaume du secret, a eu une incidence sur les représentations morales des relations entre les sexes, il est beaucoup moins clair que la domination masculine ait eu besoin du capitalisme industriel pour exister (Honeyman et Goodman, 1998, p. 353). L'étude des transformations que l'ère industrielle a suscitées chez les familles révèle une situation plus complexe. L'enjeu sociohistorique est plutôt de repérer la reproduction, la transformation ou les déplacements des pratiques patriarcales qui accompagnent les changements sociaux comme l'urbanisation, la prolétarisation, l'industrialisation et les différentes formes qu'ont prises les relations entre les sexes sous le capitalisme (Hartmann, 1976 ; Hartman, 2004).

Catherine Hall a mis en relief plusieurs incidences de l'expansion du capitalisme industriel sur les rapports sociaux de sexe au XVIIIe siècle. Une distance s'est notamment installée entre la maison et l'industrie, un processus à travers lequel les femmes se voient davantage confinées au foyer dans le domaine privé (Hall, 1998, p. 194). Les contours des normes, des rôles et des attentes qui façonnent une nouvelle conception de la domesticité dans ce contexte seront fortement influencés par les penseurs évangéliques. En France, si le rôle du cléricalisme dans la division sexuelle de l'espace est connu, celui du républicanisme l'est beaucoup moins. Ce rôle sera pourtant important dans la consolidation des stéréotypes de genre, organisé notamment autour du culte du domaine domestique, dans la division sexuelle du travail et dans celle des sphères publiques et privées (Hunt, 1995; Stone, 1996, p. 259; Baker, 1993). Des études documentent également la forme qu'ont prise ces régulations au Québec et à Montréal au XIXᵉ siècle (De la Cour, Morgan et Valverde, 1992; Poutanen, 2002; Sweeny, 2006/2007).

Ces attentes de comportements n'étaient pas seulement fortement marquées en fonction du sexe, mais également en fonction des classes. Les femmes n'ayant pas les moyens de ne pas travailler étaient catégorisées comme «des épouses médiocres et des mères douteuses» (Hall, 1998, p. 195; traduction libre). Dans le confort privé de la sphère domestique, la bourgeoise occupe, par rapport à ces dernières, une position statutaire dominante au sein d'un ordre symbolique où la division sociale du travail lui confère un monopole sur les bonnes mœurs, inaccessibles aux femmes au bas de l'échelle (*ibid.*, p. 196)[17].

L'histoire sociale des femmes a également mis en relief les conflits liés à la division sexuelle du travail, une problématique voisine de celle de la régulation des frontières entre le public et le privé. La division sexuelle du travail fortement régulée par les guildes, en milieu urbain notamment, connaîtra des transformations avec l'expansion de l'économie de marché. La synthèse historiographique menée par Honeyman et Goodman les mène à conclure que, durant les périodes où «les artisans et hommes qualifiés perçoivent leur position de force économique et leur pouvoir patriarcal menacés» (Honeyman et

---

17. Sur le thème de la régulation morale dans l'histoire canadienne, voir aussi Valverde, 2008; Petitclerc, 2011/2012; Rutland, 2013; Legg et Brown, 2013, p. 134-139; Glasbeek, 2006.

Goodman, 1998, p. 353 ; traduction libre), on assiste à une accentuation de la division sexuelle du travail, de l'idéologie de la domesticité féminine et de l'opposition public/privé. Bayly estime, pour sa part, que le processus de mondialisation culturelle au XIXᵉ siècle a eu des effets contraires selon le sexe. Alors qu'il homogénéise les normes et les codes s'appliquant aux hommes, il a l'effet contraire pour les femmes en les cadrant dans le rôle de la préservation de la différence (Bayly, 2004, p. 39).

Un des mécanismes qui confinent les femmes au bas de l'échelle en dépit des importantes transformations du travail associées à l'industrialisation sera l'appropriation monopolistique par les hommes des secteurs d'activité reposant sur la maîtrise des nouvelles technologies. Cet accès différencié et inégal au savoir neutralisera l'aspect émancipateur qu'aurait pu avoir le développement technologique, de sa conception jusqu'à sa maîtrise. La demande en main-d'œuvre féminine, entraînée par l'industrialisation, sera quant à elle souvent cantonnée dans des secteurs moins lucratifs.

L'histoire des femmes a également montré en quoi des processus comme une première phase d'urbanisation rapide et l'immigration massive des femmes vers les villes ont été synonymes d'une importante croissance de la prostitution. La régulation judiciaire et morale de la prostitution deviendra une préoccupation croissante pour les autorités. Elle sera prise en charge à travers le développement de l'État, de la santé publique et de différents secteurs de la société civile (Evans, 1976, p. 106-107 ; Curtis et Hunt, 2007 ; Hunt, 1999). Le phénomène n'est pas nouveau, défend Evans, mais il doit être mis en relation avec l'économie sociale et symbolique d'une nouvelle classe moyenne :

> The new middle classes removed their women from economic activity and idealized them as pure creatures incapable of sexual feeling or sexual desire. Marriage continued to take place relatively late in life, and contraceptive techniques were not advanced enough to allow the young man of the middle classes to permit his future spouse to be anything but a virgin ; fulfilment of this expectation was felt to be the only solid guarantee of a safe inheritance of property from father to son (Evans, 1976, p. 106-107).

Enfin, soutient l'historien, l'une des conséquences importantes de la différenciation de l'industrialisation sur les prolétaires des deux sexes a conduit à une augmentation de la prostitution. En effet, la demande pour le travail féminin étant fortement réduite, des femmes se prostituaient afin d'apporter un revenu d'appoint au ménage prolétaire en temps de crise (Evans, 1976, p. 106-107). Et cela, alors même qu'un *establishment* médicalo-bourgeois s'appropriait le contrôle sur le corps des femmes et la reproduction, le sortait des foyers et le restituait dans les hôpitaux (Cahill, 2001).

Dans un ouvrage succinct, mais incisif, Mary Murray passe en revue les interventions féministes dans le débat sur la relation entre classes sociales et patriarcat ; débat qui selon elle est trop spéculatif, pas assez empirique et souvent anhistorique (Murray, 2005, p. 6). Elle suggère notamment que ce débat est resté trop marqué par des théories *atomistes et dualistes* de la relation entre le mode de production et le patriarcat, qu'elle définit comme « la domination économique, politique, sexuelle et idéologique des femmes par les hommes » (*ibid.*, p. 26 ; traduction libre). Dans ces théories, les classes et le patriarcat interagissent comme des « boules de billard », plutôt que comme des processus historiques singuliers traversés de liaisons internes (*ibid.*, p. 23).

Murray propose une analyse *unifiée* permettant de reconstruire les processus historiques liés aux formations et transformations des classes sociales et du patriarcat simultanément (*ibid.*, p. 27). Sa démarche s'inscrit dans la foulée de la critique du modèle base/superstructure auquel elle substitue la *perspective des relations internes* (*ibid.*, p. 28-29 ; voir aussi Sayer, 1987). Le premier modèle débouche trop souvent sur des analyses de la relation entre le patriarcat et les classes où les relations entre les concepts et les catégories sociales sont conçues comme *accidentelles* ou *contingentes*, plutôt qu'*organiques* (Murray, 2005, p. 29 et suiv.). Or, soutient Murray, « pour Marx, la réalité sociale est un réseau complexe de relations internes, d'éléments singuliers qui sont ce qu'ils sont seulement en vertu de leur relation à d'autres éléments » (*ibid.*, p. 27 ; traduction libre). C'est à l'histo-ricité de cette relation que Murray s'intéresse dans son analyse de la transition vers le capitalisme en Angleterre :

> I shall argue that "class" actually implied and shaped "patriarchy" and that "patriarchy" implied and shaped "class"; indeed that class relations in English history have been patriarchal and that patriarchal relations have been "classed". Class and patriarchy were not separate pieces of social reality at all. They were inseparable (*ibid.*, p. 30).

Chacune de ces relations engage nécessairement l'autre et aucune des deux n'a pu prendre sa forme actualisée sans y être entraînée par l'autre ; toutes deux s'inscrivant dans un processus historique singulier (*ibid.*, p. 27). La clé de sa démons-tration réside dans l'analyse de la propriété et de son caractère indissociable de l'analyse des classes, du patriarcat et de la divi-sion du travail (*ibid.*, p. 31). C'est donc dans l'analyse historique des relations sociales de propriété que résident l'heuristicité de l'analyse de Murray et la possibilité de développer une analyse unifiée des dynamiques sociales que forment les relations de classe et les relations patriarcales.

Murray conclut son analyse en maintenant que l'émer-gence du capitalisme a eu un effet transformateur sur le patriarcat justement parce que son développement modifie l'institution juridique de la propriété, laquelle est, dans sa forme précapitaliste, intrinsèquement patriarcale (*ibid.*, p. 32).

3.4. La propriété, la famille et le mariage

De nombreuses études ont cherché à dégager différentes configurations de relations entre l'institution de la propriété, l'organisation de la production, l'institution du ménage et la reproduction sociale (Bannerji, 2011 ; Brenner, 2000 ; Vogel, 2014 ; Nakano Glenn, 2009 ; Sweeny, 2006/2007). Nous présenterons dans cette section des programmes de recherche qui relèvent plus précisément de la sociologie historique. Nous nous penche-rons sur des ouvrages ayant proposé des hypothèses à propos des configurations causales qui ont alimenté, implicitement ou explicitement, la recherche sur le lien entre la propriété et la famille. En dépit de ce qui les oppose, ces programmes de recherche ont en commun de considérer que l'organisation de la propriété, du ménage et du mariage a des conséquences sur le développement d'institutions sous-estimées par les chercheurs en sciences sociales en général et en sociologie historique en particulier. Le ménage étant l'unité économique au cœur de la reproduction biologique et sociale, son organisation définit un ensemble de normes et de pratiques ayant d'importantes répercussions sur des relations de pouvoir souvent passées sous silence parce qu'appartenant au domaine privé. Le mariage vient notamment y articuler un ensemble de relations de pouvoir et de propriété, régulées par le droit et la culture et sans lesquelles on ne saurait comprendre des pratiques sociales liées à la consommation, l'organisation du travail, l'institutionnalisation des sphères publiques et privées, la formation des clôtures sociales, les régulations intercommunautaires, etc. (Nirenberg, 2001, p. 157-204). Ces études démontrent que le mode de transmission de la propriété au sein de l'unité familiale a des conséquences sur la reproduction d'un ensemble d'institutions et de relations de pouvoir inscrivant des processus de reproduction sociale dans le temps (Goody, 1976, p. 118 ; Stone, 1977 ; Seccombe, 1992, 1993 ; Bouchard, 1996 ; O'Connor, Orloff et Shaver, 1999 ; Laiou, 2009).

L'étude de la relation entre les cycles démographiques, le développement et la production est un thème classique de la sociologie historique et de l'histoire démographique que l'on peut faire remonter à Malthus. D'autres écoles se sont penchées sur cette problématique en s'inspirant d'approches sociohistoriques, de l'histoire des femmes et de l'anthropologie notamment[18]. Elles ont remis en question les thèses de Malthus (1766-1834), et de Weber et Engels (Goody, 1976 ; Hall, 1997, p. 1453-1454). Une des contributions des féministes dans ce champ est d'avoir mis en relief le caractère politique des normes relatives à l'accès et à la transmission de la propriété. À ce niveau, un ensemble de questions importantes doivent

---

18. *An Essay on the Principle of Population*, paru en 1798, sera l'ouvrage principal publié par Malthus.

être posées : Quelles sont les normes relatives à la présence ou à l'absence d'un fils héritier ? Quel est le cadre culturel et légal de la relation entre l'épouse, les épouses si c'est le cas, ou les concubines d'un défunt ? Quel est le cadre de la relation entre le premier fils, les autres fils et les filles d'un défunt ? Quelles sont les incidences politiques de ces relations pour la définition des rapports sociaux de sexe et des relations patriarcales entendues dans un sens large ? Par exemple, quelles sont les conséquences de ces normes sur l'utilisation du mariage dans le cadre d'alliances politiques, du droit de vote et de la construction symbolique des « bonnes mœurs », notamment celles régulant la sexualité (Weber, 2013 ; Goody, 1976 ; Hartman, 2004 ; Adams, 2005a, 2005b ; Afonja, 1981 ; Miller, 2001 ; Hamer et Hamer, 1994) ? Il s'agit là de vastes sentiers de recherches sociohistoriques qui permettent d'aborder empiriquement bien des enjeux trop souvent examinés seulement sur le plan théorique.

3.4.1. De Malthus à Peter Laslett

Pour Malthus, le développement et la croissance économique doivent passer par un « contrôle » des populations de façon que celles-ci n'excèdent pas les ressources disponibles. Selon son raisonnement, une population croissante qui n'excède pas la quantité de ressources disponibles atteint forcément un plafond, qualifié de « plafond malthuséen », à partir duquel l'économie entre dans une phase de contraction jusqu'à un éventuel déclin de la population[19]. Cependant, si la croissance de la population est plus rapide que le rythme des améliorations en productivité et que celui de l'ouverture de nouvelles terres, les taux de natalité et de mortalité s'ajustent en fonction des ressources disponibles, car ils sont limités par la quantité de nourriture disponible (Wells, 1982 ; Crafts et Mills, 2009). La croissance démographique, même si elle se déroule à un rythme plus rapide que les changements technologiques et la croissance de la productivité, peut se poursuivre tant qu'il y a de nouvelles terres disponibles, de nouvelles techniques ou de

....

19. Guy Bois (1985) effectue une analyse marxiste de tels cycles dans l'Europe féodale en se penchant sur la tendance au déclin de la rente féodale.

nouveaux cultivateurs qui améliorent la productivité agricole sans surexploiter les sols. Quand la terre commence à manquer, la culture des terres de moins en moins productives est ouverte afin de soutenir la croissance démographique. Celle-ci est moins rapide, mais elle continue d'assimiler les améliorations technologiques ou l'ajout de nouvelles terres, jusqu'au moment où la production moyenne d'un travailleur ne suffit plus à reproduire une personne moyenne. Il se produit alors un ajustement démographique découlant de l'augmentation de la mortalité et d'une baisse de la natalité. La crise démographique peut être aggravée par une crise écologique causée par une trop grande intensification de l'agriculture[20].

> ### Les cycles de croissance économique *vs* les cycles démographiques
>
> Croissance rapide de la population → déséquilibre entre ressources et population → ouvertures de nouvelles terres pour nourrir le surplus de population → nouvelle croissance (moins rapide) de la population → ouverture de terres de moins en moins fertiles → surexploitation des sols par l'intensification de l'agriculture → crise écologique et agricole → baisse de la productivité agricole → baisse de la natalité et hausse de la mortalité → équilibre naturel de population.

Selon une version malthuséenne de la thèse du « miracle occidental », l'Occident seul serait parvenu à contrôler la croissance de sa population. Plusieurs facteurs sont généralement invoqués pour expliquer cette réussite; en premier lieu, le célibat des prêtres et les mariages tardifs[21]. De façon plus générale, souligne Goldstone, les sociétés traditionnelles ont mis en œuvre un grand nombre de pratiques culturelles « soit en limitant l'accès au mariage, soit en réduisant le nombre d'enfants par famille » (Goldstone, 2009, p. 75). Les endroits ne parvenant

....

20. Pour une critique de la théorie de Malthus, voir Wrigley, 1988; Lee et Wang, 1999.

21. Pour une variante de cette défense de la thèse du miracle européen, voir Jones, 1981, 1988.

pas à surmonter les défis posés par le plafond malthuséen sont généralement représentés comme engendrant une extrême pauvreté de la population paysanne (*ibid.*, p. 72). Une thèse classique d'inspiration malthuséenne est que la structure de la famille traditionnelle chinoise, où le fils aîné et sa femme vivent chez ses parents, a favorisé des mariages précoces, un plus grand nombre de grossesses et donc exercé une pression plus forte sur les ressources disponibles en engendrant de la rareté.

Le Cambridge Group for the History of Population and Social Structures, articulé autour de l'historien Peter Laslett (1915-2001) et de Anthony Wrigley, est un phare de la recherche sur la démographie, l'histoire des familles et des structures sociales[22]. Le groupe a mené d'importantes études comparatives de ces développements à l'échelle mondiale à la croisée de la démographie historique et de l'histoire sociale (Laslett, 1972). Un de ses objectifs était d'éclairer la relation entre l'industrialisation et la structure nucléaire des familles du Nord-Ouest européen. Pour Ian MacFarlane (1978, 1986, 1987), par exemple, c'est dans la structure particulière du ménage nucléaire anglais que résident les conditions suffisantes à l'émergence de l'individualisme et de la relation à la propriété qui sera à l'origine du développement de l'industrie.

Peter Laslett se penche sur les particularités de la famille occidentale dans un nombre important de contributions où il analyse et compare les conséquences sociales des modèles de mariage tardif de la famille nucléaire que l'on retrouve en Occident, et plus précisément en Europe du Nord-Ouest. Il relève quatre caractéristiques de ces familles : 1) groupe familial constitué des parents et des enfants ; 2) âge tardif de la mère au moment de la grossesse ; 3) convergence de l'âge des époux et 4) présence de domestiques dans l'environnement familial et surtout dans celui des enfants, fournissant une fenêtre privilégiée sur le monde extérieur (Laslett, 1977, p. 90 ; Hartman, 2004, p. 57). Ces études conduisent cependant au

....

22. Peter Laslett est associé, avec Quentin Skinner et J. G. A. Pocock, à l'école de Cambridge dont les travaux portent sur l'étude des idées politiques.

constat empirique que la famille nucléaire de quatre à six membres n'est pas propre à l'Europe moderne, mais qu'elle a existé pendant une partie de l'ère médiévale en Europe du Nord-Ouest. C'est ce qui fait dire à Hartman que l'*explanans* auquel a dû s'attarder Laslett est peut-être moins la taille de la famille nucléaire que l'âge tardif du mariage des femmes.

3.4.2. Jack Goody : technologie, propriété et famille

L'anthropologue Jack Goody est un pionnier des recherches macrohistoriques sur les ménages et les familles. Il compare la trajectoire de plusieurs sociétés africaines par rapport à celles de sociétés eurasiennes (Goody, 1976, p. 5). Il explique la divergence de ces trajectoires par l'organisation sociale basée sur la culture à la houe (*hoe culture*) en Afrique et sur le labourage agricole (*plough farming*) en Eurasie. Son argument reprend des éléments essentiels de l'explication smithienne à propos des conséquences du mode de subsistance sur la division du travail et l'incitation à la productivité. L'essentiel de son argument est le suivant :

> These differences are related to the high productivity of the plough, the specialisation that this permits, the scarcity of land which it creates or aggravates, and the differential holdings of land and of capital which then become important. In Africa on the other hand, productivity was low and there was little full-time specialisation ; most craftsmen were also farmers, even when assisted by slaves. Land as distinct from labour was rarely a scarce resource and hence its exclusive ownership was not the basis of social stratification, either locally or nationally. The different use made of strategies of heirship in Africa and Eurasia seems to be related to this major fact (ibid., p. 97).

Ces différences dans le mode de subsistance ont non seulement une incidence sur la division sociale du travail, mais elles expliquent aussi, selon Goody, les différentes pratiques liées au caractère endogène ou exogène du mariage :

> Under Eurasian conditions, there is a tendency toward close rather than distant marriages, toward in-marriage and endogamy rather than out-marriage and exogamy. Such marriages preserve distinctions of property and status. In Africa, on the other hand,

*the ownership of land was not the main key to economic achieve-
ment. The agricultural output of work-groups varied within fairly
confined limits and in this respect the society was relatively
homogeneous. Marriage policy was less firmly directed toward
the matching of like with like, and more stress could then be
placed on the advantages of intermarriage (ibid., p. 114).*

Le caractère endogène ou exogène du mariage est fortement conditionné par le mode de transmission de la propriété
et il se répercute directement sur les relations entre les groupes.
Ainsi, poursuit Goody,

> *when differences in landholding are a major factor in the
> social hierarchy and when property is conveyed through marriage
> and inheritance, a premium is placed upon inmarriage rather
> than out-marriage, upon endogamy rather than exogamy. This
> is particularly the case where, to preserve the standing of daugh-
> ters as well as sons, property is distributed bilaterally (that is,
> to both sexes) by the process of diverging devolution. This policy
> of isolation leads to variations of behaviour within the culture
> which tend to crystallise out in gentry subcultures or in diffe-
> rences between richer peasants, poorer peasants, and those with
> no land at all, the rural proletariat (ibid., p. 114).*

Goody identifie un *explanans* précis de la divergence des
trajectoires familiales et intercommunautaires découlant de
deux modes de division sociale du travail et d'organisation
sociale de la propriété. Selon lui, l'avènement de l'agriculture
intensive, à la charrue, explique les changements dans le mode
de transmission de la propriété, puis dans le mariage et la famille.
Il traite la question des infanticides sous l'angle des stratégies
de transmission de la propriété. Selon Mary S. Hartman, dans
certaines sociétés marquées par un système de mariage hâtif,
l'infanticide des fillettes peut être pratiqué pour ne pas avoir à
nourrir et à élever une fille destinée à partir dans la famille de
son mari avec une dot. Hartman souligne la valeur productive
et reproductive de la femme pour sa famille d'origine ; Goody,
pour sa part, lie la dot à une méthode de transmission de la
propriété aux enfants de sexe féminin dans une famille afin de
lui assurer un mariage dans une classe ou une caste équivalente
à celle dont elle est issue. Ces biens lui permettront aussi de
survivre matériellement au deuil de son mari. La dot est une

caractéristique du régime agricole à la charrue. Selon Goody, l'agriculture à la houe est plutôt caractérisée par le paiement d'un prix par le jeune marié à la famille de la mariée. Ce prix s'explique par le rôle productif important des femmes dans ce type d'agriculture.

3.4.3. Wally Seccombe : propriété, classes et familles

Nous avons vu précédemment que Brenner a mené une analyse sociohistorique où les régimes sociaux de propriété et les rapports de force entre les classes sociales sont les principales unités de comparaison. Bien que sa définition des relations sociales de propriété renvoie *explicitement* aux « familles », ce n'est certainement pas un volet de l'heuristicité de ce concept qu'il a systématiquement développé (Brenner, 2007b). Pourtant, il est évident que la vie des familles et des ménages est traversée par des relations sociales de propriété dans un ensemble de dimensions. Wally Seccombe étend le cadre de Brenner à ces aspects. Revenant sur le « Brenner Debate » qui oppose les contributions de Brenner à celles de plusieurs historiens et démographes de l'Europe préindustrielle, il tente de nuancer l'opposition entre la position de Brenner et celles des néomalthuséens. Cette opposition n'est pas nouvelle. Alors que les marxistes déterminent les forces et les limites du capitalisme à l'intérieur du processus d'accumulation, les malthuséens situent le cycle des dynamiques de l'économie féodale dans la dynamique conditionnant l'équilibre entre la terre et la main-d'œuvre (force de travail), à savoir la relation entre la reproduction biologique et sociale et l'écologie agraire (Seccombe, 1992, p. 248). Les études prenant les relations de classe comme variable indépendante, dont celles de Brenner, jugent secondaires les facteurs démographiques (*ibid.*, p. 247-254). À l'inverse, les démographes tendent à dépolitiser les cycles démographiques.

Seccombe soutient qu'au-delà de leurs désaccords Brenner et les néomalthuséens partagent, somme toute, les termes du débat. De leur côté, Postan et Ladurie reconnaissent l'importance des « conflits de classe entourant la distribution du produit agricole ». Ils ne les interprètent cependant pas comme le résultat d'une *lutte, mais d'une détermination provoquée par le type de structure qu'offre la propriété.* Brenner, pour sa part, reconnaît l'existence d'un long cycle agraire. Il ne conçoit cependant pas que ce cycle conditionne les éléments de la lutte entre paysans et seigneurs (*ibid.*, p. 249). L'argument principal de Brenner contre les néomalthusiens est que le dénouement des luttes de classe à l'intérieur d'une conjoncture particulière n'est pas déterminé par des circonstances démographiques dont dépendent seigneurs et paysans. Seccombe rejoint, tout en le nuançant, l'argument de Brenner. Bien que l'issue des luttes de classe puisse engendrer des divergences durables au sein du développement économique local et régional, ces luttes ne donnent pas *nécessairement* lieu à ce genre de configuration (de manière permanente) (*ibid.*, p. 250). L'issue de luttes conjoncturelles, par exemple, s'avérerait plus temporaire.

3.4.4. Mary S. Hartman : propriété, mariages tardifs et relations entre les sexes

Mary Hartman s'intéresse aux enjeux soulevés par Charles Tilly dans *Big Structure, Large Processes, Huge Comparisons*. En dépit d'un siècle de recherche sur les causes de la montée de l'Ouest dans le sillon des travaux de Marx et Weber, la sociologie historique reste en terrain précaire quand vient le temps d'expliquer les causes de cet essor. Dans la foulée du groupe de Cambridge, Hartman analyse le système de mariage dans l'Europe du Nord-Ouest au début de l'ère moderne. Contrairement à celle de Julia Adams, son analyse ne porte pas précisément sur les stratégies patrimoniales employées au sein de la noblesse européenne[23]. Hartman emprunte une avenue négligée dans les travaux du groupe de Cambridge sur l'Europe de l'Ouest, soit l'analyse de l'incidence du mariage tardif des femmes sur les relations entre les sexes (Hartman, 2004, p. 25 et 33). À l'âge tardif du mariage s'ajoute le fait que les époux ont un âge et une expérience de vie beaucoup plus rapprochés. Dans le cadre des mariages hâtifs, l'écart entre l'âge des époux est plus grand. La démonstration empirique repose sur une analyse comparative des ménages du

....

23. Voir le chapitre sur l'État pour l'analyse du patrimonialisme de Julia Adams, 2005a, 2005b.

Nord-Ouest européen et des ménages multifamiliaux. Hartman soutient que l'âge tardif du mariage des femmes a favorisé leur autonomie, et ce, à plusieurs égards. Il a reconnu cette autonomie d'abord dans le contexte du choix des époux ; en favorisant le rapport de force des femmes dans les relations de couple ; la plus grande interchangeabilité des rôles familiaux ; la plus grande synchronicité du cycle familial des hommes et des femmes (Hartman, 2004, p. 40) ; et, symétriquement, l'insécurité des hommes se traduisant par des représentations sociales tranchées de la masculinité et de la féminité (Hartman, 2004, p. 25-26 et 32)[24].

Hartman estime que la structure familiale particulière au nord-ouest de l'Europe (Scandinavie, Grande-Bretagne, Pays-Bas, États germaniques, nord de la France), héritée du féodalisme et de l'effondrement de l'Empire romain occidental, aurait contribué à mettre en place les conditions nécessaires au développement d'un système de mariage tardif pour les femmes aux profondes répercussions pour les particularités de la trajectoire occidentale (Hartman, 2004, p. 87). En Europe du Nord-Ouest, malgré le servage et les règles de propriété plus strictes liées au droit romain, les paysans contrôlent le legs des terres de génération en génération ou, encore, ils peuvent les vendre ou les louer. C'est dans ce contexte féodal que l'on assiste à l'apparition du mariage tardif (Mitterauer et Sieder, 1982, p. 38)[25]. Avançant une hypothèse qui rejoint en partie les travaux de Benno Teschke sur la dynamique expansionniste des relations sociales de propriété de l'Europe féodale, Hartman suggère que la colonisation des territoires non occupés du nord-ouest de l'Europe aurait été favorable à la reproduction et à la diffusion du ménage nucléaire. Les terres non défrichées sont proposées pour la colonisation aux esclaves affranchis et elles offrent des

---

24. Sur les normes régissant la masculinité et la féminité, voir Hartman, 2004, p. 48-51, 103 et 261-270 ; sur le suicide par sexe dans les sociétés à mariage hâtif et tardif, voir p. 53. Une des sources d'inspiration de Hartman est le travail de John Hajnal, 1982 ; voir aussi, Laslett, 1977. Sur les stratégies des familles, voir N. Zemon Davis, 1977.

25. Hartman (2004, p. 85) rejette l'hypothèse de Goody selon laquelle le système de mariage tardif serait dû au christianisme, notamment parce qu'il est apparu seulement dans le nord de l'Europe et non sur l'ensemble du continent.

avantages aux nouvelles familles (Hartman, 2004, p. 89-90). La résilience très inégale des institutions féodales en Europe pourrait y expliquer en partie les modalités de développement du mariage tardif. Cependant, un des enjeux non négligeables que l'idéal-type de l'Europe du Nord-Ouest de Hartman semble négliger est le fait que le droit à la propriété privée héritée du droit romain ne survit pas en Angleterre, comme il le fait sur le continent.

Hartman compare le système de mariage hâtif (SMH) et multifamilial avec le système de mariage nucléaire et tardif. Le système de mariage hâtif où la femme est plus jeune que son mari d'une dizaine d'années serait beaucoup plus répandu (Europe de l'Est, Inde, Moyen-Orient, Chine, parties de l'Afrique) et plus durable (Hartman, 2004, p. 82) ; le second serait particulier au développement du Nord-Ouest européen. Il résulterait des multiples décisions individuelles de pères de famille qui ont choisi de saisir certaines occasions et de retarder l'âge du mariage de leur fille (Hartman, 2004, p. 98-99). Dans le SMH, plusieurs familles peuvent former le même ménage. Celui-ci est encadré par la présence des parents qui ont souvent participé au choix des époux. Hartman souligne la différence entre les trajectoires de socialisation des enfants et des jeunes adultes dans les deux systèmes de mariage, notamment en ce qui a trait au développement de l'individualisme et de l'auto-nomie, des thèmes déjà abordés chez Laslett et MacFarlane. Le système de mariage hâtif fait des parents un vecteur central du processus de socialisation en exerçant une régulation norma-tive, arrimée à la tradition et aux cycles biologiques, laissant très peu de place à l'autonomie des enfants et surtout à celle des jeunes filles. La trajectoire du Nord-Ouest européen est différente. Selon Hartman,

> *from medieval times until the late eighteenth century or so, young persons in their late teens and twenties played the major role in selecting their own partners ; and they usually did so as agricultural servants or apprentices residing in their employers' households. At marriage, these couples typically pooled their resources and created simple or nuclear households of their own, which meant that most residences in northwestern Europe housed just one married couple* (Hartman, 2004, p. 6).

Ces ménages unissent deux personnes ayant déjà une certaine expérience de la vie et ayant été confrontées à des expériences en dehors du foyer de leurs parents.

Une autre particularité des trajectoires familiales du Nord-Ouest européen est qu'en contribuant au travail productif de leur famille natale les filles ont une plus grande valeur que si elles servent de reproductrices pour la famille de leur mari. Cela explique, d'une part, que les parents souhaitent retarder le mariage de leurs enfants et, d'autre part, qu'il y ait moins d'infanticide de bébés filles aux endroits où le mariage mène à la reproduction d'une famille nucléaire (Hartman, 2004, p. 89 et 95-96). Enfin, ces familles seront exposées à beaucoup plus de choix et pourront développer plus d'initiatives personnelles, parce qu'elles ne sont pas sujettes aux contraintes des traditions familiales qui pèsent sur les jeunes familles dans le ménage multifamilial (Hartman, 2004, p. 105). Dans les SMH, la régulation des normes et des genres se fait par la famille élargie et les époux appartiennent, par leur âge et par l'univers genré au sein duquel ils ont évolué, à des mondes beaucoup plus éloignés. Par contraste, dans les systèmes de mariage tardif, la régulation normative des relations entre les sexes et les genres se fait davantage par des institutions extrafamiliales, comme l'Église et l'État.

Hartman démontre clairement l'importance de prendre en compte les rapports de pouvoir au sein des ménages en sociologie historique. Elle rétablit les femmes comme sujet et objet d'un ensemble de relations de propriété et de pouvoir au cœur des trajectoires de développement social. *Household in the Making of History* comporte cependant une lacune : l'ouvrage tient pour acquise la particularité de la trajectoire du Nord-Ouest européen en ce qui concerne le développement des ménages. Or, des études comparatives récentes nuancent cette spécificité en en recadrant considérablement les paramètres[26].

....

26. Nous revenons sur ce point dans le chapitre sur la transition vers le capitalisme et le « miracle » occidental.

Jack Goldstone identifie le même modèle familial que Hartman en Europe du Nord-Ouest. Il compare ce modèle avec celui de l'Europe de l'Est et du Sud où les modèles familiaux sont plus complexes et reposent sur une entraide élargie permettant aux familles d'avoir des enfants plus jeunes. Puis, souligne-t-il, alors qu'en Europe du Nord-Ouest la «famille» est souvent établie autour du nouveau foyer à la suite d'un mariage, en Chine l'union formée par le premier fils d'une famille s'établit généralement au sein du foyer familial des parents (Goldstone, 2009, p. 73-74). En sortant des études comparatives qui restent dans le cadre européen pour élargir le spectre de comparaison à l'Asie, Goldstone nuance cependant l'apparente particularité de la trajectoire nord-ouest–européenne. Il soutient qu'en dépit de variations importantes entre les systèmes familiaux en Europe et en Asie, la croissance démographique peut varier davantage au sein même de l'Europe ou de l'Asie qu'entre les deux aires géographiques prises dans leur ensemble. Cette croissance est similaire et substantielle entre 1500 et 1750 ou 1400 et 1800, alors que la population fait plus que doubler à plusieurs endroits en Europe, comme en Asie (Goldstone, 2009, p. 71-73 ; Lieberman, 2009a, p. 5 ; Lee et Wang, 1999). Goldstone souligne cependant qu'il ne semble pas y avoir *une* trajectoire démographique propre à l'Asie en général, par opposition à *une* trajectoire européenne en général. Au contraire, soutient-il, «l'espérance de vie de la Chine rurale se rapproche de celle de l'Angleterre, alors que celle du Japon est plus proche de celle des Pays-Bas» (Goldstone, 2009, p. 79, traduction libre ; Lieberman, 2009a).

Enfin, la question des trajectoires démographiques et de leur relation avec l'organisation sociale de la propriété et des relations genrées gagne non seulement à être l'objet de comparaisons sur de vastes échelles, mais également à être mise en dialogue avec l'étude des grands mouvements migratoires à l'échelle de l'histoire globale. Patrick Manning, par exemple, illustre les manifestations de cette migration genrée dans le cadre du commerce des esclaves (Manning, 2013, p. 136-142). À titre d'exemple, la demande d'esclaves masculins était plus élevée dans les Amériques, alors que les esclaves féminines étaient plus en demande dans le commerce intra-africain. Les femmes d'Afrique du Nord étaient également prisées pour alimenter l'esclavage domestique au Moyen-Orient, alors que celles de la Corne africaine alimentaient l'esclavage domestique en Arabie. Ces tendances, perceptibles à l'échelle de l'histoire globale, ont eu des conséquences importantes sur un ensemble de dynamiques sociales et genrées. D'abord, elles peuvent avoir eu une incidence sur l'organisation des règles du mariage et sur la nature des relations de pouvoir au sein des ménages. Elles ont pu par exemple favoriser la polygamie à des endroits où les hommes étaient en moins grand nombre. Ces déplacements de population ont également suscité des questions en ce qui a trait au statut des enfants issus des relations sexuelles entre esclave et maître. Ces grands mouvements socioéconomiques alimentés par la division internationale du travail et du travail domestique doivent être prises en compte afin de ne pas aborder l'institution du mariage comme une unité discrète relevant de facteurs uniquement culturels ou religieux.

CONCLUSION

Dans les traditions sociologiques inspirées de Marx et de Weber, les classes et le statut social sont d'importants outils d'analyse du pouvoir social. Ces traditions ont cherché à expliquer le comportement des institutions à l'aide de leur ancrage dans des dynamiques de classe. La tradition marxiste a été et continue d'être divisée entre des approches structurelles et des approches sociales et empiriques. Cette opposition renvoie à un débat plus large entre les chercheurs dont l'objectif est d'expliquer le rôle des classes et ceux dont l'objectif est de reconstruire leur subjectivité. Les wébériens, pour leur part, jugent que les marxistes attribuent une influence explicative exagérée aux seules classes sociales, ce qui a suscité un grand nombre de réponses chez les marxistes.

Quant aux féministes, elles ont fait éclater l'apparente universalité des concepts de classe et de famille en montrant qu'aucune théorie du pouvoir social ne peut négliger l'étude des rapports de pouvoir au regard des relations entre les sexes au sein d'une même classe sociale ou d'un ménage. La sphère privée, avec son opposition avec « le public », doit non seulement être ouverte, mais également faire l'objet d'une historicisation pour illustrer la variation des modes de reproduction sociale. C'est donc pour expliquer l'oppression vécue par les femmes que des féministes se sont d'abord intéressées à l'articulation de la théorie marxiste à la réalité du travail domestique. La variation de l'organisation familiale a ensuite fait l'objet d'études comparées visant autant à expliquer les diverses formes de subordination des femmes qu'à en mesurer les conséquences pour l'organisation sociale.

Ce parcours même succinct au sein des approches sociohistoriques des inégalités de classe et de sexes indique l'approfondissement et la diversification des réalités prises en compte par la recherche. Ces enjeux ne sont pas que sociohistoriques. Les inégalités sociales, la racisation et la féminisation de certains secteurs plus à risque et moins bien payés du marché de l'emploi demeurent des enjeux d'actualité. Il en va de même pour les différentes formes de régulations sociales qui reposent sur des catégories hiérarchisant des statuts sociaux. La perspective sociohistorique est un excellent moyen d'en déconstruire le caractère dit naturel.

LECTURES COMPLÉMENTAIRES

Acker, Joan (2006). *Class Questions: Feminist Answers*, Lanham, Rowman & Littlefield.

Hartman, Mary S. (2004). *The Household and the Making of History*, Cambridge, Cambridge University Press.

Thompson, Edward P. (2012). *La formation de la classe ouvrière anglaise*, Paris, Points.

Wood, Ellen M. (1998). *The Retreat from Class*, Londres et New York, Verso.

Wright, Erik Olin (dir.) (2005). *Approaches to Class Analysis*, Cambridge, Cambridge University Press.

Ici à p. 210

CHAPITRE 4

LE POUVOIR SOCIAL
ET LE PROCESSUS
DE FORMATION ÉTATIQUE

Le processus de construction étatique normalise
une structuration particulière de subjectivité humaine.
Cette activité suppose la transformation
d'un nombre limité de possibilités humaines
en un ensemble de faits sociaux tenus pour acquis.

(CURTIS, 1987, p. 608 ; traduction libre)

La sociologie historique de l'État aborde *empiriquement* un ensemble d'institutions, de normes et de rapports de pouvoir, de classes et de forces se réclamant de l'exercice monopolistique d'une autorité souveraine. En dépit de ce qui les oppose, les classiques du champ de la sociologie politique, Machiavel, Otto Hintze, Karl Marx, Max Weber, Franz Oppenheimer, ont jeté les fondements d'une étude empirique de l'État en rupture avec les philosophies du contrat social et du droit naturel. Chez eux, l'État médiatise, institutionnalise et incarne un ensemble de rapports de force qui se fondent et se négocient en *ultima ratio* par un moyen précis : « la violence physique » (Weber, 1963, p. 124 et suiv. ; Oppenheimer, 1975 ; Mann, 1988, p. 33-72). Chez

Weber, ce recours à la contrainte physique distingue notamment la domination politique de la domination hiérocratique, où la contrainte est d'abord psychique et met en jeu le salut (Weber, 2013, p. 338-392). Un des objectifs de la sociologie historique de l'État est de distinguer les propriétés, rôles et caractéristiques transhistoriques des organisations politiques de ceux qui sont typiques de certaines époques ou de certains contextes historiques concrets.

Les étudiantes et les étudiants en sociologie politique apprennent généralement deux conceptions de l'État. D'abord, celle de Marx et Engels selon qui l'État ou « les pouvoirs publics modernes » sont un « comité qui administre les affaires communes de la classe bourgeoise toute entière » (Marx et Engels, 1998, p. 76), ou la définition un peu plus complexe qu'ils proposent dans *L'idéologie allemande* :

> Du fait que la propriété privée s'est émancipée de la communauté, l'État a acquis une existence particulière à côté de la société civile et en dehors d'elle ; mais cet État n'est pas autre chose que la forme d'organisation que les bourgeois se donnent par nécessité, pour garantir réciproquement leur propriété et leurs intérêts, tant à l'extérieur qu'à l'intérieur (Marx et Engels, 1968, p. 105).

Ils voient ensuite celle de Weber, qui aborde l'État comme « une communauté humaine qui, dans les limites d'un territoire déterminé – la notion de territoire étant une de ses caractéristiques –, revendique avec succès pour son propre compte le monopole de la violence physique légitime » (Weber, 1963, p. 125). Selon une proposition plus tragique, l'État moderne est une cage d'acier, lieu de l'organisation et de l'administration des politiques désenchantées du monde moderne. Selon la première conception, l'État est le reflet des intérêts de la classe dominante ou le gestionnaire de ces intérêts ; selon la seconde, l'État est d'abord une organisation qui a un rôle prépondérant dans l'attribution et l'emploi des moyens de coercition. La troisième proposition est au cœur de la problématique des fondements du légal et du légitime dans le monde moderne. Ces propositions cependant ne rendent pas justice à la richesse des développements théoriques en sociologie de l'État.

Ce chapitre débute par quelques considérations et définitions préalables sur l'étude de l'État (4.1) ; puis il décrit la
problématisation du pouvoir social dans différentes traditions
théoriques (4.2). Si les théories du pouvoir ne se limitent pas aux
théories de l'État, les théories de l'État, elles, découlent généralement de conceptions du pouvoir. Les diverses formes d'États
représentent différents modes d'organisation et d'institutionnalisation du pouvoir social. Nous nous intéressons par la suite
à l'État patrimonial ainsi qu'aux mécanismes et processus associés au développement de l'État moderne (4.3) ; aux processus
de centralisation et d'autonomisation de l'État (4.4) ; à l'autonomie de l'État (4.5) ; au principe de souveraineté (4.6) ; aux
processus de bureaucratisation (4.7) ; et, enfin, aux processus et
mécanismes de catégorisation, de classification et d'éducation
comme régulations étatiques (4.8).

4.1. Les considérations et les définitions préalables

L'analyse de l'État n'occupe pas la même place chez Marx et
Weber. Si elle est au cœur des textes les plus importants
de Weber, elle est marginale dans le *Capital* de Marx. Marxistes
et wébériens mettent l'accent sur des dimensions différentes,
mais complémentaires de l'étude de l'État (Löwy, 2013 ; Sayer,
1991 ; Habermas, 2012). Alors que les marxistes étudient l'État
comme un ensemble de relations sociales à travers lesquelles
s'incarnent et s'institutionnalisent des relations de domination
médiatisées par des classes sociales (Therborn, 2008, p. 131-132) ;
Weber s'intéresse aux luttes et aux relations entre le chef de
l'État et ses exécutants immédiats, les fonctionnaires, les offi-
ciers supérieurs de l'armée, les élites, les ordres et les classes
(Kiser et Baer, 2005, p. 228). Pour Weber, l'évolution et la transformation de la relation entre le chef de l'État et son état-major
est une matrice du processus de rationalisation de la politique.
Ces processus sont à la rationalisation du politique ce qu'est le
développement de l'économie de marché à la rationalisation de
l'économie. À travers eux, le caractère impersonnel du pouvoir
s'accroît. Il devient synonyme de rationalisation (Sayer, 1987,
1991 ; Gerstenberger, 2007).

Weber argue que pas plus « la société » que l'État ne doivent être traités de façon anthropomorphique ou comme des sujets abstraits. L'État est un ensemble de relations sociales :

> Pour la sociologie, le phénomène appelé « État » ne consiste pas nécessairement, uniquement ou exactement dans les éléments importants du point de vue *juridique*. En tout cas, il n'existe pas pour elle de personnalité collective « exerçant une activité ». Quand elle parle d'« État », de « nation », de « société par actions », de « famille », de « corps d'armée » ou de structures analogues, elle vise au contraire *purement et simplement* un développement de nature déterminée par une activité sociale effective ou construite comme possible ; par conséquent elle glisse sous le concept juridique qu'elle utilise, à cause de sa précision et de son usage courant, un sens totalement différent (Weber, 1995a, p. 41).

Il est clair sur ce qui oppose une conception relationnelle de l'État à une conception substantielle :

> Même quand il s'agit de prétendues « structures sociales », comme l'« État », l'« Église », la « confrérie », le « mariage », etc., la relation sociale *consiste* exclusivement, et purement et simplement, dans la *chance* que, selon son contenu significatif, il a existé, il existe ou il existera une activité réciproque des uns sur les autres, exprimable d'une certaine manière. Il faut toujours s'en tenir à cela pour éviter une conception « substantialiste » de ces concepts. Du point de vue sociologique, un « État » cesse par exemple d'« exister » dès qu'a disparu la *chance* qu'il s'y découle des espèces déterminées d'activités sociales, orientées significativement (*ibid.*, p. 58).

Au-delà de Marx et de Weber, l'influence d'Otto Hintze est également importante sur les travaux sociohistoriques menés sur l'État (Hintze, 1975). La sociologue Theda Skocpol, par exemple, définit l'État comme

> un ensemble d'organes administratifs, policiers et militaires, coiffés et plus ou moins bien coordonnés par un pouvoir exécutif. Tout État extrait d'abord et fondamentalement des ressources de la société et les affecte à la création et à l'entretien d'appareils coercitifs et administratifs. [...] L'État performe normalement deux séries de tâches fondamentales : il maintient l'ordre et entre en compétition avec d'autres États, même potentiels. [...] L'État, pour résumer, ne va pas sans rappeler les

deux faces de Janus, avec son double ancrage dans les structures socioéconomiques divisées en classes et dans le système d'États international (Skocpol, 1985, p. 54-55 et 58).

Skocpol adopte ainsi une conception réaliste de la géopolitique et prend ses distances autant avec la théorie du système-monde de Immanuel Wallerstein qu'avec les approches axées davantage sur les classes sociales de Barrington Moore, Perry Anderson et Göran Therborn (Skocpol, 1973, 1977, 1985).

Charles Tilly réitère également fréquemment les hypothèses d'Otto Hintze. Dans *Coercion, Capital, and European States, AD 990-1990*, par exemple, il définit l'État comme «une organisation coercitive qui est distincte du ménage et des groupes de parenté et exerce une priorité claire sur l'ensemble des autres organisations sur des territoires substantiels» (Tilly, 1992, p. 1). Cette définition, qui inclut les cités-États, les empires et les théocraties, regroupe des organisations politiques dont l'existence remonte à plus de 8000 ans. Parmi ces organisations politiques, Tilly qualifie d'empire

> *a large composite polity linked to a central power by indirect rule. The central power exercises some military and fiscal control in each major segment of its imperial domain, but tolerates the two major elements of indirect rule: 1) retention or establishment of particular, distinct compacts for the government of each segment; and 2) exercise of power through intermediaries who enjoy considerable autonomy within their own domains in return for the delivery of compliance, tribute, and military collaboration with the center* (Tilly, 1997b, p. 3).

La définition de l'État de Tilly se distingue de la définition de Weber en prenant en compte des cas où des organisations politiques permettent l'existence d'organisations ou de groupes armés sur leur territoire dans la mesure où ils restent marginaux, comme c'était parfois le cas d'États européens et du Sud-Est asiatique avant 1800 (Lieberman, 2009a). D'autres chercheurs soulignent le caractère exceptionnel des circonstances dans lesquelles les États parviennent à obtenir un monopole sur l'emploi de la force et minimisent ce facteur dans leur étude de l'État (Osterhammel, 2014, p. 575; Elias, 1996, p. 171-225).

Mann propose une définition de l'État où les dimensions institutionnelles et territoriales sont au premier plan : « un ensemble différencié d'institutions et de personnels qui incarne un centre dans la mesure où les relations politiques radient d'un centre pour couvrir un espace démarqué territorialement » (Mann, 1984, p. 188 ; traduction libre). On trouve une définition encore plus minimaliste chez Morton Fried qui qualifie l'État « de complexe d'institutions au moyen duquel le pouvoir d'une société est organisé sur une base supérieure à la parenté (*kinship*) » (Fried, cité dans Wood, 1995a, p. 32 ; traduction libre). Chez Maier, les États sont « des autorités basées sur le contrôle d'un territoire et de ses habitants » (Maier, 2012, p. 46). Enfin, pour certains sociohistoriens, le potentiel réifiant du concept d'État est trop important pour que celui-ci soit utilisé de façon générique. Ces chercheurs lui préfèrent le concept générique d'organisation politique, de *polis* ou d'« assujettissement organisé politiquement » (Abrams, 1988, p. 63 ; traduction libre).

On doit à Nicos Poulantzas, Ralph Miliband, Leo Panitch et Bob Jessop plusieurs études visant à actualiser la théorie marxiste de l'État à la lumière des transformations économiques, politiques et juridiques du XXe siècle (Poulantzas, 1968, 1978, 1980 ; Miliband, 1961, 1983, 1989, 2012 ; Jessop, 1990, 2002, 2008 ; Panitch, 1977, 1999 ; Panitch et Gindin, 2012 ; Könings, 2010). L'État capitaliste qui s'institutionnalise à la suite de la Seconde Guerre mondiale devient une arène de conflits, de rapports sociaux et de rapports de légitimation qui n'appartient plus au même monde que celui que Marx et Engels décrivaient dans le *Manifeste du Parti communiste*. Gérard Duménil et Dominique Lévy (2003, 2014) documentent pour leur part les transformations du capitalisme d'après-guerre en soulignant l'importance de la trajectoire des cadres dans sa structure de classe. Pour ces chercheurs, le rôle joué par les cadres dans la formation du compromis keynésien, puis dans le passage au néolibéralisme, est une donnée importante pour comprendre les mutations de l'État contemporain. La théorie marxiste doit prendre acte autant des développements de l'économie keynésienne que des théories de la démocratie pluraliste. Puis il faut tenir compte d'un nouveau contexte, celui des années 1950 à 1980, où les

droits civils, politiques et sociaux sont de plus en plus médiatisés par l'État de droit et par l'arène parlementaire. Bien que
ces études relèvent moins de la sociologie historique que de
l'économie politique, elles contribuent à mettre à jour l'analyse
de l'État capitaliste au XXe siècle, aux États-Unis, au Canada et
au Royaume-Uni, notamment.

Les récentes études comparées des empires abordent
plusieurs questions essentielles pour la périodisation des formes
d'organisation politique, de pouvoir, de clôtures sociales, de
rapports à la souveraineté et à la territorialité[1]. Elles mettent à
jour nos connaissances sur l'Empire romain ; l'Empire carolingien ; le Saint-Empire romain germanique ; l'Espagne d'Isabelle
et Ferdinand ; l'*Ultramar Portugês* ; et l'Empire commercial
des Pays-Bas ; sur les empires qui parvinrent à se maintenir
jusqu'aux années 1960 (ceux de la France et de la Grande-
Bretagne notamment) ; et sur les empires euroasiatiques qui
s'étendaient sur de vastes étendues pendant des siècles (de
l'Empire perse de Cyrus aux empires Ming, ottoman et moghol,
en passant par l'Empire byzantin, les empires nomades de la
steppe euroasiatique de Gengis Khan à Tamerlan ; l'Empire
séfévide sous le règne de shah Ismail I, l'empire des Songhaï
en Afrique de l'Ouest et la Russie des Romanov).

Enfin, la recherche sociohistorique sur l'État s'est également
enrichie à la lumière d'un ensemble de nouvelles influences et
de nouveaux objets. Les travaux d'Antonio Gramsci sur l'hégémonie ; de Norbert Elias sur la sociogenèse de l'État ; de Michel
Foucault sur la gouvernementalité ; de Charles Tilly sur l'État
comme « racket de protection » ; de James Scott sur l'État comme
sujet d'une gouvernance développementale ; de Pierre Bourdieu,
Bruce Curtis et Jean-Marie Fecteau sur les régulations sociales ;
d'Alain Desrosières, Anthony Marx, Theodore Porter et Melissa
Nobles sur la construction des populations à travers le savoir

....

1. Sur les empires, voir notamment Bessel, Guyatt et Rendall, 2010 ; Greer et Radforth,
   1992 ; Mann, 1988 ; Chua, 2009 ; Chaliand, 2006 ; Beckwith, 2009 ; Cooper, 2010 ;
   Padgen, 1995 ; Wood, 2003 ; Burbank et Cooper, 2011 ; Padgen, 1995 ; Dechêne,
   2008 ; Parsons, 2010 ; Elliott, 2007 ; Israel, 1997 ; Darwin, 2008 ; Weaver, 2003 ;
   Conrad, 2012 ; Naranch et Eley, 2014.

statistique ; de Mary Hartman, Pavla Miller et Marlow Canaday sur les politiques de natalité et de régulations patriarcales sont devenus autant de pôles de recherche sociohistorique sur l'État[2]. Dans la sociologie canadienne, un des mariages réussis d'éléments de la sociologie classique avec les théories féministes et celles de la gouvernementalité de l'État est la théorie développée dans le sillon des travaux des sociologues Derek Sayer, Philip Corrigan et Bruce Curtis. Dans sa genèse historique de l'État, Bourdieu situe le fondement de l'État moderne dans la révolution culturelle analysée par Corrigan et Sayer. Il préfère cette approche de l'État à celles, trop économiques ou politiques, de Tilly ou Elias, qui ne prendraient pas suffisamment en compte l'importance de la « domination symbolique » (Bourdieu, 2012, p. 227 et 351-367). Corrigan et Sayer, insiste Curtis, conçoivent l'État comme

> un processus de gouvernance au sein duquel et à travers lequel les activités des classes et des groupes mènent à la création, à la solidification et à la normalisation de formes et de pratiques politiques (au sens large). De ce point de vue, l'hégémonie de classe n'est ni un « instrument » ni une expression non médiatisée des intérêts économiques d'une classe, mais plutôt un processus constamment contesté de reproduction des relations de propriété et d'autorité (Curtis, 1989, p. 61 ; traduction libre)[3].

Aujourd'hui, un ensemble de nouveaux objets s'offre à la sociologie de l'État, allant de l'étude de la statistique à celle des clôtures sociales, en passant par la santé reproductive, la régulation de la sexualité, les politiques sociales et l'éducation. Dans les pages suivantes, nous présentons plusieurs thèmes classiques de l'étude de l'État.

---

2. Pour ces développements, voir Foucault, 1997, 2004a, 2004b ; Buci-Glucksman, 1975 ; Piotte, 2010 ; Elias, 1991 ; Curtis, 1989, 1992b, 1995, 2001, 2007, 2013 ; Tilly, 1999 ; Fecteau, 2004, 2007a ; Desrosières, 2010 ; Marx, 1998 ; Miller, 1998 ; Porter, 1995 ; J. C. Scott, 1998 ; Baillargeon, 1996 ; Fyson, 2014 ; Hartman, 2004 ; Strange et Wood, 1997 ; Canaday, 2011 ; Nootens, 2007.

3. Curtis reprend la théorie de l'État de Corrigan et Sayer, 1985.

4.2. LE POUVOIR SOCIAL

Les propositions théoriques à partir desquelles l'État est examiné appartiennent généralement à une théorie du pouvoir social. Ces théories prennent pour objet les modalités historiques de l'institutionnalisation du pouvoir, des relations de domination et de l'autorité. Nous présentons ici la question du pouvoir social chez Weber et Marx[4].

La sociologie des organisations de Weber est d'abord une sociologie du pouvoir (*macht*), de la domination (*herrschaft*) ainsi que des modalités de leur institutionnalisation et de leur légitimation. Il n'y a pas de domination, soutient Weber, qui puisse durer sans légitimation charismatique, traditionnelle ou rationnelle-légale (Bendix, 1962, 1978, p. 16-17 ; Collins, 1999, p. 49). Le pouvoir doit être distingué de la domination. Weber présente parfois la seconde comme un « cas particulier » du premier (Weber, 2013, p. 43-60 ; Sintomer, 2013, p. 19-22 ; Colliot-Thélène, 2006 ; Bendix, 1962). Il définit le pouvoir de façon relationnelle comme étant : « la possibilité de contraindre d'autres personnes à infléchir leur comportement en fonction de sa propre volonté » (Weber, 2013, p. 44). La question du pouvoir est donc indissociable de celle de l'autonomie et de l'intentionnalité des acteurs. Les lecteurs de Clausewitz seront frappés par la proximité avec la problématique de la guerre chez le général prussien, qui définissait celle-ci comme « un acte de violence destiné à contraindre l'adversaire à exécuter notre volonté » (Von Clausewitz, 1955, p. 51). Foucault n'est pas très loin lorsqu'il définit le pouvoir comme « une action sur des actions [...] une manière d'agir sur un ou des sujets agissants, et ce, tant qu'ils agissent ou qu'ils sont susceptibles d'agir » (Foucault, 1994, p. 237 ; voir aussi Thibault, 2007). Ces schèmes d'étude du pouvoir attirent l'attention sur la subjectivité des acteurs sur lesquels ce dernier agit. Pour analyser une relation de domination, le sociologue doit reconstruire la subjectivité du dominant comme du dominé.

....

4. Pour une étude sociologie historique du concept d'autorité, voir Furedi, 2013.

Chez Weber, la domination peut prendre la forme d'une constellation d'intérêts ou découler d'une position d'autorité (2013, p. 45 et suiv.). Elle est liée à la capacité d'un acteur, ou ici d'une constellation d'acteurs, de tirer son épingle du jeu de la distinction et de la rareté. Les acteurs en position de domination sont ceux qui parviennent à consolider une position monopolistique sur un marché ou dans un champ. Cette position de domination reflète un équilibre ou un déséquilibre des intérêts. Elle ne découle pas du rôle occupé par un acteur, mais de sa position relative à d'autres acteurs. La domination qui repose sur l'autorité, quant à elle, se distingue précisément de la première du fait que c'est le rôle qui institue la domination et non l'équilibre des forces, des intérêts ou des capitaux. Cette distinction permet d'analyser et de comparer différentes formes de domination et d'autorité au sein d'organisations politiques, économiques et ecclésiastiques.

Le sociologue Michael Mann analyse quatre réseaux de pouvoir sociaux (idéologique, économique, politique et militaire) dont il retrace les trajectoires de la Mésopotamie à l'ère globale en les soumettant à des comparaisons synchroniques et diachroniques[5]. Sa théorie n'accorde aucune priorité, ontologique ou causale, à l'un de ces réseaux. Ceux-ci se développent à leur rythme et dans des espaces distincts que des agencements institutionnels peuvent amener à faire coïncider. Ils ont leur propre temporalité et spatialité. Il n'y a donc pas, a priori, de centre organisationnel à partir duquel on peut reconstruire leur déploiement, bien que les empires et les États jouent un rôle clé à certaines époques de l'histoire. Il n'y a cependant pas nécessairement une correspondance entre ces réseaux de pouvoir et l'État : le pouvoir idéologique des missionnaires chrétiens ne correspond pas à celui des États majoritairement chrétiens ; l'attraction idéologique exercée par Hollywood ne s'arrête pas davantage aux frontières des États alliés de Washington ; le

---

5. Mann distingue le pouvoir politique du pouvoir militaire. Les armées de mercenaires qui monnaient leurs services ou les armées privées contemporaines sont des exemples de pouvoir militaire qui ne relèvent pas nécessairement du pouvoir politique ; voir Mann, 2012a, 2012b, 2012c, 2012d.

pouvoir économique des firmes transnationales s'exerce bien au-delà de l'État où est situé leur siège social; les opérations menées par les firmes militaires privées peuvent avoir lieu en dehors du rayon d'action de la politique étrangère officielle d'un État, etc. Des facteurs différents font varier l'extensivité du pouvoir, sa superficie et son rayon d'action, de son intensité, sa capacité de mobilisation à des fins politiques (Mann, 2012b, p. 6, cité dans Osterhammel, 2014, p. 575). Fidèle à Weber, Mann rejette les conceptions de l'État comme un agent «unitaire» au profit d'une conception «polymorphe» de celui-ci (Dufour et Lapointe, 2010a, p. 392). Cette approche a inspiré d'importants travaux sur lesquels nous reviendrons dans d'autres chapitres[6].

Des chercheurs ont cependant remis en question l'ontologie du pouvoir social de Mann. Robert Brenner (2006a) soutient que le fait de postuler *a priori* le caractère aléatoire et transhistorique des formes de pouvoir social a des conséquences importantes. En outre, l'origine sociale de ces pouvoirs n'est jamais expliquée, car la sociologie s'empêche ainsi de problématiser les contextes institutionnels qui ont rendu possible le fait que l'on aborde phénoménologiquement le pouvoir comme pouvant être décomposé en trois ou quatre sphères ou réseaux d'activité sociale (idéologique, politique, économique et militaire)[7]. Brenner insiste notamment sur l'importance de ne pas postuler que ce qui apparaît comme une séparation institutionnelle entre le pouvoir économique et le politique au sein du capitalisme puisse servir de base à l'étude d'autres formations sociales:

....

6. Comme nous le verrons au prochain chapitre, John A. Hall et John M. Hobson s'inspirent de Mann pour développer des interprétations très différentes de la thèse du «miracle occidental». La thèse centrale de la sociologie historique de Hall (1986, 2013) est que la dissociation des pouvoirs idéologiques et politiques qui s'insère au sein du christianisme est une condition nécessaire à un élargissement du principe de tolérance des différentes perspectives idéologiques, et, éventuellement, à l'apparition du principe de civilité en Occident. John M. Hobson (2004) s'efforce quant à lui de démontrer que l'explication de l'origine du «miracle occidental» est limitée, voire eurocentrique, si elle exclut la trajectoire européenne de dynamiques profondément structurées par l'Asie.

7. Voir aussi Corrigan et Sayer, 1985; Sayer, 1987; Wood, 1995a, p. 19-48.

> It is, indeed, central to my viewpoint that a "fusion" (to put it imprecisely) between "the economic" and "the political" was a distinguishing and constitutive feature of the feudal class structure and system of reproduction. This was manifested in the fact that the « economic » conditions for the reproduction of the ruling class – the income it required to carry out its life activities, including the continuing subjection of the peasantry – depended upon a system of extraction of surplus labour from the direct producers which was characterized by extra-economic (political) compulsion (Brenner, 1987, p. 227).

D'où la thèse selon laquelle la forme la plus importante que prend l'accumulation de pouvoir social dans plusieurs contextes non capitalistes est l'accumulation politique. C'est-à-dire que l'accumulation de pouvoir suppose nécessairement l'accumulation quantitative de subordonnés ou de territoires. Dans ses analyses des relations de pouvoir dans l'Europe préindustrielle, Brenner affirme que

> pour les grands propriétaires terriens [...] la meilleure règle de reproduction était l'« accumulation politique ». Plutôt que d'investir dans de nouveaux et meilleurs moyens de production agricole ou d'ouvrir de nouvelles terres, les propriétaires terriens cherchaient à augmenter leur revenu en investissant dans l'amélioration de leur potentiel militaire et politique, en construisant des communautés politiques et des États féodaux plus forts, mieux armés, plus larges et plus coercitifs pour dominer et contrôler la paysannerie et faire la guerre plus efficacement (Brenner, 1997, p. 21 ; traduction libre).

Le pouvoir qui s'érige à partir de ce type de relations sociales est un *pouvoir politiquement constitué*. Ce type d'accumulation de pouvoir constitue le prolongement normal d'une institutionnalisation des relations sociales de propriété où la possession terrienne joue un rôle central. Il en reconstruit la dynamique féodale de la façon suivante :

> Beyond colonization and the purchaser of land, feudal economic actors, above all feudal lords, found that the best way to improve their income was by forcefully redistributing wealth away from the peasants or from other lords. This meant that they had to deploy their resources (surpluses) towards building up their means of coercion by means of investment in military men and equipment, in particular to improve their ability to fight

> *wars. A drive to political accumulation, or state building, was*
> *the feudal analogue to the capitalist drive to accumulate capital*
> (Brenner, 1991, p. 25-26).

Dans le même ordre d'idées, Teschke, qui analyse les relations géopolitiques médiévales, qualifie d'accumulation *géopolitique* «l'accumulation prédatrice de territoires et le contrôle sur les routes commerciales» (Teschke, 2005, p. 19; traduction libre). En effet, pour les États qui ne peuvent rivaliser avec les États capitalistes, les formes d'accumulation politique et géopolitique demeurent des modes d'accumulation de pouvoir social. Ces États prédateurs entretiennent un rapport beaucoup plus malléable avec les territoires qu'ils assujettissent. Dans un contexte géopolitique où la compétition pour la terre engendre un jeu à somme nulle, un régime territorial constitué de frontières fixes délimitant l'intérieur et l'extérieur de l'État ne saurait jouer un rôle prépondérant. Avec le développement des relations internationales modernes,

> l'État public apparaît comme une entité paradoxale assumant, d'une part, un caractère politique abstrait (lieu d'exercice de la souveraineté impersonnelle) et, d'autre part, un lieu de la lutte, entourant l'institutionnalisation incessante des relations sociales de propriété, pour l'organisation de l'accumulation capitaliste et les termes de la redistribution (Teschke et Lacher, 2007, p. 568; traduction libre).

Sur le plan sociopolitique, l'émergence des relations sociales capitalistes suppose un processus à travers lequel le politique et l'économique se réarticulent. La séparation de l'économique entraîne alors la fiction d'une sphère économique autorégulée et dépolitisée. Elle cause également le développement d'une sphère privée, la société civile, à travers laquelle peut s'accumuler du pouvoir social, spécifiquement capitaliste, médiatisé par une nouvelle relation à l'espace et au pouvoir souverain. C'est-à-dire qu'il est maintenant possible pour un acteur d'investir une sphère privée et d'y accumuler du pouvoir sans que cela bouleverse la configuration politique des États ou engendre une redéfinition des frontières des unités politiques (Teschke, 2003). Cela n'exige cependant pas qu'à travers sa diffusion le capitalisme reprenne toujours cette même forme. Bayart souligne à juste titre:

Pour la majorité des États africains [...] la centralisation et la globalisation de l'État ont été synonymes d'intensification de la coercition et ceci sans qu'un monopole ne soit définitivement exercé sur son usage. Il en résulte une situation où « la relation à l'État est demeurée fréquemment médiatisée par des effets de domination physique » (Bayart, 2006, p. LI et LII).

En somme, la théorie de l'État de Brenner s'inspire de celle de Marx sur un point important. Elle explique la variation historique des formes d'États en analysant l'agencement des relations sociales de propriété à travers lequel des surplus sont tirés des producteurs directs, façonnant ainsi des rapports de classe. Dans la tradition wébérienne, l'angle d'analyse privilégié pour étudier l'État est l'ancrage de la rationalisation et de la centralisation de l'État moderne dans un système de compétition géopolitique.

4.3. L'ÉTAT PATRIMONIAL ET LE PATRIARCAT

Au début du XXIe siècle, les étudiantes et les étudiants en sociologie ont parfois de la difficulté à contextualiser la signification qu'avait pour Weber l'émergence de l'État rationnel-légal. Exposée à un contexte où l'État-providence est remis en question par des politiques néolibérales et où le pouvoir fédéral aux États-Unis et les paliers de gouvernement supranationaux en Europe sont dans la mire de courants populistes, la problématique des conditions d'émergence d'un État doté d'une bureaucratie rationnelle-légale paraît appartenir à une autre ère. Pourtant, l'émergence d'une bureaucratie rationnelle-légale suivant des règles impersonnelles, ne fixant pas ses propres objectifs politiques et distinguant la poursuite de ses intérêts privés de la poursuite de son devoir public représente une révolution dans les pratiques étatiques et dans les formes d'organisations politiques (Weber, 2013, p. 78). En ce début de XXIe siècle, alors que la corruption est endémique et que des acteurs privés s'immiscent dans le travail des fonctionnaires, une littérature scientifique se penche sur les menaces que font peser les pratiques néopatrimoniales sur l'État rationnel-légal (Bach et Gazibo, 2011 ;

Médard, 1982). La sociologie historique rappelle ce que représente l'avènement d'une organisation rationnelle-légale de la fonction publique.

Jusqu'au xixe siècle en Europe de l'Ouest, l'exercice de l'autorité souveraine était l'affaire d'une domination exercée sur des personnes plus que sur un territoire (Brubaker, 1996b, p. 51). Pour reprendre une formule de Charles S. Maier, « la terre venait avec les personnes – qu'elles soient organisées en famille ou en village – et les personnes avec la terre » (Maier, 2012, p. 59-60). Le patrimonialisme consolide une telle forme de gouvernance. Chez Weber, l'idéal-type de la domination patrimoniale est l'antinomie d'une domination exercée par une bureaucratie rationnelle-légale. Intimement lié à la domination patriarcale, l'État patrimonial est conçu comme la « clique d'une famille » ou d'un réseau d'amis dirigeants (Weber, 1995b ; Mann, 2012b ; Adams, 2005a, 2005b ; Bendix, 1978 ; Miller, 1998). Le mariage dynastique des membres de la classe dominante est un enjeu *politique* au cœur de la domination patrimoniale (Adams, 2005a, 2005b). Il est le *nexus* autour duquel s'articulent les pouvoirs de *dominium* et d'*imperium*. Le mariage édicte non seulement la procédure à suivre en vue de la transmission de la propriété, mais, dans sa forme dynastique, il est également au cœur de la transmission, voire de la transaction, du pouvoir souverain. La filiation patrimoniale transmet le statut instituant l'exercice de l'autorité traditionnelle (Bendix, 1962, p. 295).

Sur le plan de l'idéal-type, l'État patrimonial se caractérise par son mode de gestion familial et l'enchevêtrement de codes de lois hétérogènes sur le territoire où le souverain exerce son autorité. Il n'exclut pas la présence de parlements ou d'assemblées délibérantes, mais institutionnalise une hiérarchie de sujets aux statuts inégaux et non une communauté horizontale de citoyens égaux devant la loi. Les relations entre les élites sont codifiées par une hiérarchie rigide qui domine les non-nobles. En raison de leur statut inférieur, les serfs et les esclaves ne sont pas propriétaires de leur propre personne, ils sont échangeables et peuvent faire l'objet de punitions corporelles, en plus de requérir la permission de leur propriétaire pour un ensemble de questions légales (Maier, 2012, p. 58-59).

L'État patrimonial ne connaît pas de différenciation institutionnelle entre le public et le privé. Son état-major administratif retire à la fois un honneur social découlant d'un statut reconnu devant le public et un profit personnel de la position qu'il occupe, généralement dérivée d'un accès privilégié à la propriété terrienne ou à un bureau dont il tire des revenus (Bendix, 1978, p. 228). La domination patrimoniale est également l'incarnation la plus assumée de la domination patriarcale. Dans sa variante féodale, les alliés du pouvoir «ne sont pas personnellement dépendants, mais des alliés proéminents (vassaux ou lords)»; dans un régime spécifiquement patrimonial, ils relèvent directement du pouvoir du roi (Weber, 1963, p. 130-132; 1995b, p. 70). L'exercice de l'autorité patrimoniale repose sur la reconnaissance intersubjective de la légitimité de la domination traditionnelle et sur son existence transhistorique. Contrairement à la domination charismatique, la domination traditionnelle, comme la rationnelle-légale, implique la prévisibilité de l'action politique des dominants à travers des routines ou rituels (Bendix, 1962, p. 295). Elle n'exclut pas d'occasionnelles ruptures avec la routine, sous la forme d'initiatives des autorités, mais des excès en ce sens ébranleraient les traditions servant de réservoir de légitimation à l'autorité. Avec la monarchie constitutionnelle, la règle de droit en vient à supplanter la hiérarchie de droit divin comme régulation traditionnelle conférant à la monarchie un rôle de plus en plus ornemental. La soumission du monarque à la règle de droit fut un accomplissement du Royaume-Uni sous la reine Victoria (1837-1901) (Osterhammel, 2014, p. 584).

Weber analyse les pressions que la centralisation de l'État exerce sur l'État-major. La bureaucratie se doit d'être de plus en plus compétente et spécialisée. Ses intérêts en viennent à contredire l'organisation patrimoniale de l'État. La nécessité de servir un intérêt «public» entre en contradiction avec celle de satisfaire les intérêts étendus d'une famille dominante. Et cela, autant sur le plan domestique que sur celui de la politique étrangère (Weber, 1963, p. 132-137).

Une autre limite de l'État patrimonial réside dans les risques qu'entraîne son expansion au-delà du domaine patriarcal et des institutions patrimoniales. Bendix souligne : « Ici, l'exercice de la domination traditionnelle requiert un personnel administratif qui démontrera la même combinaison de traditionalisme et d'arbitraire que le patriarche lui-même » (Bendix, 1962, p. 333 ; traduction libre). Bendix, après Weber, rappelle que l'« autorité patriarcale a été adaptée aux impératifs de larges communautés politiques dans les grands régimes politiques d'Asie et dans plusieurs régimes anciens et médiévaux à l'Ouest » (*ibid.*, p. 334 ; traduction libre). Si l'exercice de la domination patrimoniale se prête aux États en voie de consolidation absolutiste, où les initiatives du roi sont importantes notamment en matière de politiques mercantiles, il s'expose à un risque d'effritement lorsque l'exercice de l'autorité doit s'exercer sur de vastes espaces impériaux. Les pôles régionaux de contestation ont tendance à y marchander leurs allégeances ou à se constituer en contre-pouvoir (*ibid.*, p. 335). L'expansion des régimes patrimoniaux comporte d'importants risques en raison de leur décentralisation. En éloignant les sujets du pouvoir central, les liens de dépendance ont tendance à se détendre et les aspirations des élites locales peuvent éroder l'unité des formations patrimoniales ou y remettre en question les liens de loyauté (*ibid.*, p. 336).

Il ne faut pas en conclure que les régimes sociaux de propriété précapitalistes n'ont pas de propension à l'expansion territoriale. Benno Teschke souligne que la parcellisation de la souveraineté qui accompagne l'effondrement de l'Empire carolingien a entraîné l'émergence d'une sous-classe de nobles se transmettant la propriété selon le principe de primogéniture, empêchant ainsi la division des terres. Ce régime deviendra la matrice de quatre mouvements d'expansion territoriale : la *Reconquista* espagnole, l'*Ostiedlung* germanique, la conquête normande des îles Britanniques et les croisades (Teschke, 2003, p. 77-109). L'expansion de l'Empire mongol sous Gengis Kahn (1206-1227) a fortement été inscrite dans des relations sociales précapitalistes. Au cœur de cette dynamique :

La symbiose entre les pilleurs nomades et les communautés sédentaires qui produisaient des richesses susceptibles d'être accaparées, de même leur idéologie en est arrivée, dans une partie importante des régions conquises, à dépendre du lien des guerriers mongols avec une religion universaliste transethnique : l'islam (Cooper, 2010, p. 215-216).

La sociologue Julia Adams développe l'analyse wébérienne du patrimonialisme. Elle situe le patriarcat au point d'intersection de deux types de relations : une relation verticale entre le père et les fils, dont la paternité, l'hérédité et la descendance sont les vecteurs, et une relation horizontale entre les chefs de famille communiant à travers la reconnaissance sociale du statut paternel (Adams, 2005b, p. 243). Ces deux axes stabilisent le patrimonialisme. La relation verticale favorise la continuité intergénérationnelle dans l'occupation des positions de pouvoir et stabilise la relation entre ceux qui occupent des postes supérieurs et inférieurs. La communion horizontale entraîne quant à elle des relations entre les chefs de famille qui se considèrent comme des égaux. Ce pacte entre élites joue un rôle important dans la formation étatique des débuts de l'ère moderne européenne. Il communalise, stabilise et renforce les réseaux dominants et permet la mise sur pied d'institutions et de règlements encadrant des aspects importants du régime patrimonial comme les droits de succession ou les règles d'accession aux fonctions politiques. Il permet aux élites de favoriser leur reproduction sociale et de projeter le prestige de leur lignée dans le futur en s'assurant la passation des privilèges politico-économiques de père en fils (Adams, 2005b, p. 246-247). Comme le souligne l'historien Christopher Clark dans un ouvrage sur la Prusse, « le mariage était l'instrument politique préféré des États qui ne disposaient pas de frontières faciles à défendre ou de ressources pour atteindre leurs objectifs par la coercition » (Clark, 2007, p. 9 ; traduction libre).

Adams applique son idéal-type du patrimonialisme aux Pays-Bas du XVIIe siècle. Elle s'intéresse à la domination patriarcale exercée par les grands réseaux de marchands hollandais. Elle porte une attention particulière aux relations familiales au sein du régime patrimonial néerlandais et à leur rôle dans la puissance de l'État familial (Adams, 2005a, p. 75-105) des Pays-Bas durant cette période. Le concept d'État familial met en relief d'abord le fait que les relations familiales sont constitutives de l'autorité politique ; ensuite, que la distribution des hauts postes politiques et des privilèges se fait en fonction du genre ainsi que de la position familiale. Son analyse des grands réseaux marchands est intéressante sur le plan tant théorique qu'empirique. Il en ressort notamment qu'une spécificité du cas néerlandais, notamment en comparaison avec ceux de la France et de l'Angleterre, est que les hautes officines politiques ne peuvent être achetées et vendues. Contrairement à ces États rivaux, où les familles peuvent s'assurer que leurs héritiers obtiennent certains postes en achetant des offices, les familles néerlandaises suivent plutôt la voie du népotisme. Ainsi, les chefs de famille assurent à leurs héritiers des nominations politiques (Adams, 2005a, p. 81-82). L'analyse d'Adam reste cependant rivée sur les élites.

Adoptant une approche procédant davantage du bas vers le haut, Pavla Miller souligne qu'un important travail reste à faire afin de problématiser les dimensions genrées des institutions patrimoniales et néopatrimoniales. Elle ne s'intéresse pas au patriarcat de façon abstraite, mais aux pratiques et institutions patriarcales et à leurs incarnations dans un ensemble de dynamiques mésosociologiques et d'agencements institutionnels. Elle souligne que les travaux sociohistoriques acceptent un peu rapidement la proposition selon laquelle le patriarcat, tel que Weber l'entendait, disparaît avec l'État rationnel-légal. C'est à sa profonde métamorphose que l'on assiste, plus qu'à sa disparition[8]. Pour comprendre cette métamorphose en Europe de l'Ouest et dans les colonies britanniques entre 1500 et 1900,

....

8. Sur la reproduction et les transformations de ces mécanismes dans la France de la Troisième République (1870-1940), voir Stone, 1996, p. 238-259. Stone documente le fossé entre la théorie et la pratique de l'État républicain à l'endroit des citoyennes. Elle soutient que l'horizon idéologique qui résulte des influences jacobines et républicaines institue une séparation des sphères publique et privée où, en dépit de l'égalité légale des citoyennes garantie par le Code civil, « il n'y a pas de place pour les femmes ni comme citoyennes ni comme travailleuses ». Voir Stone, 1996, p. 239, traduction libre ; voir aussi Vega, 2003.

Miller élargit le concept de patriarcat à «différentes formes d'ordres genrés dominés par des mâles» que ce soit au sein «de formes de dynamiques patriarcales ou fraternelles» (Miller, 1998, p. XIII, traduction libre; Honeyman et Goodman, 1998, p. 354; traduction libre). Le *patriarcat* survit à l'effondrement de l'État patrimonial, à travers des modes de gouvernance formalisés sur le plan juridique, ainsi qu'à la fin du foyer paysan comme unité de production au cœur de l'organisation sociale. Au sein d'un ordre genré, la domination de l'homme ne s'exerce pas seulement sur la femme à l'intérieur du cadre familial; elle s'exerce aussi sur les plus jeunes par les aînés et sur les subalternes par un maître (Miller, 1998, p. 292). Ces travaux convergent avec ceux de plusieurs chercheurs qui soulignent que, bien que sous une forme moins formalisée que le patriarcat, le *fraternalisme* se reproduit à travers des processus genrés de communalisation où la supériorité des mâles est reproduite de façon informelle (Mosse, 1985, 1996; Pateman, 1988; Yuval-Davis, 1997). Puis la conquête du suffrage par les femmes devient un processus contradictoire. Les Reform Acts de 1832 et 1867 en Grande-Bretagne auront des conséquences différentes sur les sexes. En étendant le suffrage des grands propriétaires aux chefs de famille en situation d'emploi depuis un an, l'*Act* «établit un nouveau compromis entre la propriété comme critère et le "suffrage masculin"» (McClennand, 1996, p. 280). En France, les aspirations des femmes au moment de la Révolution française seront contrecarrées par les codes de Napoléon qui «confirment la dépendance des femmes» et «l'autorité paternelle sur les enfants» (Miller, 1998, p. 105; traduction libre), alors que les nouvelles fraternités s'avèrent également de nouveaux lieux d'exclusion dans un contexte où être étranger et citoyen est difficile à concilier (Wahnich, 2010).

Pavla Miller met en relief les développements inégaux et contradictoires des ordres genrés. Elle montre que, loin d'être uniformes, les transformations du patriarcat sont segmentaires et contradictoires. L'évolution des relations entre père et fils; père et fille; employeur et employés; seigneur et femme; maître et esclaves constituent différents chapitres de l'histoire inégale du patriarcat. Un gain pour l'autonomie des subalternes dans l'un de ces chapitres peut constituer un recul, un obstacle ou un gain relatif pour d'autres subalternes au sein d'une relation patriarcale. Les gains des féministes libérales, racisées comme blanches, impliquent souvent de nouveaux lieux de subordination pour les femmes racisées comme noires, hispaniques ou autochtones. Les luttes contre les dynamiques patriarcales ne participent donc pas d'un processus linéaire et univoque.

Une importante littérature s'intéresse aujourd'hui au phénomène du néopatrimonialisme. D'abord utilisée pour décrire la trajectoire de certains États africains, le Cameroun notamment, qui «échouèrent» à adopter des institutions rationnelles-légales, cette littérature se penche aujourd'hui sur les pratiques néopatrimoniales dans une perspective moins orientaliste où la corruption endémique, les réseaux corporatistes et l'utilisation des pouvoirs publics à des fins privées ne sont plus perçus comme l'apanage des États du Sud (Eisenstadt, 1973; Médard, 1982). Cette littérature se penche également sur le phénomène des Big Men ou du *caudillismo* à travers lesquels se reproduisent des pratiques populistes, autoritaires et clientélistes en dépit de l'existence d'institutions rationnelles-légales. Ces dynamiques néopatrimoniales instaurent des réseaux de régulation sociale en distribuant récompenses et châtiments à l'extérieur des pouvoirs publics et juridiques officiels (Durazo-Hermann, 2010, 2011; Bach et Gazibo, 2011). Cette littérature témoigne d'un intérêt toujours soutenu pour la problématique formulée par Weber, mais elle montre la vulnérabilité des institutions et procédures rationnelles-légales.

4.4. LE PROCESSUS DE CENTRALISATION

Plusieurs définitions organisationnelles de l'État moderne mettent l'accent sur le caractère autonome et centralisé de son mode de domination, d'organisation et de production d'une population et d'un territoire. Ce caractère centralisé ne va pas de soi. L'historien Robert Jacob rappelle que pour des juristes comme Philippe de Beaumanoir en 1283, c'est l'enchevêtrement et la concurrence qui caractérisaient la relation entre les différentes souverainetés, beaucoup plus que leur centralisation (Jacob, 2014, p. 43). L'historien de la Prusse Christopher Clark souligne quant à lui que l'univers mental des habitants de la Prusse du XVIIᵉ siècle était encore fait de souverainetés mixtes et superposées (Clark, 2007, p. 55). La centralisation de la *polis* requiert donc une explication. Dans cette section, nous traitons de la centralisation de l'État. Bien qu'il la recoupe, ce processus doit être distingué de l'autonomisation de l'État abordée à la prochaine section.

Une théorie marxiste de l'État moderne fait résider l'émergence de celui-ci dans un ensemble de développements institutionnels visant la régulation et la discipline du travail des paysans (Anderson, 1978a). Selon cette explication, la capacité des États à exercer un contrôle sur la migration des paysans aurait notamment conduit au développement d'un appareil étatique plus efficace. Mann souligne pour sa part que, si la centralisation de leviers économiques et fiscaux joua un rôle clé dans le développement des États modernes, les théories qui mettent l'accent sur cette dimension économique sont inaptes à saisir le rôle de la guerre dans la mise en place d'autres types d'organisations politiques, comme les Empires anciens et les petits royaumes barbares vivant du pillage de ces empires (Mann, 1988, p. 59).

Norbert Elias qualifie de *mécanisme monopoliste* la matrice du développement de l'État moderne. Il en analyse la formation historique à partir de la conquête du monopole de la violence légitime, d'une part, et de celle des appareils fiscaux, d'autre part. En s'appuyant notamment sur le cas des Capétiens, Elias interprète la centralisation comme l'issue de la concurrence pour les «chances de puissance sociale» et des luttes d'élimination entre des unités de domination plus petites (Elias, 1991, p. 27). Le mécanisme monopoliste est soutenu par une administration au sein de laquelle une division du travail de plus en plus pointue accroît les liens d'interdépendance entre le détenteur du monopole et la masse des dépendants, puis entre l'ensemble des membres de la société. Il situe la victoire du monopole royal aux XVᵉ et XVIᵉ siècles. L'État devient alors «l'organe suprême de coordination et de régulation pour l'ensemble des processus issus de la division des fonctions » (Elias, 1991, p. 102) (à propos du cadre de l'Union européenne, voir Delmotte, 2008).

De 1750 à 1850, soutient Charles Tilly, les organisations dont la souveraineté est fragmentée commencent à prendre la forme d'États territoriaux consolidés. Un mode de légitimation faisant résider la souveraineté dans le peuple s'étend alors bien au-delà de l'Europe.

> In the course of this crucial transition, the mercenary troops and freebooting military entrepreneurs that had dominated European war-making for several centuries practically disappeared from the European scene ; military forces fell between armies and police (the former committed chiefly to fighting other armed organizations, the latter dealing with the civilian population) grew much sharper ; states created extensive and relatively uniform field administrations at the level of community and region ; central bureaucracies (both those servicing the military and, increasingly, those oriented to civilian activities) expanded and regularized ; systems of taxation and public finance became massive divisions of the state ; and representative institutions (however elitist) bulked larger in national power struggles as a popular politics oriented to influencing both those representative institutions and the central executive came into being (Tilly, 1995c, p. 29-30).

Ailleurs, Tilly définit l'État comme « *an organization which controls the population occupying a definite territory is a state insofar as 1) it is differentiated from other organizations operating in the same territory ; 2) it is autonomous ; 3) it is centralized ; and 4) its divisions are formally coordinated with one another* » (Tilly, cité dans Poggi, 1990, p. 19). Il souligne qu'il ne saurait y avoir d'État sans un certain degré de centralisation ou de « concentration des moyens de coercition sur un territoire bien défini » (Tilly, 1997b, p. 131 ; traduction libre). Plusieurs définitions du concept d'empire mettent l'accent sur la présence d'une autorité centrale sur un vaste territoire, mais ces définitions soulignent également un principe de territorialité plus flou dans les modes de gouvernance impériale. Soit l'autorité centrale ne dispose pas d'une connaissance administrative très poussée du territoire sur lequel elle règne en principe, soit le territoire des empires reste traversé par un ensemble de corridors plus ou moins administrés par un pouvoir central qui favorise une forme de gouvernance indirecte (Eisenstadt, 1963; Go, 2011; Benton, 2009; Hechter, 2000; Burbank et Cooper, 2011, p. 23; Mann, 1988).

La consolidation de l'État moderne a en commun avec celle du développement du capitalisme d'avoir pour enjeu la maîtrise accrue du temps et de l'espace. Pour ces deux processus de rationalisation, le contrôle sur le temps est central. Autant le capital a intérêt à contrôler la vitesse des échanges, autant l'État a intérêt à contrôler la vitesse des communications et des échanges entre son gouvernement et la population, d'une part, et les populations des autres États, d'autre part. Ces processus de rationalisation en vue de la maîtrise du temps et de l'espace forment une matrice où les nouveaux modes de gouvernance et le développement technologique sont fortement imbriqués (Maier, 2012, p. 33; Hacking, 1990; Martineau, 2015). Une transformation des conditions de la gouvernance a été nécessaire afin que se transforme ce rapport à la territorialité. Un levier de cette transformation a été ce que James C. Scott qualifie de « révolution métrique » dans les processus de centralisation et de standardisation du savoir. Une révolution que Scott associe à trois facteurs : « la croissance des échanges sur le marché encourageant l'homogénéisation des mesures », « une convergence de sentiments populaires et d'idées philosophiques des Lumières favorisant l'établissement de standards communs en France », et « la Révolution et la construction étatique sous Napoléon » (J. C. Scott, 1998, p. 30; traduction libre).

Anthony Giddens reprend l'hypothèse foucaldienne selon laquelle le monde moderne aurait connu une transition d'une forme d'autorité punitive, caractérisée par le caractère public, violent et spectaculaire de la sanction, à une forme d'autorité disciplinaire, caractérisé par la séquestration, l'enfermement et la perte des libertés. Selon lui, cette transition vise la régulation de la déviance sociale et du travail. Ce pouvoir disciplinaire constitue une dimension sous-jacente du pouvoir administratif. Il participe à une pacification sur le plan domestique en monopolisant la violence légitime et l'établissement d'un corps policier ; à la pacification du processus d'extraction de la richesse par la généralisation des contrats de travail ; et à l'externalisation des activités militaires et de la politique étrangère.

Si l'atteinte d'un certain degré de centralisation est un critère consensuel pour caractériser l'État moderne, il est moins aisé de délimiter le moment où la centralisation de la gouvernance satisfait les exigences d'une définition organisationnelle de l'État. D'abord, la politique comparée nous renseigne depuis longtemps sur l'étendue des modes de répartition des pouvoirs sur un registre allant des États unitaires comme la France, dont les pouvoirs sont fortement centralisés, aux confédérations les plus décentralisées, comme la Suisse. Il faut répondre ensuite à la question suivante : que doit-on centraliser au juste ? Les institutions légales et la justice, les moyens de coercition physique, le pouvoir exécutif, un secteur particulier de l'administration publique, les finances, les conventions culturelles et linguistiques, le système d'éducation ? Même en Angleterre, souvent citée comme un phare du monde moderne, « des propriétaires terriens conservent le droit d'agir comme juges locaux dans les affaires civiles et criminelles jusque dans les années 1870 » (Maier, 2012, p. 56, traduction libre ; Gerstenberger, 2007). Le niveau de centralisation de ces institutions varie tellement qu'il est difficile d'en faire un critère décisif d'une définition de l'État (Thornhill, 2011 ; Brubaker, 1996b ; Teschke, 2003)[9]. Une avenue prometteuse est de reconstruire et comparer les conditions d'institutionnalisation de différentes formes de fédérations (Ziblatt, 2008).

Enfin, les comparaisons effectuées en histoire globale présentent des défis importants pour les théories qui situent l'émergence de l'État moderne exclusivement en Europe. Parmi les études comparatives les plus surprenantes sur la convergence

----

9. Pour une comparaison succincte des États de l'Ancien Régime, voir Bayly, 2004, p. 59-74. Le cas de la fin de l'Ancien Régime en Nouvelle-France et de la conquête est particulièrement complexe. Pour une introduction aux institutions juridiques, voir Dickinson et Young, 2009, p. 49-85 ; Dechêne, 2008, p. 219-286 ; Fyson, 2010 ; 2014, p. 412-432 ; Morin, 1997, 2014.

vers le modèle de l'État national ailleurs qu'en Europe, celle de Victor Lieberman (2009a, 2009b) sur le développement des États du Sud-Est asiatique est incontournable. Dans deux ouvrages qui effectuent des parallèles entre le développement de différents États euroasiatiques, Lieberman compare les processus qui de 800 à 1830 mèneront à la formation de la Birmanie, du Siam et du Viêt Nam dans les années 1820. Il compare et relie leur développement à celui de la France, de la Russie, de la Chine et du Japon. Les parallèles qu'il met en relief sont étonnants. Ils indiquent une synchronicité dans le développement de certaines régions euroasiatiques, rythmées notamment par trois vagues d'effondrement, puis de consolidation administrative en Europe et en Asie du Sud-Est (1240-1390, 1590, 1850). Jürgen Osterhammel nuance également les comparaisons par divergence qui opposent *une* trajectoire européenne à *une* trajectoire asiatique. Comparant le développement de la règle de droit, des parlements, de l'appareil fiscal, de la conscription, de la citoyenneté et des ordres constitutionnels, l'historien dresse un bilan nuancé de la diversité des transferts institutionnels des unités politiques de ces régions (Osterhammel, 2014, p. 572-633).

Le sociologue Robert Lachmann propose un modèle pour rendre compte des processus de centralisation étatique et de formation des États absolutistes en Europe de l'Ouest. On attribue à l'État absolutiste d'avoir surmonté la parcellisation et la fragmentation des moyens de la violence organisée caractéristique de l'Europe féodale. La forme absolutiste de l'État serait l'aboutissement des processus de centralisation et de consolidation territoriale. Plusieurs travaux ont porté sur les conditions nécessaires et suffisantes à l'émergence de ces processus. L'originalité du travail de Lachmann est de se pencher à la fois sur l'émergence des États absolutistes et sur les révolutions antiabsolutistes (Lachmann, 1989, p. 145). Il compare ces régimes en prenant la mesure de la capacité des monarques à subordonner le pouvoir social de leurs principaux rivaux, séculiers ou cléricaux. Alors que l'absolutisme *horizontal* est caractérisé par le succès du monarque à subordonner ses rivaux, l'absolutisme *vertical* est caractérisé par son incapacité à le faire. Dans ce second cas, le monarque développa une stratégie différente :

> *Rulers formed direct ties to locally based officials and corporate bodies, hence the term vertical absolutism. Over time, the successful construction of vertical absolutism created corps of officeholders who rivaled clerics, magnates, and their retainers in their access to revenues and in their control over judicial and military organizations* (Lachmann, 1989, p. 145-146).

Afin d'expliquer la divergence entre ces deux trajectoires, celles de l'Angleterre et de la France en l'occurrence, ni les explications mettant l'accent sur la réorganisation de l'aristocratie face à la société civile, ni celles axées sur l'équilibre des classes sociales, pas plus que celles se concentrant sur l'État ne lui semblent satisfaisantes[10]. Ces théories ne prêtent pas suffisamment attention aux luttes que se livrent les élites. Plus précisément, Lachmann défend l'idée selon laquelle «l'habileté du monarque à poursuivre des stratégies qui favorisent un absolutisme vertical ou horizontal dépend de la structure des relations qui existent entre les élites des deux pays (la France et l'Angleterre)» (Lachmann, 1989, p. 146, traduction libre, 2000). Parmi ces relations, celles entre les élites et le clergé s'avèrent décisives :

> *Elite relations created the opening for the Reformation in England and foreclosed it in France. The ability of English monarchs to build a horizontal absolutism derived from the weakness of the clergy, not from the crown's previous capacities, either absolutely or in comparison to the aristocracy* (Lachmann, 1989, p. 154).

---

10. Pour la formulation principale de l'absolutisme comme redéploiement de la puissance féodale au niveau de l'État, voir Anderson, 1978a, 1978b. Pour les théories axées sur l'équilibre des classes sociales entre la bourgeoisie et l'aristocratie, voir Engels, 2012. Pour les théories État-centrées, voir (Tilly, 2000 ; Mann, 2012a). Pour une conceptualisation de l'absolutisme comme formation sociale *sui generis* basée sur des relations d'exploitation distinctives, voir Teschke, 2003, p. 191. Sur l'absolutisme comme société en transition vers la modernité, voir Giddens, 1987, p. 98 et suiv.

Lachmann passe en revue les explications alternatives. Dans les modèles proposés par Charles Tilly, Michael Mann et Randal Collins, la capacité des élites à extraire des ressources financières et militaires au détriment des pouvoirs régionaux est un processus clé pour expliquer la formation de l'État moderne (Tilly, 1992 ; Mann, 2012a, 2012b ; Collins, 1999, p. 39-49). Ce processus joue un rôle central dans la dépossession des pouvoirs locaux et des contre-pouvoirs face à l'État et à ses administrateurs. Les acteurs clés de cet antagonisme ne sont pas l'aristocratie et la bourgeoisie, mais plutôt les marchands et aristocrates bénéficiant des monopoles commerciaux et des sinécures, et ceux qui n'en bénéficient pas.

> I argue that, prior to the development of capitalist industrialization, large areas and diverse peoples could not be maintained in stable interaction by economic means. Among those societies that nevertheless managed to integrate such areas we must look to immediate military and political causes, and we will also find that the concepts of mode of economic production and social class are of somewhat limited utility in explaining their origins, structure and collapse. By contrast, these must be our key explanatory concepts once capitalist industrialism is established (Mann, 1988, p. 34).

C'est, soutient Tilly, ce processus qui a stimulé la lente ascension du monopole de la violence politique légitime ainsi que la séparation institutionnelle des forces de police et des forces armées (Tilly, 1992, p. 131 et suiv.). Tilly et Mann s'intéressent bien entendu au rôle des élites, souligne Lachmann. Celles-ci en viendraient à centraliser l'État tout en consolidant leur pouvoir social, leur capacité d'extraction de surplus notamment, ainsi que leur capacité à offrir à la population un « racket de protection » (Tilly, 2000). L'analyse de la consolidation absolutiste de Tilly et Mann omet cependant des distinctions importantes entre les trajectoires française et anglaise :

> The English crown grew wealthy by receiving and spending a windfall from the Dissolution of the Monasteries. Yet it was unable to build a bureaucracy capable of collecting taxes without the cooperation of Parliament and the gentry tax collectors. English monarchs gained military security by disarming the armies of rival magnates. In contrast, 16th-century French kings did not

*achieve military hegemony against domestic rivals. Although
the French "state" did increase its revenues dramatically in the
16th century, most of the funds were collected and retained by
venal officials whose interests often opposed those of the crown*
(Lachmann, 1989, p. 154).

Brenner, quant à lui, affirme que l'État absolutiste en
France repose sur l'appropriation par l'aristocratie de droits
de propriété sur des officines de taxation, que l'État prussien
décentralisé s'appuie sur l'appropriation de la terre par une
classe de *junkers* militarisés détenant des droits de propriété
sur la terre (Brenner, 1991, p. 178). Il n'y a pas de base empirique, selon lui, pour affirmer, comme Tilly, que l'État féodal
résulterait d'un contrat de protection entre les paysans et leur
seigneur contre toute menace extérieure (Brenner, 2006, p. 178 ;
Fortmann, 2010 ; Teschke, 2014, p. 12-23).

Selon Lachmann, le problème des interprétations qui font
des classes sociales ou de l'État les uniques bénéficiaires de l'extraction des surplus durant les conflits de la période absolutiste
est qu'elles ne rendent pas compte de la complexité des alliances
entre différents pôles d'extraction. Un portrait plus complet
doit rendre compte des conflits entre « des prêtres organisés au
sein d'une Église catholique en transition, des seigneurs laïcs
mobilisés à travers des réseaux régionaux menés par de grands
barons et des rois qui président des corps d'officiels organisés de
plus en plus en fonction de lignes nationales » (Lachmann, 1989,
p. 147 ; traduction libre). Lachmann conteste également la validité empirique d'un argument avancé par plusieurs marxistes
selon lequel « les bourgeois », qu'il associe aux marchands
urbains, « auraient été les principaux acheteurs d'officines en
France et des propriétés du clergé en Angleterre ». Selon lui, la
noblesse demeurait la principale classe à s'approprier ces biens.
Enfin, il soutient à l'encontre d'Engels que « les monarques
anglais et français, en stimulant le marché des terres et des
officines, favorisèrent le développement des intérêts bourgeois »
(Lachmann, 1989, p. 153 ; traduction libre).

L'étude des processus de centralisation étatique fournit
également un point de vue sur les rébellions et les résistances
communautaires. En effet, les processus de centralisation

des XVIIe et XVIIIe siècles seront synonymes de pressions fiscales très importantes pour financer la guerre. Ces processus feront également l'objet de comparaisons systématiques entre l'Europe et l'Asie. Wong étudie les sources locales de résistance à la taxation exercée par les autorités centrales dans le contexte de la guerre (Wong, 1997, p. 231-232 ; Scott, 1976, p. 96). La résistance à la taxation est intéressante non seulement parce qu'elle agit comme un marqueur des différents paliers de taxation dans le processus de centralisation étatique, mais aussi parce qu'elle contribue à former des identités locales, communautaires ou corporatistes contre les autorités centrales (Wong, 1997, p. 232). Elle est donc un vecteur d'auto-identification et de groupalité (Cohn, 2006 ; Tilly, 1989). La commémoration de la résistance est un puissant vecteur de connectivité au sein des répertoires de contentions des communautés. Ainsi, le processus de centralisation étatique peut participer à une communalisation à travers de puissants outils de catégorisation, il peut également engendrer la connectivité des classes, des corporations et de leurs alliés contre un pouvoir central. Selon Wong, en dépit de plusieurs points de convergence entre les répertoires de contention en Europe et en Asie, leur étude comparée permet d'identifier des divergences importantes dans le contexte mondial de leur déroulement. L'une d'entre elles est leur différente périodisation en Europe et en Asie (Wong, 1997, p. 249).

> *In comparative terms, the contrast of the rearguard quality of European cases with the forward-looking struggle of the Chinese cases reminds us that tax resistance events were not components of a single process of social and political change. In Europe, tax resistance accompanied the initial expansion of centralized state power. [...] In contrast to the clearly defined role tax resistance played in Western state making, tax resistance in China went from being part of an ongoing set of eighteenth-century negotiations to set routine collections at agreeable rates to becoming a mark of nineteenth-century competition among different levels of government and organized contenders for power to gain the capacities to extract revenues* (Wong, 1997, p. 251).

Charles S. Maier insiste également sur la composition différente des classes dominantes en Europe et en Chine. Il n'existait pas en Europe d'équivalent de la *gentry* nationale et provinciale en Chine qui devait trouver dans le confucianisme des solutions aux problèmes de l'État. Une fois qualifiés, les membres de cette élite «jouissaient de la propriété d'un bureau, étaient exemptés de services pour l'État et de punitions corporelles» (Maier, 2012, p. 74; traduction libre). Avec le temps et la pression démographique, note l'historien, la sélection sur la base du mérite cédera le pas au clientélisme et aux pratiques patrimoniales.

Dans une série de travaux récents, Andreas Wimmer analyse le rôle des élites et des réseaux dominants dans les processus de modernisation et de centralisation étatique. Dans *Waves of War*, il compare «la façon dont la modernisation politique influence la distribution des ressources entre les acteurs et ainsi leur négociation des systèmes d'alliances» (Wimmer, 2013, p. 18; traduction libre). Il met également en relief des dimensions du processus de centralisation étatique négligées par d'autres études, les dynamiques de construction nationale notamment. Il se penche sur les effets de la décision d'avoir recours à une plus grande centralisation, à la mobilisation de masse ou à la mise en place d'organisations volontaires dans les réseaux des élites.

Wimmer distingue trois trajectoires de développement étatique: l'État fort, l'État faible et le compromis populiste. L'hypothèse qu'il défend est que «la construction nationale et la politisation des divisions ethniques résultent de la modernisation politique, mais sont des résultats qui représentent différents équilibres tributaires de l'émergence de distribution de ressources spécifiques» (*ibid.*, p. 20; traduction libre). Ces trajectoires résultent de différents équilibres entre le processus de centralisation et la mobilisation de masse qui accompagnent la modernisation politique.

La première trajectoire, celle de l'État fort, correspond au modèle de l'État français (*ibid.*, p. 67-69). Ici, modernisation, centralisation et mobilisation des masses évoluent en parallèle. Cela permet, selon Wimmer, «aux élites étatiques de préserver des pouvoirs de prises de position politiques sur l'entièreté du territoire et d'offrir la plupart des biens publics» (*ibid.*, p. 18; traduction libre).

According to the model results, this allows them to break out of the elite coalition to which they had confined their alliances in the pre-modern period. They now link up to the masses, across existing ethnic and status divides, because they have come to depend on the masses' taxes and military support. The masses, in turn, shift their alliances and "trade" increasing taxation and military support in exchange for political participation and the public goods that the centralized state is able to provide (ibid., p. 8).

Cette première trajectoire de transformation des réseaux d'alliances aura des conséquences importantes sur les processus de catégorisation et d'identification menés par l'État. La plus importante, souligne Wimmer, est d'avoir fait de « la nation » la principale catégorie dans laquelle allaient s'exercer ces processus au détriment des statuts traditionnels[11].

Une seconde trajectoire, celle de l'État faible, est illustrée par le cas de l'Empire ottoman (*ibid.*, p. 70-71). Ici, les élites ne bénéficient ni du même rapport de force ni des mêmes ressources que dans le premier scénario. De plus, « elles n'offrent pas suffisamment de biens publics, ni d'opportunités de participation politique pour rendre suffisamment attrayante la catégorie de nation » (*ibid.*, p. 71 ; traduction libre). Cette trajectoire favorise la juxtaposition des clôtures sociales politiques et culturelles :

Elite competition over the military support of the masses made an alliance between different elite factions – as it had existed in the imperial order – seem rather unattractive. The result is that individuals ally with their respective ethnic elites, rather than all members of the polity. Political closure then proceeded along ethnic, rather than national, lines. This tendency is even more pronounced, as will be shown, if actors do care about cultural similarity when considering with whom to exchange resources – as they do when there are few voluntary associations that could provide the organizational basis for linking rulers and ruled. Interestingly enough, this is true even if cultural similarity and difference are structured along class divisions, rather than

---

11. Pour une analyse nuancée de la résilience des pratiques patrimoniales chez les hauts fonctionnaires en France, voir Chagnollaud, 1991 ; pour l'étude de la base sociale du mercantilisme au début de la période absolutiste en France, voir Minard, 1998.

ethnic divides. Ethnic closure can thus result as an equilibrium outcome even if ethnic groups don't share a common cultural heritage (ibid., p. 18-19).

La troisième trajectoire de développement étatique est le compromis national-populiste. Il caractérise des États moins centralisés où une plus grande différenciation sociale entre les élites mène à des stratégies de mobilisation distinctes. Cette différenciation est la clé du compromis populiste :

> *For the dominant elites, an increase in the supply of military support by the masses makes subordinate elites less attractive as an exchange partner. There is even an incentive to exclude the latter : the central elite's power is weakened if they have to compete for their military support with subordinate elites. Through these two mechanisms, mass mobilization works against nation building and leads to popular nationalism (ibid., p. 64-65).*

Wimmer conclut que le processus de centralisation, plus que la conscription universelle, fut la clé du processus de construction nationale. Ce n'est pas seulement une clé pour comprendre la transformation administrative de l'État : l'analyse du processus de centralisation révèle aussi des éléments importants pour comprendre la transformation de la guerre à l'ère du nationalisme. Un État faible dont le processus de centralisation ne permet pas de redistribuer les retombées de la centralisation aux principaux réseaux dominants en son sein par exemple risque d'entraîner une redistribution clientéliste des ressources sur la base d'allégeances ethniques. Une telle dynamique crée alors un terrain fertile pour un entrepreneuriat politique pouvant attiser les braises d'une guerre civile. On assiste donc à la multiplication de ce type de conflits (Wimmer, 2013, p. 27-28). En ce qui a trait aux États forts, si les modes de légitimation associés au nationalisme ne leur permettent plus de procéder à des guerres d'expansion menant à la sujétion de non-nationaux, ils s'avèrent désormais un prétexte à des guerres menées au nom de la protection desdits nationaux résidant au-delà des frontières étatiques (Wimmer, 2013, chapitres 2 et 4). Les prétextes pour faire la guerre et ses modalités sont donc imbriqués dans les mécanismes à travers lesquels le pouvoir est légitimé.

4.5. L'AUTONOMIE DE L'ÉTAT

On peut formuler la question de l'autonomie de l'État de la façon suivante : dans quelle mesure un État peut-il adopter des politiques domestiques ou étrangères qui ne sont pas dictées directement par ses composantes principales ou par sa classe dominante ? Cette question en inclut une seconde. L'autonomie est-elle une caractéristique essentielle de l'État ? Est-ce une propriété structurelle qui découle de l'architecture d'un système international anarchique ? Ou l'autonomie est-elle une propriété qui découle de l'organisation du pouvoir social dans certains contextes précis ou certaines époques historiques ? Enfin, l'autonomie est-elle affaire de degrés ? Est-elle relative et, si oui, par rapport à quoi ?

Le thème de l'autonomie de l'État recoupe celui de sa centralisation, tout en s'en distinguant. La centralisation des pouvoirs n'est pas nécessairement synonyme d'une plus grande autonomie de l'État. Durant les dernières décennies, autant la thèse selon laquelle la mondialisation signifiait le retrait de l'État que celle voulant qu'à la suite du 11 septembre 2001 l'État ait de plus en plus recours à des mesures d'exception ont véhiculé plusieurs propositions rarement examinées à propos des conditions d'émergence historique de l'autonomie de l'État (Lacher, 2003, 2005, 2006 ; Rosenberg, 2005, p. 2-74). La mondialisation a-t-elle mené à un retrait ou à un affaiblissement de l'autonomie de l'État ? Les politiques sécuritaires depuis 2001 sont-elles le symptôme d'une réaffirmation de l'autonomie du pouvoir exécutif de l'État ? Ces questions sont au centre du champ d'études des relations internationales depuis les années 1990. Chacune renferme des perceptions qui seront remises en question par des sociohistoriens. La première est celle selon laquelle les régimes internationaux libéraux réduisent la souveraineté au profit de l'interdépendance. Un examen attentif de l'État libéral indique que, s'il se retire de certains secteurs, il est loin de se retirer de l'ensemble des secteurs qui réifient et reproduisent un système international fragmenté en États nationaux. La seconde perception est celle selon laquelle un « virage » sécuritaire de l'État libéral serait un phénomène récent. Encore une fois, il s'agit d'une perception discutable. Si les moyens infrastructurels de l'État sécuritaire sont aujourd'hui sans précédent, l'histoire de la surveillance, de la répression et de l'incarcération de groupes ou de catégories d'individus, pour sa part, accompagne le développement de l'État moderne, dans sa variante autoritaire, mais aussi dans les États généralement qualifiés de libéraux.

En relations internationales, l'autonomie domestique de l'État est un axiome central de la théorie néoréaliste. Pour les tenants de cette théorie, la constitution interne des États n'a pas d'effet fondamental sur leur comportement dans l'arène internationale. La rationalité des États relève d'une logique instrumentale et stratégique qui découle d'une structure politique internationale indépendante des variables relevant de la politique intérieure. En somme, pour comprendre le comportement des grandes puissances, il faut comprendre les propriétés structurelles du système international (Waltz, 1979)[12]. Dans la mesure où les néoréalistes s'intéressent à l'émergence de l'État-nation, ils en fournissent une explication évolutionniste. Robert Gilpin par exemple soutient que « la transformation de l'environnement économique et militaire met en branle une lutte darwinienne entre entrepreneurs politiques au cours de laquelle seulement les plus forts survivront ; les survivants créeront éventuellement les États-nations de l'Europe de l'Ouest » (Gilpin, 1981, p. 119, traduction libre ; voir aussi p. 116 et 121), et encore : « Au XIVe siècle, l'invention de la poudre à canon et de l'artillerie produit une résurgence des capacités offensives qui ouvre une nouvelle ère de consolidation territoriale et introduit une nouvelle forme politique : l'État-nation » (ibid., p. 62 ; traduction libre). Ailleurs, il précise : « L'État-nation triomphe sur d'autres formes d'organisations politiques parce qu'il surmonte la crise fiscale du féodalisme » (ibid., p. 123 ; traduction libre). On retrouve, à certains égards, une reprise du thème de l'autonomie du politique face à l'économique dans des travaux de Tilly et Skocpol. Tilly attribue le succès de l'État national à

----

12. Pour une formulation moins structuraliste de cette théorie, voir Mearsheimer, 2003, p. 29-40.

l'atteinte d'un équilibre optimal entre accumulateurs de capital et accumulateurs de moyens de coercition (Tilly, 1992)[13]. Skocpol attribue une autonomie plus grande, voire transhistorique, à l'État. Sa distinction entre les *classes gouvernantes*, spécialisées dans la gouverne politique, militaire et administrative de l'État, et les *classes dominantes*, spécialisées, elles, dans l'accumulation des moyens économiques, se veut transhistorique (Skocpol, 1985). Skocpol, en somme, reprend du marxisme l'analyse des classes sur le plan domestique et du réalisme, l'analyse de l'autonomie de l'État national au sein du système interétatique. Cela lui permet de bâtir une théorie des révolutions sociales qui fait résider leurs possibles occurrences dans l'incapacité d'une classe gouvernante à imposer les réformes nécessaires pour qu'un État puisse s'adapter à un environnement international hostile. Ici, le marxisme et le réalisme sont plus superposés que réconciliés. Les concepts de souveraineté de l'État, d'autonomie et d'anarchie du système international, quant à eux, sont plus postulés qu'historicisés. Les conditions de leur possible émergence ne sont pas problématisées.

Mann propose une sociologie historique qui va plus loin que celle de Skocpol dans l'identification des conditions institutionnelles et historiques, des principes et des mécanismes des relations internationales modernes. Par exemple, il ne peut exister de guerres, de conquêtes sans l'existence préalable d'un État et d'une certaine centralisation économique. Ces derniers sont nécessaires au développement d'une organisation militaire permanente (Mann, 1988, p. 62-63). Il s'intéresse également aux conditions dans lesquelles la guerre joue un rôle économique prédominant. Dans le cadre des anciens empires, par exemple, il défend que : « *Three aspects of the militant state seem to have had marked effects on economic development : the heightening of stratification by conquest, the intensification of the labour process that authoritarian forms of labour control allow, and the provision of an infrastructure of order and uniformity* » (*ibid.*, p. 64).

....
13. Pour des évaluations du modèle, voir Spruyt, 1994 ; Fortmann, 2010 ; Teschke, 2014.

Cependant, contrairement au néoréalisme, la sociologie wébérienne prend notamment acte des facteurs domestiques et des configurations de classe, dans sa réflexion sur l'État, comme l'a fait le réalisme classique de E. H. Carr et Hans Morgenthau. Puis elle prend acte de la variété des formes d'organisations politiques dans le temps. Elle ne réifie donc pas l'État national. Enfin, Weber interprète les processus de rationalisation et de bureaucratisation comme des conditions nécessaires à l'auto-nomie de l'État. Cette interprétation est généralement reprise par des théories institutionnalistes et libérales de l'État. Mann diverge de Skocpol sur ce point. Selon lui, le capitalisme industriel met un terme au peu d'autonomie que la bureaucratie et l'État avaient par rapport à la société civile avant son avènement. Avec l'industrialisation capitaliste, « cette autonomie est tellement négligeable, en effet, que l'État peut être réduit aux structures de classe à des fins analytiques » (*ibid.*, p. 33 ; traduction libre). Mann donne en partie raison à Marx et Engels sur un point avec lequel peu de marxistes sont aujourd'hui en accord. Cependant, cette convergence entre l'agentivité de l'État et celle des classes dominantes est particulière au capitalisme industriel.

En effet, peu de marxistes qualifient aujourd'hui l'État de « comité qui administre les affaires communes de la bourgeoisie toute entière », pour reprendre l'expression consacrée par le *Manifeste du Parti communiste* (Marx, 1998, p. 76). D'abord, les marxistes considèrent cette position comme déterministe et apolitique. Elle ne tient pas compte des divisions profondes qui peuvent caractériser les classes dominantes et se traduire en différents programmes politiques. La décision d'adopter une politique de libre-échange ou d'aller à la guerre est rarement réductible aux intérêts d'une classe dominante tout entière. Karl Kautsky (1854-1938) sera l'un des premiers à remettre en question le phénomène de la dissociation entre la classe domi-nante et la classe gouvernante dans le capitalisme et à y voir un objet d'analyse important pour les marxistes. À la suite de Skocpol, plusieurs reprennent cette opposition afin de déve-lopper une position analogue à celle d'Otto Hintze, selon qui le rôle de la classe dirigeante est d'assurer la compétitivité géopolitique de l'État. Il peut arriver, comme sous Selim III dans

l'Empire ottoman (1789-1807), qu'une tentative de la classe dirigeante d'implanter des réformes bureaucratiques rencontre une
telle hostilité de la part de diverses composantes de la classe
dominante qu'elle se termine par l'exécution des membres de la
classe gouvernante (Maier, 2012, p. 73). Les intérêts de la classe
dirigeante ne se superposent donc pas toujours à ceux de la
classe dominante. Puis, du marxiste italien Antonio Gramsci
(1891-1937) à Nicos Poulantzas, des théoriciens ont développé
les arguments avancés dans *Le 18 Brumaire de Louis Bonaparte*
où l'analyse du bonapartisme inspire une conception de l'autonomie *relative* de l'État (Miliband, 2012 ; Panitch, 1999). Les
analyses marxistes du fascisme reprennent cette analyse pour
expliquer des cas où une bourgeoisie menacée concède son
pouvoir à un dictateur qui défend ses intérêts[14].

Dans la théorie néogramscienne de Robert W. Cox, les
États capitalistes forts jouissent d'une relative autonomie, non
seulement des classes, mais des forces sociales et des intérêts
capitalistes particuliers. Les États faibles ne jouissent pas d'une
telle autonomie : plutôt que de réguler les intérêts du capitalisme en général, ils sont soumis à ceux de factions spécifiques
du capital (Cox, 1987, p. 49). Sandra Halperin (1998) considère
pour sa part que le débat sur l'autonomie relative de l'État repose
trop souvent sur une prémisse erronée. D'abord, elle rejette
la prétention à l'originalité des perspectives néowébériennes
sur la question de l'autonomie relative de l'État. Ces théories
n'ont dans l'ensemble pas innové par rapport à Gramsci selon
elle. Au-delà de cette question d'héritage théorique, Halperin
critique la prémisse selon laquelle la classe dominante sous
le capitalisme serait fondamentalement différente de celle
de l'Ancien Régime. Selon elle, il faut attendre la Première
Guerre mondiale pour que l'aristocratie cesse de façonner le
développement des États et du capitalisme en Europe.

....

14. Pour un survol des conceptions de l'autonomie de l'État, voir J. M. Hobson, 2000.
Parmi les interprétations classiques du fascisme comme du bonapartisme, voir August
Thalheimer. Sur Thalheimer, voir De Felice, 2000, p. 74-75 ; voir aussi, Vajda, 1976 ;
Trotski, 1971 ; Beetham, 1983, p. 1-63.

Almost nowhere in Europe was there a strong independent industrial capitalist bourgeoisie in the nineteenth and early twentieth centuries. Often the bourgeoisie either was a foreign class within European societies, or was weak and regionally confined, and consequently dependent on the state or the landholding aristocracy. The old aristocracy absorbed and dominated new wealthy elements and imposed their standards of behavior on them. Landlords and capitalists were not separate and contending classes in Europe during the nineteenth century, but factions of a single dominant class. Traditional and landed elites remained hegemonic within this class until well into the twentieth century, providing leadership and exerting overriding influence even when they were not dominant.

[...] In all European countries, most leaders belonged to the landowning aristocracy and state policies were generally consistent with its immediate interest. As a result, industrial capitalist development in Europe was shaped, not by a liberal, competitive bourgeois ethos, but by the conventional mores and organizations of traditional rural society (Halperin, 1997, p. 86-87).

Il découle de l'évaluation de cette analyse des classes dominantes en Europe que le problème de l'autonomie de l'État et surtout de l'apparente tension entre les classes gouvernante et dominante doit se poser autrement. Selon Halperin,

if we recognize that the owners of capital were not a fundamentally new class, that the "traditional" elite formed the basis of the "capitalist class", [...] the problem of explaining the disjuncture between political and economic power disappears. It then becomes clear that the national state that merged with industrial capitalism was created by and for the capitalist bourgeoisie, and was the institution whereby that class imposed and defended its power and privileges against subordinate classes (Halperin, 2004, p. 37-38).

Au cœur de la réflexion de Mann sur l'autonomie de l'État, on trouve sa définition du pouvoir étatique et sa distinction entre le pouvoir infrastructurel et le pouvoir despotique. Ces deux dimensions du pouvoir étatique sont essentielles dans la problématisation de l'autonomie de l'État chez Mann. Par pouvoir *despotique* des élites, Mann fait référence « à l'étendue des manœuvres que les élites peuvent entreprendre, sans négociations institutionnalisées et routinières avec les groupes de la société civile » (Mann, 1984, p. 113 ; traduction libre). Par pouvoir *infrastructurel*, Mann entend « la capacité d'un État de pénétrer de manière effective la société civile et d'implémenter de manière effective des décisions politiques sur l'ensemble de son territoire » (*ibid.*). Plus la bureaucratie se professionnalise et plus elle est dotée des moyens industriels de connaître et d'agir sur son territoire, plus le pouvoir infrastructurel de l'État s'accroît. Un État dont la bureaucratie ne dispose pas des moyens d'obtenir une connaissance fiable et précise de l'étendue de son territoire, de la population qui y vit et des ressources qu'il renferme, est doté d'un pouvoir infrastructurel plus faible. Précisément, Mann retrace le développement du pouvoir infrastructurel de l'État à travers quatre volets :

TABLEAU 4.1.

Les étapes du développement du pouvoir infrastructurel de l'État selon Mann

1.	Le développement d'une division du travail centralisée et coordonnée au sein de l'État.
2.	Le développement de compétences sémantiques permettant une circulation de l'information, notamment juridique, entre les officiers de l'État.
3.	Le développement d'une devise, de poids et de mesures dont la valeur est reconnue et garantie par l'État, permettant ainsi une stabilité des échanges.
4.	La rapidité des communications et du transport des personnes et des ressources sur des routes adéquates.

Source : Adaptation de Mann, 1984, p. 192.

Les pouvoirs despotiques et infrastructurels n'évoluent pas nécessairement en se renforçant ni en obéissant à la même temporalité. Dans un scénario optimiste sur le plan des institutions et des pratiques démocratiques, le pouvoir despotique des élites serait amené à diminuer. Le pouvoir infrastructurel tend à croître proportionnellement au savoir technique et au développement technologique. La capacité des États en matière de pouvoir infrastructurel n'a jamais évolué aussi rapidement qu'au XXe siècle. Au début du XXIe siècle, bien des démocraties libérales disposent d'une capacité de surveiller leur population, d'accumuler des informations sur leurs citoyens et de recouper ces informations par des technologies informatiques qui auraient fait l'envie de bien des États autoritaires du début du xxe siècle.

Mann propose quatre idéaux-types d'organisations politiques en fonction de leur niveau faible ou élevé de pouvoir despotique et infrastructurel.

TABLEAU 4.2.		

Les deux dimensions du pouvoir étatique selon Mann

Pouvoir despotique	Pouvoir infrastructurel	
	Faible	Élevé
Faible	Féodal	Bureaucratique
	État médiéval européen	État capitaliste avancé
Élevé	Impérial	Autoritaire
	Empire assyrien, perse ou romain	Allemagne nazie, URSS

Source : Mann, 1984, p. 191.

Cette classification sociohistorique des formes d'État opère à très grande échelle. Il existe des littératures spécialisées insistant sur la diversité des formes sociohistoriques de chacune de ces organisations politiques.

La conception de l'autonomie domestique du pouvoir étatique chez Mann correspond à celle que l'on retrouve généralement chez Skocpol et Tilly. Chez ces chercheurs, « le pouvoir agentiel de l'État [...] s'exprime par sa capacité à agir *contre* la société, c'est-à-dire à *contourner* ou à *surmonter* les *obstacles* ou les *contraintes* issus de la société, de manière à se *conformer* aux exigences fonctionnelles de la structure du système international » (Dufour et Lapointe, 2010a, p. 392). Avec Thierry Lapointe, il m'a été donné de souligner les limites de cette conception de l'autonomie de l'État :

> Cette conception réifie les effets de structures et véhicule une conception extrêmement *mince* de l'autonomie du politique. D'une part, cette conception de l'autonomie du politique serait de nature essentiellement négative : c'est-à-dire présentée comme la capacité à surmonter des obstacles, à agir

contre et envers les forces sociales internes. D'autre part, la notion d'autonomie du politique utilisée par la première vague [de sociologie historique néowébérienne] demeurerait confinée au niveau interne, c'est-à-dire qu'elle n'accorderait aucune capacité aux États de surmonter et de transformer les dynamiques opératoires – belliqueuses – des systèmes internationaux (*ibid.*, p. 392).

Bien qu'il s'inspire des travaux de Mann, de Peter Evans (1995) et de Linda Weiss (1998), John M. Hobson se réclame d'une nouvelle vague de sociologie historique néowébérienne. Il distingue le pouvoir d'agence de l'État sur les plans domestique et international. Il qualifie de pouvoir d'agence domestique «l'habileté des États à développer des politiques domestiques, comme étrangères, et à façonner leur sphère domestique, et cela sans dépendre des nécessités liées à une demande sociale domestique ou aux intérêts d'acteurs non étatiques» (Hobson, 2000, p. 5; traduction libre). Il qualifie de pouvoir d'agence internationale des États «l'habileté de l'État à établir une politique étrangère et à façonner l'arène internationale sans égards aux contraintes structurelles internationales ou aux intérêts d'acteurs internationaux non étatiques» (*ibid.*). Selon Hobson, un État disposant d'un important pouvoir d'agence internationale peut échapper à la logique purement stratégique dictée par la structure du système international et «créer un monde plus coopératif et pacifique» (*ibid.*, p. 7)[15]. Une seconde définition du pouvoir d'agence internationale de l'État, «l'habileté du complexe État – société civile en tant "qu'entité" de force unitaire de déterminer et façonner l'arène internationale sans contraintes structurelles internationales» (*ibid.*). Encore une fois, un État qui dispose d'un important pouvoir d'agence peut s'émanciper des contraintes systémiques internationales (Hobson, 2000, p. 8). La portée explicative de ce modèle reste cependant contenue dans un cadre où il n'est pas anachronique de parler de société civile, un concept que Hobson tient un peu pour acquis.

....

15. Pour une recension critique, voir Lapointe et Dufour, 2012.

Les problématiques de l'impérialisme, du colonialisme et du développement dépendant complexifient l'étude socio-historique de l'autonomie des acteurs des États coloniaux et postcoloniaux. Le développement de ces États ne peut être effectué en dehors du contexte historique global marqué par la colonisation et l'impérialisme (Tilly, 2000 ; Steinmetz, 2007). Une importante génération de travaux ont répondu à ce défi en inscrivant le développement des États en périphérie de l'économie-monde capitaliste européenne dans une relation de dépendance désubjectivante face aux exigences et impératifs de la métropole (Frank, 1966, 1979). Les auteurs de ces travaux ont parfois été accusés de négliger l'autonomie des acteurs des trajectoires des formations sociales coloniales et postcoloniales en raison de leur intérêt pour la structure du système international. Bayart propose une analyse non dépendantiste des modèles d'action et des stratégies d'extraversion utilisés dans le cadre des trajectoires étatiques en Afrique. Dans une analyse inspirée de Foucault, il critique le fonctionnalisme des analyses où les acteurs de la dépendance sont privés de subjectivité (Bayart, 2006, p. XI-XXX). Son analyse cherche moins à minimiser le rôle structurant de la colonisation sur la formation des États et des sociétés africaines qu'à illustrer les modalités changeantes à travers lesquelles « le rapport que les sociétés africaines entretenaient avec leur environnement extérieur était constitutif de leur organisation politique interne » (Bayart, 2006, p. V). Bayart rappelle que « l'assujettissement est aussi une forme d'action » (*ibid.*, p. VI). Les « stratégies d'extraversion » sont ces registres d'action, « la coercition, la ruse, la fuite, l'intermédiation, l'appropriation, ou son contraire, le rejet » (*ibid.*, p. XLIX) à travers lesquels les acteurs adaptent, innovent, interprètent, travestissent et récupèrent les codes des dominants pour les intégrer à leur répertoire de pratiques. Dans la prochaine section, nous distinguons les processus de centralisation et d'autonomisation de celui du développement de la souveraineté.

4.6. Le principe de souveraineté

L'idée selon laquelle c'est dans le peuple que devrait résider la souveraineté est récente et révolutionnaire à l'échelle de l'histoire humaine. Elle a agi comme catalyseur au moment des révolutions française et américaine avant de connaître une internationalisation à géométrie variable aux xixe et xxe siècles (Bendix, 1978; Osiander, 2001; Philpott, 2001; Anghie, 2005; Adelman, 2009). Au moment de rédiger la Constitution des Meiji, inspirée à plusieurs égards des Lumières, l'idée selon laquelle la souveraineté devait résider dans le peuple japonais et non dans son empereur était inconcevable. Il en résulte une constitution complexe, où, comme à plusieurs endroits où se diffusait l'idée de souveraineté populaire, les élites traditionnelles cherchèrent à préserver leur pouvoir (Mitani, 1988).

Le politologue Stephen Krasner distingue différents registres couverts par le concept de souveraineté.

TABLEAU 4.3.

Les formes de souveraineté chez Stephen Krasner

Formes de souveraineté	Domaines d'application
Internationale-légale	Réfère à la reconnaissance mutuelle, habituellement entre des entités territoriales qui ont une indépendance juridique formelle
Westphalienne	Désigne l'exclusion des acteurs extérieurs des structures d'autorité au sein d'un territoire donné.
Intérieure	Désigne l'organisation formelle de l'autorité politique au sein de l'État, la capacité d'un État et l'habileté des autorités publiques à exercer un contrôle effectif au sein des frontières de leur unité politique. Elle recoupe la question de l'exercice du monopole de la violence légitime dans la tradition wébérienne.
Dans l'interdépendance	Réfère à la capacité des autorités publiques à réguler les flots d'informations, d'idées, de biens, de personnes, de polluants et de capital à travers les frontières de leur État.

Source : Adaptation de Krasner, 2009, p. 179-180.

Ces dimensions de la souveraineté ne s'institutionnaliseront pas simultanément. On retrouve différentes façons d'aborder la question de l'émergence, de l'institutionnalisation et de la diffusion du principe de souveraineté westphalienne. La première est historico-juridique. Elle consiste à repérer les dates des grands traités à travers lesquels les principes relatifs à l'exercice de la souveraineté moderne apparaissent dans l'histoire. Une seconde approche est néoévolutionniste. Au sein de cette littérature, les problématiques de l'émergence de l'État-nation, de l'autonomie de l'État et de la souveraineté moderne sont superposées dans un mouvement historique où des pressions géopolitiques forcent les organisations politiques à converger vers le modèle de l'État-nation souverain. Une troisième stratégie, structuraliste, définit les propriétés communes aux différents systèmes internationaux se succédant dans l'histoire. Enfin, une quatrième approche, historico-processuelle, montre les liens entre les conceptions de la souveraineté et l'organisation du pouvoir social. Parce que rien n'empêche la juxtaposition historique d'organisations différentes du pouvoir social, cette approche rejette la prémisse structuraliste selon laquelle il existe des propriétés systémiques communes à l'ensemble des systèmes internationaux.

4.6.1. L'étude historico-juridique de la souveraineté

Les manuels répertorient généralement les traités emblématiques des relations internationales modernes. Le premier de ces moments est la Paix de Augsbourg (1555). Celle-ci met fin à une période de conflits entre luthériens et catholiques dans les États allemands. Elle institue le principe *cuius regio, eius religio* (la religion ambiante sera celle du souverain), qui autorise un souverain à décréter quelle religion et quels rites seront pratiqués sur son territoire. Le principe contribue à l'instauration d'une frontière entre l'intérieur et l'extérieur du territoire. Il accorde notamment aux princes récalcitrants le droit d'émigrer à l'extérieur du territoire en question. Les manuels de relations internationales consacrent une section plus importante aux traités de Westphalie signés à Münster (1644) entre le Saint-Empire et la France et à Osnabrück (1645) entre le Saint-Empire et la Suède, ce qui mettra fin à la guerre de Trente Ans en 1648 entre les principales unités politiques européennes (Provinces-Unies, Espagne, France, Suède, Saint-Empire romain germanique). Ces traités instaurent les fondements légaux et institutionnels de la souveraineté moderne. En plus d'un ensemble de législations relatives au fonctionnement juridique interne du Saint-Empire, ils réaffirment le principe de non-ingérence d'une organisation politique dans les affaires d'une autre organisation ou d'un autre souverain. Enfin, pour d'autres, ce sont les traités d'Utrecht signés en 1713 qui ont institutionnalisé les principes de la politique internationale moderne. Ces traités mettent un terme à la guerre de Succession d'Espagne et amorcent une période de domination française qui durera jusqu'à la guerre de Sept Ans (1756-1763). Selon les théoriciens de l'école anglaise des relations internationales, ces traités auraient joué un rôle clé en institutionnalisant le principe de l'équilibre des puissances (Dufault, 2010).

Le traité de Versailles (1919), qui établit l'ordre international de l'entre-deux-guerres et incarne l'esprit de l'universalisme libéral, prévoyait la mise sur pied de la Société des Nations (SDN). Dans la tradition de l'idéalisme kantien, la création de la SDN visait à établir les fondements d'une société politique mondiale. La Société allait devoir étendre la norme de la souveraineté aux États coloniaux à travers le système des mandats de la ligue des nations (Anghie, 2005, p. 116). Il s'agit d'un moment important où le droit international reconnaît la légitimité d'une organisation internationale non étatique. À l'origine, la SDN compte 45 États, mais ce nombre s'effrite pour atteindre 26 en 1935. Si sa mission est de créer une communauté d'États souverains, la SDN se voit également octroyer des mandats particuliers : encourager les relations diplomatiques ouvertes et le désarmement ; abolir l'esclavage ; établir une cour internationale de justice permanente à La Haye ; établir l'Organisation internationale du travail (OIT) et encourager la régulation des réfugiés et de l'opium. Les tenants de l'école anglaise voient dans la SDN une autre étape importante de la création d'une société internationale.

Le rôle du système des mandats est de veiller au démantèlement et à l'autonomie nationale de territoires appartenant aux empires austro-hongrois, Romanov et ottoman démantelés dans la foulée de la guerre de 1914-1918. Le système met en avant le principe du droit des peuples à disposer d'eux-mêmes. Il rompt avec le régime de propriété de l'ordre dynastique, qui a survécu aux traités de Westphalie et d'Utrecht, en ne reconnaissant plus l'appropriation par le vainqueur d'une partie du territoire des États vaincus. Ce système attribue aux États « sacrés par la confiance de la civilisation » le devoir d'apporter la modernité aux États nouvellement créés et dont les « peuples n'ont pas encore la capacité de tenir par eux-mêmes dans les conditions difficiles du monde moderne » (Anghie, 2005, p. 120).

Comme après la Première Guerre mondiale, les lendemains de la guerre de 1939-1945 donnent lieu à la création d'institutions cosmopolites à commencer par l'Organisation des Nations Unies (ONU). Malgré son objectif de constituer un forum pour toutes les nations, l'ONU se dote d'un Conseil de sécurité où cinq États membres (les États-Unis, la France, le Royaume-Uni, la Russie et la Chine) possèdent un droit de veto. L'ordre international d'après-guerre reste donc hiérarchisé. De 1945 à 2015, le nombre d'États membres passera de 51 à 193. C'est également dans cette foulée que seront adoptées en 1948 la Convention pour la prévention et la répression du crime de génocide et la Déclaration universelle des droits de l'homme.

C'est moins l'importance des principes attribués à ces traités qui est remise en question par certains chercheurs que la capacité d'une telle chronologie à expliquer les conditions de développement, d'institutionnalisation et de diffusion des pratiques relatives à la souveraineté. Une énumération de dates ne constitue pas une théorie. Ces traités n'expliquent pas quels processus et mécanismes participent à la diffusion, la cristallisation et l'évolution du principe de souveraineté. Qu'est-ce qui explique le développement aussi inégal de ce principe ? En quoi sera-t-il canalisé par les relations de pouvoir ambiantes et en quoi influencera-t-il en retour ces relations ? (Kratochwil, 1986 ; Krasner, 1993, 1999, 2009 ; Bartelson, 1995 ; Hall, 1999 ; Fowler et Bunck, 1995 ; Osiander, 2001 ; Rosenberg, 1994, 1996 ; Teschke, 1998, 2002, 2003, 2006a, 2006b, 2006c ; Buzan et Lawson, 2014).

4.6.2. Les perspectives néoévolutionnistes sur l'institutionnalisation de la souveraineté

Les perspectives néoévolutionnistes proposent une institutionnalisation de la souveraineté. Dans *Coercion, Capital, and European States, AD 990-1990*, Tilly se penche sur les conditions ayant permis à l'État national de devenir l'organisation prédominante du monde moderne. Selon lui, un système d'États européens commence à émerger dès 990 et il connaîtra un développement soutenu en forçant les différentes unités politiques à adopter la forme d'un État territorial centralisé. En 990, il n'y a aucun État centralisé en Europe ; en 1490, 80 millions d'Européens sont répartis dans plus de 200 unités politiques ayant la forme d'un État ; en 1990, les 600 millions d'Européens étaient maintenant répartis entre 25-28 États territoriaux (Tilly, 1992, p. 40-43). Selon cette thèse, l'État souverain est dans une grande mesure un produit dérivé de l'anarchie du système interétatique européen (Gilpin, 1981 ; Tilly, 1992). Cette anarchie aurait forcé les unités politiques européennes à s'engager sur la voie d'une révolution militaire, due notamment à l'arrivée de nouvelles technologies qui forceront les États à accroître l'efficacité de leurs appareils d'extraction fiscale et de leur bureaucratie. Le nombre croissant des soldats au sein des armées imposera une charge pouvant être assumée uniquement par une organisation bureaucratique. Ce déterminisme géopolitique caractérise les approches dites réalistes ou le modèle géopolitique standard de l'étude des relations internationales.

Le modèle géopolitique de l'émergence de l'État moderne

Compétition systémique → guerre → hausse des dépenses consacrées aux technologies militaires → hausse de l'extraction de ressources (exploitation, taxation, pillage) → introduction de nouveaux modes de taxation et de fiscalité → innovation des technologies militaires → monopolisation étatique des moyens de violence → centralisation et rationalisation du fonctionnement étatique.

Les critiques de ce modèle soulignent qu'il n'explique pas les causes de la compétition systémique ni de sa variation. La compétition systémique à l'origine de la chaîne causale n'est pas mise en relation avec des processus, des associations ou des mécanismes mésosociologiques. Les réalistes ont tendance soit à tenir la structure pour acquise, la structure anarchique découlant de l'absence d'autorité centrale dans les relations entre États, soit à la faire reposer sur les fables présociologiques de la nature humaine. Le modèle tend à naturaliser les impératifs systémiques qu'il ne parvient pas à ancrer dans des mécanismes mésosociologiques.

Des explications néoévolutionnistes sont également utilisées afin de rendre compte du déclin des empires. De façon rétroactive, il est tentant d'expliquer ce déclin en évoquant la supériorité adaptative des États nationaux. Or, on occulte ainsi la résilience extraordinaire de certains empires (Tilly, 1997b, p. 2). Des études récentes s'intéressent aux mécanismes à l'origine de cette résilience. Leur caractère décentralisé et les modes de gouvernance indirecte permettraient notamment de faibles coûts de gestion pour l'administration centrale, ainsi que l'autonomie des unités locales et régionales (Hechter, 2013; Tilly, 1997b, p. 4). Inversement, l'augmentation des coûts liés à un segment de l'Empire pourrait constituer une menace : « *The higher the transaction costs of maintaining central control over an imperial segment, the more likely that segment's detachment from the empire; and (2) the higher the total transaction costs of an empire's control relative to returns from all segments, the more likely the empire's disintegration* » (Tilly, 1997b, p. 6). Hechter (2013) soutient qu'une dimension sous-estimée de la résilience des empires est l'institutionnalisation de leur mode de gouvernance légitimant une domination étrangère. En effet, un des mécanismes centraux de l'expansion de certains empires réside dans la cooptation politico-militaire qui ne modifie pas profondément les dynamiques de pouvoir locales. Corollairement, les mécanismes à l'origine de ces avantages institutionnels représentent également des failles pour les empires qui peuvent difficilement prévenir de rapides et spectaculaires renversements de loyauté (Tilly, 1997b, p. 4).

Les contributions de la sociologie historique et de l'histoire globale élargissent l'étude des empires au-delà de la période où l'économie politique l'a confinée. De Lénine (1917) à Eric J. Hobsbawm (1989), une certaine tradition marxiste tend à faire de l'ère des empires ou des rivalités interimpériales une période spécifique du développement des États nationaux européens. L'ouvrage *L'Ère des empires* de Hobsbawm, par exemple, porte sur la période de 1875 à 1914. Les économistes qui, comme Lénine, voient dans l'impérialisme le « stade suprême du capitalisme » se sont principalement intéressés aux empires de la période culminant avec la Première Guerre mondiale et ils ont formulé des hypothèses précises sur les causes de l'impérialisme. Celles-ci, cependant, sont confinées à une époque très précise de l'histoire[16]. Or, les empires ont constitué une forme d'organisation politique pendant bien plus longtemps que les États modernes. Jusqu'en 1750, rappelle Christopher A. Bayly (2004, p. 55-59), la plus grande partie de la population mondiale vivait au sein d'empires agraires. Jürgen Osterhammel rappelle que l'hétérogénéité des organisations politiques n'a jamais été aussi grande qu'au XIXe siècle. Ce n'est qu'après 1918 qu'on assiste à la lente convergence vers la forme de l'État national, puis, à son internationalisation au XXe siècle (Osterhammel, 2014, p. 572 ; Mayall, 1990 ; Philpott, 2001).

4.6.3. L'étude structurale des propriétés systémiques de la souveraineté

Les approches évolutionnistes, comme historicistes, estiment que les régimes internationaux se transforment au fil du temps. Pour les tenants de ces approches, la souveraineté de l'État est moins une condition transhistorique qu'une propriété dont on peut retracer le développement. On peut qualifier de structuralistes les approches qui recensent une succession de régimes de souveraineté aux propriétés systémiques communes. Ces approches s'intéressent moins aux périodes de transition entre

---

16. Pour les thèses de la Deuxième Internationale sur l'impérialisme, voir Boukharine, 1967 ; Hilferding, 1970.

ces régimes ou au caractère diachronique de leur développement qu'aux propriétés structurelles qu'elles attribuent aux régimes ou aux systèmes en entier.

Plusieurs défenseurs du réalisme et de l'école anglaise des relations internationales ont participé au développement d'une telle représentation des systèmes d'États[17]. Les tenants de l'école anglaise analysent l'évolution des normes qui ont encadré et domestiqué la politique de puissance des États depuis l'émergence d'une société internationale au début de l'ère moderne en Europe, jusqu'à la célébration d'une véritable société d'État avec le traité de Versailles. Ils se sont intéressés aux normes juridiques et aux pratiques diplomatiques qui codifient les propriétés communes au système d'États-nations d'abord en Europe, puis ailleurs. Selon cette approche, la souveraineté de l'État serait une norme qui, après son émergence en Europe, se serait diffusée à l'ensemble du système international.

Le constructiviste Rodney Bruce Hall associe différentes formes de souveraineté à différentes formes d'identité domestique. Il compare les systèmes internationaux en fonction de leur identité individuelle et collective, de leur mode de légitimation de l'autorité politique, de leur forme d'action collective et du régime régulant les autorités. Chaque système correspond à un régime de souveraineté : la souveraineté dynastique sous le système de Augsbourg (1555), la souveraineté territoriale sous le système de Westphalie (1648), la souveraineté nationale sous le système des États-nations (xIXe siècle). Bien que Rodney Bruce Hall attribue une autonomie à l'identité collective en forgeant le système international, un moment néoévolutionniste survient dans son explication alors qu'il soutient, contre Hans Morgenthau, que la légitimité populaire assurera une plus grande stabilité.

17. Pour Hedley Bull, «un système d'États (ou système international) est formé lorsque deux États ou plus ont suffisamment de contacts entre eux, et ont suffisamment d'incidence sur les décisions des autres, pour les amener à agir, dans une certaine mesure, comme des parties d'un tout» (1977, p. 9; traduction libre).

Justin Rosenberg (1994) propose quant à lui une conception marxiste de la succession des structures des régimes internationaux. Il explique cette succession de régimes de relations stratégiques par celle des modes de production. Il met en relation la séparation formelle des pouvoirs d'extraction économique et de domination politique, l'émergence d'un empire de la société civile et le développement de la souveraineté moderne. En institutionnalisant une séparation formelle des sphères publique et privée, le capitalisme permet à une classe dominante de projeter et reproduire son pouvoir social à travers la société civile internationale. Cette société civile libérale garantit le cadre légal nécessaire à la reproduction de la propriété privée des moyens de production au-delà des frontières nationales moyennant quelques taxes ou droits de douane. Cela a une conséquence importante sur la transformation des relations de pouvoir transnationales. En outre, l'exercice de la souveraineté ou du contrôle politique sur un territoire n'est plus une condition préalable à l'accumulation d'un pouvoir économique par des acteurs non étatiques. D'où l'expression de Rosenberg, selon laquelle le capitalisme rend possible l'émergence d'un empire de la société civile.

Comme dans d'autres secteurs des sciences sociales, la critique des approches structurales est venue de chercheurs qui leur reprochent, d'une part, de ne pas expliquer le changement social et, d'autre part, de passer sous silence la juxtaposition de régimes ne partageant pas les mêmes propriétés structurelles et entre lesquels les liens ne sont pas définis. Le constructiviste John Ruggie, par exemple, affirme qu'en mettant l'accent sur la reproduction plutôt que sur les transformations du système international Kenneth Waltz ne peut pas rendre compte du passage d'une Europe féodale hautement parcellisée et hétérogène à une Europe moderne où le principe de la souveraineté moderne en vint à orienter les actions des unités politiques (Ruggie, 1986). Benno Teschke effectue une critique similaire à l'égard du modèle de Rosenberg :

> *Theoretically, the polycentric character of the modern system of states cannot be posited as a transhistorical given, as Neorealism assumes ; nor can it be explained as the result of a*

series of international competition per se. It cannot be explained
as a result of a series of international peace treaties or changes in
the collective identity of political communities, as Constructivism
submits – nor, indeed, can it be deduced from the logic of capital,
as some Marxists aver (Teschke, 2003, p. 77).

L'historien Charles S. Maier souligne également les limites d'une généralisation prématurée d'un « ordre » westphalien à partir du xviie siècle. L'ordre westphalien en Europe du Nord-Ouest coexistera longtemps avec une forme de souveraineté parcellisée en Asie du Sud-Est sous l'Empire moghol, alors que la Chine reste un empire continental et que l'Empire ottoman conserve ses propres dynamiques géopolitiques avec ses voisins (Maier, 2012, p. 35-36).

Le néowébérien John M. Hobson remet en question deux récits qu'il associe à la conception eurocentrique de la politique mondiale : celui qui fait de l'Ouest le moteur et le berceau de la mondialisation, et celui qui fait de l'Europe le berceau de l'État souverain. Une thèse centrale de cette conception du monde fait de l'anarchie du système interétatique une propriété unique à l'Europe, qu'elle oppose aux formes de souveraineté impériale, ou despotique, qui auraient caractérisé l'Orient ou l'Est. Hobson reprend l'analyse des quatre sources de pouvoir social identifiées par Michael Mann, afin de montrer comment la métamorphose de chacun de ces pouvoirs en Asie a eu pour conséquence de créer l'État souverain. Aussi, le développement, voire son effet, de cet État souverain en Europe serait indissociable d'un processus plus large, à savoir la globalisation afro-orientale (Hobson, 2009, p. 673). Cette dernière prendrait naissance après l'an 500, à l'aube de la mise en place d'une économie mondiale afro-asiatique (Hobson, 2009, p. 680).

Afin de rendre compte de l'émergence de la souveraineté en Europe, Hobson déprovincialise la chaîne causale identifiée par d'autres chercheurs. Il maintient que plusieurs développements institutionnels européens résultent de développements en Asie. Il soutient notamment que la révolution commerciale de la fin du Moyen Âge européen tira son dynamisme des besoins de la Chine en approvisionnement en argent après 1450 étant donné sa monétarisation. La révolution commerciale européenne est replacée sur le long continuum s'étendant de la Chine et de l'Inde jusqu'à la ponction des ressources des Amériques en direction de l'Espagne et du Portugal (Goldstone, 2009, p. 58; Hobson, 2009, p. 682). C'est à travers ce même réseau que les savoirs et technologies asiatiques, militaires notamment, seront disséminés pour être assimilés en Europe. Hobson attribue également à l'Islam un rôle similaire à l'éthique protestante en ce qui a trait à la rationalisation de l'activité économique, tremplin de sa rapide expansion territoriale (Hobson, 2004, p. 29-49; voir aussi Findlay et O'Rourke, 2007, p. 48-61). Pour le reste, Hobson se fie aux explications courantes de l'émergence de la souveraineté moderne. Il met l'accent sur l'influence de la révolution commerciale, de la guerre et des nouvelles technologies militaires sur l'émergence de l'État moderne en Europe (Tilly, 1992; Mann, 2012b; Gilpin, 1981; Spruyt, 1994).

4.6.4. L'étude historico-processuelle de la souveraineté

Le «mythe de Westphalie», pour reprendre l'expression de Teschke, est remis en question depuis les années 1990 (Rosenberg, 1994; Reus-Smit, 1999; Osiander, 2001; Teschke, 2003). Depuis l'âge du bronze, la présence d'empires s'avère être la norme dans l'histoire mondiale et la présence d'un système d'États nationaux souverains constitue une exception récente. Pas plus les traités de Westphalie que ceux d'Utrecht ou de Versailles (1919) ne mettront un terme définitif aux empires ou aux hiérarchies dans les relations interétatiques (Benton, 2009; Ruggie, 1986, 1993; Rosenberg, 1994; Teschke, 2003, 2005; Adelman, 2009; Mahoney, 2010; Hobson et Sharman, 2005). C'est seulement à partir des années 1960 et de la plus récente vague de mondialisation des relations sociales capitalistes qu'on en voit disparaître les modalités les plus formelles. Selon Frederick Cooper, «la France ne devint un État-nation qu'en 1962, lorsqu'elle renonça au dernier élément vital de sa structure impériale, l'Algérie» (2010, p. 209). L'État canadien illustre bien l'importance de replacer le développement des États dans un contexte mondial où les liens impériaux limitent la souveraineté effective de bien des États périphériques de nature coloniale jusqu'au XXe siècle.

L'Acte de l'Amérique du Nord britannique, signé en 1867, n'attribue au Canada, comme aux autres dominions britanniques, le droit de signer des traités avec d'autres États qu'en 1923 et il faut attendre la déclaration de Westminster (1931) pour que le Canada acquière une véritable souveraineté sur sa politique étrangère. De nombreux États deviendront souverains à la suite des luttes anticoloniales du milieu du XXe siècle.

Anthony Anghie dissèque l'histoire du droit international sous l'angle de la tension entre le projet de formuler un droit international positif – une doctrine positiviste du droit – et la réalité effective de l'application de cette doctrine aux relations internationales. Il estime qu'il faut analyser le déploiement de la norme de la souveraineté au XIXe siècle, d'une part, comme une tentative d'institutionnaliser la souveraineté en Europe et, d'autre part, définir ce qu'implique l'absence d'une telle souveraineté ailleurs dans le monde. Le long XIXe siècle colonial occupe une place importante dans son analyse. C'est durant cette période que la notion de souveraineté acquiert une dimension performative en droit international en imposant une norme civilisationnelle européenne au reste du monde. La quête des standards civilisationnels nécessaires pour qu'une société puisse être dite souveraine aura pour corollaire la formulation de critères en fonction desquels une population serait ouverte à l'«intrusion coloniale» (Anghie, 2005, p. 84; voir aussi Krasner, 2009, p. 211-231). En somme, le standard de souveraineté pour les sociétés européennes implique son contraire pour les sociétés non européennes. Trois éléments illustrent la thèse du juriste: le traité de Nankin de 1842, l'institution du protectorat et la conférence de Berlin (1884-1885).

Des missionnaires européens se sont aventurés en Chine et au Japon dès le XVIe siècle. Au XIXe siècle, le commerce de l'opium entre l'Inde, les Britanniques et la Chine prend la forme d'un conflit ouvert entre la Chine et le Royaume-Uni: c'est la guerre de l'opium (1839-1842). Son enjeu est l'ouverture du marché chinois à l'opium que les Britanniques veulent y vendre. En 1842, le traité de Nankin met fin au conflit. Victorieuse, l'Angleterre impose ses conditions favorables au commerce avec la Chine. Une des clauses importantes de la domination européenne est le démantèlement du droit local de façon que les sujets européens ne puissent pas être jugés en fonction de celui-ci (Anghie, 2005, p. 85). Le système légal doit garantir aux sujets européens les mêmes droits que ceux qu'ils auraient en Europe, notamment en ce qui a trait au droit de propriété et à la liberté de mouvement et de religion (Anghie, 2005, p. 86). Le traité prévoit que les sujets britanniques qui ont commis des crimes en Chine puissent être jugés au Royaume-Uni. Il vise également le démantèlement du système des cantons qui assure un monopole à treize compagnies chinoises. En plus de ces interventions juridiques ou militaires ponctuelles qui visent l'ouverture des économies non européennes aux Européens, Anthony Anghie replace le rôle de l'institution du protectorat au centre du droit international de la dernière partie du XIXe siècle.

L'institution du protectorat a établi une relation paternaliste entre un État faible et une puissance coloniale. À travers cette relation, l'État faible accepterait de subordonner sa souveraineté à la puissance coloniale pour tout ce qui concerne les affaires étrangères. La puissance coloniale n'assumerait techniquement pas la souveraineté sur les affaires intérieures, mais, comme les affaires étrangères peuvent aussi inclure les règles de successions dynastiques, la capacité d'intrusion de la puissance coloniale va très loin (Anghie, 2005, p. 87-88 ; voir aussi Steinmetz, 2007).

Un troisième élément de la démonstration de Anghie est la conférence de Berlin de 1884-1885. L'objectif principal de cette conférence décidée par Bismarck est de « réduire les tensions entre la France, l'Angleterre et l'Allemagne » dans le découpage colonial de l'Afrique (Anghie, 2005, p. 91-97 ; traduction libre). Les tribus africaines seront déclarées insuffisamment matures pour se constituer en un pouvoir souverain. Les Européens appliqueront la doctrine du *terra nullius* afin de les exclure de la négociation. Des normes seront établies afin de réguler la navigation sur les rivières Niger et Congo, de réglementer le libre-échange dans la région du bassin du Congo et de créer l'État du Congo, qui deviendra la propriété personnelle du roi de la Belgique, Léopold II (Anghie, 2005, p. 97).

Anghie souligne le rôle qu'un concept présociologique de *société* a joué dans la mise en place de ce droit international (voir aussi Steinmetz, 2014; Zimmerman, 2013, p. 93-108; Kurasawa, 2013, p. 188-209). Certaines sociétés ont la maturité d'octroyer la souveraineté, d'autres non. On peut reprocher à Anghie de proposer une thèse plus descriptive que sociologique et de considérer l'Europe comme un bloc homogène. Il ne prétend cependant pas développer un argument sociohistorique. Sa contribution est importante, parce qu'elle montre l'insuffisance, voire les contradictions, des périodisations classiques de la modernité des relations internationales.

Plusieurs autres chercheurs relèvent la persistance de stratégies, de pouvoirs et d'institutions patrimoniales dans le contexte post-westphalien (Benton, 2009; Ruggie, 1986, 1993; Osiander, 2001; Rosenberg, 1994; Teschke, 1998, 2002, 2003, 2006a, 2006b, 2006c). Nous n'assistons pas avec 1648 à l'élimination des stratégies matrimoniales des mariages dynastiques (Teschke, 2002, 2003; Adams, 2005a), ni à l'élimination des pratiques par lesquelles des monopoles commerciaux ou des compagnies se voient dotés d'un mandat politique, voire d'un pouvoir souverain sur un territoire. La Compagnie anglaise des Indes orientales (English East India Company) fondée en 1600 et reconnue comme compagnie à charte par Elizabeth Ire, a été dotée d'un pouvoir administratif et souverain sur presque l'entièreté du territoire bordant la baie du Bengale. En retour de prêts importants au gouvernement britannique, la compagnie se voit également accorder le droit de battre de la monnaie, de signer des traités et de lever des armées (Cooper, 2010, p. 221), ce qu'elle fera afin de lutter contre la Compagnie française des Indes durant la guerre de Sept ans (1756-1763). Le pouvoir politique de la compagnie ne sera dissous qu'en 1858. La Dutch East India Company, fondée en 1602 et dotée elle aussi d'un pouvoir coercitif, sera dissoute en 1798, cédant aux Pays-Bas les pouvoirs et le territoire qu'elle a jadis gouverné (Cooper, 2010, p. 222 ; Goldstone, 2009, p. 57). La compagnie The Governor and Company of Adventurers of England trading into Hudson's Bay, fondée et incorporée par une charte royale anglaise en 1670, a joui d'un pouvoir politique sur une grande partie du territoire nord-américain.

Ainsi, selon Rosenberg et Teschke, pas plus les traités de Westphalie que ceux d'Utrecht (1713) ne constituent des explications suffisantes de la transformation des relations de pouvoir rendant possible la souveraineté moderne. Aucun de ces traités, à lui seul, ne met fin aux alliances, aux mariages et aux règles de succession dynastiques. L'État reste patrimonial et il continue de miner les processus d'autonomisation et de rationalisation de ses institutions. La souveraineté demeure personnifiée dans la dynastie dominante. On constate aussi la résilience des guerres privées, du droit à l'intervention dans les affaires internes d'un autre État (consentie par exemple par le concert des Nations avec le congrès de Vienne [1815]) et la persistance de corridors échappant au contrôle des autorités (Benton, 2009 ; Hobsbawm, 1994 ; Rosenberg, 1994 ; Teschke, 2003, 2006 ; Dufour et Lapointe, 2010b ; Ward, 2009).

Teschke propose donc une explication différente dont l'*explanans* réside dans l'analyse du pouvoir social. C'est-à-dire que l'organisation du pouvoir social avant l'avènement du capitalisme impliquerait une fusion du pouvoir de domination politique (*imperium* : pouvoir public de commandement) et du pouvoir d'exploitation (*dominium* : droit absolu à la propriété privée). Alors que les relations sociales impliquent *prima facie* le recours à la coercition extraéconomique dans l'extraction des surplus de la paysannerie et la subordination politique formelle de cette dernière, les relations de coercition et de domination se transforment qualitativement avec le capitalisme. La principale caractéristique de la nouvelle forme de pouvoir social est son caractère impersonnel (Gerstenberger, 2007). À partir du moment où le pouvoir social est médiatisé par le marché, l'exploitation repose sur un rapport contractuel entre des individus égaux, libres et rationnels. Les relations sociales capitalistes s'appuient donc sur la dépolitisation phénoménologique des relations économiques qui sont perçues par les acteurs comme un ordre de relations anonymes, impersonnelles. L'explication de Teschke substitue à la notion de système, qui suppose l'homogénéité des unités à l'intérieur dudit système, une analyse soulignant le caractère inégal du développement des pratiques relatives à l'exercice de la souveraineté « westphalienne ». Plutôt que de se rabattre sur une position structuraliste qui postule une succession de systèmes, Teschke problématise les périodes de transitions au sein d'un ordre géopolitique caractérisé par la combinaison de régimes sociaux d'appropriation distincts. Il analyse en outre l'incidence de la transition de l'Angleterre au capitalisme sur les stratégies de reproduction des acteurs continentaux.

Teschke rappelle que la distinction interne/externe, et par le fait même le système interétatique, a une origine antérieure au capitalisme. Malgré la persistance de nombreuses caractéristiques de l'État prémoderne, le système interétatique de l'Europe absolutiste avait acquis une stabilité territoriale suffisante pour que l'opposition interne/externe entre dans le lexique stratégique. Il y a donc antériorité d'un système territorial absolutiste, où la souveraineté est encore personnalisée par le monarque, sur le capitalisme (Teschke, 2002). Ce système s'érige sur la projection d'une puissance reposant encore sur la propriété politiquement constituée héritée de la féodalité, et surtout de la période absolutiste, mais dans le cadre d'États territoriaux naissants. La propriété politiquement constituée des lendemains de la guerre de Trente Ans générait encore une « raison des princes » bien plus qu'une raison d'État. Elle engendrait encore des conflits qui se résolvaient en termes d'« équilibre dynastique » bien plus qu'en fonction d'un équilibre des puissances étatiques (Teschke, 2003 ; Lacher, 2006, p. 87).

Le défi théorique et sociohistorique est de réconcilier le contexte précapitaliste de l'Europe continental pendant une grande partie de l'ère moderne avec l'apparition en Angleterre d'un régime social de propriété qui viendra profondément restructurer les relations sociales en Europe et ailleurs. Préalablement, le système interétatique absolutiste gouverné par une logique prédatrice d'accumulation territoriale a structuré le développement d'un premier État capitaliste en Angleterre (Teschke, 2003, p. 250-276, 2006a, 2006c). Teschke et Lacher distinguent les conditions historiques permettant la distinction entre la politique intérieure et la politique extérieure, d'une part, et celles de la séparation institutionnelle entre l'économique et le politique, d'autre part. Le système interétatique ne peut être dérivé fonctionnellement de la seule relation capital/travail (Lacher, 2006, p. 60; pour l'argument inverse, voir Rosenberg, 1994; Callinicos, 2007). Au début de l'ère moderne les États absolutistes européens « étaient poussés par leurs relations de propriété domestique à adopter des stratégies d'expansion plutôt que de sécurité » (Lacher, 2006, p. 89; traduction libre). Il y a cependant une tension dans le monde moderne entre le capital comme relation sociale *globalisante* et la territorialité héritée de stratégies de reproductions sociales précapitalistes. Il n'y a ni causalité ni synchronicité entre ces deux distinctions phénoménologiques, mais elles façonnent profondément le monde moderne.

Le débat sur la souveraineté moderne a des conséquences sur le débat sur la mondialisation. Il permet de mettre en perspective l'hypothèse répandue selon laquelle la mondialisation aurait mis fin à une époque où l'État national moderne contenait les flux « identitaires », culturels, économiques et financiers (sur ce sujet, voir Dufour et Martineau, 2007). On en trouve des variantes technocentrées chez certains postcoloniaux (Appadurai, 2005); des variantes centrées sur les processus d'institutionnalisation politique (Bohman, 2007; Habermas, 2000; Sassen, 2006; Held, 2003, 2004, 2010); et d'autres mettant en relief des facteurs économiques et financiers (Robinson, 2004, 2014). Ici et là, la croissance du commerce mondial, les nouvelles technologies ou de nouveaux impératifs politiques sont présentés comme mettant en péril l'organisation qui aurait donné sa forme, son contenu et sa cohérence à la politique moderne. Or, si les marxistes s'entendent généralement pour affirmer qu'une des particularités des relations sociales capitalistes est, à long terme, d'entraîner un développement des forces productives, tous ne tirent pas les mêmes conclusions sur les effets que ces forces ont eus sur l'espace et le temps de ce développement. Si le développement technologique fournit les moyens matériels de réduire l'espace et le temps, il n'en reste pas moins médiatisé au sein d'un espace politique territorialisé, traversé par des forces sociales déployant des stratégies politiques qui ne vont pas nécessairement dans le sens d'une telle réduction (Teschke, 2006a, 2006b, 2006c ; Teschke et Lacher, 2007). Les espaces politiques territorialisés pendant des siècles ne s'effondreront pas seulement parce que la technologie le permet. Au contraire, il y a entre ces logiques un foyer de tensions, de possibilités et de contraintes. L'exercice de la souveraineté domestique dans ce contexte est aussi celui d'agir sur la capacité de certaines catégories d'individus à déjouer le temps et l'espace et d'enfermer d'autres catégories d'individus, souvent des travailleurs ou des migrants, dans certains espaces, par l'institutionnalisation de frontières, réelles ou virtuelles, par exemple en donnant accès à un territoire ou à un travail sans l'accès à l'espace de protection juridique détenu par des individus d'un autre statut. Cet exercice se décline notamment à l'intérieur du cadre légal et administratif régulant la migration des travailleurs, celle des réfugiés, la traite des femmes, la citoyenneté, la déportation d'individus, etc. (D'Aoust, 2014 ; Foucault, 2004b ; Hoerder, 2012 ; Wimmer et Glick Schiller, 2002). Le droit permet également de créer des espaces échappant au pouvoir souverain en matière de prélèvement fiscal (Palan, 2003 ; Palan *et al.*, 2010 ; Deneault, 2010). Or, ces deux dynamiques ne découlent pas de développements technologiques, mais de choix politiques.

Ainsi, les mécanismes et pratiques de la modernité westphalienne doivent être réexaminés et historicisés si l'on veut évaluer leur relation avec le processus de globalisation. Ce qui ressort de l'examen sociohistorique des institutions qui ont encadré ou participé au développement du capitalisme, c'est que ce développement n'a pas été linéaire. Le mythe d'un continuum partant d'un État national souverain qui se serait trouvé du jour au lendemain incapable d'assurer sa souveraineté dans l'interdépendance remplit une fonction plus idéologique qu'analytique. La dynamique territoriale du capitalisme ne peut être réduite ni à la seule logique du capital ni à celle du développement technologique (Lacher, 2005 ; Teschke, 2006c ; Teschke et Lacher, 2007).

En somme, l'opposition entre, d'un côté, *la* modernité basée sur la souveraineté territoriale d'une multitude d'États nationaux organisés en système international et, de l'autre, un nouvel âge global où les États assisteraient passivement à la liquéfaction de leur capacité à intervenir dans la sphère économique apparaît réductrice sur le plan théorique et limitée sur le plan empirique. L'analyse des différents régimes de territorialité depuis l'émergence du capitalisme ne permet pas de conclure que le développement du capital entraîne inévitablement la disparition des États (Lacher, 2006).

4.7. La bureaucratisation

L'étude de la bureaucratisation occupe une place centrale dans la sociologie de l'État et de la domination de Weber (2013). Elle éclaire notamment l'institutionnalisation des relations de pouvoir au sein de la classe dirigeante et de la fonction publique. Dans les débats sur la théorie de l'État, les disciples de Weber, Gramsci et Foucault insistent sur le fait que les marxistes n'analysent pas à fond la problématique de l'État en théorisant celui-ci comme un lieu de médiation des relations sociales[18]. Si cette perspective est plus nuancée que les interprétations mécaniques de l'État du marxisme orthodoxe, elle n'approfondit pas l'analyse de l'ensemble des pratiques, des régulations, des routines, des rituels et des savoir-faire qui se développent à travers l'État. En somme, elle n'analyse pas à fond ce que Phil Corrigan et Derek Sayer (1985) qualifient de « révolution culturelle » amenée par l'État. Depuis les années 1980, les sociologues animés par cette intuition ont étudié ces phénomènes qu'une analyse moins fine ne laisse pas paraître.

....

18. Pour une formulation sociologique de cette thèse, voir Therborn, 2008.

Des organisations bureaucratiques ont existé dans différentes régions du monde et à différentes périodes de l'histoire. Weber s'intéresse aux caractéristiques de la forme moderne que prend l'organisation du pouvoir bureaucratique. Il analyse les suivantes : 1) est présent un « principe des compétences d'autorité bien définies, ordonnées, de façon générale, par des règles, en l'occurrence les lois ou les règlements administratifs » ; 2) « est en vigueur le principe de la hiérarchie des fonctions et de l'échelle des instances » ; 3) « la gestion administrative moderne se fonde sur des documents écrits (actes) dont sont conservés les originaux ou des copies » ; 4) « toute activité administrative spécialisée (c'est celle qui est spécifiquement moderne) présuppose normalement une formation spécialisée approfondie » ; 5) « l'activité administrative proprement dite absorbe toute la force de travail du fonctionnaire, sans préjudice du fait que son temps de travail obligatoire au bureau peut être constant et limité » ; 6) « la gestion de l'administration par les fonctionnaires s'effectue conformément à des règles générales, plus ou moins bien définies et plus ou moins exhaustives, qui peuvent être apprises » (Weber, 2013, p. 63-65). Le fonctionnaire moderne est quant à lui nommé au mérite. Sa rémunération élevée et la permanence de son emploi sont des conditions nécessaires à son indépendance, à la stabilité, à la continuité et au professionnalisme de son travail (*ibid.*, p. 66-72 et 77).

Weber qualifie de groupe politique organisé selon le principe des ordres un groupe « dans lequel les moyens matériels de gestion sont en totalité ou en partie propriété personnelle de l'état-major administratif » (*ibid.*, p. 131). Ce type de groupement est contraire au processus de modernisation bureaucratique caractéristique d'un État moderne rationnel-légal (Bourdieu, 1989, 1993, 1997, 2012). Lorsque le partage du pouvoir, de la propriété et de la souveraineté avec l'aristocratie est effectif, on parle de groupement féodal. Lorsque les biens matériels de l'état-major lui sont fournis par le monarque et font partie de ses possessions, Weber parle d'État patriarcal ou patrimonial. Dans un tel groupement politique, « les ordres » sont « les propriétaires, par droit personnel, des moyens de gestion matériels d'ordre administratif et militaire ou les bénéficiaires de privilèges personnels » (Weber, 1963, p. 135).

Weber qualifie de processus d'« expropriation politique » de processus de dépatrimonialisation de l'État qui érode le fondement familial du pouvoir des États de l'Ancien Régime (Weber, 1963, p. 134). Il résulte de ce processus que le fonctionnaire n'est plus propriétaire des moyens de gestion de l'État. Le processus entraîne l'érosion du pouvoir politique reposant sur la propriété agraire au profit de règles impersonnelles isolant l'autorité bureaucratique du pouvoir et de l'influence de la noblesse (Weber, 2013, p. 66 ; Bendix, 1978, p. 249). Weber fait remonter au XVIᵉ siècle en Europe l'ascension du pouvoir social des fonctionnaires qualifiés, notamment du financier, de l'officier et du juriste (Weber, 1963, p. 145). Contrairement à la règle patrimoniale, la bureaucratie moderne n'est pas propriétaire des objets qu'elle administre. Elle est rémunérée pour son travail ; l'économie monétaire est donc une condition de son existence (Weber, 2013, p. 72-73).

Plus la gestion de l'État se complexifie, plus on assiste à l'ascension des fonctionnaires disposant de « connaissances techniques spécialisées » (*ibid.*, p. 109) au détriment des seigneurs et des ordres traditionnels (Weber, 1963, p. 146-147). Ces spécialistes veillent à la standardisation et à la centralisation des unités de mesure à travers lesquelles l'administration construit un portrait de la population, des ressources, des récoltes, du territoire, des marchés. Plus cette information est détaillée, précise et participant d'une division du travail administratif, plus la bureaucratie accroît, en théorie, son efficacité (Weber, 2013, p. 83 et 85). L'acquisition de ces connaissances peut faire la différence entre la reproduction normale des structures de la quotidienneté et l'irruption de crises politiques, celles liées aux pénuries de nourriture, notamment (J. C. Scott, 1998, p. 29-30). Comme le résume James C. Scott, « *the utopian, immanent, and continually frustrated goal of the modern state is to reduce the chaotic, disorderly, constantly changing social reality beneath it to something more closely resembling the administrative grid of its observations* » (*ibid.*, p. 82). La bureaucratie moderne, relève Weber,

> développe d'autant plus complètement sa spécificité qu'elle se déshumanise – une évolution bienvenue pour le capitalisme – et réussit à cultiver la qualité singulière qui est prisée comme sa vertu, la capacité à évacuer l'amour, la haine et toutes les composantes émotionnelles purement personnelles, irrationnelles par définition, qui échappent au calcul (Weber, 2013, p. 85-86).

Ce qui fera dire à certains que l'Holocauste aurait été impossible sans la bureaucratie moderne (Bauman, 2002 ; pour une analyse plus nuancée, voir Löwy, 2013).

Les processus de centralisation et de bureaucratisation ne seront pas exempts de composantes genrées et racisées. Les relations conflictuelles entre l'autorité souveraine et les nobles seront parfois médiatisées par la création de débouchés racisés au sein de la bureaucratie. Sandra Halperin analyse ces liens entre la formation de l'État absolutiste, les conflits sociaux et la création d'enclaves ethniques :

> *In the sixteenth century, absolutist rulers attempted to end internal custom dues, to break up entailed estates, and to eliminate complex feudal regulations and customs that hampered economic expansion. Faced with resistance from the nobility, rulers sought increasingly to gain autonomy from them. They endeavored to induct foreign and minority elements into the state bureaucracy, and they created professional armies dominated by mercenaries and controlled by civilian intendants chosen, generally, from outside the great aristocratic families* (Halperin, 2004, p. 52-53).

Malgré la consolidation d'une bureaucratie rationnelle-légale, plusieurs chercheurs soulignent que la culture de l'Ancien Régime a été résiliente jusqu'au début du XXᵉ siècle (Halperin, 2004, p. 24 ; Bendix, 1978, p. 247 ; Mayer, 1983)[19]. L'établissement de l'État de droit rationnel-légal est un processus

....

19. Sur le cas britannique, voir Gerstenberger, 2007. Sur la résilience du régime seigneurial au Québec, voir Grenier, 2012 ; sur les ambiguïtés de la rationalisation légale au Québec, voir Fyson, 2010.

lent qui devra faire face à d'importantes résistances de la part des élites conservatrices qui y voient une menace aux traditions légitimant leur pouvoir.

Halperin nuance les interprétations selon lesquelles le capitalisme libéral et l'État rationnel-légal auraient été bien implantés en Europe dès la fin du XIXe et auraient supplanté les institutions et stratégies monopolistiques et corporatistes de l'Ancien Régime (Osterhammel, 2014, p. 579). Plus qu'à un affrontement entre bourgeois et aristocrates, c'est plutôt à l'intégration de ces élites paneuropéennes que l'on assiste durant le XIXe siècle : « Peu de fortunes bourgeoises restaient investies dans le commerce ou l'industrie pour plus de deux ou trois générations. Le capital accumulé dans les affaires était constamment drainé vers la terre, les officines et le prestige du statut aristocratique » (Halperin, 1997, p. 92 ; traduction libre). Les élites issues des milieux rural, clérical et aristocratique, plus qu'une bourgeoisie ascendante, continuent d'exercer une influence décisive sur la politique européenne jusqu'en 1945 (Halperin, 1997, p. 104). Selon Halperin, la stratégie de production pour exportation menée par cette classe dominante a représenté une façon de mener une guerre de classe en privant « les travailleurs des moyens suffisants pour acheter ce qu'ils produisaient et en les privant de la capacité d'exercer un pouvoir par les choix de consommation et les boycotts, comme ils l'avaient fait au XVIIIe siècle » (Halperin, 2004, p. 77 ; traduction libre). Cela aurait contribué à la mise en place de politiques visant à protéger la production agricole des effets du marché jusqu'au milieu du XXe siècle (Halperin, 1997, p. 97-104 ; Lacher et Germann, 2012).

Pavla Miller, quant à elle, souligne que les processus de centralisation et de bureaucratisation ne se sont pas établis dans un néant en ce qui a trait aux relations entre les sexes, ou encore aux normes régissant les mœurs et la morale. La régulation de l'ordre sexuel et des représentations genrées sera affectée par ces processus, notamment à travers une régulation de la sexualité justifiant souvent l'exclusion des femmes de la vie publique (Miller, 1998, p. 124).

La bureaucratie moderne sert un autre type de rapport de domination que les variantes charismatiques ou traditionnelles. Les règles émises, diffusées et appliquées par la bureaucratie rationnelle-légale sont reconnues comme légitimes par le groupe auquel elles s'appliquent (Bendix, 1962, p. 385-416). Cet ensemble de règles abolit, en théorie, la différence de statut entre celles et ceux qui sont visés par la loi et ceux qui l'exercent. Contrairement aux autres formes de domination, la domination rationnelle-légale est continue et impersonnelle (Weber, 1963, p. 127, 2013, p. 60 ; Bendix, 1962, p. 294 ; Gerstenberger, 2007 ; Sayer, 1991). Elle s'exerce par la reconnaissance intersubjective de la légitimité du système légal[20].

Les facteurs invoqués par Edgar Kiser et Justin Baer pour expliquer la bureaucratisation évoluent selon une temporalité variable, mais pas aléatoire. Certains sont des conditions nécessaires à l'apparition d'autres. Un facteur est la *taille du pays* (Weber, 2013, p. 78-79). Celle-ci a notamment une incidence sur la capacité de l'État à percevoir les taxes. Comme le souligne James C. Scott (2010) dans *The Art of not Being Governed*, leur distance des centres administratifs favorisera les communautés nomades de la région de Zomia qui résisteront aux tentacules administratives des États environnants. Non seulement l'État doit « produire une population », pour reprendre l'expression de Curtis, mais l'efficacité de sa bureaucratisation exige également qu'il cartographie, topographie, dénombre et mesure le pays (Curtis, 1989, 1992a, 2001). Plus la taille du pays est grande, plus deux autres facteurs gagnent en importance pour la souveraineté intérieure, soit les *technologies de contrôle* et les *capacités de surveillance*. Les corps armés, puis la police, sont au cœur de ce processus de contrôle, de surveillance, de pacification, étroitement lié au processus de bureaucratisation. Le développement des routes et des transports constitue une dimension importante de ces technologies (Kiser et Baer, 2005, p. 232).

....

20. Ce qui n'empêche pas qu'elle puisse être confrontée à des crises de légitimité ; voir Habermas, 2012.

Des sociologues ont analysé la transformation des mœurs et des mécanismes d'autorépression des élites dans leur usage de la violence. Cette transformation aurait été constitutive du processus de consolidation absolutiste. Dès le XVIᵉ siècle, la cour est devenue un lieu pacifié d'accumulation de prestige et de privilège, où bien paraître, faire preuve de retenue et bien s'entourer garantit davantage de pouvoir que les faits d'armes de l'époque féodale (Bendix, 1978, p. 232-234 ; Elias, 1973, 1985, 1996 ; Bourdieu, 1997, p. 55-68). D'autres apportent des bémols à ces interprétations. John A. Hall, par exemple, rappelle que durant la période où Elias situe un processus d'autorépression de la violence, la militarisation des puissances européennes bat son plein (Hall, 2013, p. 6 ; Malešević et Ryan, 2013 ; pour une défense de cet aspect de la théorie de Elias, voir Fletcher, 1997 ; Delmotte, 2010).

Enfin, plusieurs contributions à l'étude de la bureaucratie chinoise sous les dynasties des Qing et des Ming remettent en question les thèses de Weber sur l'unicité du développement de la bureaucratie en Occident (Wong, 1997 ; Osterhammel, 2014). Allant à l'encontre de la thèse qui situe l'émergence de l'État moderne en Europe du Nord-Ouest, Fukuyama va jusqu'à soutenir que l'on trouve déjà en Chine des caractéristiques d'un tel État, dont le recrutement au mérite et le caractère impersonnel, dès le troisième siècle avant l'ère chrétienne (Fukuyama, 2011, p. 21 ; Burbank et Cooper, 2011).

4.8. LA CATÉGORISATION, LA COMMUNALISATION ET L'EXCLUSION

> Katégoria, *lié au jugement sur la place publique.*
>
> (DESROSIÈRES, 2010, p. 291)

Plusieurs chercheurs de la seconde moitié du XXᵉ siècle s'inspirent de sociologues qui, de Durkheim à Bourdieu en passant par Marcel Mauss et Erving Goffman, s'intéressent aux champs de savoir/pouvoir dont le développement est entremêlé à celui de l'État moderne. Le travail de Foucault est incontournable sur ces questions autant pour les nouveaux objets qu'il

problématise que pour certaines de ses intuitions théoriques[21].
Moins flamboyant que le travail de Foucault et de Bourdieu,
celui de George Canguilhem et de Gaston Bachelard joue un
rôle dans le fait de ramener au premier plan l'étude des catégories du savoir en sciences sociales et dans le développement
d'une sociologie réflexive. Les travaux sur le développement de
la cartographie, de l'ethnologie, de la muséologie et des expo-
sitions permanentes, ainsi que sur les processus de catégorisation et de classification des populations, améliorent notre
compréhension du rôle des États et des empires dans la production d'une représentation de ce que sont l'État, le citoyen, la
nation, le territoire, la sécurité, la justice, la population, etc.[22].
Le développement de ces champs conserve généralement une
autonomie par rapport à l'État tout en augmentant le pouvoir
infrastructurel de celui-ci (Prévost, 2002), mais il est clair que
l'État tente également régulièrement de s'immiscer dans ces
champs pour y imposer des orientations.

Le développement de ces ensembles de relations entre
les champs de production de connaissance et l'État prend une
forme particulière à chaque État. Ces relations laissent des
traces dans de nombreux documents écrits. Développant une
conception de l'État ancrée à l'analyse de ces relations et traces
historiques, Alain Desrosières le conçoit comme

> constitué de formes particulières de relations entre les
> individus, plus ou moins organisées et codifiées, et donc objec-
> tivables, notamment par la statistique. De ce point de vue,
> l'État n'est pas une entité abstraite, extérieure à la société et
> identique d'un pays à un autre. C'est un ensemble singulier de

....

21. Frederik Cooper observe que «les aspects les plus fondamentaux de la gouvernementalité foucaldienne – le développement par l'État d'instruments de surveillance et
d'intervention au niveau du sujet individuel – étaient déjà en place en Chine plusieurs
siècles auparavant, notamment le recensement, le cadastre, les greniers et réseaux
scolaires étatiques» (Cooper, 2010, p. 218). D'autres aspects du travail sociohistorique
de Foucault sont également contestables; voir Federici, 2004, p. 16-17; Dufour, 2012a;
Curtis et Hunt, 2007.

22. Sur cette littérature, voir Goffman, 1974b; Barth, 1995; J. C. Scott, 1998; Eriksen,
1993; Bourdieu, 1980b, 1997; Wimmer, 2009, p. 254; Brubaker, 1993; Ballantyne,
2002; Bayly, 1993; Headrick, 2010; sur la cartographie, voir notamment Lewis et
Wigen, 1997.

liens sociaux durcis et suffisamment traités comme des choses par les individus, pour que, au moins pour la période où cet État tient bien, ces faits sociaux soient bel et bien des choses (Desrosières, 2010, p. 180).

Les travaux de Foucault et de Bourdieu contribuent à l'analyse du rôle de l'État dans la production du monde social. « L'État, affirme Bourdieu, doit être pensé comme producteur de principes de classement, c'est-à-dire de structures structurantes susceptibles d'être appliquées à toutes les choses du monde, et en particulier aux choses sociales » (Bourdieu, 2012, p. 262). Ce n'est pas seulement le monopole des moyens de la violence physique légitime qui caractérise l'État, mais l'accumulation monopolistique de plusieurs formes de capital. L'État est défini comme

> l'aboutissement et le produit d'un lent processus d'accumulation et de concentration de différentes espèces de capital : capital de force physique, policière ou militaire (qu'évoque la définition wébérienne par le « monopole de la violence – physique – légitime ») ; capital économique, nécessaire entre autres choses pour assurer le financement de la force physique ; capital culturel ou informationnel, accumulé sous la forme par exemple de statistiques, mais aussi d'instruments de connaissance dotés de validité universelle dans les limites de son ressort, comme les poids, les mesures, les cartes ou les cadastres ; et enfin capital symbolique (Bourdieu, 2000, p. 24-25).

Selon Bourdieu, le processus de formation de l'État moderne est aliénant et universalisant à la fois, voire aliénant parce qu'universalisant. Plus la centralisation officialise, hiérarchise et codifie certains symboles en les universalisant, plus les symboles locaux sont aliénés parce que déclassés, dépossédés, folklorisés ou supprimés. Bourdieu décrit malgré tout l'État comme « un instrument d'unification qui contribue à faire accéder les processus sociaux concernés (culture, économie) à un degré d'abstraction et d'universalisation supérieure ; dans tous les cas, il contribue à les arracher à la particularité du local pour les faire accéder à l'échelle nationale » (Bourdieu, 2012, p. 359). L'État moderne efface la mémoire des particularismes et permet, selon Bourdieu, d'accéder à « un progrès vers un degré d'universalisation supérieure » (*ibid.*, p. 351-352). Comme élément de contexte, il n'est pas mauvais de rappeler que l'État français est beaucoup plus centralisé que ne l'est la fédération canadienne. Son système d'éducation laisse beaucoup moins de place à l'expression des particularismes régionaux.

James C. Scott souligne que « les catégories utilisées par les agents de l'État ne sont pas seulement des moyens pour rendre leur environnement intelligible ; ce sont des catégories qui ont force de loi (*authoritative tune*) auxquelles la population doit se conformer » (J. C. Scott, 1998, p. 83 ; traduction libre). De telles catégories sont constamment mobilisées dans les routines des administrations publiques modernes. Une administration publique efficace doit se doter de la connaissance la plus précise possible, bien que simplifiée, afin de mener à bien ses tâches principales, à commencer par le prélèvement des revenus publics (*ibid.*, p. 22). Rogers Brubaker qualifie de *catégories des pratiques sociales* celles qui sont utilisées par les acteurs autant pour donner un sens au monde social que pour agir sur lui ou le transformer. Ces catégories découpent et organisent le monde social (Brubaker, 1996a, 2004 ; Bourdieu, 1979 ; Wimmer, 2009, p. 244 ; Nobles, 2000). Elles ne font pas seulement traduire un état de choses dans le monde, elles y produisent un effet, sont mobilisées et débattues par les acteurs de la société civile, scientifiques, juristes ou autres. Leur sens n'est pas fixé. Anthony Giddens (1990) désigne ce processus comme la « double herméneutique » des sciences sociales. Les processus de communalisation et d'homogénéisation des groupes créés par les clôtures sociales sont inévitablement des processus de différenciation et d'exclusion sociale. Certains de ces effets créent une nouvelle réalité *de jure*. Ils garantissent le monopole de certains groupes sur certaines ressources ou sur certains capitaux ou ils excluent des individus de certaines organisations. Ils ont également un effet sur les pratiques sociales, en affectant les processus d'auto-identification et d'autoreprésentation. La sociologie s'intéresse à ce « travail ». Elle se penche sur le rôle des organisations dans la formulation des taxonomies et des systèmes de classement du social. Ces catégories de vision et de division du monde social empruntent des trajectoires complexes d'une organisation à une autre : les ministères, les entreprises, les recensements, etc. (Desrosières, 2010, p. 180; Beaud et Prévost, 2000a, 2000b, 2005; Curtis, 2001; Hacking, 1990; Prévost, 2002, 2003).

L'administration publique des États nationaux intègre notamment à ses routines les catégories à travers lesquelles elle traite les nationaux et les non-nationaux (Zolberg, 1981, 1983; Hoerder, 2012). Des clôtures sociales sont ainsi créées alors que certaines catégories d'individus sont communalisées ou mises en réseaux et d'autres non (Barth, 1995; Tilly, 2005b; Brubaker, 1993). Weber souligne l'incidence déterminante de certains choix «administratifs», comme celui de la langue ou des langues d'usage dans l'administration, sur la mise en place de codes et de pratiques officiels et sur la marginalisation de codes et de pratiques périphériques (Weber, 2013, p. 43). L'étude de ces choix ne peut faire abstraction des relations de pouvoir qui les orientent (Jenkins, 1997, p. 73). C'est à travers ce processus que se constitue une noblesse d'État se revendiquant d'un monopole sur l'universel (Bourdieu, 2012, p. 365-366).

Les mécanismes d'intégration et de différenciation sociales prennent différentes formes. Les clôtures sociales qu'ils produisent sont constamment renégociées à travers des relations de pouvoir, au sein des États nationaux et dans le cadre transnational, par le biais du travail migratoire notamment. La généalogie de ces processus d'inclusion et d'exclusion a fait l'objet de nombreuses monographies récemment (Pâquet, 2005). C'est notamment le cas de celles, distinctes, qui s'articulent autour de la citoyenneté, de la nationalité et des frontières ethniques (Brubaker, 1996b, p. 45-85; Juteau, 1999; Weber, 1995a; Winter, 2004; Wimmer, 2013). Au sein des empires nationaux européens qui gouvernaient des hiérarchies de citoyens et de sujets, «trouver l'équilibre entre les deux pôles de l'intégration (les sujets de l'Empire appartiennent à l'Empire) et de la différenciation (des sujets impériaux différents sont gouvernés différemment) était affaire de débats et de stratégies changeantes» (Cooper, 2010, p. 206). L'alchimie entre intégration et différenciation est particulièrement complexe dans les empires nationaux où le mode de gouvernementalité nationalisant se juxtapose au mode impérial, mais d'autres types de problèmes se posent pour les États-empires où ne se développent pas des processus nationalisants qui débouchent sur des mouvements nationalistes prenant possession d'un État national (Eley et Grigor Suny, 1996, p. 28 ; Cooper et Stoler, 1997). La matrice d'intégration et de sujétion politique de ces empires réside dans la politique patrimoniale et non dans le principe de nationalité.

Les politiques visant à renforcer une communalisation autour d'une catégorie déterminée, qu'elle soit religieuse, ethnique, raciale, politique, linguistique ou culturelle, donnent lieu à différents répertoires de mesures coercitives : l'assimilation forcée ; la limitation ou l'interdiction de la liberté d'expression, de culte ou d'association ; la conversion forcée ; diverses contraintes liées à l'accès à l'éducation ; l'humiliation publique ; l'interdiction de pratiques culturelles ou linguistiques ; l'assignation de limites spatiales, allant de la ghettoïsation à l'incarcération, en passant par les déplacements forcés, le bannissement et l'expulsion ; le contrôle forcé des naissances ou l'enlèvement organisé des enfants ; l'épuration ethnique et le génocide[23]. L'État joue un rôle dans le processus de communalisation, mais, dans ce domaine comme dans bien d'autres, il doit faire face à des rivaux. Il met en avant des catégories à travers lesquelles peut se développer un processus de communalisation. Cependant, si ces catégories ne sont pas reprises dans un processus d'auto-identification, le projet de construction nationale ou communautaire tourne à vide ou peut être dénoncé comme un acte de propagande[24]. L'équilibre entre identification étatique, communalisation et auto-identification subjective est au cœur des luttes de pouvoir pour l'imposition de représentations hégémoniques du monde social.

Le sociologue Andreas Wimmer s'intéresse aux rôles de ces clivages catégoriaux dans la formation des dynamiques sociales organisées autour des catégories nationales, ethniques, raciales et identitaires. Son explication des dynamiques

....

23. Pour quelques survols généraux, voir Mann, 2005 ; B. Moore, 2000 ; R. I. Moore, 1987 ; Mosse, 1985 ; Kiernan, 2007 ; Laitin, 2007.

24. Sur le cas de l'Union européenne, voir Delmotte, 2008, 2012.

relationnelles organisées autour des catégories pratiques suggère que les clivages catégoriels qui prédominent dans un contexte donné résultent d'échanges et d'interactions répétés au sein de réseaux d'alliances politiques (Wimmer, 2013, p. 11). À force de répétitions, ces interactions participent au renforcement de liens de confiance, à la formation de clôtures sociales et à une communalisation politique (Wimmer, 2013, p. 12-13). Avec le temps, ces clivages catégoriels sont intégrés à des routines, mobilisés par des acteurs et réifiés par leur institutionnalisation (Wimmer, 2013, p. 13 ; voir aussi Bayart, 1996).

La sociologie des appareils statistiques documente la diversité des systèmes de classement et de catégorisation auxquels ont recours les organisations politiques (Nobles, 2000 ; Prévost, 2009). Le sociologue se tourne vers le travail du statisticien en tant qu'acteur et vers la « science de l'État » (*staatwissenschaft*) en tant que savoir participant à la construction de l'État, de la population et des clôtures sociales (Desrosières, 2010, p. 219). L'État, compris non pas simplement comme le reflet des intérêts d'une classe dominante, mais comme un ensemble de routines et de pratiques administratives plus ou moins autonomes, est un des plus puissants appareils de catégorisation participant à la création de clôtures sociales (Brubaker et Cooper, 2010, p. 97-98). Il dispose non seulement des moyens de la violence physique légitime, mais aussi des moyens de la violence symbolique légitime, c'est-à-dire des ressources (symboliques, matérielles, juridiques, administratives, etc.) lui donnant le pouvoir de nommer et de normer la vie sociale (Bourdieu, 2012, p. 352-366)[25]. Le caractère systématique de ces processus de catégorisation croît avec la rationalisation de l'État rationnel-légal. En dépit de cette systématicité, l'État est un ensemble complexe d'agences institutionnalisant des pratiques pouvant s'avérer non seulement contradictoires, mais en compétition. Si la réitération des dispositifs catégoriels par différents ministères et organismes tend à en renforcer les effets performatifs, la tension entre différents dispositifs n'est pas exclue.

....

25. Pour une comparaison des pratiques de catégorisation et d'identification dans les cas nazi et stalinien, voir Browning et Siegelbaum, 2009.

L'étude du développement de l'État à travers l'analyse des outils statistiques présente un angle privilégié sur un ensemble de processus sociopolitiques : la centralisation étatique ; l'unification institutionnelle ou douanière ; les rapports de force entre les paliers de gouvernement ; l'industrialisation ; les formes de régulation sociale (statistiques judiciaires) ; les disparités économiques ; les flux migratoires ; les déplacements des citoyens en dehors de l'État ; la construction des clôtures sociales ; la densité et la perméabilité des réseaux de fonctionnaires, d'universitaires, d'industriels et de militaires (Desrosières, 2010 ; Gandy, 1993 ; Curtis, 2001 ; Marx, 1998 ; Nobles, 2000 ; Torpey, 2000 ; Prévost, 2002, 2003, 2009 ; Steinmetz, 2013). Ces travaux permettent de reconstituer la trajectoire, ou la dissémination, d'un système de classement ou de catégorisation à travers un ensemble d'organisations, allant de la santé publique au système judiciaire, en passant par les services sociaux, les mouvements sociaux, le milieu universitaire, les médias et le secteur privé.

Le sociologue Bruce Curtis s'inspire de Philip Corrigan et de Derek Sayer pour définir l'État comme « un processus de gouvernance au sein duquel et à travers lequel des activités des classes et des groupes mènent à la création, à la solidification et à la normalisation de formes politiques et de pratiques dans le sens le plus large » (Curtis, 1989, p. 61, traduction libre ; voir Corrigan et Sayer, 1985). Dans *The Politics of Population*, Curtis analyse les premiers efforts des autorités afin d'effectuer le dénombrement de la population canadienne. Le recensement participera, d'une part, à l'identification de sujets politiques et, d'autre part, au processus de centralisation de la connaissance scientifique du territoire et de la population. Son élaboration est une pratique administrative complexe régissant l'obtention de la citoyenneté, d'une part, et permettant un effet de groupalité politique et ethnique, d'autre part. Entre 1840 et 1875, les recensements canadiens seront imprégnés de préoccupations relatives aux luttes sociales et aux antagonismes ethnico-culturels, religieux et politiques. L'étude de Curtis met en relief le développement des capacités de connaître des élites de l'État victorien canadien. La population est ainsi construite selon un programme social et idéologique à travers lequel l'élite victorienne s'autoreprésente et norme la vie sociale. Prévost (2002, 2009) analyse la forme de la construction de ce savoir social en Italie durant la première partie du xxᵉ siècle en mettant notamment en relief la continuité des acteurs au sein de l'appareil d'État.

L'évolution du savoir statistique est une fenêtre sur le développement scientifique, administratif et politique (Porter, 1995 ; Curtis, 2006). Curtis illustre comment elle permet de retracer l'autonomisation de la gouvernance coloniale à travers les constitutions de 1791, 1841 et 1867. Les réglementations établies localement seront progressivement centralisées, les enquêtes sur les réalités locales s'intensifieront et le développement du savoir statistique sera encouragé par la transition vers un gouvernement représentatif. L'appareil administratif incluant la production statistique sera motivé par les conflits politiques et sociaux et par l'échec de l'assimilation (voir la Réforme du gouvernement Baldwin-Lafontaine, 1849) ainsi que par une demande croissante des autorités cléricales en regard des antagonismes culturels et religieux. Enfin, le gouvernement canadien parvient à affirmer sa souveraineté domestique en standardisant un éventail de pratiques administratives sur le territoire national. La fabrication des recensements se heurte toutefois à des résistances, notamment auprès des paysans francophones et catholiques en 1871-1872. Le recensement de 1871, dirigé par Joseph-Charles Taché, est le premier à tracer un portrait de la population sur des bases scientifiques. L'étude de la population entre alors dans le domaine des « affaires d'importance nationale » et l'ensemble de ces étapes, du codage à l'archivage en passant par les protocoles d'observation, devient une préoccupation nationale[26].

Si l'étude des recensements est une fenêtre sur les processus de catégorisation, celle de l'éducation et de l'école constitue une ouverture sur la formation des subjectivités morales et politiques. Weber, Gellner et Bourdieu ont souligné le rôle de l'école comme institution par laquelle des relations de pouvoir

....

26. Sur la codification du Code civil de 1866, voir aussi B. Young, 1994.

sont codifiées et transmises, des normes sont standardisées, des sémantiques sont élevées à un statut officiel ou patrimonial, une histoire devient officielle et nationale, alors que d'autres sont folklorisées ou oubliées. Gellner (1983) voyait dans l'éducation publique standardisée une condition de l'expansion des hautes cultures nécessaires au développement du nationalisme. Bourdieu y décèle des mécanismes assurant la reproduction des inégalités d'accès à différentes formes de capital. Il souligne que ce n'est pas seulement l'usage de la violence légitime que l'État moderne doit parvenir à maîtriser, mais aussi celui de l'éducation légitime[27]. Encore une fois, il n'est pas mauvais de rappeler que dans plusieurs fédérations ou confédérations l'éducation ne relève pas de l'État fédéral. Cela n'empêche pas les luttes entre différents lobbies pour définir les paramètres de l'éducation légitime, mais ceux-ci ne se trouvent pas dans les mêmes espaces politiques qu'en France.

Philip Corrigan, Bruce Curtis et Robert Lanning (1987) analysent le développement de l'éducation publique au Canada et au Québec (Curtis, 1992b, 2013). Leur programme de recherche explore les relations entre l'ordre politique, la gouvernance scolaire (*schooling*) et la formation des subjectivités politiques. Les régimes de gouvernance scolaire, soulignent-ils, sont politiques dans la mesure où ils jouent un rôle clé dans l'organisation de routines et de rituels, dans la diffusion de signes positifs et négatifs ainsi que dans celle de normes morales. Le concept de normes morales n'implique pas seulement une conception du bien, du mal et de la justice, mais plus généralement celle des règles de conduite subjectives orientant l'action. Ces régimes de gouvernance scolaire jouent donc un rôle clé dans la formation de tout un arrière-plan contribuant à la formation d'une subjectivité politique. Ils peuvent reproduire des schèmes incorporés par les classes sociales et de façon plus générale des normes relatives à ce qui est civilisé et à ce qui ne l'est pas (Corrigan, Curtis et Lanning, 1987, p. 23). Les réformateurs et les

....

27. Pour un classique sur le cas français, voir Bourdieu et Passeron, 1970; sur le cas allemand, voir Ringer, 1990. Pour des études plus récentes du lien entre éducation et identité ethnique, voir Peters, Besley et Olssen, 2009; Lange, 2012.

inspecteurs sont des acteurs dans la mise en place d'une gouvernance scolaire (Corrigan et Curtis, 1985 ; Curtis, 1992b, 2013). Ces inspecteurs constituent une membrane de la bureaucratie rarement explorée dans les analyses du pouvoir de régulation morale et sociale de l'État. Par la fonction de l'inspecteur et la construction de l'éducation publique, ce sont des valeurs particulières ainsi que des orientations spécifiques concernant la gouvernance et la propriété propre à une classe particulière qui seront inculquées à la population (Corrigan et Curtis, 1985)[28].

Conclusion

L'État moderne est une entité extrêmement complexe. Il n'a cessé de se développer au XXe siècle, et la sociologie politique et la science politique ont tenté de suivre cette évolution. Les annonces cycliques de la fin de l'État ou des territoires ont souvent sous-estimé la résilience de l'État, quand ils ne reposaient pas sur des raisonnements qui inversaient cause et effet en annonçant le déploiement de processus qui mettraient son existence en péril. Bien souvent, on assiste moins à l'émergence ou à la disparition d'un rôle de l'État qu'au déplacement des rôles, des priorités et des budgets en son sein. Par ailleurs, il y a souvent un fossé entre le discours de l'État sur un enjeu et l'accompagnement de ce discours par de nouvelles pratiques ou de nouveaux budgets. En s'intéressant aux pratiques des États sur la longue durée, la sociologie historique peut contribuer à départager les effets de mode, les tendances de fond et les transformations réelles de ces pratiques. L'accroissement du pouvoir infrastructurel des États, une de ces tendances de fond, est indéniable. L'État joue encore un rôle essentiel qui affecte le déroulement d'un ensemble de dynamiques politiques au jour le jour. Pour analyser ces rôles, la sociologie politique classique doit de plus en plus intégrer un ensemble de disciplines

---

28. Sur la formation des hommes dans les collèges classiques au Québec, voir Bienvenue et Hudon, 2005 ; Hudon et Bienvenue, 2004.

connexes : le droit administratif, le droit des relations internationales, l'économie politique, la sociologie du nationalisme, etc., afin d'être en mesure de jouer son rôle de façon pertinente.

LECTURES COMPLÉMENTAIRES

Bourdieu, Pierre (2012). *Sur l'État*, Paris, Seuil.

Foucault, Michel (2004). *Sécurité, territoire, population : cours au Collège de France, 1977-1978*, Paris, Gallimard.

Jessop, Bob (2008). *State Power*, Cambridge, Polity Press.

Tilly, Charles (1992). *Contrainte et capital dans la formation de l'Europe*, Paris, Aubier.

Weber, Max (2013). *La domination*, Paris, La Découverte.

CHAPITRE 5

DE ADAM SMITH À ROBERT BRENNER OU LE DÉBAT SUR LA TRANSITION AU CAPITALISME

C'est durant l'ère des empires européens que les fondements de la discipline sociologique ont été débattus et institution-nalisés en Allemagne et en France (Zimmerman, 2013). Weber avait vingt ans au moment de la conférence de Berlin (1884-1885) au cours de laquelle les empires européens se sont partagé l'Afrique (Steinmetz, 2014). Au moment où il se joint à la *Verein für Sozialpolitik* (l'association d'étude de la politique sociale)[1], celle-ci s'intéresse à la colonisation de l'Europe centrale et de l'Est. Rien d'étonnant à ce que les chercheurs de l'époque, Weber en tête, aient tenté de rendre compte des causes profondes de cette domination des puissances européennes.

....

1. Une école historique allemande d'économie que l'on oppose généralement à l'école marginaliste autrichienne.

Les travaux d'Adam Smith (1723-1790), de Karl Marx et de Max Weber continuent de structurer les débats sur cette ère de domination européenne. Les hypothèses formulées par ces penseurs à propos du commerce, de la division du travail, du marché, de la production et du capital dans l'essor et le développement du capitalisme survivent aux nouvelles modes. Ces hypothèses visent à rendre compte du rôle de ces institutions dans la coordination des rapports sociaux. Si elles s'accordent sur l'immensité des transformations sociales apportées par le capitalisme et l'industrialisation, elles divergent quant à leur définition de ces processus et à leur origine. Il n'est pas mauvais de comparer les arguments de Smith, Marx et Weber avec ceux de l'un des pères de la démographie, Thomas Malthus (1766-1834)[2]. Chez Malthus (1963), les cycles de croissance économique sont intrinsèquement liés aux cycles démographiques et à la pression qu'ils exercent sur l'équilibre entre les ressources et la population. Ils prennent la forme suivante :

> ### Les cycles de croissance économique
> ### *vs* les cycles démographiques
>
> Croissance rapide de la population → déséquilibre entre ressources et population → ouvertures de nouvelles terres pour nourrir le surplus de population → nouvelle croissance (moins rapide) de la population → ouverture de terres de moins en moins fertiles → surexploitation des sols par l'intensification de l'agriculture → crise écologique et agricole → baisse de la productivité agricole → baisse de la natalité et hausse de la mortalité → équilibre naturel de population.

Depuis Malthus, plusieurs chercheurs expliquent le « miracle européen » par rapport à la supposée stagnation de l'Asie (Lee et Wang, 1999 ; Li et Zanden, 2012). Le mariage tardif prévalant dans les foyers européens et les meilleures stratégies de contrôle des naissances, par exemple, sont souvent évoqués pour expliquer ces différentes trajectoires (Malthus, 1963 ;

---

2. Celui qu'on surnomme le « Malthus chinois », Hong Lian-ki, est arrivé à des conclusions similaires quelques années auparavant ; voir Chesneaux, 1960.

Jones, 1981). Les critiques de Malthus soulignent que si son hypothèse a une portée heuristique pour analyser les cycles de l'économie précapitaliste, elle passe à côté des conditions à travers lesquelles se transforme précisément à son époque la croissance économique (Brenner, 1987; McNally, 2000). Marxistes et libéraux s'intéressent aux conditions nécessaires à une telle croissance dans le monde moderne, défiant les limites écologiques de l'économie féodale. Après Smith, les libéraux expliquent les causes de la croissance économique par la chaîne suivante :

Les causes de la croissance économique

Croissance du commerce → adoption de règles (ou de stratégies) capitalistes de reproduction par des acteurs économiques individuels, principalement la production pour l'échange → installation des rapports de propriété privée dans chaque unité de production → tendance à la spécialisation, à l'accumulation et à l'innovation dans chaque unité → démarrage de la croissance économique moderne/ spécialisation du commerce ; développement des avantages comparatifs, etc.

Une démonstration empirique de la théorie néoclassique est exposée par Douglass C. North et Robert Paul Thomas dans *The Rise of the West*. L'ouvrage condense en un tour de force les axiomes de la théorie économique libérale et soutient que la consolidation des droits de propriété privée et la division sociale du travail sont des conditions nécessaires à la croissance économique. Les auteurs expliquent la « montée de l'Ouest » par la croissance économique ou « la croissance de revenus par personne sur une longue période ». Pour qu'il y ait croissance, il faut que « le revenu total de la société augmente plus rapidement que la population » (North et Thomas, 1973, p. 1; traduction libre). Une telle croissance est possible quand certaines conditions institutionnelles nécessaires et suffisantes sont réunies et garantissent le droit de propriété privée. *Rise of the West* analyse ces conditions (North et Thomas, 1973, p. 1-9). La combinaison de deux conditions favorables sera mise en relief par Adam Smith : la division du travail et l'innovation technologique[3]. Les arguments des néoclassiques sur l'émergence du capitalisme ne font cependant pas consensus chez les sociohistoriens, car tous ne s'entendent pas sur une définition de l'industrialisation et du capitalisme[4]. S'agit-il d'une relation sociale particulière, d'un mode de production, d'une activité commerciale ou d'un stade de développement technologique ? Est-ce une façon d'organiser la production, les échanges ou l'entreprise ?

Ce chapitre traite ces questions en présentant les débats sur la transition au capitalisme et sur ce que la tradition wébérienne qualifie de « miracle européen[5] ». Il met en dialogue les contributions de l'histoire globale avec celles des sociohistoriens. Il n'aborde ni l'historiographie de la *proto-industrialisation*, ni celle des révolutions *industrieuses*[6]. Le chapitre s'ouvre sur (5.1.) l'argument de Weber dans *Histoire économique générale* et (5.2.) ses critiques. Cet argument est important, car il a influencé la sociologie historique et les conceptions du développement jusqu'à aujourd'hui. Sont décrites par la suite (5.3.) les thèses

----

3. Pour une variante qui développe l'importance sociologique d'Adam Smith, voir Hall, 1986, 2013.

4. Pour différents concepts d'industrialisation, voir Osterhammel, 2014, p. 640-650 ; Allen, 2009 ; Žmolek, 2013.

5. Pour une introduction à ces débats, voir Acemoglu et Robinson, 2012 ; Allen, 2009 ; Arrighi, 2007 ; Aston et Philpin, 1987 ; Banaji, 2010 ; Markoff, 1996 ; Bayly, 2007 ; Comninel, 2000a ; Dimmock, 2014 ; Post, 2012 ; Beaujard, Berger et Norel, 2009 ; Brenner, 1977 ; Collins, 1980 ; Dobb et Sweezy, 1977a, 1977b ; Federici, 2004 ; Findlay et O'Rourke, 2007 ; Hall, 1986 ; Landes, 1999 ; Mann, 2012b ; Wood, 2002a ; Mielants, 2008 ; Murray, 2005 ; Sayer, 1991 ; Wallerstein, 2011a ; Žmolek, 2013.

6. Sur la proto-industrialisation, voir Mendels, 1972 ; Medick, 1976 ; Mokyr, 1976. Pour une synthèse comparative de la recherche sur la proto-industrialisation pour chacun des pays européens, voir Ogilvie et Cerman, 1996. L'historien Jan de Vries suggère que les *révolutions industrieuses* ont amené des transformations sociales dès le XVIIe siècle. Il attire l'attention sur la croissance de la demande des ménages en biens de consommation (café, thé, sucre, pain et vaisselle). Cette croissance expliquerait la rationalisation de l'organisation des ménages et des échanges. Christopher A. Bayly attribue des conséquences à ces révolutions, qui vont de l'« utilisation plus rationnelle de la main-d'œuvre familiale, rendue possible par l'achat à l'extérieur de marchandises et de services », à une rationalisation de l'activité commerciale et mercantiliste, en passant par « un apport supérieur en calories, une nouvelle discipline du temps, ainsi qu'un nouveau modèle de sociabilité et d'émulation au sein du foyer » (Bayly, 2004, p. 91). Il présente des cas analogues de la vallée de Mexico et des côtes brésiliennes jusqu'en Chine et au Japon, en passant par l'Inde et le Moyen-Orient ; voir Bayly, 2004, p. 92-110 ; voir aussi Osterhammel, 2014, p. 514-571.

de la théorie du système-monde ainsi que (5.4.) les tentatives d'étendre l'étude de ces systèmes-mondes au-delà de l'Europe. Nous passons notamment en revue (5.5.) la problématique du lien entre les Lumières, le colonialisme et le capitalisme. Le chapitre présente par la suite (5.6.) la théorie des relations sociales de propriété développée par Robert Brenner et il se termine par deux enjeux empiriques, soit (5.7.) la place du monde atlantique et de l'esclavage dans la transition au capitalisme et (5.8.) les comparaisons macro-historiques des trajectoires européennes et asiatiques.

5.1. MAX WEBER : UNE HISTOIRE UNIVERSELLE DE L'ÉCONOMIE ET DE LA SOCIÉTÉ

Weber compare les développements historiques à la lumière de celui de la rationalité, un processus dont il reconstruit les conditions de possibilités institutionnelle, sociale, politique et culturelle[7]. Cette rationalisation est synonyme chez Weber de désenchantement du monde. Le déploiement de la rationalité instrumentale dans toutes les sphères d'activités sociales, matrice centrale du processus de modernisation, est capable du meilleur et du pire.

En présentant la question de la « montée de l'Ouest », du « miracle européen » ou de l'« émergence du capitalisme occidental » chez Weber, nous nous basons sur son ouvrage *Histoire économique*. Weber y réaffirme la thèse contenue dans *L'Éthique protestante*, mais seulement après l'analyse d'un ensemble de conditions nécessaires à l'émergence du capitalisme rationnel. Il y développe une conception non pas culturaliste, mais multicausale du développement sociohistorique (Kalberg, 2002) et évalue des théories rivales de l'émergence du capitalisme. 1) Il minimise l'incidence du processus de thésaurisation de l'économie au XIIe siècle (Weber, 1991, p. 319). Ce processus ne renferme pas en lui-même la clé de l'essor du capitalisme. 2) Il souligne les limites des répercussions du droit romain

....

7. Sur la question de l'unité thématique chez Weber, voir Tenbruck, 1980 ; Hennis, 1983.

sur l'émergence du capitalisme. S'il a favorisé la formalisation du droit, le droit romain ne s'est pas développé en Angleterre et c'est plutôt au droit médiéval et germanique que l'on doit le titre de rente et la lettre de change, deux éléments clés du processus de rationalisation économique (*ibid.*, p. 359-360). Puis, 3) il rejette l'explication du miracle européen par la croissance démographique ou 4) par l'afflux des métaux précieux en provenance des empires portugais et espagnol, éléments dont il compare contrefactuellement les conséquences avec la Chine et l'Inde (*ibid.*, p. 319 et 369-370). 5) Weber est également persuadé que l'Angleterre est la « patrie du capitalisme » où l'on voit apparaître les causes du capitalisme rationnel. 6) Enfin, il rejette la thèse de Werner Sombart qui attribue aux Juifs l'émergence d'une éthique religieuse favorable à la rationalisation capitaliste (*ibid.*, p. 375-376, 2013, p. 88-90).

Weber soutient qu'il y a un embryon de capitalisme partout où il y a des activités économiques, mais que c'est seulement en Occident que ce capitalisme prend une forme rationnelle. L'analyse du miracle européen repose sur l'identification des conditions nécessaires et suffisantes pour qu'un capitalisme rationnel se démarque de ses variantes irrationnelles. C'est la couverture des besoins humains par les moyens de l'entreprise qui est ici la caractéristique clé du capitalisme : « S'il est vrai que le capitalisme se rencontre sous diverses formes dans toutes les périodes de l'histoire, la couverture des besoins quotidiens par sa voie n'est, quant à elle, propre qu'à l'Occident, et encore cette situation ne date-t-elle que de la seconde moitié du XIXe siècle » (*ibid.*, p. 296 ; Giddens, 1990, p. 56-57).

La clé de l'opposition entre capitalismes *non rationnel* et *rationnel* réside dans l'organisation et la finalité de l'entreprise :

> Il y a capitalisme là où les besoins d'un groupe humain qui sont couverts économiquement par des activités professionnelles le sont par voie de l'entreprise, quelle que soit la nature du besoin ; plus spécialement, une exploitation capitaliste rationnelle est une exploitation dotée d'un compte de capital, c'est-à-dire une entreprise lucrative qui contrôle sa rentabilité de manière chiffrée au moyen de la comptabilité moderne et de l'établissement d'un bilan (*ibid.*, p. 295-296).

Cette organisation remonte à la fin du Moyen Âge. Le capitalisme rationnel « tend vers les possibilités ouvertes par le marché, et donc vers les possibilités économiques à proprement parler ; plus un tel capitalisme est rationnel et plus il ouvre de possibilités tant dans le sens de la circulation que dans celui de l'approvisionnement. Ériger ce capitalisme en système est resté l'apanage du développement moderne occidental depuis la fin du Moyen Âge » (*ibid.*, p. 353). Il faut distinguer clairement ce type d'entreprises capitalistes de ses variantes irrationnelles, les

> entreprises capitalistes destinées au fermage des impôts (en Occident comme en Chine ou au Proche-Orient) et au financement de la guerre (en Chine et en Inde à l'époque des petits États) ; d'un capitalisme spéculatif fondé sur le commerce – il n'y a guère d'époque de l'histoire, en effet, qui n'ait pas du tout connu de commerçants ; d'un capitalisme usurier qui exploite par des prêts à intérêts la détresse d'autrui. [...] Mais l'ensemble de ces états de choses possède un caractère irrationnel, n'offrant pas la possibilité de déboucher sur un système rationnel de l'organisation du travail (*ibid.*).

Le capitalisme rationnel trouve les conditions nécessaires à son développement dans la réunion de facteurs institutionnels recouvrant des aspects économiques, politiques et culturels :

> La condition la plus universelle attachée à l'existence de ce capitalisme moderne est, pour toutes les grandes entreprises lucratives qui se consacrent à la couverture des besoins quotidiens, l'usage d'un compte de capital rationnel comme norme. Ce qui, à son tour, présuppose : 1) une appropriation de tous les moyens matériels de production (terrain, équipements, machines, outils, etc.) par des entreprises lucratives autonomes privées qui en ont la libre jouissance. [...] 2) La liberté de marché, c'est-à-dire l'existence d'un marché dans lequel le trafic n'est pas soumis à des limitations irrationnelles [...] 3) Une technique rationnelle [...] 4) Un droit rationnel [...] 5) Le travail libre [...] 6) Une commercialisation de l'économie, par quoi il faut entendre l'usage général de la forme du titre pour valider les droits de participation dans les entreprises, et, par là même, les droits patrimoniaux. Somme toute, il faut qu'il soit possible d'orienter, de manière exclusive, la couverture des besoins en fonction des possibilités offertes par le marché et en fonction de la rentabilité (*ibid.*, p. 297-298).

L'émergence de l'État moderne analysée au chapitre précédent est une autre condition du miracle européen selon Weber (1963, 1991, 1995a). Cet État moderne favorise le développement des régimes constitutionnels et du droit rationnel. Puis, soutient Weber, «l'organisation du travail sur le mode de l'entreprise» survient en Occident, également, en raison de l'éthique de conduite de vie ascétique qui s'y est développée, le thème central de L'Éthique protestante (Weber, 1991, p. 333).

La ville joue aussi un rôle structurant en Occident. En plus d'être une place forte et un centre administratif, elle constitue une *collectivité communale*. Elle participe à l'organisation des infrastructures de défense (*ibid.*, p. 337-338; Balazs, 1964). En Orient (en Égypte, au Proche-Orient, en Inde et en Chine), le développement de l'irrigation a rendu nécessaire celui d'une bureaucratie royale et des relations de sujétion qui en découlent (*ibid.*, p. 340). Le développement théologico-culturel propre au judaïsme et au christianisme, à la réforme protestante notamment, a favorisé la liberté sacerdotale propice au développement des villes en Occident (*ibid.*, p. 341-350; Hall, 1986, p. 136). Cette liberté a contribué à l'institutionnalisation d'une séparation des pouvoirs et du respect de délibérations rationnelles et civiles. Au Moyen-Orient, *a contrario*, les institutions légales islamiques ont empêché, à partir de l'an 1000, le développement des institutions économiques favorisant le développement de l'Occident: la corporation, la production à grande échelle, l'accumulation de capital privé et les échanges impersonnels (Landes, 1969; Hall, 1986, 2013; Kuran, 2011; Lewis, 2002). Le lien entre la bourgeoisie et les villes autonomes serait donc au cœur de la spécificité occidentale. Leur fusion engendra les bourgeoisies nationales, les démagogues et les partis politiques:

> De cette alliance contrainte et forcée entre l'État et le capital naquirent les bourgeoisies nationales, autrement dit la bourgeoisie au sens moderne du terme. C'est donc l'État national fermé qui garantit au capitalisme les possibilités de sa pérennité, et, tant qu'il n'aura pas fait place à un empire, le capitalisme perdurera lui aussi (Weber, 1991, p. 356).

5.2. LES CRITIQUES DE LA SOCIOLOGIE HISTORIQUE COMPARATIVE DE WEBER

Les thèses de Weber sur le processus de rationalisation de l'Occident sont l'objet de nombreux débats. Plusieurs études comparatives du développement de l'Europe avec ceux de l'Asie, de l'Inde et de l'Afrique en nuancent aujourd'hui la portée. Alors que certains réaffirment des variantes de la thèse du miracle européen (McNeil, 1991; Jones, 1981; Hall, 1986, 1988; Landes, 1999; Goldstone, 2000; Mann, 2012a, p. XVI-XX), d'autres en atténuent la périodisation ou les fondements empiriques (Giddens, 1987; Hobson, 2004; McLennan, 2000; Bayly, 2002, 2007); d'autres encore jugent que l'argument de Weber doit être amendé ou développé (Goldstone, 2009; Mann, 2012a; Hall, 1986; Collins, 1999, p. 211; Morris, 2010; Landes, 2006). Goldstone, par exemple, minimise la portée de l'éthique protestante sur le développement du capitalisme. Il critique également l'argument selon lequel le protestantisme a constitué une condition nécessaire au fractionnement politique en Europe qui, à son tour, a permis son essor commercial (Goldstone, 2009, p. 45-47). Selon lui, ce sont plutôt les périodes de tolérance religieuse qui favoriseraient le développement du commerce; et, inversement, les périodes de déclin économique favoriseraient un retour de l'obscurantisme religieux (Goldstone, 2009, p. 48; voir aussi Chua, 2009). D'autres observateurs des pratiques religieuses et culturelles apportent des nuances à la thèse de l'éthique protestante de Weber: Ernst Troeltsch (1991) insiste sur les conséquences sociales très différentes du calvinisme et du luthérianisme; Mary Fulbrook (1983) compare les conflits politiques des puritains anglais et des piétistes allemands pour mettre en évidence le rôle des conjonctures politiques dans l'évolution de leur position; Michael Walzer (1965) souligne les stratégies anticapitalistes adoptées par des réformistes puritains en Angleterre; R. H. Tawney (1990) insiste sur la complexité de l'évolution du calvinisme; alors que Christopher Hill (1984) développe une analyse étoffée des différentes attitudes protestantes face au rôle de l'État dans l'activité économique. Ces analyses compromettent les tentatives d'associer le protestantisme en général à un seul type de comportement ou d'affinité économique. D'autres chercheurs tentent de montrer que certains systèmes culturels comportent en leur sein des dispositions éthiques favorables au développement du capitalisme. Michio Morishima (1987) développe une thèse de ce type à propos du confucianisme, alors que Liah Greenfeld (2001) en formule une du même type à propos des nationalismes britannique et américain. De façon générale, ces tentatives d'identifier des ensembles de dispositions suffisantes au développement du capitalisme seront remises en question par des approches relationnelles.

D'autres chercheurs interrogent la thèse selon laquelle un éthos rationnel serait le monopole de l'Occident. Selon Jack Goody (2004, p. 2-3, 2010a, p. 4-40), cette thèse ne présente pas de critères suffisants pour affirmer qu'un ensemble d'activités impliquant des calculs coûts-bénéfices ou des actions instrumentales ou stratégiques pratiquées ailleurs qu'en Occident n'est pas rationnel. Mommsen suggère pour sa part que Weber ne fait pas du processus de rationalisation une caractéristique particulière à l'Occident, mais qu'il considère plutôt qu'il y a des processus de rationalisation propres à chaque grande religion et que ces processus ont des effets différents lorsqu'ils se manifestent par une rationalisation de la conduite de la vie « dans le monde », comme dans le judaïsme, le protestantisme ou le calvinisme, ou par une rationalisation de la conduite de la vie « hors du monde », comme dans l'hindouisme ou le confucianisme. Selon Mommsen, ce qui distingue la rationalisation de l'Occident des autres formes de rationalisation c'est sa propension à « l'accumulation de rationalité formelle et technique » (Mommsen, 1987, p. 43-47 ; Whimster et Lash, 1987, p. 8-12).

De nombreux chercheurs remettent en question l'explication endogène du processus de rationalisation de l'Occident (Hobson, 2004 ; Bhambra, 2010, 2011 ; Buzan et Little, 2000 ; Goody, 2010a, p. 20-40). L'école historique californienne insiste sur le rôle de la supériorité « des technologies de production et de la guerre » et sur l'attitude belliqueuse de la marine britannique pour expliquer la domination de l'Ouest à partir des années 1800 (Pomeranz, 2000, 2008; Goldstone, 2009, p. 68; Frank, 1998; Wong, 1997). Dans la mesure où un point tournant est invoqué par ces auteurs, c'est la guerre de l'Opium. Elle aurait transformé la relation entre les conquêtes militaires et l'ouverture et l'expansion des marchés (Goldstone, 2009, p. 53 et 55) ou, encore, l'émergence d'un impérialisme informel, du libre-échange, victorien ou gentleman (Darwin, 1997, 2009; Wood, 2003).

Les travaux sur l'origine afro-asiatique de la globalisation et de la souveraineté de John M. Hobson, un néowébérien, sont largement inspirés de la nouvelle histoire globale[8]. À l'encontre de l'eurocentrisme du champ d'études des relations internationales, il argue que plusieurs processus dont l'étude des relations internationales fait remonter l'origine à l'Europe moderne ne peuvent être isolés de transformations sociales dans l'aire géographique afro-asiatique (Hobson, 2009, p. 673). Reprenant, tout en les critiquant, des thèmes du travail d'Edward Saïd, il estime que l'ordre du discours eurocentrique aurait créé une «ligne d'apartheid civilisationnelle» entre l'Est et l'Ouest. Ce discours doit être examiné à la lumière d'une orientation postraciste qui remet en question deux récits (Hobson, 2004, 2007a, 2012a, 2012b; Hobson et Sharman, 2005). Celui qui fait de l'Ouest le moteur et le berceau de la mondialisation, et celui qui fait de l'Europe le berceau de l'État souverain westphalien[9]. Une prémisse de ces récits est que le système interétatique est unique à la géopolitique européenne, ce qui la distinguerait des souverainetés impériale et despotique attribuées à l'Orient (Wohlforth *et al.*, 2007)[10].

Hobson présente cependant une conception homogène de l'Europe et des trajectoires de ses unités politiques; Weber était beaucoup plus ambigu sur ce thème. Dans ces travaux, des glissements s'opèrent régulièrement entre l'Occident, l'Europe de

....

8. Sur la nouvelle histoire mondiale, voir Barkey, 2008; Pomeranz, 2000, 2008; Beaujard, Berger et Norel, 2009.

9. Voir le chapitre 4.

10. Sur la dynamique géopolitique durant la période classique en Chine, voir Hui, 2005.

l'Ouest et l'Angleterre. Sur ce point, l'analyse que fait Holson ne rend pas compte des nuances amenées par d'autres comparativistes. Cette limite est patente dans l'analyse que fait Holson des impérialismes européens qui sont envisagés sans égard à la spécificité de leur origine sociale, de leur motivation, de leur mode de légitimation et de leurs institutions. Cette analyse tend à négliger la diversité des courants idéologiques qui participent aux impérialismes européens, modernes ou non. Goldstone, pour sa part, observe la rupture entre les modes d'opération des empires espagnols et portugais, d'une part, et ceux de la France, du Royaume-Uni et des Pays-Bas, d'autre part. Mais il ne relie pas ces changements à une transformation dans l'organisation du pouvoir social. Dans la préface à la réédition de *Sources of Social Power*, Michael Mann (2012a, p. XVI), tout en maintenant son interprétation du « miracle européen », affirme avoir négligé les emprunts de l'Europe à l'Asie, à l'islam et à la chrétienté orthodoxe.

5.3. La théorie du système-monde

Dans le sillon des travaux de Fernand Braudel et d'Immanuel Wallerstein, les tenants de la théorie du système-monde soutiennent que le capitalisme doit être analysé dans le contexte d'un processus historique de hiérarchisation globale de la puissance accumulée au centre de systèmes-mondes. Issu de la tradition de l'histoire des Annales, Fernand Braudel n'est pas influencé par la sociologie des systèmes comme Wallerstein. Bien que son analyse soit plus historique et empiriste que celle de T. Parsons, Wallerstein reprend de celui-ci l'idée selon laquelle l'analyse sociologique doit débuter par l'identification d'un système social fermé. Contrairement à Parsons, pour qui ce système social est la société, chez Wallerstein la société, ou l'État-nation, est une unité inadéquate pour rendre compte de la dynamique d'un système social fermé. Aucun État-nation n'est, ni n'a jamais été, un système social fermé. Les systèmes-mondes sont des unités plus aptes à être comparées en tant que systèmes sociaux. La matrice principale afin de comprendre la hiérarchisation historique des relations de pouvoir entre le centre du système-monde et sa périphérie est l'analyse de la redistribution géographique inégale de la puissance (Teschke, 2003, p. 129-139). On ne peut rendre compte de la trajectoire d'un État national donné sans le replacer au sein d'un *système-monde* structurant une division internationale du travail (Wallerstein, 2000, p. 74-75). L'œuvre de Wallerstein est une des plus imposantes tentatives de rendre compte de l'émergence et du développement du capitalisme sur plus d'un demi-millénaire (Wallerstein, 2011a, 2011b, 2011c, 2011d).

Un système-monde évolue à travers différents cycles systémiques d'accumulation de capital au sein desquels s'organise l'économie mondiale capitaliste (Arrighi, 1994, p. XII). Giovanni Arrighi distingue ces cycles systémiques des cycles des prix séculiers. Seuls les cycles systémiques permettent d'expliquer « la formation, la consolidation et la désintégration des régimes successifs à travers lesquels l'économie-monde capitaliste s'est développée, passant de son état embryonnaire à la fin de l'ère médiale à sa dimension globale actuelle » (Arrighi, 1994, p. 10 ; traduction libre). Les centres capitalistes dominants, dont le cœur est une ville plus qu'un État (Venise, Gène, Anvers, Amsterdam, Londres, New York), se déplacent au rythme des cycles des systèmes-mondes. Un système-monde est structuré par une division internationale du travail qui s'opère entre une zone centrale, européenne, puis américaine ; une zone semi-périphérique ; et une zone périphérique. Cette division internationale du travail

> n'est pas le fruit de vocations qui seraient « naturelles » et iraient de soi, elle est un héritage, la consolidation d'une situation plus ou moins ancienne, lentement, historiquement dessinée. La division du travail à l'échelle du monde (ou d'une économie-monde) n'est pas un accord concerté et révisable à chaque instant entre partenaires égaux. Elle s'est établie progressivement comme une chaîne de subordinations qui se déterminent les unes les autres. L'échange inégal, créateur de l'inégalité du monde, et, réciproquement, l'inégalité du monde, créatrice obstinée de l'échange, sont de vieilles réalités (Braudel, 1979c, p. 46).

Ces espaces périphériques et semi-périphériques alimentent en ressources, main-d'œuvre et marchés la puissance du centre capitaliste à travers un vaste répertoire historique de formes de pillages, de ponctions, de transferts et de politiques d'ajustements structurels (Baran, 1969; Cardoso et Faletto, 1978; Frank, 1979; Wallerstein, 1980; Van der Linden, 2008, p. 287-318). Denys Delâge approfondit la problématique de l'échange inégal dans le cadre de cette tradition théorique. Plus proche de la subtilité empirique et de la riche reconstruction des conditions de vie offertes par Braudel que de la sociologie des systèmes de certains de ses interprètes, Delâge (1991, p. 89-172) reconstruit les dynamiques de l'échange inégal dans l'Amérique du Nord-Est qui structurent les relations entre les Européens et les sociétés amérindiennes en Nouvelle-France et en Nouvelle-Hollande. Le processus à travers lequel se reproduit ce système n'est pas la main invisible du marché, argue Wallerstein, mais les transferts des surplus et des richesses au profit de la zone centrale. Les mécanismes à travers lesquels s'opèrent ces transferts évoluent constamment. Ils peuvent relever autant de l'économie (l'échange inégal, les politiques d'ajustements structurels) que du politique (le pillage, la guerre). Au sein de ce système, la semi-périphérie accueille les États du centre en déclin (l'Espagne, le Portugal), comme les puissances périphériques émergentes (le Japon, la Corée du Sud, le Brésil ou l'Inde).

Depuis le début des années 1980, cette théorie a inspiré de nombreux travaux macrosociologiques et mésosociologiques (Braudel, 1979a, 1979b, 1979c; Wallerstein, 1980; Arrighi, 1994; Gill, 1993; Grosfoguel, 2008; Grosfoguel et al., 2006; Zolberg, 1983; Amin et al., 1990; Cooper et al., 1993; Mercure, 2001; Smith et Wiest, 2012; Hentsch, Holly et Soucy, 1983; Delâge, 1991). Plusieurs reprennent la notion de système-monde afin d'aborder l'historicité du capitalisme dans un espace *mondial* ou pour explorer des systèmes-mondes antérieurs aux puissances européennes (Abu-Lughod, 1989; Beaujard, 2009; Frank et Gills, 1993; Chase-Dunn et Hall, 1991, 1997; Frank, 1998), ou parallèle à celles-ci. Depuis la fin des années 2000, la Chine occupe une place privilégiée dans ces études (Amin, 1991;

Arrighi, 2002, 2007; Arrighi *et al.*, 2003; Frank, 1998; Van de Ven, 2002; Hamashita, 2008; Beaujard, Berger et Norel, 2009). Wallerstein analyse un éventail de matériel historique, géographique et économique pour effectuer une théorie sociologique ambitieuse dont la tâche est de rendre compte de l'émergence et du déclin de longs cycles d'accumulation de puissance dominés par une puissance hégémonique au centre d'un système-monde, à l'intérieur duquel le capitalisme se développe, se reproduit et s'adapte. Le déploiement du capitalisme entraîne un ensemble de transformations, de mouvements et de contre-mouvements politiques et culturels (Palumbo-Liu, Robbins et Tanoukhi, 2011; Amin *et al.*, 1990). Ces mouvements ne sont pas tous progressistes.

La définition du capitalisme dans la théorie du système-monde met l'accent sur le déploiement d'un rapport de force à travers la circulation marchande. Braudel, par exemple, le définit comme «une accumulation de puissance (qui fonde l'échange sur un rapport de force autant et plus que sur la réciprocité des besoins)» (Braudel, 1979b, p. 9)[11]. Selon Wallerstein, le capitalisme n'est pas une relation sociale d'appropriation, un régime de propriété ou un mode de production. Il implique, certes, des relations de production, mais celles-ci sont d'abord et avant tout situées au sein d'une économie-monde, et pas seulement depuis le XXe siècle (Wallerstein, 1980, p. 311-321; voir aussi Frank, 1998; Banaji, 2010; Van der Linden, 2008). Ainsi, la théorie du système-monde fait de la sphère des échanges celle à travers laquelle se déploie un capitalisme qui ne rompt pas avec les pratiques monopolistiques associées au mercantilisme. Le développement du capitalisme est un jeu à somme nulle sur le plan global. Le développement des zones centrales s'effectue au détriment des zones périphériques (Frank, 1966, 1979). Cette théorie fait de l'accumulation primitive une dynamique

---

11. Soulignons la proximité avec la définition du capitalisme de Henri Pirenne, «une accumulation constante de puissance» (Pirenne, cité dans Goody, 2004, p. 1). Sur le capitalisme et le commerce chez Braudel, voir Tilly, 1984, p. 68.

prédatrice permanente dans certains secteurs d'activités capitalistes et non une condition nécessaire à son émergence (Luxemburg, 2004 ; Harvey, 2003).

Braudel, quant à lui, argue que, bien que plusieurs éléments capitalistes aient existé en Italie dès le XIIe siècle, ce n'est qu'après la Révolution anglaise de 1688 qu'un premier État territorial s'est implanté « comme marché national ou économie nationale » (Braudel, 1979c, p. 49). Cette conception amène Wallerstein à faire de la fragmentation de l'Europe en unités politiques une condition clé de son développement. Plus précisément, cette fragmentation politique est conçue comme une condition nécessaire au développement du capitalisme aux interstices entre les unités politiques[12]. Les endroits dominés par un empire auraient inhibé la compétition et l'innovation à l'origine du développement. Cette thèse sera cependant remise en question (Goldstone, 2009, p. 100-101).

Amin distingue le centre de la périphérie du système-monde par la forme qu'y prend l'État. Dans les États capitalistes du centre, une « bourgeoisie nationale [...] exerce le contrôle sur la reproduction de la force de travail, du marché, de la centralisation des surplus, des ressources naturelles et de la technologie » (Amin, 1991, p. 310). Il permet ce que Samir Amin qualifie d'« accumulation autocentrée » ou de « subordination de la politique étrangère aux besoins de l'accumulation domestique » (*ibid.*). L'État périphérique, en revanche, n'assume pas ce dernier rôle. Dans la mesure où il s'insère dans une logique d'accumulation, c'est pour façonner ou « ajuster » la société périphérique afin de répondre aux besoins des États du centre. Joel Gregory et Victor Piché ont analysé le rôle des migrations forcées de la paysannerie dans la structuration du marché du travail. Ils soulignent que le colonialisme a consisté à développer des rapports de production capitalistes dans des sociétés non marchandes. Pour y arriver, l'entreprise coloniale

....

12. Pour des variantes de cette thèse, voir Jones, 1981; Hall, 1986, p. 137-139; Mielants, 2008; Landes, 1999.

a dû «forcer *manu militari*» les paysans à se déplacer vers les zones de production capitalistes (plantations, mines, travaux d'infrastructure, etc.) (Gregory et Piché, 1978, 1983, 1985).

Des critiques de la théorie du système-monde soulignent qu'elle tend à analyser l'État surtout en fonction de son rôle fonctionnel dans la reproduction du système capitaliste (Teschke, 2003; Skocpol, 1977). D'autres défendent que cette théorie subsume un ensemble de modes de production non capitalistes sous la catégorie de travail forcé sans saisir leur particularité. Les sociologues Philip McMichael et Dale Tomich, par exemple, critiquent la théorisation de l'esclavage effectuée par Wallerstein. Bien qu'ils saluent l'échelle globale à partir de laquelle Wallerstein analyse l'imbrication de plusieurs modes de production au début de l'ère moderne, ils émettent des réserves, d'une part, quant au caractère abstrait et fonctionnaliste de sa théorie et, d'autre part, quant à sa problématisation de l'esclavage comme une forme parmi d'autres de «*coerced cash crop production*» au sein de l'économie-monde capitaliste (McMichael, 1991, p. 323; Tomich, 2004, p. 16-17).

5.4. VERS UN DÉCENTREMENT DE L'ANALYSE DES TENDANCES MACROHISTORIQUES GLOBALES

Plutôt que de se pencher sur les causes de l'émergence de l'Ouest ou sur les systèmes-mondes européens, la sociologue Janet Abu-Lughod analyse les causes de l'essoufflement de l'Orient antérieures à l'émergence du système-monde européen. Comme le souligne Randal Collins,

> *Janet Abu-Lughod depicts a superordinate world system of the Middle Ages that linked a series of world-system trading zones from China through Indonesia, thence to India, to the Arab world centered on Egypt, and finally to the European zone. Abu-Lughod reverses the analytical question, asking how we can explain not so much the rise of the West as the fall of the East* (Collins, 1999, p. 5).

Dans *Hegemony before Europe*, Abu-Lughob analyse les contours d'un système-monde afro-asiatique atteignant son apogée entre 1250 et 1350 avant de péricliter. Contrairement à la sociologue, qui se garde d'affirmer que ce premier système-monde est l'ancêtre de celui dont Wallerstein décrit l'émergence autour de 1450, Gunder Frank (1998, p. 7 et 57) défend non seulement que l'un est l'ancêtre de l'autre, mais que le système-monde analysé par Abu-Lughob a amorcé sa trajectoire il y a 5000 ans. Dans la foulée de Pomeranz, il argue également que le système-monde européen est devenu hégémonique au XVIIIe ou au XIXe siècle. Ces analyses comparatives des trajectoires européennes et asiatiques mettent de nombreuses recherches en chantiers[13].

Bien que les tenants de l'histoire globale reprennent plusieurs hypothèses de la théorie du système-monde, ils se distancient de Wallerstein, Braudel et Frank. Une de ces prises de distance concerne la périodisation que fait la théorie du système-monde de la domination européenne. Cette dernière situe le début de la domination européenne à 1450 (Wallerstein, 2011a). C'est à cette époque, au plus tard, qu'une division internationale du travail au profit du centre européen se met en place. De plus en plus de chercheurs nuancent cette périodisation. Certains estiment par exemple que «les termes de l'échange» entre les marchands du sous-continent africain et les Européens ont été «à l'avantage» des premiers durant la période de 1680 à 1870 (Bayart, 2006, p. VIII)[14]. D'autres soulignent que la conquête de l'espace atlantique ne s'est pas effectuée du jour au lendemain, mais plutôt sur une longue période s'étendant de 1492 à 1892 (Goldstone, 2009, p. 53)[15].

Cette première hypothèse est accompagnée d'une seconde selon laquelle l'Europe constitue le centre d'un système-monde avant que celui-ci ne migre vers les États-Unis. Les tenants de

---

13. Pour quelques ouvrages clés de cette littérature: Hodgson, 1993; Huang, 1990; Chaudhuri, 1985, 1990; Hall, 1997; Pomeranz, 2000; Isett, 2004, 2007; Parthasarathi, 2011; Bayly, 2007, 2012; Goody, 2004, p. 80-125; 2010a; Mazumdar, 2001; Brenner et Isett, 2002; Wong, 1997; Isett, 2004, 2007; Hui, 2005; Bryant, 2006; Van de Ven, 2002; Li et Zanden, 2012.

14. Bayart renvoie notamment à Eltis et Jennings, 1988.

15. Pour une analyse des dimensions technologiques et épidémiologiques des colonialismes espagnol, portugais et hollandais, voir Headrick, 2010, p. 1-176. Sur le cas des Français en Iroquoisie, voir Viau, 2015, p. 67-76.

l'histoire globale remettent en question ces deux hypothèses structurantes de la théorie de Wallerstein. Goldstone, par exemple, estime que « *the notion that the rise of the West repre-sented a gradual increase in the wealth of Western societies – so that by the sixteenth or seventeenth century Europeans had already become substantially richer than they had been in the Middle Ages, and richer too than rival societies in Asia – is not supported by the evidence*» (Goldstone, 2009, p. 79). Bayart souligne quant à lui que s'il est nécessaire de replacer les trajectoires africaines dans leur relation avec l'Europe, il faut également reconstruire les espaces transnationaux, constitués autant par l'océan Indien que par l'Atlantique, auxquels les royaumes africains participaient. Plusieurs tenants de l'histoire globale soutiennent que c'est seulement de façon rétroactive que l'on peut faire remonter aussi loin un système-monde orga-nisé autour d'un seul centre de pouvoir situé en Europe[16]. Ils estiment que c'est à partir du XIXe siècle que l'histoire globale se recentre autour de l'Europe. Pomeranz, par exemple, soutient que la piraterie, la présence d'une source locale de charbon et la supériorité militaire lors de la conquête de l'Amérique ont constitué les véritables avantages comparatifs à l'origine du «miracle» européen et britannique. Avant le XVIIIe siècle, les signes d'un développement proto-industriel étaient présents autant en Europe de l'Ouest que dans certaines régions d'Asie et d'Inde. Goldstone invoque notamment deux éléments en ce sens : l'évolution des salaires réels des travailleurs, les taux de productivité en milieu agraire et la capacité de la productivité agraire à alimenter les grands centres urbains.

5.5. Le système-monde, le colonialisme et les Lumières

Dans un ouvrage sur l'expansion de la civilisation féodale espa-gnole dans les Amériques, Jérôme Baschet critique l'association entre colonialisme, capitalisme marchand et modernité que l'on retrouve dans certains travaux de l'école du système-monde.

....

16. Sur les limites du cadre européen comme unité d'analyse, voir aussi Pomeranz, 2000, p. 6-7.

En effet, une vague de théoriciens à la croisée des études du système-monde et des études postcoloniales retrace la trajectoire de l'Amérique latine dans le développement du système-monde et l'influence qu'auront les États européens sur cette trajectoire et vice-versa. Ramon Grosfogel, Enrique Dussel et Anibal Quijano, par exemple, soutiennent que la rationalisation, décrite par Weber, *est* un processus occidental, qui aurait été imposé aux non-Occidentaux (Grosfoguel, 2007, 2008; Dussel, 1995; Quijano, 2007). Ainsi, l'impérialisme portugais et espagnol en Amérique peut être associé, voire attribué, à la modernité européenne, au capitalisme et aux Lumières. Or, si l'éthique de l'*improvement* peut être qualifiée de moderne et mise en relation avec le contexte idéologique du capitalisme anglais, il en va autrement des justifications idéologiques des colonialismes espagnols et portugais (Wood, 2012, p. 85-108; Drayton, 2002, p. 110; Elliott, 2007; Padgen, 1995). Dans le cas de l'impérialisme capitaliste anglais, nous avons affaire à « une conception de l'empire, précise Wood, qui ne cherche pas simplement à établir une gouvernance impériale ou une suprématie commerciale, mais qui vise à étendre la logique et les impératifs de l'économie domestique et à attirer les autres dans son orbite » (Wood, 2003, p. 100, traduction libre, 2012, p. 266-287).

Dans le cas de plusieurs colonies portugaises et espagnoles, ce n'est que plus tard que les élites s'inspirent et s'approprient des éléments de la pensée des Lumières, françaises notamment. Le débat entre Juan Ginés de Sepúlveda et Bartolomé de Las Casas au Conseil de Valladolid 1551 nous rappelle que c'est bien avant les Lumières et la naissance du libéralisme que des Européens ont débattu des conditions au nom desquelles l'entreprise coloniale s'avérait légitime ou illégitime dans le « Nouveau Monde » (Wallerstein, 2006, p. 2-11). Ce débat tournait autour du fait de savoir si les « Indiens » d'Amérique étaient humains ou non. Répondant par l'affirmative, De Las Casas justifie l'évangélisation à travers laquelle la couronne espagnole doit ramener dans le sillon de l'Église des Autochtones dotés d'une âme. Répondant par la négative, Sepúlveda réserve un sort moins enviable aux Autochtones, soit l'esclavage ou la mort.

Baschet (2004, p. 255) conteste la thèse selon laquelle l'Empire espagnol en Amérique serait le fruit du capitalisme ou de la pensée des Lumières. Cette conquête s'inscrit plutôt dans le prolongement de l'expansion coloniale du féodalisme européen tout en en délaissant certaines caractéristiques. La couronne espagnole prévient par exemple l'émergence d'une aristocratie locale en accordant des droits de propriété sur leurs terres à certains Amérindiens, tout en s'appropriant les droits sur le reste de la terre (Wood, 2003, p. 39). Le « Nouveau Monde » absorbé dans la sphère d'influence de l'Espagne et du Portugal sera colonisé par des royaumes médiévaux encore dominés par

> l'Église, la monarchie et la noblesse (les marchands venant en position subordonnée), et non une Europe sortie transfigurée de la crise de la fin du Moyen Âge et désormais porteuse des lumières [...], de la rationalité et de la modernité, le tout suscité par l'essor du tout jeune, mais déjà conquérant capitalisme commercial (Baschet, 2004, p. 255).

Pour en arriver à cette conclusion, Baschet renvoie aux critiques de la théorie du système-monde et au concept de capitalisme commercial. Cette théorie « a contribué à affirmer l'idée d'une économie-monde dominée depuis le XVIᵉ siècle par une logique capitaliste » (Baschet, 2004, p. 257). Toutefois, défend l'historien, l'existence d'échanges entre l'Amérique coloniale et l'Europe ne suppose pas la séparation du producteur des moyens de production (Baschet, 2004, p. 258). Proposant une thèse différente, Stuart Schwartz et Philip Curtin soutiennent que l'expansion impériale est précisément une reconfiguration hybride en Atlantique de l'organisation sociale féodale qui accueille et intègre l'esclavage de plantation (Schwartz, 1985 ; Curtin, 1998 ; Beckles, 1989 ; voir aussi Drapeau, 2014, pour une contribution récente à ces débats).

Proposant une analyse postcoloniale nuancée, Dipesh Chakrabarty est d'avis que le projet de *provincialiser l'Europe* « n'implique pas le rejet simpliste de la modernité, des valeurs libérales, universelles, de la science, de la raison, des métarécits, des explications totalisantes, et ainsi de suite » (Chakrabarty, 2007, p. 42 ; traduction libre). Il se distancie également du relativisme culturel. *Provincialiser l'Europe*, souligne-t-il, « ne peut découler uniquement de la position selon laquelle la raison, la science et l'universalisme qui ont aidé à définir l'Europe sont simplement "exclusifs à la culture européenne" et pour cette raison appartiennent seulement à la culture européenne» (*ibid.*, p. 43; traduction libre). Par contre, il rejette l'idée selon laquelle les Lumières ont fait de la modernité politique européenne le premier laboratoire historique aux dimensions universalistes. Cette lecture de la modernité aurait comme corollaire la croyance selon laquelle le capitalisme ne peut survenir qu'en Europe et celle selon laquelle les non-Européens doivent suivre les traces de l'universalisme européen. Suivant cette lecture, l'Europe a achevé le développement de la rationalité et de la civilisation. Son développement sert de compas pour comprendre *a posteriori* les sociétés n'étant pas encore «parvenues» à ce stade. En étudiant les causes de son succès, on pourrait concevoir le développement des sociétés non occidentales comme des variations par rapport au récit européen dominant (*ibid.*, p. 27).

Contre ce narratif eurotriomphaliste, Chakrabarty interroge les catégories universelles des Lumières. Il met en doute leur prétention à l'universalité et la matrice théorique où elles s'insèrent. Il inscrit le parcours cognitif à travers lequel l'Europe s'approprie le monopole de l'expérience de la modernité dans la trame du colonialisme et analyse comment elle s'attribue le monopole du moderne en sciences sociales. Cette appropriation serait indissociable des formes de savoir-pouvoir participant à la production et à la reproduction de l'impérialisme. Selon lui, la modernité européenne, malgré ses prétentions universelles, ne peut transcender ses origines. Il critique les thèses historicistes selon lesquelles, «afin de comprendre la nature de quoi que ce soit dans le monde, il faudrait le concevoir comme une entité qui se développe historiquement, c'est-à-dire, comme un tout individuel et unique – comme une forme d'unité potentielle – et, deuxièmement, comme quelque chose qui se développe avec le temps» (*ibid.*, p. 23; traduction libre). Ces thèses proviendraient de la colonisation et elles participeraient à l'imaginaire étapiste de la «salle d'attente» à laquelle les Européens confinèrent leurs colonies en développement vers la modernité à l'européenne. Suivant son argument, l'historicisme «situerait le temps historique comme une mesure de la distance culturelle (du moins en ce qui a trait au développement institutionnel) dont on assumait l'existence entre l'Ouest et l'Orient» (*ibid.*, p. 7). Ces théories, du libéralisme au marxisme, véhiculent l'idée de l'incomplétude des «transitions» à la modernité subséquente à celle de l'Europe (*ibid.*, p. 12, 17 et 31-32). Notons cependant que, contrairement à ce qui est souvent affirmé chez les postcoloniaux, les Lumières n'appuient pas en bloc l'impérialisme à la fin du XVIIIe siècle et au début du XIXe. Si l'on trouve des arguments favorables chez Kant et Hegel, on trouve aussi chez Diderot, Herder, Adam Smith, Edmund Burke et Jeremy Bentham des critiques des ravages causés par l'impérialisme durant certaines périodes de leur vie. Le ton changera lorsque John Stuart Mill et Alexis de Tocqueville épouseront un programme impérialiste plus agressif pour la période 1848-1870 (Muthu, 2003; Pitts, 2006; Israel, 2006, p. 590-614; Darwin, 2009; McCarthy, 2009; Koditschek, 2011; Fredrickson, 2000, p. 98-116).

Plusieurs éléments de la conception de l'histoire de Chakrabarty sont moins en rupture avec la théorie sociale classique qu'il ne l'affirme. L'historicisme téléologique qu'il dénonce, et dont la résonance dans *Le Manifeste du Parti communiste* est indéniable, plombe effectivement plusieurs courants théoriques en sciences sociales. On la retrouve dans les traditions libérales et wébériennes comme dans plusieurs versions de l'hégéliano-marxisme ou du marxisme orthodoxe, mais ce téléologisme a été remis en question par ces mêmes théories classiques depuis le début du XXe siècle. Lorsque l'on examine la position de Chakrabarty, elle s'apparente à une variante littéraire de la théorie du développement inégal et combiné, développée précisément au moment de la Révolution russe pour surmonter des problèmes théoriques et pratiques que Trotski dénonçait au sujet de l'orthodoxie économiciste (Rosenberg, 2006, 2010; Matin, 2008, 2012a, 2013a; Teschke et Lacher, 2007). Les concepts de développement inégal, de relations sociales, d'institutions et de classes sociales sont troqués pour ceux de texte, d'interprétation, d'hybridité et de traduction. Au-delà de l'effet de mode, ce que cela apporte n'est pas clair. De plus, en généralisant l'accusation de téléologisme à la théorie marxiste *in toto*, Chakrabarty participe à la réduction au silence de subalternes auxquels il affirme vouloir donner une voix. Enfin, la tendance également problématique à attribuer des développements idéologiques, institutionnels ou sociaux à l'Europe entière ponctue sa réflexion sur la modernité européenne.

5.6. Robert Brenner et la théorie des relations sociales de propriété

Le modèle *brennerien* de la transition au capitalisme a inspiré d'importants développements de la sociologie historique. L'historien de l'Angleterre des Tudor, Robert Brenner, a apporté différentes contributions ; certaines d'ordre conceptuel, d'autres relevant de l'histoire comparée ; d'autres, enfin, empiriques, qui forment le corpus de base de la théorie des relations sociales de propriété[17]. Les artisans de cette théorie partagent la critique de certaines apories du marxisme orthodoxe qui limitent son explication de l'avènement du capitalisme (Brenner, 1977 ; Wood, 1995a, p. 156-178 ; 2002a, p. 11-33). Dans cette section, nous présentons dans un premier temps la critique de Brenner sur deux modèles de transition au capitalisme. Le premier met l'accent sur les contradictions inhérentes au développement des forces productives ; le second présente la transition comme un phénomène résidant dans la progression quantitative de la circulation dans la sphère des échanges. Nous décrivons ensuite le modèle brennerien de la transition. Ce modèle met l'accent sur les stratégies des acteurs pour reproduire leur pouvoir social au sein de relations sociales de propriétés propres à leur contexte historique. Cette approche se caractérise par «une lecture à la fois résolument relationnelle, comparative, historique et internationale du monde social» (Dufour et Rioux, 2008, p. 139). Elle propose une analyse comparée des trajectoires développementales issues de différents régimes sociaux de propriété.

....

17. Pour les interventions plus théoriques, voir Brenner, 1977, 1990, 2006a. Pour les études comparatives, voir Brenner, 1987, 1989, 1991, 1997, 2002. Sur l'époque des Tudor, voir Brenner, 2003.

G. A. Cohen (2001) formule clairement la thèse marxiste de la succession des modes de production. L'hypothèse centrale de ce modèle est que chaque mode de production est composé de forces productives et d'un ensemble de relations sociales de production. « Les forces productives », précise Jon Elster, comprennent ce qui permet « le contrôle de l'homme sur la nature dans le dessein de satisfaire ses besoins » (Elster, 1986, p. 106 ; traduction libre). On entend par cette expression la technologie au sens large, et des débats secondaires portent sur ce qu'il faut inclure dans cette catégorie, par exemple les moyens et technologies de l'information ou le savoir (Williams, 1980, p. 50-63). Des débats au sein et à l'extérieur du marxisme tournent autour de la place qui devrait revenir aux facteurs non économiques dans l'étude des modes de production. Plus les auteurs accordent, avec Brenner, une place importante à la prise en compte de l'histoire dans l'étude des modes de production, plus ils y incluent une dimension politico-juridique.

Les tenants du modèle de Cohen soutiennent que le développement des forces productives exerce une pression sur l'organisation sociale de la production qui engendre un blocage et des crises. Conséquemment, la théorie prédit qu'« un changement dans les relations de production se produit quand et parce que les relations existantes cessent d'être optimales pour le développement des forces productives » (Elster, 1986, p. 108 ; traduction libre). Le modèle fournit une explication endogène des transitions. Les facteurs qu'il retient sont inhérents au mode de production. On lui attribue également l'hypothèse d'un développement linéaire des modes de production, car ceux-ci s'enchaînent et, telles des poupées russes, contiennent les germes des futures contradictions des modes en question. La matrice de l'histoire est sans conteste ici l'évolution des forces productives qui fait entrer en crise l'organisation sociale des relations de production. Eric Olin Wright résume ainsi la théorie de l'histoire de Cohen :

> *1) the level of development of the forces of production determines the form of social relations of production ; 2) the economic structure (the totality of all relations of production) determines the political superstructures ; 3) the relations of production*

explains the development of the productive forces; 4) the super-structure explains the persistence of the economic structure (Wright, 1995, p. 20).

Dans ce modèle, les thèses 2) et 4) reprennent le modèle base-superstructure dans lequel ce qui relève de la politique, du droit et de la culture n'a d'intérêt que comme symptôme du niveau de développement des forces productives.

Ce modèle sera critiqué par d'autres théories du changement social, dont la théorie des relations sociales de propriété. Ellen M. Wood le décompose en trois niveaux d'abstraction et indique comment chacun renferme un moment fonctionnaliste qui se substitue à l'analyse historique : « 1) La cause profonde (le déterminisme technologique); 2) le processus historique (l'élimination successive des formes d'exploitation ou la socialisation progressive de la propriété); 3) le facilitateur (la lutte des classes – qui ne fait que faciliter un processus inéluctable) » (Wood, 1995a, p. 112 ; traduction libre). Le modèle tient en somme pour acquis un *Deus ex machina*, ici une théorie évolutionniste de l'histoire où le choix rationnel vient expliquer le comportement des agents. Plus précisément, deux entités se voient attribuer la capacité de faire des choix rationnels allant dans le sens prédit par la théorie. D'une part, les classes sociales subordonnées choisissent l'organisation sociale qui les avantage le plus en fonction du développement des forces productives; d'autre part, les structures sociales, auxquelles on attribue une capacité adaptative, celle de choisir l'environnement le plus favorable à leur développement. Selon Brenner, le modèle attribue une linéarité au développement des modes de production qui ne résiste pas à l'examen empirique des trajectoires effectives de transition au capitalisme et des expériences concrètes de transformations sociales (Wood, 1995a, p. 108-145, 1995b, p. 79-135). Enfin, il ne tient pas compte des dynamiques géopolitiques et internationales affectant les trajectoires de changement social (Teschke, 2003).

Le modèle commercial, ou smithien, de la transition au capitalisme est le second modèle critiqué par Brenner. Selon ce modèle, le capitalisme émerge lorsqu'un seuil quantitatif d'échanges marchands ou de réseaux commerciaux est atteint[18]. Celui-ci entraîne la spécialisation de la production et son orientation vers l'échange. Ce cycle de production pour l'échange, de spécialisation, de division du travail entraîne le développement d'une bourgeoisie en milieu urbain. Éventuellement, celle-ci deviendrait consciente de ses intérêts de classe et se doterait d'un État garantissant la propriété privée des moyens de production[19]. Dans ce modèle, c'est dans la division sociale du travail et dans la sphère des échanges que réside un seuil au-delà duquel on qualifie de *capitaliste* un État ou un système. Les néosmithiens analysent les obstacles empêchant l'institutionnalisation de droits de propriété privée. Parmi ces obstacles, on compte : le caractère irrationnel de l'activité économique ; la contraction des réseaux commerciaux ; les guildes et monopoles ; le rôle parasitaire des seigneurs dans l'économie médiévale ; l'absence de rivalités géopolitiques ou d'une éthique ascétique, notamment. Les détracteurs du modèle lui reprochent de postuler l'existence d'un capitalisme embryonnaire qui se développerait naturellement si ces obstacles étaient levés (Wood, 2002a, p. 11-94, 1995b, p. 108-178 ; Teschke, 2005, p. 10). Le modèle smithien repose en somme sur les prémisses suivantes : la transition au capitalisme découle nécessairement de l'abolition du féodalisme ; cette transition est un processus quantitatif et elle libère une rationalité correspondant à la nature de l'*homo œconomicus*[20]. Enfin, le modèle tend à faire du capitalisme, de commerce et du capital marchand des concepts interchangeables[21].

....

18. Sur cette opposition, voir Dufour, 2008.

19. Voir la section du chapitre sur la sociologie des révolutions consacrée aux révolutions bourgeoises.

20. Dans *La grande transformation*, Karl Polanyi distingue les marchés imbriqués au sein des sociétés et les sociétés imbriquées au sein du marché. La société est imbriquée dans le marché quand elle adopte les principes de compétitivité, de concurrence et d'accumulation, au détriment du maintien de la solidarité communale, du prestige, du statut de clans ou du maintien de la position sociale, des droits ou des avantages sociaux, ainsi que des principes de réciprocité, de reproduction et d'administration domestique. Polanyi situe ce passage à l'âge d'or du libéralisme au cours du XIXe siècle en Angleterre ; voir Polanyi, 1994, p. 54, 75 et 86 ; 2008. Sur Polanyi, voir aussi Wood, 2002a, p. 21-26 et Lacher, 1999, 2006, 2007 ; Brenner, 1989, p. 280.

21. Sur le caractère non capitaliste du capital marchand et du mercantilisme, voir Marx, 1981, p. 440-455 ; Brenner, 1977 ; Rosenberg, 1994, p. 91-122.

Selon Brenner, le concept de capital n'est pas un synonyme de monnaie ou de bien, mais représente plutôt une *relation sociale* de propriété. Cette relation est la première à faire du marché non pas un lieu d'échange occasionnel, mais un impératif à travers lequel passe l'ensemble de la reproduction sociale (Wood, 2002a). Cette transformation des relations sociales d'appropriation entraîne des règles et des stratégies de reproduction qui forcent les agents à adopter une rationalité économique *instrumentale* transformant en profondeur le processus de production (ce qui n'a pas été le cas des empires espagnol et portugais ou des cités-États italiennes). Avec le capitalisme, le procès de travail est soumis à une discipline intensive. L'organisation du temps et de l'espace doit tenir compte des impératifs de productivité et de compétitivité (Chibber, 2008, p. 359 ; voir aussi Braverman, 1976). Selon Brenner, le modèle commercial ne rendrait pas compte des impératifs propres au capitalisme ; du passage d'une accumulation d'un surplus de valeur absolue à une accumulation reposant sur un surplus de valeur relative ; du rôle particulier joué par le marché au sein du capitalisme ; des transformations sociales qui rendent nécessaire l'amélioration permanente de la productivité du travail et la technique ; et des processus entraînant la marchandisation de la terre, de la monnaie et de la force de travail (Wood, 1995a, p. 115-117 ; Polanyi, 1994).

Brenner étend cette critique à la thèse de l'économiste marxiste Paul Sweezy qui interprète le moment où la production pour l'échange surpasse la production pour l'usage comme le pivot de la transition. Ce critère mit Sweezy sur les traces de l'historien Henri Pirenne selon qui le commerce sur la longue distance des Européens avec l'Asie a été bloqué par les conquêtes islamiques en Méditerranée au VIIIe siècle (Pirenne, 1969 ; voir aussi Findlay et O'Rourke, 2007, p. 71-73). Or, arguent les critiques de cette thèse, la présence de villes dynamiques et de réseaux marchands n'est pas synonyme de présence du capitalisme. Le commerce existe depuis des millénaires. Il représente une activité commerciale florissante dans la vallée du Yangzi dans la Chine des Mings ; tout comme dans l'Empire de Songhaï en Afrique de l'Ouest et, bien sûr, autour de la Méditerranée avant l'ère moderne. En Perse, le bazar sera le centre de l'organisation sociale des commerçants dont les produits circulent à travers de vastes réseaux. Des échanges transiteront par le marché bien avant que l'Europe ne commence à avoir une certaine cohérence spatiale et imaginée (Cooper, 2014a; Wolf, 1997; Polanyi, 2008). Il faut expliquer dans quelles conditions ces institutions acquièrent des propriétés *capitalistes*. Décortiquer la particularité sociohistorique du capitalisme exige de reconstruire les conditions historiques concrètes ayant entraîné une rupture qualitative au sein d'un régime social de propriété pour que le commerce et le marché s'organisent à travers de nouvelles relations de pouvoir.

Les brenneriens définissent le capitalisme d'abord comme

> *a social relation between persons in which all "factors of production", including labour-power, have become commoditized and where production of goods for exchange has become market-dependent and market-regulated. On this basis, capitalism does not mean simply production for the market, but competitive reproduction in the market based on a social-property regime in which property-less direct producers are forced to sell their labour-power to property-owners. This separation of direct producers from their means of reproduction and their subjection to the capital relation entails the compulsion of reproduction in the market by selling labour-power in return for wages. This social system is uniquely dynamic, driven by competition, exploitation and accumulation* (Teschke, 2005, p. 11).

Wood souligne que l'ensemble des acteurs est soumis aux impératifs de compétitivité, d'où le caractère totalisant de ce régime social de propriété. Cette compétition traverse les classes, elle met les capitalistes, les paysans et les travailleurs en compétition (Wood, 2002a, p. 7). Les régimes de propriété capitalistes sont des régimes où

> étant entendu que ceux qui s'approprient les surplus ne peuvent pas compter sur des pouvoirs d'appropriation extra-économiques, ni exercer des contraintes coercitives directes – militaires, politiques ou judiciaires, à l'instar des seigneurs de l'époque féodale qui exigeaient du surtravail des paysans –, ils en sont réduits à dépendre des seuls mécanismes économiques du marché. Leur dépendance à ce dernier fait en sorte que les

impératifs de la concurrence et de la maximisation des profits deviennent des règles d'existence fondamentales (*ibid.*, p. 2 ; traduction libre).

Selon Brenner, il n'y a qu'un moment où le marché commence à être perçu par l'ensemble des acteurs comme un impératif et non plus comme une chance, où le marché impose implacablement des impératifs de productivité et de compétitivité à l'ensemble des acteurs sociaux, et duquel émerge les processus de valorisation et de fétichisation qui vont s'étendre inexorablement à tout ce qui existe (Wood, 2002a, p. 7). Cela survient avec la transformation des relations sociales d'appropriation en milieu agraire en Angleterre au XVIe siècle, pour se consolider politiquement durant les décennies suivant la Révolution glorieuse de 1688 (Brenner, 1997, 2003). Le déplacement du noyau des activités commerciales du Sud-Est de l'Europe vers le Nord-Ouest est plus qu'une transformation des pôles de l'activité commerciale. Ce déplacement aurait été accompagné d'une transformation des relations sociales de propriété. C'est l'accent mis sur cette transformation qui distingue l'approche de Brenner de celle d'un historien de l'Angleterre comme Robert C. Allen ou du sociologue Jack Goldstone.

Selon Allen, le facteur décisif expliquant que la révolution industrielle ait débuté en Angleterre au XVIIIe siècle est que le coût plus élevé des salaires y a réduit les possibilités d'accumulation basée sur l'exploitation du travail, alors que les coûts de l'énergie étaient peu élevés. Ce qui doit faire l'objet d'une explication selon Allen est le fait qu'en Angleterre les salaires étaient élevés, alors que le coût de l'énergie, en l'occurrence du charbon, ne l'était pas. C'est sur l'analyse des facteurs à l'origine de cette configuration particulière qu'Allen se penche. Si ce raisonnement est très convaincant à plusieurs égards, l'importance de ces facteurs sur la phénoménologie des relations sociales et des relations de pouvoir est marginale dans son explication.

Énumérant des facteurs susceptibles de contribuer à l'intensification de l'agriculture, Goldstone signale « les conditions du sol, le climat et l'eau » ; puis vinrent « l'usage d'une combinaison de cultures, d'animaux et de fertilisants, ainsi que l'amélioration des techniques agricoles» (Goldstone, 2009, p. 87 ; traduction libre). Pour expliquer la croissance des salaires en Angleterre, il invoque la technologie industrielle et le rôle de l'État :

> *The reason real farm wages eventually rose in England was entirely because farm wages rose in the northern and midland regions, by a whopping 50 percent, over this same period. Why did wages rise in the north, but not in the south ? The answer is that in the late eighteenth and nineteenth centuries, the northern and midland regions of England were the sites of booming new textiles and metalworking factories. [...] It was industry that drove the rise in wages after 1750, while regions and whole countries that relied mainly on agriculture fell behind (ibid., p. 92).*

Les facteurs invoqués par Allen et Goldstone contribuent à expliquer la transition au capitalisme en Angleterre. Selon les brenneriens, ce qui manque à ces explications c'est un moment *relationnel* qui prend en compte la médiation de la transformation des relations sociales de pouvoir médiatisées par l'organisation sociale de la propriété. Dans le débat sur la transition au capitalisme, les brenneriens comparent le parcours de l'Angleterre en singularisant sa trajectoire de transformation des relations sociales. Alors que les trajectoires démographiques de la France et de la Prusse sont contenues au sein des cycles malthusiens, l'Angleterre commence à connaître une croissance soutenue de sa population (Allen, 2009). Cette divergence doit être interprétée comme un effet et non une cause d'une transformation des relations sociales. Avec cette transformation, un régime social de propriété donne lieu à des règles de reproduction sociale divergentes sur le continent et en Angleterre.

Les singularités des trajectoires respectives de l'Angleterre et des États continentaux sont antérieures au XVIᵉ siècle. Dès la Conquête normande de l'Angleterre, l'État ne subit pas le même processus de parcellisation de la souveraineté que les royaumes du continent. Le développement de la *common law*, mais aussi de l'anglicanisme, teintera fortement la trajectoire de l'État anglais (Brenner, 1987 ; Comninel, 2000a ; Lachmann, 2000 ; Žmolek, 2013). L'une des particularités politiques de la trajectoire de l'Angleterre découle de la Conquête normande de 1066 et 1088[22] qui a soudé l'organisation des relations au sein de la classe dominante ou, du moins, y a diminué la compétition (Comninel, 2000a ; Weber, 2013, p. 80). La *souveraineté* a alors été concentrée dans la personne du monarque. Il s'agit d'une différence notable avec les unités politiques continentales où la souveraineté a plutôt été parcellisée et fragmentée, à la suite de l'effondrement de Charlemagne (mort en 814). L'enjeu du pouvoir souverain a ainsi emprunté une voie différente de celle qu'il a connue sur le continent, en France notamment, où la parcellisation de la souveraineté, engendrant une tension structurelle entre la monarchie et les nobles, se soldera par la démilitarisation de la noblesse d'épée. Alors que la problématique de la souveraineté devient un enjeu important dans les débats politiques en France, d'autres enjeux alimenteront les débats en Angleterre (Wood, 2012, p. 147-287).

Au lendemain de l'épisode de la peste noire (1347-1350), les relations entre la noblesse et la paysannerie prennent un tournant plus conflictuel en Angleterre. La noblesse tente d'accroître ses revenus en intensifiant la taxation afin de combler les pertes dues à la mortalité élevée des paysans. Cette initiative rencontre une importante résistance paysanne en 1381 et la paysannerie parvient à accroître ses droits sur la terre, augmentant ainsi son rapport de force face aux redevances féodales (Hilton, 1973). Cependant, la paysannerie ne parvient pas à obtenir la propriété privée de la terre sur laquelle elle travaille (Teschke, 2003, p. 251). En Angleterre, l'aristocratie ne dispose pas du même pouvoir d'oppression extraéconomique que sur le continent. Par contre, elle dispose d'un contrôle plus ferme sur la propriété agraire. À long terme, les nobles pourront enclore la terre et amener le Parlement à légiférer en faveur d'un vaste mouvement d'*enclosure*. Ce mouvement, en plus de réduire la capacité de la paysannerie à survivre par ses propres moyens, empêchera le développement d'une classe de larges propriétaires terriens capitalistes, de fermiers capitalistes et de travailleurs salariés.

....

22. Sur le contexte de la conquête, voir Robert, 2013.

De plus en plus, les intérêts de la noblesse sont liés à l'amélioration de la productivité des parcelles de terre qu'elle loue à la paysannerie. Au sommet de la hiérarchie, « *lords no longer received rents in kind, labour, or cash. Landlords received a capitalist ground rent, while tenant farmers received capitalist profit* » (Teschke, 2003, p. 251). Les stratégies de reproduction sociale de la noblesse passent désormais par le marché, plutôt que par son habileté à naviguer dans la politique interdynastique.

La médiation des relations de classe à travers la coercition physique, légale et morale de l'État sera nécessaire à l'expansion des relations sociales capitalistes en Angleterre et ailleurs (Fox Piven et Cloward, 1993 ; Marx, 1969, p. 527-567). Selon Marx, le travail « libre », théorisé par l'économie libérale, requiert un long processus de marchandisation de la terre et de la force de travail. Sur le plan domestique, il faut légiférer sur le statut des pauvres et l'*enclosure* des terres ; garantir l'accès privé à la propriété ; uniformiser et standardiser les instruments de mesure du temps de travail, les titres de change, la poste et les instruments permettant la prévisibilité des échanges ; accroître l'accès au crédit, comme dans le secteur des assurances. Le rôle de l'État dans l'instauration et le financement d'une marine en mesure de protéger et de garantir des corridors commerciaux deviendra une condition incontournable de l'Empire britannique (Hobsbawm, 1989 ; Brewer, 1990 ; Blackburn, 1998, p. 513-515 ; Anderson, 2005, p. 232-276). Ces développements requièrent donc l'intervention de l'État.

Contrairement à ce qui se passe en France, où la monarchie s'allie parfois à la paysannerie contre les privilèges de la noblesse, en Angleterre la monarchie et la noblesse constituent une coalition plus cohérente et unie[23]. Les conflits sociaux en Angleterre vont prendre une configuration différente de ceux annoncés par la théorie de la révolution bourgeoise (Teschke, 2005, p. 11-12 ; Wood, 2012)[24]. Sur le continent, diverses trajectoires de formations absolutistes seront empruntées au début

....

23. Pour la comparaison avec la France et le continent, voir Brenner, 1987 ; Teschke, 2003, p. 151-196 ; 2005, p. 19-21 ; Wood, 1991 ; Beik, 1985 ; Lachmann, 2000, p. 93-146.

24. Sur les conflits sociaux en Angleterre, voir le chapitre 6.

des Temps modernes (Espagne, Prusse, France, Suède), alors que la tentative des Stuart pour forcer les choses dans cette direction se solde par un échec. La nouvelle aristocratie capitaliste, tentant de protéger ses intérêts contre la réaction des Stuart (1603-1640), parviendra à soutirer un « compromis » entre les aspirations révolutionnaires des *Levellers* et les pressions absolutistes des Stuart. La période allant de la Glorieuse Révolution de 1688 à l'accession au trône de George Ier, le premier roi de la dynastie des Hanover, en 1714 sera cruciale pour l'instauration des rapports sociaux capitalistes en Angleterre (Teschke, 2002, p. 30), assurant la consolidation d'importants changements pour la politique anglaise. En dépit de ces divisions, l'aristocratie anglaise se rassemble autour de la Couronne au Parlement. L'État anglais est désormais en mesure de financer ses guerres avec un appareil fiscal plus efficace que celui de ses rivaux (Mooers, 1991, p. 156-162 ; Teschke, 2003, p. 253-262, 2005, p. 14-15 ; Brewer, 1990 ; Cain et Hopkins, 2002, p. 62-103). L'État centralise également le monopole public de la violence. Les nouvelles relations sociales de propriété stimulent la productivité agricole, permettant d'appuyer l'urbanisation et le développement d'un marché intérieur. Pendant que les économies continentales rencontrent des plateaux malthuséens, l'Angleterre connaît une croissance démographique. L'urbanisation se développe de 1700 à 1800 et explose entre 1800 et 1850. Seuls les Pays-Bas ont un taux d'urbanisation comparable (Bairoch, 1985, p. 233 et 288 ; sur la transition au capitalisme aux Pays-Bas, voir Brenner, 2001 ; Wood, 2002b ; Post, 2002 ; Israel, 1997, 1998 ; Goldstone, 2009, p. 92-93 ; Lachmann, 2000, p. 147-170).

Les brenneriens soutiennent que le capitalisme globalise un nouveau régime de relations sociales ou un rapport des humains au monde à travers lequel la « nature » est appréhendée phénoménologiquement sous la forme de marchandises ou de moyens (Brenner, 1987 ; Wood, 1995a). En ce sens, le fétichisme de la marchandise, le processus de marchandisation de soi et les impératifs de productivité et de compétitivité définissent la substance d'une nouvelle relation des êtres humains au monde (Knafo, 2007). Le capitalisme est globalisant parce qu'il s'étend à l'ensemble des formes de coordination de l'activité sociale des êtres humains entre eux et avec la nature (Lacher, 2006 ; Rosenberg, 2002).

Certains reprochent à Brenner de ne pas tenir compte du contexte global au sein duquel se transformèrent les relations sociales de propriété en Angleterre (Anderson, 2005, p. 232-276 ; Blackburn, 1998 ; Teschke, 2005 ; Tomich, 2004). Dale Tomich, par exemple, bien qu'il reconnaisse l'importance de la rupture introduite en Angleterre par l'émergence du régime de propriété capitaliste, reproche à Maurice Dobb, Eugene Genovese et Robert Brenner de prioriser les relations sociales de production, conçues comme des unités discrètes évoluant en vases clos, dans l'explication du développement historique, au détriment de l'analyse des relations d'échange[25]. Ces analyses ne permettent pas de saisir la trajectoire historique des relations de classe. Elles réduisent la totalité du développement capitaliste à la somme d'unités discrètes mues par la logique autonome de modes de production. Tomich souligne, d'une part, l'interdépendance de ces formes particulières connectées à travers une division internationale du travail et, d'autre part, la nécessité de reconstruire les lieux de connexion historique concrets de l'échange et de la production (Tomich, 2004, p. 18 et 44-45 ; Drayton, 2002, p. 109).

5.7. LE MONDE ATLANTIQUE ET L'ESCLAVAGE DANS LA TRANSITION AU CAPITALISME[26]

Marx et Weber évaluent de façon expéditive le rôle de la colonisation espagnole et portugaise en Amérique, de la traite transatlantique des esclaves et de l'économie de plantation dans l'essor du capitalisme et du monde moderne européen. Les travaux de l'Afro-Américain W. E. B. Dubois (1868-1963) et des

....

25. Cette critique porte sur un article de Brenner sans prendre en compte l'argument de l'ouvrage *Merchants and Revolution*. Cet ouvrage consacre une importante section à la politique des colons planteurs et des marchands transatlantiques en Amérique ; voir Brenner, 1977, 2003.

26. Je remercie Thierry Drapeau pour ses commentaires sur cette question.

Trinidadiens Eric Williams (1911-1981) et C. L. R. James (1901-1989) tentent de combler ces lacunes. Plus d'un siècle plus tard, ces débats demeurent d'actualité. Plusieurs cherchent à situer le développement du capitalisme au sein de l'histoire mondiale ou ce que Blackburn, suivant Marx, qualifie de développement hybride du capitalisme (Tomich, 2004 ; Blackburn, 1998 ; Marx, 1969, p. 365-371).

La question de la place de l'espace atlantique dans l'émergence du monde moderne est devenue un chantier important durant les dernières décennies[27]. Les recherches sur le monde atlantique, l'océan Indien et l'espace méditerranéen éclairent des processus qui n'apparaissent pas à l'échelle de l'État national. Thierry Drapeau (2014) estime que le monde atlantique est à la fois une unité géohistorique cohérente, une perspective transnationale (ou prénationale) et un paradigme théorique en sciences sociales (Armitage et Braddick, 2009). Comme perspective transnationale, elle remet en question l'orientation terracentrée des sciences sociales. Ce paradigme est traversé de questions sociohistoriques : Quels furent les différents régimes esclavagistes dans les Amériques ? Quels rôles jouent les grands chantiers maritimes, l'esclavage et les colonies dans la transition au capitalisme en Europe et en Amérique ? Comment s'articulent ces institutions avec les réseaux d'échanges européens de l'ère moderne ? Le navire marchand, où l'on retrouve des travailleurs salariés et expropriés, est-il un lieu de production ou d'échange (Rediker, 1989, 2004b) ? Nous survolons ici ces questions.

Les empires, cités-États (Mielants, 2008) et États à souveraineté parcellisée européens occupent une place marginale sur la scène mondiale avant 1453. L'expansion de l'Empire ottoman, la prise de Constantinople et l'interruption du commerce avec l'Asie forcent la recherche de nouvelles routes commerciales : les cités-États italiennes, l'Espagne, le Portugal, puis les Pays-Bas se lancent les premiers dans la course pour l'océan Indien et

---

27. Pour une introduction à cette littérature, voir Gilroy, 1993 ; Bailyn, 2005 ; Dubois, 2006 ; Dubois et Garrigus, 2006 ; Dubois et Scott, 2010 ; Elliot, 2007 ; Greene et Morgan, 2009 ; Klooster, 2009 ; Landers, 2010 ; Putnam, 2006 ; Rediker, 2004a, 2004b, 2007.

l'Atlantique (Rosenberg, 1994; Teschke, 2003). Les stratégies et la violence coloniales varient en fonction de nombreux critères, allant du climat aux sols, en passant par les différentes formes de gouvernance; les politiques d'implantation; les régimes de propriété; le contexte géographique; les rapports des élites locales avec la métropole; les technologies, navales notamment, et les menaces épidémiologiques, etc. (Mann, 2012c, p. 30; Headrick, 2010; Delâge, 1991; Mahoney, 2010; Greer, 2009, p. 47-54; Wood, 2003; Trigger, 1992; Viau, 2015).

Traversé de corridors maritimes sur lesquels les États mercantilistes protègent des monopoles militarisés, l'Atlantique est un vecteur de développement inégal par lequel des espèces animales, des semences, des métaux, des schèmes cognitifs, des technologies, mais aussi des épidémies, des catégories de vision et de division du monde, des armes et des millions d'esclaves seront déplacés, vendus, transportés et implantés dans un autre monde (Shilliam, 2009b; Delâge, 1991; Headrick, 2010; Restall, 2003; Diamond, 1999; Benton, 2009; Manning, 2013). Selon les historiens Peter Linebaugh et Markus Rediker (2000), ces corridors et les ports qui les relient sont des lieux de travail prolétarisés. Un nouveau monde constitué de nouveaux rapports de pouvoir, de nouvelles hiérarchies, solidarités et identités s'érige par la combinaison d'éléments européens, africains et autochtones (Rediker, 2007). Pour reprendre l'expression que le titre de l'ouvrage de Denys Delâge met en relief, ce qui est en jeu n'est rien de moins que *le renversement du pays* entrant dans la sphère d'influence européenne. Renversement dont la donnée la plus saillante est le déclin, quand ce n'est l'annihilation, des populations autochtones aux XVIe et XVIIe siècles (Delâge, 1991, 2012, p. 19).

C'est en 1815, avec le Congrès de Vienne, que la traite des esclaves sera, en théorie, interdite. Cette mesure survient huit ans après l'interdiction de l'esclavage, en 1807, au sein de l'Empire britannique. Weber (1991, p. 320) interprète la position de l'Angleterre comme la conséquence de la perte de son principal débouché dans le commerce des esclaves, les colonies américaines nouvellement indépendantes. L'interdiction de l'esclavage quant à elle est décrétée en Grande-Bretagne en 1833, en France en 1848, au Brésil en 1883 et elle deviendra l'un des enjeux de la guerre civile américaine de 1860 à 1865.

Durant les années 1980, les travaux d'Eugene Genovese (1967, 1974) ont défini les paramètres de l'interprétation marxiste de l'histoire de l'esclavage aux États-Unis et de sa relation avec le développement du capitalisme. Genovese reprend plusieurs éléments de la critique du modèle commercial du capitalisme. Il refuse d'associer le capitalisme au commerce en général et il distingue analytiquement la production esclavagiste, articulée autour de la relation maître-esclave, de la production capitaliste qui, elle, est assimilée au travail salarié[28]. Comme Weber, il distingue les activités économiques précapitalistes, dites irrationnelles, des activités économiques capitalistes rationnelles. L'esclavage tombe dans la famille des modes d'appropriation dits précapitalistes[29]. Il ne nie pas que le système esclavagiste s'inscrive dans un marché mondial capitaliste, mais il subordonne la sphère marchande à la sphère productive (Tomich, 2004, p. 11-12).

Weber soutient que le pillage des Amériques par les Européens a permis une accumulation de puissance en Europe. Aussi importante soit-elle, cependant, cette accumulation n'explique pas, selon lui, l'émergence du capitalisme rationnel. Analysant les répercussions de la politique coloniale sur le développement du capitalisme moderne, il affirme que «le commerce colonial [...] ne sollicit[e] aucunement le style spécifiquement occidental de l'organisation du travail, puisqu'il se fond[e] lui-même sur le principe du pillage et non sur celui d'un calcul de rentabilité s'appuyant lui-même sur les possibilités du marché» (Weber, 1991, p. 319). Selon Weber, les richesses accumulées grâce aux colonies d'outre-mer le sont soit par une expansion du système féodal, dans le cas de Venise, de Gêne, de l'Espagne et du Portugal, soit par le système des plantations (les Pays-Bas et l'Angleterre). Il manque à ces entreprises une

....

28. Genovese, 1967, p. 15-16, cité dans Tomich, 2004, p. 11.

29. Pour une critique de Genovese, voir Tomich, 2004, p. 9-12 ; Post, 2012.

organisation systématique en fonction du marché. Des variantes de cet argument seront développées par Eric Jones, Michael Mann et John A. Hall, pour qui la colonisation de l'Amérique n'explique pas le « miracle européen ». Goldstone résume les arguments en ce sens, l'un d'eux étant que les principaux États esclavagistes, comme Haïti, ne sont pas devenus de grandes puissances capitalistes et qu'il est donc difficile de voir en quoi l'esclavage les a menés au capitalisme (Goldstone, 2009, p. 66-68). Cet argument est toutefois un peu court. D'abord, aucun auteur ne défend sérieusement l'idée que l'objectif des esclavagistes à Haïti ait été de développer le produit national brut. L'argument avancé par ceux qui associent l'esclavage au capitalisme est plutôt que dans la périphérie l'esclavage permet soit d'enrichir le centre d'une économie-monde, soit d'être lié ou alimenté par le développement industriel d'une région capitaliste (Roberts, 2013). Les tenants du premier argument estiment que l'Espagne et le Portugal ont été les centres d'une économie-monde capitaliste ; pour les tenants du second argument, le capitalisme anglais a, pendant un certain temps, stimulé l'esclavage aux États-Unis. Brenner souligne que l'Espagne et le Portugal, qui ont pratiqué l'esclavage, étaient en déclin dès les années 1830, notamment parce que les surplus accumulés n'étaient pas réinvestis dans l'industrie (Brenner, 1977).

Les critiques de Weber soutiennent qu'il est impossible d'étudier les développements sociaux, politiques et économiques de l'Europe si l'on exclut son insertion dans des réseaux d'échange de la Nouvelle-France à la Terre de Feu en passant par les colonies américaines, puis en se rendant jusqu'en Chine en transitant par les métropoles des empires européens (Blaut, 1993, p. 187-188)[30]. La conquête de l'Amérique permettra une importante accumulation de capital, notamment par l'accumulation d'or et d'argent. S'appuyant sur les chiffres de Braudel, Jack Weatherford souligne l'ampleur de ce transfert : « *Between 1500 and 1650, the gold of the Americas added at least 180 to 200 tons*

....

30. Sur l'exploitation des mines d'argent, voir Weatherford, 2010 ; sur le commerce avec l'Asie, voir Hobson, 2004 ; sur la traite des esclaves, voir Linebaugh et Rediker, 2000, Blackburn, 1998.

to the European treasure» (Weatherford, 2010, p. 13 et 18). Les retombées de cette richesse sur la représentation ostentatoire du pouvoir des classes dominantes européennes seront importantes. Sans elles, le baroque et le rococo n'auraient peut-être pas vu le jour (Weatherford, 2010, p. 16).

La question qui se pose est de savoir si cet apport en or et en argent a révolutionné l'économie européenne ou s'il s'inscrit dans le prolongement des dynamiques féodales, mercantilistes et absolutistes. Weatherford retient la première option. L'apport en minéraux précieux a eu selon lui pour conséquence de transformer en profondeur le système mercantiliste :

> *Quickly and inexorably the traditional mercantile system of Europe changed. With so much money, the old system mutated into a true money economy in which large numbers of people could buy large amount of goods, and private citizens could start their own hoards of coins. Production increased, and people began to accumulate capital in quantities undreamed of by prior generations* (Weatherford, 2010, p. 17).

L'extraction des métaux en Amérique du Sud et l'importante quantité de main-d'œuvre qui y travaille constituent des conditions nécessaires au développement d'un réseau commercial à travers l'Eurasie reposant notamment sur la demande en métaux de la Chine. Weatherford soutient : « *The silver of America made possible a world economy for the first time, as much of it was traded not only to the Ottomans but to the Chinese and East Indians as well, bringing all of them under the influence of the new silver supplies and standardized silver values*» (*ibid.*, p. 21-22). Ces changements auront des répercussions autant en Chine qu'en Afrique. Le commerce de l'or de l'empire du Songhaï en Méditerranée périclitera, ce qui stimulera en retour le commerce des esclaves.

Des chercheurs analysent la quantité de travail mise au service des Européens grâce à la colonisation du Nouveau Monde. Ils soutiennent qu'on aurait tort de ne pas y voir un prolongement de l'accumulation primitive qui sévissait en Angleterre et que non seulement les plantations et l'esclavage dans les Amériques seront à l'origine d'une quantité de travail supérieure à celle pratiquée en Europe à la même époque, mais qu'ils permettront un essor du capitalisme commercial sans précédent. Selon Eric Williams (1994, p. 20), l'esclavage est au cœur du processus d'accumulation primitive en raison de son coût moins élevé que le salaire des «hommes libres» venus d'Angleterre et d'Irlande. Citant les cas espagnol et portugais, Jim Blaut avance que les esclaves américains ont davantage contribué au développement du capitalisme que les travailleurs européens. Il estime que treize millions d'esclaves américains ont été employés par les entreprises coloniales portugaises et espagnoles, soit une population supérieure aux neuf millions d'habitants que comptait la péninsule ibérique en 1600 (Blaut, 1993, p. 194). D'autres soulignent également qu'il est problématique de voir dans ces travailleurs un vestige d'une époque prémoderne. C. L. R. James, par exemple, soutient que les esclaves de Saint-Domingue au moment de se soulever en 1791 «étaient plus près d'un prolétariat moderne que n'importe quel autre groupe de travailleurs existant à cette époque» (James, 1989, p. 86; Dubois, 1956; Drapeau, 2014). Richard Drayton estime également que le Nouveau Monde et l'Angleterre doivent être étudiés dans le même effort de synthèse historique:

> The first British working class had been made on the sugar plantations of the New World in the 1660s, 1670s, and 1680s. [...] Wages earned on England spinning slave-grown cotton for slave consumers went to purchase bread and woollen cloth imported from the temperate Americas and the Antipodes: helping thus to finance new frontiers of white "free-labour" settlement (Drayton, 2002, p. 105).

Un autre argument qui s'oppose aux théories de l'émergence du capitalisme mettant l'accent sur la transformation des relations de classe et l'émergence du salariat est que les colonies américaines constituent un important débouché pour l'exportation des marchandises produites en Angleterre, ainsi qu'un lieu pour la migration des surplus de population du continent européen. Williams développe et popularise la thèse selon laquelle la révolution industrielle anglaise est intrinsèquement liée à son commerce colonial, à l'esclavage et à la transformation du coton américain. Cet argument, cependant, contribue davantage à expliquer une dynamique qui a stimulé la révolution industrielle dans un contexte mercantiliste que l'émergence du capitalisme. On observe une hausse de la production et des exportations anglaises en outillage et en fer à partir de 1760 et une explosion de la production, des exportations et de la consommation de fer entre 1825 et 1850 (Bairoch, 1997, p. 297). Robin Blackburn souligne qu'alors que 39 % des exportations anglaises étaient consommées par le marché colonial anglais en 1770, les deux tiers de ces exportations étaient destinés au marché colonial et aux États-Unis en 1798 (Blackburn, 1998, p. 516). En retour, le textile produit aux États-Unis inondait le marché anglais vers 1804-1806. En somme, l'accumulation primitive à travers le textile et sa transformation aura été une condition *sine qua non* de la révolution industrielle (Blaut, 1993, p. 204). La demande des Européens pour l'or, l'argent, le sucre, le café, l'indigo, les peaux de castor, la graisse de baleine et le tabac structura les différents régimes sociaux de propriété dans les Amériques : les *haciendas*[31], la plantation, la seigneurie, etc. Entre 1628 et 1669, l'exportation de tabac des États-Unis vers l'Angleterre passera de 500 000 à 9 millions de livres. Un commerce d'une telle ampleur structurera non seulement les secteurs d'activités économiques et le type de relations qui y prévalent, mais également les réseaux migratoires. Un nombre important de migrants anglais et irlandais se voient payer le voyage et donner accès au statut d'hommes libres moyennant cinq à sept années de travail forcé (Post, 2012, p. 173-174). Dans le secteur de la plantation, les esclaves remplaceront rapidement les *servants*[32], traités généralement comme des marchandises monnayables et hypothécables. La transition à l'esclavage noir

....

31. L'*hacienda* est un modèle d'organisation du système de plantation (et de mines) dans l'Amérique espagnole. On ne peut donc l'opposer à la plantation. Ce qu'on pourrait opposer ici serait plutôt l'*hacienda* avec la société commerciale, qui sera à la base du système de plantation en Atlantique anglaise, en commençant par la Barbade ; voir Menard, 2006 ; Gragg, 2003. Ces ouvrages décrivent l'investissement et la participation de marchands anglais dans la production du sucre à la Barbade, transformant les fermes agricoles en sociétés commerciales de monoculture.

32. Sur les causes du recours aux esclaves dans le développement des plantations aux États-Unis, voir notamment, Williams, 1994, p. 20 ; Genovese, 1967 ; Wood, 2003, p. 104 ; et, surtout, voir Post, 2012, p. 174-176.

sera, en partie, liée à la difficulté de discipliner ces travailleurs non libres dans le cadre du travail dégradant de la plantation (Moulier Boutang, 1998).

Bien qu'ils reconnaissent le rôle du commerce avec l'Amérique dans la révolution industrielle anglaise, Blackburn et Mann soutiennent que ce commerce a favorisé la révolution plus qu'il ne l'a déclenchée. Mann évalue les profits tirés de l'Empire à seulement 1 % du produit intérieur brut. Il souligne cependant le rôle des profits de l'esclavage à un moment clé de l'émergence industrielle : « *The second contribution came in the 1770s when the profits of slavery provided somewhere between 21 and 55 percent of total British investment capital at a critical moment for the industrial revolution, and when sugar mills and labor-control methods influenced the emerging factory system in Britain*» (Mann, 2012c, p. 32-33 ; Blackburn, 1998, p. 42, 525 et 544). Blackburn quant à lui souligne que les profits tirés des réseaux de capital marchand ont joué un rôle non seulement en finançant les infrastructures d'un marché intérieur anglais, mais aussi en développant l'accès au crédit financier (*ibid.*, p. 532-550). Quant à la transformation du coton en provenance d'Amérique, locomotive de la révolution industrielle dans les années 1840, Blackburn l'inscrit dans un processus transatlantique d'accumulation primitive étendue. L'importation du coton en provenance des États-Unis s'accroît entre 1805 et 1820 (*ibid.*, p. 554-556)[33]. Le cœur du débat ne relève donc pas tant de la question de savoir si les plantations et le commerce transatlantique ont eu un impact sur la révolution industrielle anglaise. La question est plutôt de savoir dans quelle mesure la révolution industrielle aurait pu reposer seulement sur le développement du capitalisme agraire anglais et sur la demande créée par son marché domestique. Brenner (1977) est l'un de ceux qui iront le plus loin dans la défense d'une explication privilégiant de tels facteurs endogènes.

....

33. Sur les contradictions du libéralisme anglais durant cette période, voir aussi Maier, 2012, p. 69-70.

D'importants débats portent sur le caractère moderne ou non des régimes esclavagistes dans les Amériques. Certains s'appuient sur la distinction entre le mode de production capitaliste et le mode esclavagiste pour affirmer que le second n'est pas moderne, parce que pas capitaliste (Genovese, 1974 ; Wood, 2003 ; Post, 2012). D'autres insistent sur la complémentarité de ces deux dynamiques productives (Blackburn, 1998 ; McMichael, 1991). D'autres encore rejettent une distinction étanche entre capitalisme et esclavagisme parce que le premier aurait tiré profit du second (Fogel et Engerman, 1974 ; Wallerstein, 2011a ; Blaut, 1993).

Si Marx fait parfois référence à l'entreprise coloniale dans les Amériques comme à « l'ère capitaliste à son aurore » (Marx, 1969, p. 557), on en retient surtout une définition de l'esclavage comme un mode de production précapitaliste caractérisé par l'absence de salariat. À la suite de Marx, plusieurs définissent l'esclavage comme un mode de production précapitaliste, qu'ils lui attribuent, ou non, un rôle dans le développement du capitalisme en Europe ou dans la révolution industrielle anglaise. Certains, cependant, soutiennent que les interventions de Marx sur cette question peuvent donner lieu à une interprétation selon laquelle l'esclavage colonial noir devrait être conçu comme un mode de travail (au sens de « procès de travail » concret) pouvant médiatiser la production de la survaleur (Drapeau, 2014 ; Tomich, 2004, p. 33-44 ; McMichael, 1990, 1991). À l'échelle mondiale, l'esclavage continuera de jouer un rôle important, bien que complexe, dans le développement du monde moderne même après que l'impérialisme eut pris une forme capitaliste (Drayton, 2002, p. 110 ; Van der Linden, 2008 ; Wood, 2003, p. 100).

Prenant ses distances avec Weber sur ce point, Mann reconnaît plusieurs aspects modernes au processus d'exploitation esclavagiste lié à la culture du sucre, du tabac et du café. Il souligne que le système esclavagiste mis sur pied par les Britanniques dans les Caraïbes comme aux États-Unis à partir des années 1770 atteint des proportions qui annoncent une production de masse typiquement capitaliste.

> *Modern slavery resulted from the conjuncture of modern agriculture, industry, and navies. It involved large, concentrated, and coercively disciplined labor forces in plantations and in factories processing agricultural products. Because it is difficult to enslave people in their own country (they can resist or escape), however, slaves were brought by Europeans naval power from other continents and thus became racial, unlike almost all previous slavery* (Mann, 2012c, p. 30).

Il reprend également la thèse de Wallerstein selon laquelle la spécificité du capitalisme colonial qui se déploie dans l'Empire britannique réside dans « la conjonction du travail libre au centre et du travail non libre en périphérie » en nuançant le rôle de la coercition qui lui était associée (Mann, 2012c, p. 31 ; traduction libre).

Drayton souligne l'importance de situer le rôle de l'esclavage dans le développement des relations transatlantiques et du commerce sur la longue distance entre 1600 et 1850. Il remet en question le caractère prémoderne de l'organisation des grandes plantations de sucre. Contrairement à Weber et Genovese, il assure que les plantations de sucre de la Barbade, de Saint-Domingue et de la Jamaïque satisfont les critères d'une entreprise capitaliste :

> *Whether we look at the size of the labour force attached to single enterprises, its task specialization, its subordination to a time discipline, its alienation from its tools, its wholly expatriate character, the capital and machine-intensive nature of sugar production, its extensive economies of scale, and its dependence on long-distance trade for inputs and for exporting its product* (Drayton, 2002, p. 101-102).

L'entreprise esclavagiste dans l'Atlantique s'inscrit également dans un contexte où se développent des trajectoires de transition à l'ère moderne. Si l'Europe de l'Ouest connaît le développement de certaines institutions modernes, l'Europe de l'Est, elle, connaîtra un deuxième servage (Berend, 2003), et la traite transatlantique s'organise par le truchement d'un système légal développé en Europe de l'Ouest (Drayton, 2002).

McMichael et Tomich analysent la croissance du régime esclavagiste dans le Sud des États-Unis sous l'Empire britannique (McMichael, 1991, p. 324). Si ce régime n'est pas organisé entièrement en fonction du marché et que le travail n'y est pas libre, la production du coton est acheminée vers l'Angleterre où elle est transformée à moindre coût avant d'être réinjectée dans l'économie de marché. Nous avons donc affaire à une production pour le marché, obtenue par un travail non salarié, et à une relation productive qui n'est ni traditionnelle ni proprement capitaliste (Tomich, 2004, p. 3). Il s'agit d'un contexte mondial différent de celui, analysé notamment par Jérôme Baschet dans le cas de l'impérialisme espagnol, où le régime des *haciendas* s'inscrit dans le prolongement du féodalisme espagnol. Saisir la trajectoire de la production esclavagiste soulève donc des enjeux théoriques relatifs à la relation entre le marché, la production et la mondialisation du capitalisme.

Si des chercheurs refusent d'assimiler l'esclavage au capitalisme en raison du rôle qu'y joue la coercition extraéconomique, ils soulignent cependant qu'il y a une corrélation entre le développement des empires commerciaux hollandais et britanniques et un accroissement du commerce des esclaves. Avec la domination commerciale britannique, on assiste au passage d'un système mercantiliste, où le commerce mondial s'inscrit dans le prolongement des relations personnelles et politiques, à un système mondial capitaliste caractérisé par l'indépendance du système financier à Londres et la différenciation de l'économique et du politique. Philip McMichael situe la production esclavagiste américaine dans le contexte économique mondial, alors dominé par l'Empire britannique. C'est dans ce contexte que la loi de la valeur acquiert sa puissance organisationnelle (McMichael, 1991, p. 327). McMichael, pas plus que Wallerstein, n'associe l'ensemble du système capitaliste mondial au seul travail salarié. Des formes de travail non salariées ont coexisté jusqu'à aujourd'hui avec le capitalisme (Van der Linden, 2008; Tomich, 2004, p. 33-44; McMichael, 1990, 1991). Wallerstein a tort, cependant, selon McMichael, de ne pas concevoir le travail salarié comme une relation sociale propre au capitalisme (McMichael, 1991, p. 325; Tomich, 2004, p. 28 et 50). Si le processus d'accumulation primitive est la pierre angulaire du développement du capitalisme anglais, l'esclavage est une forme productive dépendant d'une coercition extraéconomique dont le développement a été consubstantiel à celui du capitalisme industriel (McMichael, 1991, p. 326).

Une fois institutionnalisées « à grande échelle », les relations de production salariées capitalistes ont une telle supériorité comme organisation productive et disciplinaire qu'elles insufflent une dynamique à l'ensemble de l'économie mondiale. Le développement du salariat et du capital en Grande-Bretagne a entraîné la redéfinition des relations de production à l'échelle de l'« économie mondiale ». Il n'a pas éliminé les formes de travail non salariées ; il les a réarticulées en les soumettant aux réseaux commerciaux dans l'orbite de l'économie britannique et en créant une « nouvelle hiérarchie des formes de travail au sein de l'économie mondiale » (Tomich, 2004, p. 51-52).

McMichael et Tomich présentent un défi pour les analyses qui conçoivent le capitalisme comme un processus relevant de la sphère des échanges, de même que pour celles qui en situent le développement d'abord sur le plan de la production avec l'apparition du salariat. Une histoire globale du capitalisme doit pouvoir interpréter la résilience et la transformation d'autres rapports sociaux. Cette histoire se caractérise par l'hétérogénéité des rapports sociaux et de pouvoir ainsi que des régimes de temps et d'espace. Le second servage en Europe de l'Est, l'esclavage dans les Amériques et la persistance de la seigneurie au Bas-Canada sont autant de formes sociales qui doivent être étudiées, mais qui s'insèrent dans des réseaux d'échange mondiaux. De même, les luttes menées en 1817 et en 1833 pour l'abolition de l'esclavage dans l'Empire britannique, celles qui ont conduit à l'abolition du régime seigneurial au Bas-Canada en 1854 et les luttes contre le servage écrasées en Europe de l'Est durant la même période s'articulent au sein d'une même histoire globalisante.

5.8. L'histoire globale et le retour de l'Asie

On trouve une représentation tenace de l'Asie, de la Chine des Qings et de l'Inde des Moghols dans la sociologie classique. À la suite de Marx et de Weber, plusieurs représentent l'Asie comme un sous-continent caractérisé par des millénaires d'inertie impériale hostile au développement d'une éthique rationnelle. On la décrit comme dépourvue d'un pouvoir d'agentivité lui permettant d'entreprendre des transformations sociales, sans l'intervention d'un processus, voire d'une prise en charge, qui s'inscrit dans le prolongement du développement de l'Ouest (Hall, 1986, p. 12-16 ; Blaut, 1993, p. 82-83). Marx et Weber ont répertorié les causes de cette «stagnation» orientale : la persistance de valeurs traditionnelles et magiques ; la présence d'un mode de production où les nécessités de l'irrigation auraient engendré une bureaucratie despotique ; l'entraînement et l'orientation irrationnelle de l'activité des mandarins déconnectés des dialectes provinciaux et versés dans la calligraphie et non dans la jurisprudence et l'administration ; un commerce gouverné par l'État ; des propriétaires terriens impuissants ; l'absence d'un rival géopolitique d'égale force ; l'absence de propriété privée ; la difficulté des dominés à se constituer en classe consciente de son agentivité et de ses intérêts communs, etc. (Weber, 1991, p. 340-341, 356-357 et 361 ; Wittfogel, 1957 ; Karatani, 2014, p. 73-80 ; Collins, 1999, p. 209-237 ; Zeitlin, 2001, p. 207-216 ; voir aussi Said, 1980 ; Anderson, 1978b, p. 290-386).

Des études comparatives de l'Europe et de l'Asie indiquent les limites de ces représentations (Huang, 1985, 1990, 1991 ; Isett, 2007 ; Collins, 1999 ; Magubane, 2005. Sur ces débats, voir aussi Anderson, 2010 ; Chibber, 2013 ; Pomeranz, 2000, 2008 ; Bertrand, 2011 ; Parthasarathi, 2011 ; Wong, 1997 ; Huang, 1990 ; Brenner et Isett, 2002 ; Isett, 2007 ; Hamashita, 2008 ; Lieberman, 2009a, 2009b ; Rosenthal et Wong, 2011 ; Allen *et al.*, 2011 ; Brandt *et al.*, 2014). Elles mettent à l'épreuve le mythe de l'immobilisme despotique asiatique. Lieberman recense trois secteurs sur lesquels ces études comparatives ont porté : la présence d'un espace public, les cycles démographiques et les trajectoires d'industrialisation (Lieberman, 2009b, p. 4-8). À ces trois domaines il faut ajouter l'étude comparée des processus de formation étatique et impériale. Le premier secteur d'études comparatives débouchera sur des résultats modestes. Si les institutions féodales, par exemple de l'Europe et du Japon, stimulent plusieurs chercheurs, les tentatives de déceler un espace public en Asie seront moins concluantes. Les deux autres secteurs de comparaison, les cycles démographiques et l'activité industrielle, seront plus importants.

Plusieurs travaux avancent désormais qu'il y eut en Chine durant la période Ming-Qing un essor commercial longtemps passé sous silence par l'historiographie traditionnelle (Huang, 1985, 1990, 1991; Mazumdar, 1998, 2001). Ces travaux remettent en question les causes ou l'intensité de la divergence de la trajectoire chinoise généralement présentée dans les recherches sur le « miracle européen ». D'autres, se penchant sur la période 1500-1800 en Europe et en Asie, révèlent que des comparaisons des taux de productivité agraire au sein même de l'Europe ou de l'Asie montrent des écarts plus grands que des comparaisons entre certaines régions de l'Europe et de l'Asie (Hamashita, 2008; Arrighi *et al.*, 2003). C'est seulement après 1800 qu'un écart se serait creusé au profit de l'Europe du Nord-Ouest. Avant cette date, l'Asie aurait eu plus de grandes métropoles que l'Europe. Après 1850, notamment, « le salaire des travailleurs du Nord de l'Europe éclipsera non seulement celui des régions majeures de l'Asie, mais aussi celui des régions les plus pauvres de l'Europe » (Goldstone, 2009, p. 82; traduction libre). Les différentes régions européennes seraient quant à elles profondément inégales, notamment en matière de développement des salaires, d'urbanisme, de démographie et de productivité agraire (*ibid.*, p. 81-86 et 90-91). S'appuyant sur les travaux de Kenneth Pomeranz, Goldstone soutient que les données empiriques indiquent

> *that the countries with the highest levels of agricultural productivity in 1700 – Belgium, the Netherlands, and England – were also the countries where urban wages were highest. [...] We find that the Yangzi delta had very high levels of labor productivity – in 1600 and 1700, productivity levels were higher than those of any country in Europe. This is consistent with the fact*

that China had the most large cities of any major society in the world in the centuries before 1800. It also suggests that Chinese society was not poor but was relatively rich compared with most European countries in the 1600s (ibid., p. 85-86).

Dans *The Great Divergence*, Pomeranz s'intéresse aux causes de la croissance économique et industrielle du Nord-Ouest européen lors d'une période où certaines régions d'Asie, pourtant très productives, ne connaissent pas une telle croissance. Son argument, une charge contre les thèses eurocentrées, a fortement restructuré le champ de l'histoire globale et comparative. L'historien institutionnaliste expose clairement la thèse selon laquelle il y aurait eu développement d'une commercialisation dès la période Ming-Qing en Chine (Rawski, 1972 ; Li, 1998). Pour lui, la consolidation et la protection des droits de propriété privée est une condition nécessaire et suffisante aux investissements productifs. Pomeranz minimise le frein que la tradition, les coutumes et les liens de parenté ont exercé sur le développement d'un marché de la terre et du travail. Le choix des unités de comparaison est important ici. Pomeranz compare les régions centrales des deux continents en accordant une attention particulière au delta du Yangzi et au berceau anglais de la révolution industrielle. Il souligne l'importante convergence institutionnelle, politique et économique de ces régions jusqu'au XIXᵉ siècle. Ce n'est que par la suite que débute la «grande divergence» devant faire l'objet d'une explication. Celle-ci réside selon lui dans des facteurs géographiques et écologiques, ainsi que dans l'accès privilégié aux ressources et à la main-d'œuvre des colonies américaines qui favorisent le développement de l'Angleterre (Pomeranz, 2000, p. 20).

Jusqu'à la veille du XIXᵉ siècle, les indicateurs de cette convergence résident selon Pomeranz dans la densité de la population, l'intensité de l'agriculture et de l'activité proto-industrielle, les avancées technologiques et l'accumulation de capital (*ibid.*, p. 31-32). On retrouve, tant en Angleterre que dans le delta du Yangzi, le même type de barrières institutionnelles sur la propriété foncière, la circulation des marchandises, la main-d'œuvre ou encore la liberté et la compétitivité du marché. De plus, les marchés du travail et de la terre n'y sont pas régulés par les principes smithiens de liberté et d'efficacité, soutient Pomeranz (*ibid.*, p. 107). Celui-ci insiste ensuite sur l'équivalence relative des processus malthusiens qui soumettent les régimes démographiques de ces différentes régions, sous-entendant ici que les familles chinoises ou anglaises auraient disposé de la même liberté dans le contrôle de leur fertilité, donc de possibilités semblables de dégager des surplus sur le plan intérieur (*ibid.*, p. 10-14 ; voir aussi Maier, 2012, p. 73 ; Lee et Wang, 1999). Enfin, il relativise les avantages technologiques de l'Angleterre par rapport à la Chine. Malgré ses avantages réels sur le plan de la technologie industrielle qui lui permettent d'économiser sur le travail, l'Angleterre affiche un retard en matière de technologie l'empêchant d'économiser l'espace de production agricole comme le fait la Chine (Pomeranz, 2000, p. 43-47).

Pomeranz s'interroge, d'une part, sur les obstacles ayant empêché les régions centrales asiatiques de connaître le développement industriel accru de l'Angleterre, mais aussi sur les facteurs ayant causé cette divergence remarquable et soudaine. Son explication du cas asiatique insiste sur l'incidence de la croissance démographique, qui aurait entraîné une demande pour les terres cultivables, les matières premières et les denrées alimentaires. Cette demande aurait éventuellement mené au recours à des méthodes de production passant par l'intensité du travail et conduit ces régions vers de potentielles crises écologiques (Pomeranz, 2000, p. 211-212). Entre 1750 et 1850, estime Pomeranz, l'Angleterre et le delta du Yangzi se dirigent vers un cul-de-sac. L'Angleterre surmontera cet obstacle notamment grâce à son expansion mercantiliste lui permettant d'établir un nouveau type de périphéries, riches en ressources tirées du travail esclavagiste, et lui offrant la possibilité d'écouler ses surplus industriels en périphérie tout en développant une agriculture domestique intensive (*ibid.*, p. 264-269)[34].

....

34. Pour une interprétation du concept de propriété en Chine au XVIIIe siècle, voir Mazumdar, 2001, p. 89-107. Mazumdar s'inscrit en faux contre Pomeranz qui considère les institutions de la « propriété » et du « commerce » comme allant de soi dans le contexte de la Chine.

Brenner et Isett critiquent la thèse de Pomeranz[35]. Selon eux, les régimes de relations sociales de propriété structurant l'économie anglaise et celle du delta du Yangzi sont distincts dès les années 1500-1750 (Brenner et Isett, 2002, p. 613; Bernhardt, 1992; Walker, 1999). Cette différence place les agents économiques des deux régions devant des contraintes et des opportunités distinctes menant à différentes voies et stratégies de reproduction. Il en résulte une divergence notable entre les deux régions, ainsi qu'entre l'Angleterre et le reste de l'Europe (Brenner et Isett, 2002, p. 613). Cette divergence antérieure explique celle, plus marquée, qui se creuse à partir de la moitié du XIXe siècle avec la révolution industrielle classique. Si l'accès privilégié aux ressources issues des colonies américaines affecte certainement le développement social et économique de l'Angleterre et de ses colonies, il ne constitue pas une condition essentielle au développement du capitalisme anglais (Brenner et Isett, 2002, p. 650). Brenner et Christopher Isett développent leur thèse en deux temps. D'abord, dans le delta du Yangzi, les principaux agents économiques bénéficient d'un accès direct et hors du marché à des moyens de reproduction leur permettant d'allouer leurs ressources « de façon à poursuivre certains objectifs qui sont dans leur intérêt, bien que non économiques au sens où ils ne visent pas la maximisation des profits à travers le commerce » (Brenner et Isett, 2002, p. 614; traduction libre). Cette disposition a entraîné dans la région une évolution économique malthusienne débouchant sur une « crise écologique et démographique » aux XVIIIe et XIXe siècles (*ibid.*, p. 613; traduction libre). Par contraste, les principaux agents économiques en Angleterre ont perdu, à la fin du Moyen Âge, la capacité d'assurer leur reproduction économique par la coercition extraéconomique des producteurs directs. Ils ont toutefois réussi à affirmer « leurs droits de propriété absolus sur

35. Mazumdar (1998, 2001) analyse le développement des relations sociales de propriété en Chine. Elle contextualise les pratiques commerciales en montrant en quoi le commerce chinois se distingue du commerce capitaliste. Elle met en relief le fait que les paysans des zones les plus commercialisées sont plus liés aux institutions précapitalistes, qui passent par la commercialisation. Ce commerce intrarégional joue un rôle important pour retarder les crises malthuséennes; voir aussi Isett, 2007.

la plus grande partie de la terre » (*ibid.*, p. 618 ; traduction libre). C'est cette dépendance très spécifique à l'égard du marché qui aurait entraîné une évolution économique smithienne (*ibid.*, p. 614 ; traduction libre).

Brenner et Isett proposent une explication différente des effets de la croissance démographique et de la rareté des terres sur l'évolution économique chinoise et anglaise. Dans le delta du Yangzi, elles ont entraîné un déclin à long terme de la productivité du travail agricole, orientant l'économie de la région vers une intensification plus ou moins continuelle du travail humain et incitant les paysans à la production marchande pour survivre (*ibid.*, 2002, p. 621 ; traduction libre). Les familles ont ainsi été poussées à mettre de côté le travail agricole pour se tourner vers la production proto-industrielle. L'expansion de cette production aurait toutefois rendu compte d'un déclin dans la capacité de l'économie à supporter une force de travail « *outside agriculture producing discretionary goods because it entailed the further increase in the amount of family labor required* [...] *to secure subsistence* [...] *and thus the decrease in the size of family potential surpluses and family potential for discretionary spending* » (*ibid.*, 2002, p. 628). En Angleterre, l'accumulation de terre et de capital sera motivée par une compétition entraînée par la hausse de la productivité du travail agricole. L'émergence de l'industrie manufacturière a rapidement surpassé la production agricole de subsistance. Par ailleurs, l'économie agricole, en augmentant la productivité du travail, a eu la capacité, d'une part, de supporter une proportion grandissante de la force de travail en dehors de l'agriculture et au sein de l'industrie ; d'autre part, d'entraîner une baisse des prix de la nourriture et un « vigoureux marché domestique » (*ibid.*, 2002, p. 628-629 ; traduction libre). C'est dans ce contexte qu'il faut situer l'évolution des économies du delta du Yangzi et de l'Angleterre durant la révolution industrielle dans le prolongement de leurs trajectoires respectives, malthuséenne et smithienne (*ibid.*, 2002, p. 639 ; traduction libre).

De plus, le mercantilisme, loin de se limiter à la politique de certains États européens du début de l'ère moderne, demeure une pratique commerciale courante dans chacune de ces régions. La comparaison de ces régions et des centres densément peuplés, notamment en Chine, ne permet pas d'affirmer qu'un « unique centre hégémonique européen » distingue ce continent des autres avant le XIXe siècle (Arrighi, 2002, 2007 ; Chaudhuri, 1990 ; Goody, 2004 ; Frank, 1998 ; Pomeranz, 2000, p. 5 et 16-17 ; Pomeranz et Topik, 2006 ; Beaujard, Berger et Norel, 2009 ; Bayly, 2002, 2007 ; Van de Ven, 2002 ; Bessel, Guyatt et Randall, 2010).

Des sinologues renversent l'argument de Weber sur le rôle des villes européennes fortifiées dans l'essor du capitalisme. Ils soutiennent que le fait de ne pas avoir à dépenser autant pour leurs fortifications s'avère un avantage concurrentiel pour les villes chinoises. La grande zone de réseaux commerciaux pacifiée par l'empire permet notamment davantage d'investissements sociaux et un niveau de taxation moins élevé favorable à une croissance smithienne (Rosenthal et Wong, 2011).

CONCLUSION

L'analyse du développement du capitalisme aurait été plus simple si celui-ci s'était contenté de « créer un monde à sa propre image » (Marx et Engels, 1998, p. 79) ou si, comme le pensait Marx, les sociétés avancées montraient aux plus arriérées l'image de leur avenir. Les choses sont plus complexes et plus contradictoires. Les théories du développement inégal et combiné, de la dépendance et du système-monde ont tenté de rendre compte de ce caractère contradictoire. La question du développement du capitalisme et de ses effets sur la globalité des relations sociales demeure donc ouverte. Le capitalisme globalise effectivement certaines représentations, certaines technologies, certaines formes de consommation culturelle, mais ces technologies et ces modes de consommation n'entraînent pas nécessairement une homogénéité culturelle et politique. Au contraire, elles engendrent souvent des formes de modernismes réactionnaires, qui embrassent le contenu industriel et technologique de la modernité, tout en rejetant les institutions politiques libérales et leur permissivité culturelle (Herf, 1984; Buruma et Margalit, 1987). Si le capitalisme tend à exporter ses impératifs de compétitivité et de productivité, les formes institutionnelles que prirent les médiations géopolitiques, politiques et culturelles de ces impératifs ont souvent été non capitalistes. Que ce soit l'exacerbation de formes d'accumulation géopolitique sous Napoléon; le retour du servage en Europe de l'Est, le boom de l'esclavage aux premiers temps des empires britannique et hollandais, la résilience du régime seigneurial en Nouvelle-France (Grenier, 2012) ou la persistance du travail forcé jusqu'à aujourd'hui, les régimes sociaux de propriété ayant coexisté avec le capitalisme sont nombreux et ils seront souvent amplifiés par ce dernier (Wood, 2003, p. 104-105).

Avec les travaux de la nouvelle histoire globale, on assiste à une réorientation profonde des stratégies comparatives visant à comparer le développement de certains États européens à ceux du monde colonial et postcolonial. Alors que la théorie de la dépendance et celle du système monde cherchent à montrer comment le développement et le sous-développement de certaines trajectoires sont intrinsèquement liés au développement du capitalisme, la nouvelle histoire globale trace un portrait assez différent qui vise plutôt à mettre en relief des similitudes profondes entre le développement des différentes régions de l'Eurasie. Dans cette «nouvelle histoire», les facteurs de différenciation résultent généralement de facteurs écologiques, géographiques et militaires (Brenner, 2011, p. 203-232; Dufour et Turgeon, 2013, p. 89-107). La trajectoire intellectuelle d'André Gunder Frank (1966, 1979, 1998) incarne bien ce passage d'une étude de la différenciation centre-périphérie où l'analyse du capitalisme joue un rôle central à une histoire globale antiorientaliste, néosmithienne et où l'analyse du capitalisme occupe une fonction moins structurante. Les classes sociales jouent un rôle clairement moins important dans les grandes fresques proposées par l'histoire globale. En ce sens, la nouvelle histoire globale est bien souvent plus un interlocuteur, souvent très critique, de Weber qu'un prolongement critique du marxisme. Elle remet en question l'eurocentrisme de la tradition wébérienne, mais elle relègue l'analyse du capitalisme au second plan.

Lectures complémentaires

Arrighi, Giovanni (2009). *Adam Smith à Pékin*, Paris, Max Milo.

Lachmann, Richard (2000). *Capitalists in Spite of Themselves*, Oxford, Oxford University Press.

Marx, Karl (1969). *Le capital. Livre I*, Paris, Garnier-Flammarion.

Meiksins Wood, Ellen (2009). *L'origine du capitalisme*, Montréal, Lux.

Pomeranz, Kenneth (2010). *Une grande divergence: l'Europe, la Chine et la construction de l'économie mondiale*, Paris, Albin Michel.

Weber, Max (1991). *Histoire économique*, Paris, Gallimard.

CHAPITRE 6

LA SOCIOLOGIE HISTORIQUE DES RÉVOLUTIONS ET DES CONFLITS SOCIAUX

Le concept de *révolution* est utilisé au cours d'une périodisation afin de rendre compte d'une importante rupture ou d'une transformation structurelle. Les qualificatifs pour désigner de tels épisodes ne manquent pas. On parle par exemple d'une révolution « commerciale », « nautique », « dans le temps », « militaire », « scientifique », « agraire », « bourgeoise », « industrielle », « industrieuse », « par le haut », « passive », « tranquille », « de velours », « conservatrice », etc. (Lopez, 1976 ; Lane, 1973 ; Landes, 1983 ; Downing, 1992 ; Parker, 1988 ; Paige, 1978 ; Allen, 2009 ; Gramsci, 1971, p. 106-113 ; McKay, 2010 ; Morton, 2010a ; Herf, 1984, p. 18-48)[1]. En sociologie des révolutions, des débats

1. L'expression « révolution par le haut » est utilisée notamment pour décrire les unifications allemande (1871) et italienne (1870), la restauration des Meiji au Japon (1868), les prises de pouvoir par les fascistes dans les années 1920 et 1930, de même que les transformations politiques et sociales entreprises par les républicains et les conservateurs aux États-Unis et au Canada depuis les années 2000.

portent notamment sur les critères à partir desquels il devient pertinent de qualifier de révolution sociale un ensemble de transformations politiques, sociales et idéologiques.

En histoire sociale et en sociologie historique, le thème des grandes révolutions des temps modernes occupe une place importante. L'histoire sociale et politique a consacré une imposante historiographie à l'étude descriptive et non comparative des révolutions hollandaise (1572), anglaises (1640, 1688), américaine (1776), française (1789), haïtienne (1791), allemandes (1807, 1848), japonaise (1868), turque (1908), russe (1917) et chinoise (1949). Se pose ensuite la question des critères sur la base desquels on distingue une révolution d'une révolte, d'une insurrection, d'un soulèvement et d'une guerre civile. Pourquoi ne parle-t-on généralement pas de révolution pour désigner la révolte menée au Pérou par Tupac Amaru II en 1780 ; celle du Lotus blanc en Chine en 1796 ; la révolte des patriotes au Bas-Canada en 1837-1838 ; la grande révolte indienne de 1857-1858 ; les insurrections en Jamaïque de 1865 ; les révoltes des Taiping de 1851-1864 ; ou la révolte de Maï Maï de 1905-1907 ? La question fait l'objet d'importants débats.

Les grandes révolutions européennes et la révolution américaine ont longtemps constitué l'objet classique de l'étude comparée des révolutions. De l'ensemble des révolutions européennes, la Révolution française sera à la fois la principale source d'inspiration des acteurs sociaux et le baromètre au moyen duquel d'autres révolutions seront étudiées par les chercheurs (Tilly, 2006a, p. 158 ; Comninel, 2003, p. 87 ; Ducange, 2014 ; Hobsbawm, 2014 ; Traverso, 2011, p. 59-89). La seconde moitié du XXe siècle apporte son lot de transformations sociales et de changements de régime qui mettent à l'épreuve les idéaux-types construits afin d'analyser le corpus classique des révolutions. On pense aux luttes anticoloniales menant à une série de renversements de régimes au cours des années 1950 et 1970 et aux événements qui ont fait tomber les anciens régimes du bloc de l'Est en 1989. S'ajoutent à ces cas les situations révolutionnaires inscrites dans le contexte de la guerre froide (Cuba, 1959 ; Chili, 1973 ; Nicaragua, 1979 ; Burkina Faso, 1983). L'année 1979 sera également celle d'une autre révolution qui mélangera les cartes : la Révolution islamique en Iran (Panah, 2007 ; Matin, 2008, 2012a, 2012b, 2013b)[2]. Ces nouveaux cas feront évoluer la réflexion sociologique sur les révolutions et stimuleront de nouveaux travaux et de nouvelles orientations théoriques dans l'étude des dynamiques révolutionnaires (Goldstone, 2001).

Certains ont répertorié les débats en sociologie des révolutions en les classant par générations de travaux (Goldstone, 2001). Bien que ces classifications contribuent à établir une certaine chronologie des débats, l'expression « génération » surestime peut-être la cohérence des études sur cet objet. D'une part, certains thèmes, comme les révolutions bourgeoises, constituent la chasse gardée de certains courants théoriques, les libéraux et les marxistes. D'autre part, les nouvelles approches des dynamiques révolutionnaires, développées à partir de la théorie du conflit et de l'action collective, s'inscrivent souvent dans le prolongement de théories qui n'ont pas seulement les révolutions comme objet. Nous préférons présenter les travaux sur les révolutions en fonction de trois familles de débats qui, sans être étanches, ne tiennent pas nécessairement compte les unes des autres. Nous débutons par la question des révolutions bourgeoises, qui a fortement influencé les traditions libérales et marxistes (6.1). Nous nous penchons ensuite sur l'étude des révolutions comme phénomène stato-centré influencé par le contexte international (6.2). Dans un troisième temps, nous nous penchons sur le concept de révolution négociée (6.3). Enfin, nous survolons les rapprochements entre les théories de l'action collective et des mouvements sociaux et l'étude sociologique des conflits sociaux et des révolutions (6.4). La première famille de travaux est fortement imprégnée de contributions de l'histoire sociale et politique ; la seconde et la troisième sont le terrain de la macrosociologie historique ; la dernière voit, quant à elle, se déployer davantage les outils mésosociologiques dans l'étude des révolutions.

....

2. Goldstone et Aulagne attribuent à la révolution islamique une valeur paradigmatique. Ils en font l'événement précurseur d'une transition dans l'histoire des révolutions, rationalistes et laïques depuis la Révolution française ; voir Goldstone et Aulagne, 1989.

6.1. La révolution bourgeoise
dans la théorie libérale et marxiste

Le marxisme est la tradition théorique dans laquelle le concept de révolution joue, ou a joué, le rôle le plus important. Il y occupe une place centrale dans l'histoire, dans l'explication du changement social et dans la théorie des conflits sociaux. La Révolution française[3] représente pour Marx le cas classique de révolution. En dépit de bien des désaccords entre libéraux et marxistes, plusieurs éléments de la théorie marxiste de la révolution prennent racine dans la pensée libérale, notamment en ce qui a trait au rôle que celle-ci attribue à la bourgeoisie comme agent du changement social. Dans ce modèle, la révolution bourgeoise est un moment de rupture dans le développement du capitalisme pendant lequel l'organisation de la bourgeoisie en un «agent conscient et uni» (Teschke, 2005, p. 4; traduction libre) instaure de nouvelles relations sociales de propriété, institutionnalise la propriété privée des moyens de production et les fondements légaux, territoriaux et idéologiques de l'État de droit (Marx et Engels, 1998; Hobsbawm, 1964; Lefebvre, 1947; Moore, 1966; Soboul, 1974; Anderson, 1978a; Parker, 1979; Comninel, 1990, 2003, 2013; Mooers, 1991; Davidson, 2012). Ce processus suppose souvent une alliance stratégique conjoncturelle de la bourgeoisie avec la classe ouvrière. La révolution bourgeoise est une étape nécessaire au développement du capitalisme. Elle émerge lorsque le développement des forces productives entraîne la crise des relations sociales de production[4]. La théorie décrit les bourgeois à la fois comme des commerçants, des financiers ou des capitalistes. Leurs activités sont présumées urbaines et se développent dans l'interstice des contradictions du mode de production féodal. Les révolutions anglaises, française et néerlandaise sont considérées comme les

....

3. Sur le contexte de la réflexion de Marx sur la révolution, voir Sperber, 2014, p. 153-236.

4. Pour une défense bien articulée de cette thèse, voir Cohen, 2001, p. 175-180.

cas paradigmatiques de ce type de révolution[5]. L'*explanans* de ces révolutions tient dans la tension entre deux composantes d'un mode de production : les forces productives et les relations sociales de production.

On peut parler d'un paradigme libéral/marxiste de la révolution bourgeoise, car il regroupe des théories libérales, marxistes et, jusqu'à un certain point, wébériennes. Le sociologue wébérien Reinhard Bendix le reprend en partie sans suivre la périodisation suggérée par Marx :

> In my view, Marx was right to anticipate worldwide repercussions of capitalism and to see a revolutionary potential in its spread. But he was wrong in confining this potential to the economic sphere and to the increasing class struggle in the developed capitalist societies. I believe that the chances of revolution increase wherever the new industrial way of life and ideas of popular sovereignty disrupt an old social order. Thus society is ripe for revolution in the early phase of industrialization and democratization, however protracted that phase may be (Bendix, 1978, p. 11-12).

Ce paradigme sera critiqué par une historiographie révisionniste constituée de différents courants théoriques, conservateurs comme marxistes (Cobban, 1964 ; Furet et Richet, 1965/1966 ; Comninel, 1990)[6]. Une synthèse des critiques soulevées par les révisionnistes est venue de la tradition marxiste elle-même. Benno Teschke la décline en quatre volets. Le modèle de la « révolution bourgeoise » sera d'abord critiqué pour son déterminisme économique. Il néglige le rôle de l'idéologie, des stratégies de mobilisation et des conflits politiques dans

---

5. Les travaux de Stanley Ryerson ont suscité un débat sur l'étude des rébellions des patriotes à la lumière du cadre de la révolution bourgeoise (Coates, 1999). Certains protagonistes du débat adopteront une conception conséquentialiste des rébellions, selon laquelle, à défaut de la bourgeoisie comme agent des rébellions, celles-ci favoriseront l'implantation du capitalisme. D'autres interpréteront les rébellions comme une révolution bourgeoise avortée dont l'une des conséquences serait que « la transformation du cadre juridique d'appropriation féodale se ferait d'en haut et non d'en bas » (Sweeny, 1990, p. 156 ; traduction libre). Alan Greer (1996) présente une discussion et une critique exhaustive de plusieurs de ces approches.

6. Sur les révisionnistes, voir Traverso, 2011, p. 59-89 ; Comninel, 1990, 2003. Pour une critique du paradigme des révolutions bourgeoises dans l'historiographie canadienne, voir Coates, 1999.

les dynamiques révolutionnaires. Depuis Gramsci, plusieurs marxistes problématisent l'idéologie non pas comme une superstructure passive, mais plutôt comme le site de luttes au sein de la société civile. La repolitisation de l'analyse des dynamiques révolutionnaires amorcée par Gramsci a annoncé plusieurs éléments de la politique du conflit abordée dans la troisième section de ce chapitre.

Par ailleurs, le paradigme libéral/marxiste a rencontré plusieurs problèmes empiriques. L'historiographie de chacune de ces révolutions est traversée par des débats sur la pertinence du concept de révolution *bourgeoise*. Des débats portent notamment sur la composition concrète de la « bourgeoisie » et des autres acteurs des révolutions (Comninel, 1990 ; Eley, 1995, p. 94-95 ; Teschke, 2005, p. 11 ; Halperin, 2004, p. 29). L'interchangeabilité des concepts de « capitaliste » et de « bourgeoisie » sera notamment remise en question, alors que la recherche empirique mettra en relief la présence de capitalistes non bourgeois en Angleterre et de bourgeois non capitalistes en France. Les chercheurs seront donc confrontés à l'énigme des révolutions « bourgeoises » en l'absence de bourgeoisie. Un problème connexe que rencontrera le modèle de la révolution bourgeoise est celui des dynamiques révolutionnaires dans des formations sociales où la bourgeoisie est soit peu significative, soit absente. On pense d'abord à Haïti, puis à la Russie, à la Chine, à Cuba, au Vietnam, au Chili et à l'Inde[7]. La trajectoire de la Russie incitera notamment la théorisation du développement inégal et combiné de Lénine et de Trotski (Trotski, 1950, p. 40 et suiv. ; Löwy, 2010 ; Rosenberg, 1996, 2010).

D'autres critiques du modèle de la révolution bourgeoise ont porté sur les « alliances de classes » et sur l'unité et la cohérence de l'action collective des classes sociales (Stone, 1965a, 1965b ; Brenner, 1989, 1997, 2003 ; Comninel, 1990, 2003 ; Mooers, 1991 ;

----

7. Sur l'absence de bourgeoisie lors de la Révolution haïtienne, voir Soukar, 1993 ; Péan, 2009 ; Casséus, 2013. Sur le concept de révolution bourgeoise dans l'étude des trajectoires non européennes, voir Chibber, 2013, chapitre 2 à 4. Pour l'application de la théorie marxiste à des contextes non européens, voir notamment Anderson, 2010 ; Banaji, 2010 ; Paige, 1978, 1997 ; Morton, 2010b ; Matin, 2012b, 2013a, 2013b ; McLellan, 2003 ; Young, 2001, p. 159-334 ; Guha, 1997.

Lachmann, 2000). La proposition selon laquelle une bourgeoisie capitaliste aurait été le fer de lance de la Révolution française a été remise en question (Comninel, 2003, p. 93-94 ; Beik, 1985), tout comme l'étanchéité de l'opposition entre la bourgeoisie et l'aristocratie. George C. Comninel résume les conséquences de ces développements de la recherche :

> A large and growing body of research, initially inspired by the idea of bourgeois revolution, instead revealed ever more clearly that the French bourgeoisie could not be considered a capitalist class, nor could any systematic class difference be drawn between the forms of wealth and income enjoyed by the bourgeoisie and the supposedly feudal nobility (Comninel, 2003, p. 92).

Une autre critique porte sur la méthode à l'aide de laquelle sont généralement comparées les révolutions bourgeoises. Teschke résume ce point : « There is a tension in this new concept of "bourgeois revolution" between a methodological ambition to construct a theoretical concept – a pure or ideal-type – and its confrontation with the diversity of historical cases, most notably the English, French, German and Russian experiences » (Teschke, 2005, p. 7). Ici, c'est l'idée même que les révolutions bourgeoises puissent être théorisées comme des unités discrètes qui est remise en question. Plus précisément, cette stratégie serait incapable de rendre compte de trois dimensions des épisodes révolutionnaires des XVIIIe et XIXe siècles :

> Firstly, these transformations were not so much "revolutions from above" as "revolutions from outside", mediated through "revolutions from above". Secondly, these "revolutions from above" were not reactions to the transnational expansion of the world market, but primarily geopolitical reactions to military and diplomatic pressure transmitted through the states-system. [...] Thirdly, whether and what form of capitalism was introduced, and what form of state was created, depended crucially on the conjunction of the timing and form of geopolitical pressure and the specific political strategies that state-classes were able to design, activate and implement in the face of domestic class resistance (Teschke, 2005, p. 8).

Un important effort de problématisation de l'analyse de classe s'impose afin de dépoussiérer l'analyse de ces révolutions à la lumière de nouveaux matériaux empiriques

(Comninel, 2003, p. 93). Les brenneriens soutiennent que la théorie marxiste ne peut faire abstraction de la complexité des alliances et des divisions politiques au sein des classes sociales. C'est dans cet esprit que Comninel propose de reformuler le concept de révolution sociale afin de désigner « le résultat de la capacité des gens ordinaires d'une société – sans égard à la particularité de ses relations de classe – de faire avancer leurs propres idées et intérêts comme résultat d'un conflit politique fondamental divisant la classe dominante » (*ibid.*, p. 94 ; traduction libre).

Voyons de plus près les débats entourant l'interprétation de la Révolution anglaise de 1688 comme une révolution bourgeoise. Le modèle de la révolution bourgeoise occupera longtemps une position incontestée dans l'historiographie anglaise tant chez les « whigs », comme R. H. Tawney, que chez les marxistes, comme Christopher Hill. Avec Lawrence Stone, ces historiens formulent l'interprétation sociale traditionnelle de la Révolution anglaise en réaction à l'histoire constitutionnelle. Ils interprètent les conflits sociopolitiques caractérisant la période allant de la guerre civile de 1640 à la Glorieuse Révolution de 1688 en relation avec la transition du féodalisme au capitalisme. Ils examinent la relation entre la montée de la *gentry* et le déclin de l'ancienne aristocratie foncière et la formation d'une société bourgeoise (Tawney, 1941 ; Stone, 1965a, 1965b, 1972 ; Hill, 1955, 1980 ; Zagorin, 1954 ; Brenner, 2003 ; Richardson, 1998 ; Kennedy, 2008, p. 8 ; Žmolek, 2013).

Hill (1955) critique les interprétations libérales de la Glorieuse Révolution anglaise. Il en partage cependant certaines prémisses, notamment celle selon laquelle la guerre civile est un conflit de *classe*. En dépit de leurs différences, Tawney, Hill et Stone partagent une interprétation de la guerre civile selon laquelle « *the rise of a "middling" rural class of capitalist or commercial landlords supplanting the traditional powers and privileges of the old, essentially feudal, aristocracy* » (Kennedy, 2008, p. 9). Les changements politiques de la Glorieuse Révolution sont fondamentalement socioéconomiques. Ils affectent les rapports de force entre les classes sociales aristocratiques-féodales et capitalistes-bourgeoises. Cette interprétation sera cependant critiquée en raison de sa difficulté à expliquer les conflits de classe engendrés par l'ascension sociale de la *gentry* et le déclin de l'ancienne aristocratie. C'est le paradoxe de la révolution bourgeoise sans bourgeoisie. Dans ses travaux ultérieurs, Hill inverse la relation de causalité en soutenant que « la bourgeoisie n'a pas fait pas la révolution, mais que la révolution a fait la bourgeoisie » (Hill, cité dans Kennedy, 2008, p. 10 ; traduction libre). Cette explication a cependant des limites. En inversant la poule et l'œuf, le raisonnement qu'elle propose est soit fonctionnaliste, soit trivial, car personne ne nie qu'une bourgeoisie a fini par émerger.

Un courant rejette l'interprétation sociale traditionnelle en raison de l'incapacité de celle-ci à démontrer empiriquement, d'une part, qu'une nouvelle aristocratie capitaliste entraînera la chute de l'ancienne aristocratie féodale et, d'autre part, qu'il y a un lien de causalité entre les transformations socioéconomiques liées au développement du capitalisme et le cours des événements politiques (Russell, 1990). Tandis que ces travaux ouvrent de nouvelles avenues de recherche, le rejet des fondements sociaux des conflits politiques et religieux entraîne les auteurs de cette mouvance à considérer la guerre civile et la Révolution anglaise comme des phénomènes explicables uniquement en termes d'actions « stratégiques » d'acteurs politiques échappant à une rationalité de classe. Ici, on fait davantage face à un argument en faveur d'une meilleure prise en compte de la dimension stratégique de la guerre civile et de la révolution qu'à l'abandon des analyses structurelles au profit d'une approche conjoncturelle et événementielle. Critique du récit téléologique de la révolution bourgeoise, Conrad Russell estime que l'interprétation sociale peut être abandonnée puisque seuls les agents individualisés et leurs intentions explicites ont une valeur explicative.

L'historien Robert Brenner répond à ces développements de l'historiographie dans *Merchants and Revolution*. Ses recherches sur les alliances et les conflits politiques durant la guerre civile de 1640 et la Glorieuse Révolution de 1688 s'inscrivent dans le prolongement de ses analyses comparatives de la transition au capitalisme. Chez Brenner, la Révolution anglaise ne met pas en scène une «bourgeoisie» en lutte contre l'«aristocratie», mais une classe de *landlord capitaliste*, unifiée au Parlement, tirant son pouvoir social de la propriété privée de la terre, et non une «partie» de l'État à l'instar de la monarchie patrimoniale et de ses alliés qui bénéficient des privilèges et monopoles commerciaux et industriels octroyés par la Couronne (Kennedy, 2008, p. 36-37). Brenner met en relief les divisions au sein de la classe dominante, notamment entre les marchands engagés dans le commerce international dans le contexte où le développement du capitalisme agraire a une incidence sur les rapports entre les classes sociales et l'État anglais (voir aussi Lachmann, 2000).

En bref, Brenner présente une interprétation sociale des conflits politiques tenant compte des conflits au sein de la classe dominante, portant par exemple sur l'étendue du pouvoir de taxation de la Couronne, les questions religieuses et les limites du pouvoir de l'État. Si cette classe dominante voit un intérêt dans la création d'un État national unifié et dans la défense de la propriété, elle est fortement divisée sur la politique étrangère à mener à l'égard des puissances catholiques, sur les questions relatives aux finances et à la taxation ainsi que sur la question de la subordination de l'Église à la Couronne et au Parlement (Brenner, 2003, p. 655-661). Il en résulte différents principes légitimant, d'une part, le droit divin de la monarchie à défendre le bien public et, d'autre part, la défense des droits de propriété des parlementaires. On assiste alors à des alliances politiques, d'une part, entre les classes dépendant de formes de propriété constituées politiquement et la Couronne, et, d'autre part, des classes défendant la propriété privée absolue opposées à la taxation arbitraire et défendant la cause protestante (Brenner, 2003, p. 666 ; Wood, 2012, p. 211-287). Selon cette interprétation, la Révolution de 1688 a achevé le projet politique de l'aristocratie capitaliste déployé en 1640-1641. Elle réalise aussi, dans une moindre mesure, le projet des alliés de l'aristocratie en dehors des classes terriennes, dont les nouveaux marchands issus du leadership interlope[8].

La réponse des marxistes aux travaux de Brenner ne sera pas unanime. Plusieurs chercheurs développeront son travail en l'étendant à l'analyse d'autres dynamiques révolutionnaires (Comninel, 1990; Wood, 1991; McNally, 1993, 2012; Teschke, 2003; Kennedy, 2008; Post, 2012; Hoffmans, 2008; Isett, 2004, 2007; Mazumdar, 2001; Žmolek, 2013; Dimmock, 2014; Patriquin, 2007). Une position plus ambivalente sera adoptée par Colin Mooers (1991) et Heide Gerstenberger (2007) qui, bien qu'ils acceptent en partie les conclusions de Brenner, chercheront à préserver le concept de révolution bourgeoise. Pour Mooers, la Révolution française, par exemple, devrait être qualifiée de «bourgeoise» parce que, bien qu'elle n'ait pas été fomentée par une classe de bourgeois ou de capitalistes, elle a préparé le terrain pour le développement ultérieur du capitalisme en France. Mooers évalue un processus révolutionnaire non seulement par ses résultats, mais aussi par sa fonction. Cette interprétation pose problème, car, comme le souligne Teschke, les effets immédiats de la Révolution de 1789 seront «de consolider le secteur agraire précapitaliste, dont les propriétés paysannes, et l'expansion de l'appareil d'État fournissant des carrières aux bourgeois» (Teschke, 2005, p. 12; traduction libre). Si Mooers sauve le concept de révolution bourgeoise dans *The Making of Bourgeois Europe*, c'est au prix d'un recours à l'analyse fonctionnaliste du lien entre la révolution et l'émergence du capitalisme.

....

8. À l'aube de la guerre civile anglaise, le pouvoir commercial et politique a connu un changement avec la montée en puissance du groupe de marchands engagé dans le commerce lié à l'expansion élisabéthaine qui donnera lieu à une reconfiguration de la hiérarchie mercantile. Il augmentera la cohésion du groupe formé par ces nouveaux marchands qui se traduira par la hausse de leur influence commerciale, politique et religieuse, d'une part, par rapport aux couches moyennes de Londres et, d'autre part, par rapport aux aristocrates colonisateurs qui contribueront à la lutte parlementaire contre le régime (Brenner, 2003, p. 181-184). Le cas des nouveaux marchands rapproche l'étude des changements domestiques de celle de l'expansion outremer.

Enfin, plusieurs marxistes se sont montrés hostiles aux travaux des brenneriens. Les gardiens des évangiles se sont lamentés sur la prise de distance des brenneriens par rapport aux vrais textes de Marx ou de Trotski (Callinicos, 1989, 1990; Burns, 2010; Anievas et Nisancioglu, 2014; Davidson, 2012; Heller, 2011). Ils défendent généralement une conception *conséquentialiste* de la révolution bourgeoise. Selon cette conception, en dépit de l'absence d'une bourgeoisie organisée consciente de ses intérêts, certaines révolutions doivent être qualifiées de «bourgeoises» si leur conséquence a été d'entraîner le développement du capitalisme. Cet argument est faible. Sur le plan logique, il tend à inverser l'effet et la cause de la révolution. Tenter de sauver le modèle classique en injectant par-ci par-là un peu de dialectique ne fera pas avancer la discussion. De plus, l'*explanans* de la révolution devient tellement vague dans le modèle conséquentialiste qu'il est difficile de voir ce qui n'en ferait pas partie. Enfin, l'explication tend *a priori* à attribuer aux acteurs de l'histoire des intentions, sans avoir la moindre base empirique pour ce faire. Cette réponse de l'orthodoxie ne paraît pas convaincante (Riley, 2015). Elle ne parvient pas à réconcilier empiriquement l'analyse de classe avec l'analyse des dynamiques politiques identifiées par les révisionnistes.

6.2. La guerre civile américaine : une révolution bourgeoise ?

Il n'est pas toujours aisé de distinguer une révolution d'une guerre civile (Tilly et Tarrow, 2008, p. 260). C'est notamment le cas dans l'histoire américaine où peu de non-historiens osent s'aventurer. Dans *Slavery, Capitalism and Politics in the Antebellum Republic*, John Ashworth défend l'idée voulant que la guerre civile américaine résulte d'une polarisation idéologique et politique ancrée dans le développement inégal du Nord capitaliste et du Sud esclavagiste durant la première partie du XIXe siècle (Ashworth, 1996, 2007). Selon lui, l'esclavage a constitué une forme inférieure d'organisation du travail parce qu'il a entraîné une résistance statutaire de la part des esclaves. La «révolution de marché» au Nord a radicalisé le sentiment antiesclavagiste en diffusant l'idée de la supériorité du travail salarié sur l'esclavage. Ce sentiment a mené aux politiques abolitionnistes de 1830-1840. En retour, le Sud a adopté une position défensive se traduisant par la quête de territoires à l'Ouest en vue d'assurer l'expansion de l'esclavage. Cet accroissement des contradictions politiques et idéologiques entre le capitalisme et l'esclavage mènera à l'élection de Lincoln en 1860 et, ultimement, à la guerre civile.

Ce ne sont pas les différences en termes économiques et matériels entre l'esclavage et le capitalisme, mais bien les idéologies et les valeurs découlant de ces systèmes qui ont engendré des contradictions qui, elles, ont culminé avec la Guerre civile, selon Ashworth. Ce dernier soutient que, bien que la guerre civile n'ait pas éliminé les obstacles socioéconomiques au développement du capitalisme, elle doit être interprétée comme une révolution bourgeoise parce qu'elle a consacré la victoire d'une conception capitaliste et la suppression d'un système politico-idéologique rival :

> It is appropriate to refer to the Civil War as a "bourgeois revolution". Slavery was criticised, condemned, and finally destroyed in the United States essentially because by the norms of northern society it was increasingly unacceptable. These were the norms of a free-labor northern society, one characterised by "bourgeois social relations", as they are often termed, with wage labor at their core (Ashworth, 2007, p. 263).

Le sociologue Charles Post propose une interprétation différente de la guerre civile. Selon Post, les différences matérielles et économiques entre les relations sociales capitalistes au Nord et les relations esclavagistes au Sud ont mené à la guerre civile. S'il salue l'analyse que fait Ashworth des contradictions idéologiques et politiques de la période *antebellum*, il considère que la grammaire sociale de ces contradictions n'est pas suffisamment mise en évidence. En effet, il conçoit l'économie comme une « matrice des relations sociales » et, en ce sens, considère que les intérêts et les actions politiques se construisent à travers les possibilités et les contraintes posées par les relations de production.

Selon Post, la prédominance de relations sociales de propriété non capitalistes, autant dans le Sud avec l'esclavage que dans le Nord avec la production familiale indépendante, aurait produit un vaste modèle de croissance économique non capitaliste dans les colonies britanniques d'Amérique du Nord. Or, alors que les luttes de classes *pendant* et *après* la Révolution américaine relancent l'esclavagisme au Sud, ces mêmes luttes subordonnent la production familiale du Nord aux pressions du marché en forçant les producteurs à la spécialisation, à l'innovation technique et à l'accumulation de terres et d'outils afin de maintenir leur accès à la terre. Le résultat de ces effets différenciés des luttes de classes sera un développement économique régional inégal et combiné. Au Nord, la petite production agraire procure un marché domestique pour le capital industriel. Cette transformation de la structure économique amplifie la division sociale du travail et fait en sorte que le capital industriel dépende à la fois de relations sociales de propriété capitaliste et de l'expansion géographique du marché intérieur pour les produits manufacturés associés à l'augmentation du nombre de petits producteurs tributaires du marché pour leur reproduction. Cette nouvelle dynamique des relations sociales au Nord considérera les plantations esclavagistes comme un obstacle au développement du capitalisme (Post, 2012, p. 235). Au Sud, la prédominance des plantations esclavagistes auto-suffisantes freinera la division sociale du travail et le développement industriel. Le conflit quant à la structure de classe à adopter dans les territoires conquis au Mexique en 1844-1846 est ainsi ancré dans les conditions contradictoires de reproduction des deux modes d'exploitation, tous deux nécessitant une expansion géographique continue (*ibid.*). Ultimement, la guerre civile mènera à l'abolition de l'esclavage au Sud et assurera la pérennité de l'agriculture et de l'industrie capitaliste dans les régions du Nord et de l'Ouest des États-Unis. Au Sud, on assistera à l'émergence de nouvelles relations non capitalistes avec le métayage.

Selon Post, l'interprétation par Ashworth de la guerre civile américaine comme révolution bourgeoise comporte les failles du modèle de la révolution bourgeoise critiqué par

Brenner. Il considère que si l'on adopte la lecture d'Ashworth selon laquelle aucun obstacle économique direct n'existait entre le Nord et le Sud, les obstacles étant plutôt idéologiques et politiques, la révolution bourgeoise qu'a été la guerre civile n'était pas nécessaire au développement du capitalisme aux États-Unis, puisque le mode capitaliste de production était déjà bien implanté (Ashworth, 2012, p. 249).

Post est ambigu à l'égard du modèle classique de la révolution bourgeoise. D'une part, il considère que l'esclavage est un obstacle majeur à l'expansion du capitalisme qui a été éliminé avec la guerre civile. En effet, même si la guerre civile n'a pas mené à l'instauration de relations capitalistes au Sud, la forme non capitaliste de production qui a remplacé l'esclavage, soit le métayage, déjà implanté en France, ne partage pas la propension à l'expansion territoriale de l'esclavagisme (Post, 2012, p. 247). D'autre part, Post critique le modèle classique de la révolution bourgeoise. La subordination de la production familiale rurale du Nord à la coercition du marché à la fin du XVIIIe siècle, qui constitue selon lui l'origine des relations sociales des propriétés capitalistes, n'a pas été la conséquence d'une action délibérée d'une bourgeoisie montante. Elle est plutôt la conséquence *fortuite* des conflits de classe ayant suivi la Révolution américaine de 1776-1783. La Révolution américaine n'a pas été menée par une classe capitaliste cherchant à se libérer des limitations imposées par des formes de travail social précapitalistes. Bien au contraire, « elle marque le succès des marchands précapitalistes et des classes agraires à établir un État indépendant pour leur économie précapitaliste de plus en plus autonome » (*ibid.*, p. 250 ; traduction libre). De plus, les marchands et spéculateurs de la période postrévolutionnaire ne cherchent pas à libérer la production capitaliste, mais à maintenir leur position en tant qu'acheteurs et vendeurs de terres. Le chamboulement des règles de reproduction de la production familiale indépendante et, ultimement, la consolidation des règles de reproduction de la petite production marchande et de la manufacture capitaliste ont constitué des conséquences *non intentionnelles* de la lutte des spéculateurs pour le renforcement des titres de propriété foncière (*ibid.*). La subordination du capital marchand au capital industriel qui s'ensuivit aura posé l'expansion de l'esclavage et celle du capitalisme comme incompatibles. Post interprète donc la guerre civile comme une révolution bourgeoise, mais seulement parce qu'elle satisfait le critère précisant la nécessaire contribution au développement capitaliste aux États-Unis (*ibid.*, p. 249-251).

6.3. Les analyses stato-centrées des révolutions

Les analyses stato-centrées des révolutions cherchent à se distinguer du paradigme marxiste/libéral de la révolution en invoquant l'importance du rôle de l'État, de la guerre ou de la géopolitique, dans l'avènement des situations révolutionnaires pouvant culminer ou non sur des révolutions. Les conflits de classe jouent encore un rôle important dans l'explication des révolutions, mais ils représentent une variable à analyser à la lumière de facteurs géopolitiques. D'abord, ces conflits sont replacés dans un contexte géopolitique et international. Ils sont ensuite analysés à la lumière des dynamiques de pouvoir au sein des classes gouvernantes et des enjeux liés à la question de la légitimité.

Différents chercheurs proposent des analyses comparées des trajectoires révolutionnaires. Dans *Kings and People*, Bendix qualifie de *révolution* les phénomènes au cours desquels «une forme de gouvernement ou un système social est renversé et un autre prend sa place ; le terme doit s'appliquer là où un renversement se produit» (Bendix, 1978, p. 597 ; traduction libre). Barrington Moore et Bendix apportent deux grandes contributions à l'étude des révolutions. D'abord, ils développent empiriquement l'idée de révolution «par le haut» afin de désigner des transformations sociales et politiques menées à l'encontre de la participation populaire, notamment dans la foulée de l'écrasement des mouvements populaires et libéraux en 1848. La caractéristique principale des révolutions «par le haut» est de permettre une certaine transition vers l'économie de marché et une modernisation de l'État sans consentir les droits et libertés politiques généralement associés aux révolutions bourgeoises ou à une trajectoire de modernisation libérale.

Puis ces études rompent avec les analyses comparées d'unités discrètes qui isolent les révolutions du contexte international au sein duquel elles se produisent. Moore, comme Bendix, s'intéresse au développement inégal des trajectoires globales et aux contraintes que faisaient jouer les premières trajectoires développementales sur les acteurs des autres unités politiques qui s'en inspiraient et s'y adaptaient. Il y avait donc déjà chez ces auteurs une prise en compte des limites de l'analyse comparative d'unités discrètes. Mann insiste également sur l'importance de considérer «la diffusion transnationale des vagues révolutionnaires et contre-révolutionnaires à travers le globe» (Mann, 2012c, p. 167 ; traduction libre). Le résultat de cette prise en compte est que la sociologie des révolutions ne devrait pas les comparer en tant qu'unités discrètes (ibid., p. 171). Non seulement la Révolution russe de 1917 a-t-elle influencé la Révolution chinoise, mais ces deux événements ont influé sur les stratégies des acteurs dans un ensemble d'autres situations révolutionnaires (ibid., p. 196-198). Des considérations géopolitiques et militaires sont également centrales dans le modèle des révolutions proposé par Mann. Abondant dans le sens de Skocpol quant à l'importance du contexte militaire lors de l'avènement des révolutions, Mann considère que la guerre exerce des pressions fiscales sur les États qui entraînent souvent des situations révolutionnaires, notamment en cas de défaite (ibid., p. 171).

Bien que le travail de Moore, Bendix et Mann soit incontournable pour l'étude des révolutions, c'est probablement la sociologue Theda Skocpol qui marque le plus profondément la sociologie historique comparative avec L'État et les révolutions sociales. Elle y propose un exercice de triangulation de l'analyse structurale des classes sociales, essentiellement de la paysannerie, du contexte international et de l'identification des circonstances internes et externes des contextes révolutionnaires (Skocpol, 1985, p. 34-59). Dans ce modèle, la pression géopolitique exercée par des États plus développés peut s'avérer une condition favorable à une situation révolutionnaire.

Skocpol propose de distinguer, d'une part, les révolutions sociales et politiques et, d'autre part, les révolutions, les rébellions ou les émeutes. Ce qui distingue les révolutions sociales de ces autres phénomènes réside dans leur capacité à transformer

> rapidement et fondamentalement les structures étatiques et de classes d'une société [Elles] s'accompagnent et elles s'accomplissent en partie d'en bas par des révoltes de classes. Leur place particulière parmi les différents types de conflits et de processus de transformation tient surtout à la combinaison de deux relations : entre les changements des structures sociétales et le soulèvement des classes, d'une part, entre les transformations sociales et politiques, d'autre part (*ibid.*, p. 21).

Comme les révolutions *politiques*, les révolutions *sociales* entraînent un ensemble de transformations politiques. Elles se distinguent cependant des premières par les transformations sociales qu'elles provoquent. Parmi elles, celle des relations de classe suscite, d'une part, la transformation de l'organisation étatique et, d'autre part, le recalibrage des forces idéologiques. Une révolution sociale, soutient Skocpol, accroît l'autonomie et la stabilité de l'État et du système politique. *États et révolutions sociales* mettent également en relief les conséquences géopolitiques des révolutions. Les vagues révolutionnaires peuvent ainsi engendrer une dynamique d'expansion impériale, comme ce fut le cas de la France, ou entraîner des mouvements et des aspirations similaires dans des États voisins. Cela vaut non seulement pour la géopolitique des révolutions en Europe, mais pour leurs conséquences sur d'autres régions du monde, notamment dans l'Atlantique (Landers, 2010 ; Ducharme, 2010 ; Greene et Morgan, 2009 ; Klooster, 2009). Les révolutions *politiques*, comme la Restauration des Meiji au Japon, n'occasionnent pas de transformations *sociales*[9]. Enfin, contrairement

---

9. Au Japon, comme en Allemagne, on observe une lente mise en place d'institutions, de procédures et de pratiques démocratiques durant les années 1880 à 1930. La Constitution de 1889 consacre cependant le pouvoir souverain de l'empereur et la reproduction sociale des élites traditionnelles. L'idée que la souveraineté puisse être populaire, plutôt qu'impériale, ne passe pas le test des institutions. Cependant, la Constitution institutionnalise un système législatif où la chambre basse est élue et la chambre haute est appointée par parrainage par les élites impériales. La chambre des élus peut exercer un droit de veto sur le budget (Osterhammel, 2014, p. 591).

aux révolutions, les rébellions et les émeutes ne suscitent pas, elles, de transformations politiques et sociales. Mann, quant à lui, réserve le concept de révolution aux seules insurrections populaires qui entraînent une transformation « d'au moins trois des quatre sources de pouvoir social » pris en compte dans sa sociologie historique (Mann, 2012c, p. 167 ; traduction libre)[10].

Les travaux qui ramènent l'État au centre de l'analyse des révolutions le théorisent comme une unité administrative autonome organisée pour la guerre (Tilly, 1992). Suivant les préceptes de la théorie réaliste des relations internationales, ils situent les États dans un environnement géopolitique hostile où les classes gouvernantes ont parfois à faire des choix qui vont à l'encontre des intérêts immédiats de la classe dominante, en matière de fiscalité notamment. Les intérêts géopolitiques de l'État entrent parfois en conflit avec la stratégie optimale par laquelle la classe dominante reproduit son pouvoir social. Ces contextes sont caractérisés par un jeu à somme nulle entre les pressions sociales sur la classe dominante et les pressions géopolitiques sur l'État (Collins, 1999, p. 46). L'État entre en compétition avec la classe dominante afin d'extraire des ressources lui permettant de financer la guerre (Brewer, 1990). Il doit donc trouver un équilibre entre les pressions géopolitiques et domestiques (Hobson, 2000, p. 210). L'exemple paradigmatique de cette dynamique est la lutte entre la monarchie et les élites aristocratiques régionales qui refusent de concéder leur pouvoir local[11]. L'analyse des structures de classe demeure une dimension importante permettant d'identifier les limites rencontrées par la classe gouvernante dans l'établissement de sa politique étrangère. Cette dimension amène les chercheurs à

....

10. Les quatre pouvoirs sociaux dans la sociologie de Mann sont l'économique, le poli-tique, le militaire et l'idéologique. Dans le même passage, Mann soutient qu'en appliquant le concept de *révolution* à un ensemble de phénomènes politiques, Tilly en vient à recenser 709 cas de révolution. Mann ne considère pas ici la distinction de Tilly entre *révolutions* et *situations révolutionnaires*. S'il recense bien 709 cas de *situations révolutionnaires*, Tilly précise qu'il qualifie de *révolutions* les seuls cas où ces situations ont des conséquences révolutionnaires ; voir Tilly, 2006a, p. 159 et suiv.

11. Sur les analyses comparatives des conflits entre classes et élites en Europe moderne, voir Lachmann, 2000 ; Mann, 2012b, 2012c ; Anderson, 1978a, 1978b ; Adams, 2005a, 2005b.

s'intéresser aux relations entre l'État et la société civile dans le cadre de ces dynamiques. J. M. Hobson (2000, p. 226-229), par exemple, suggère que c'est l'enchâssement de l'État anglais dans la société civile qui lui a permis d'extraire beaucoup plus de ressources domestiques que ces rivaux au XVIIᵉ siècle. D'autres chercheurs s'intéressent à la façon dont le contexte international façonne les luttes locales. Goodwin (2001, p. 44-50) documente cela à la lumière du contexte de la guerre froide et de son incidence sur des luttes locales en Afrique.

Jack Goldstone s'intéresse également à l'influence du système international sur les révolutions. Il souligne que le financement de la guerre a non seulement pour conséquence d'exercer des pressions sur les finances publiques, mais « il peut également affaiblir la loyauté des élites et des classes populaires à l'endroit du gouvernement » (Goldstone, 2001, p. 144 ; traduction libre), en cas de défaite notamment. Goldstone propose cependant une définition de révolution qui inclut plus de cas que celle de Skocpol. Il qualifie de révolution « *an effort to transform the political institutions and the justifications for political authority in a society, accompanied by formal or informal mass mobilization and noninstitutionnalized actions that undermine existing authorities* » (*ibid.*, p. 142). Il soutient que cette définition

> is broad enough to encompass events ranging from the relatively peaceful revolutions that overthrew communist regimes to the violent Islamic revolution in Afghanistan. At the same time, this definition is strong enough to exclude coups, revolts, civil wars, and rebellions that make no effort to transform institutions or the justifications for authority. It also excludes peaceful transitions to democracy through institutional arrangements such as plebiscites and free elections, as in Spain after Franco (ibid.).

Goldstone analyse un vaste échantillon de cas dont il infère d'autres facteurs internationaux influençant l'occurrence de révolutions : la diffusion idéologique transnationale ; l'intervention militaire ou diplomatique directe ; le retrait ou l'abandon d'un appui diplomatique ou militaire ; l'influence des réseaux commerciaux internationaux (la présence ou non dans ces réseaux) ou l'influence et la vulnérabilité des devises (*ibid.*, p. 145).

Randal Collins propose des amendements au modèle de Skocpol. Il suggère notamment de prendre davantage en compte la perception qu'ont les acteurs sociaux de la légitimité des régimes. Il soutient qu'en dépit de divergences quant à la hiérarchisation des causes les modèles de Skocpol et de Goldstone convergent sur certaines variables : «1) les contraintes et pressions fiscales de l'État, 2) le conflit entre les élites qui paralysent le gouvernement, 3) la révolte populaire» (Collins, 1999, p. 47 ; traduction libre). À la suite de Goldstone, Collins souligne que le type de transformations sociales révolutionnaires décrit par Skocpol ne découle pas nécessairement d'une implosion de l'État causée par la combinaison de ces trois variables. Il y a donc lieu de préciser davantage les variables permettant d'expliquer la variation de ces scénarios. Ici, Collins s'inspire des intuitions théoriques de Weber sur le lien entre la légitimité, le pouvoir et le prestige géopolitique. Il souligne que la perception de la légitimité d'un régime politique est fortement influencée par son prestige géopolitique. En fait, le prestige géopolitique d'un État aurait des retombées positives non seulement sur la légitimité d'un groupe dominant, mais également sur la capacité d'intégration sociale d'un État et sur l'adhésion à ses institutions (*ibid.*, p. 49-50). Selon Collins, la transition politique de 1989 en ex-URSS illustre la vulnérabilité des élites à l'évolution du prestige de l'État sur la scène internationale. D'où la connexion entre les processus géopolitiques et les processus assurant la légitimité domestique :

> *A geopolitically induced condition of state administrative crisis, together with intra-elite conflict, tends to bring about the rapid succession of leaders in office. If infighting and chaotic turnovers reach a sufficiently high level, not only do particular leaders lose respect but the very institution of leadership appears ineffectual as well. It is through these channels that macroprocesses of geopolitics become translated into the specific events and personalities that lead to state crisis and breakdown (ibid.)*[12].

-----

12. Goldstone reproche à Skocpol de négliger les conflits idéologiques, ethniques et ceux entre les réseaux politiques ; voir Goldstone, 2001, p. 140 ; O'Meara, 1996, p. 434-440.

Selon Goldstone (2001, p. 175), la remise en question de la théorie de Skocpol donne lieu à plusieurs nouvelles directions en sociologie des révolutions sans que l'une d'elles s'impose comme un paradigme alternatif définitif. Ces développements incluent : 1) l'élargissement historique et géographique des cas auxquels est appliquée la théorie structurelle des révolutions ; 2) un retour à l'analyse des agents, de leurs motivations idéologiques et des coalitions d'acteurs dans les situations révolutionnaires ; 3) une convergence entre l'étude macrosociale des révolutions et l'étude mésosociale des mouvements sociaux (*ibid.*, p. 141-142).

Dans *Revolution and World Politics*, Fred Halliday analyse les liens entre les révolutions sociales et les systèmes internationaux. Il définit les premières comme « des transformations politiques et sociales majeures dans le contexte d'une modernité contradictoire impliquant une participation de masse et l'aspiration d'établir une société radicalement différente » (Halliday, 1999, p. 21 ; traduction libre). Contre la théorie néoréaliste des relations internationales, qui néglige le niveau domestique, il conçoit le système international comme une série d'unités sociales et politiques interconnectées, partiellement fragmentées ou séparées par des frontières étatiques, mais entre lesquelles les relations interétatiques ne forment qu'une mince partie des interrelations possibles (*ibid.*, p. 190).

Les révolutions et la guerre ont joué un rôle central dans le développement des organisations politiques modernes. C'est d'ailleurs une limite importante de la discipline sociologique d'avoir aussi peu problématisé les relations entre l'État, la guerre et l'organisation du monde moderne. En effet, soutient Halliday, les révolutionnaires ont cherché à transformer les sociétés de l'intérieur, mais aussi à modifier les relations entre les États, non seulement en provoquant des conflits entre eux, mais en luttant aussi pour modifier les normes et les manières dont les peuples et les États interagissent : « L'histoire des mouvements révolutionnaires [...] illustre une aspiration à changer le monde autant à l'intérieur qu'au-delà des frontières » (*ibid.*, p. 3 ; traduction libre). Inversement, les révolutions seront fortement affectées par le système international dont les forces exercent des pressions sur les dynamiques révolutionnaires. Elles l'affectent parfois en dirigeant, étouffant ou écrasant le développement de mouvements révolutionnaires. Pour Halliday, l'interaction entre ces deux facteurs – la révolution et l'international – est donc centrale pour comprendre la politique moderne (*ibid.*, p. 4). En ce sens, il considère que les révolutions constituent toujours des événements internationaux. L'analyse des révolutions permet de mieux décoder leurs répercussions sur l'histoire du système international depuis le XVIIe siècle (*ibid.*, p. 6).

Halliday analyse la manière dont les révolutionnaires, les acteurs eux-mêmes, ont conçu et analysé le système international. Il accorde ainsi une grande importance aux idéologies et aux discours des acteurs révolutionnaires, particulièrement aux différentes idéologies internationalistes visant l'exportation de la révolution. Selon lui, toute révolution produit une idéologie qui, en plus de proclamer la nécessité d'une transformation interne de la société, se proclame elle-même pertinente sur le plan international (*ibid.*, p. 59), et ce, non seulement dans le cas d'idéologies clairement internationalistes (France, Russie, Chine, Iran), mais également dans des cas à première vue moins évidents, comme la Révolution américaine, la révolution puritaine, cubaine, etc. Il explique l'interaction des révolutions avec le système international en fonction de quatre volets. D'abord, les facteurs internationaux comme cause des révolutions (l'affaiblissement comparatif d'États par rapport à leurs rivaux ; le développement combiné et inégal du capitalisme moderne ; le retrait du soutien de la part de certaines puissances régionales ou mondiales ; ou encore la diffusion transnationale des idées). Ensuite, il examine le rôle des facteurs internes dans les politiques extérieures des États, puis celui de la constitution domestique des sociétés dans l'incidence des révolutions et, finalement, les répercussions de l'international dans le développement postrévolutionnaire des États (*ibid.*, p. 309). Benno Teschke pousse encore plus loin ce projet de problématiser de façon plus systématique les révolutions bourgeoises en les situant au sein de «dynamiques des développements européens et globaux» (2005, p. 9-10).

La relation entre l'État et la société civile est également étudiée par les théories de l'État rentier[13]. Ces théories mettent l'accent sur le contrôle par l'État de la rente pétrolière, lui permettant de court-circuiter le consentement de sa population et lui accordant une grande autonomie. Toutefois, cette autonomie produit en contrepartie une faiblesse structurelle liée à l'aliénation progressive de la société civile, rendant l'État vulnérable aux pressions révolutionnaires dès que se produit un relâchement de l'appareil répressif.

6.4. Des révolutions négociées

Parmi les analystes des dynamiques révolutionnaires de la période contemporaine, l'institutionnaliste George Lawson propose un modèle dit de la révolution négociée. Ce terme a d'abord été utilisé pour caractériser la fin de l'apartheid en Afrique du Sud (Adam et Moodley, 1993). Lawson reprend le concept comme idéal-type et l'applique aux cas du Chili et de la République tchèque. Selon Lawson, le type de révolution qui prévaudra dans la période contemporaine sera négocié entre les élites au pouvoir et celles de l'opposition. Il s'agira de transitions relativement pacifiques, quoique révolutionnaires, faisant passer les pays de régimes autoritaires à des démocraties de marché (Lawson, 2004, p. 9).

Avec le concept de révolution négociée, Lawson propose de revoir la définition de la révolution, à laquelle on attribue trop souvent, selon lui, des caractéristiques comme la violence ou la nouveauté : « *Such a view is misguided because it reduces revolutions to static objects of analysis rather than seeing them as dynamic processes with features that change according to their historical and social contexts* » (*ibid.*, p. 3). Il se refuse, par exemple, à faire du degré de violence ou de l'idéologie politique un critère universel d'une révolution (*ibid.*, p. 4).

....

13. Sur le cas de l'Iran, voir Skocpol, 1982 ; Beblawi et Luciani, 1990.

Comme Halliday, Lawson doute de la pertinence d'une frontière disciplinaire entre l'étude des relations internationales et la sociologie historique. Les révolutions négociées en Afrique du Sud, au Chili et en République tchèque auraient, selon lui, été impossibles sans la fin de la guerre froide et la sociologie des révolutions doit prendre acte des contraintes et des possibilités qu'exercent ces facteurs internationaux. Lawson reprend à son compte l'idée de Halliday selon laquelle «les révolutions n'étaient pas des erreurs ou des détours, mais étaient parties prenantes de la formation du monde moderne» (Halliday, 1999, p. 331; traduction libre). Son approche met l'accent sur les institutions, conçues comme des «ensembles de savoirs partagés, de règles et de pratiques opérant dans un champ particulier» (Lawson, 2004, p. 35; traduction libre) et les organisations comprises comme inscrites dans les domaines économique, politique-coercitif et social-idéologique des relations de pouvoir. Il cherche ainsi à rendre compte de la relation entre agents et structures ainsi que des deux dimensions du pouvoir que sont la domination (pouvoir sur) et la résistance (pouvoir de) face aux forces structurelles.

L'étude sociohistorique comparative des révolutions n'a pas échappé à l'importante vague d'études établissant un parallèle entre les régions de l'Europe et de l'Asie (Wong, 1997, p. 231-251; Osterhammel, 2014, p. 514-571). Encore une fois, c'est le portrait d'une Asie figée dans les traditions, héritée de la théorie sociale classique (Malthus, Marx et Weber), qui est remise en question par ces développements de la recherche. Goldstone, par exemple, s'oppose à la vision selon laquelle les empires asiatiques, du moment de leur formation jusqu'à la rencontre avec les Européens, n'ont connu aucun changement politique significatif, alors que l'Europe aurait, à la même époque, été le théâtre de batailles fructueuses pour la liberté et la démocratie (Goldstone, 2009, p. 105). Les révolutionnaires du XVIIe siècle en Europe parlaient certes en termes de liberté, mais ils se mobilisaient pour les libertés et les privilèges du groupe précis auquel ils appartenaient et non pour les libertés individuelles telles que nous les concevons aujourd'hui. Les crises européennes du XVIIe siècle n'auraient pas engendré de changements durables en ce qui concerne les privilèges de la noblesse et les pouvoirs royaux : la Révolution française sera suivie du règne de Napoléon ; les revendications démocratiques seront étouffées en Allemagne et en Autriche-Hongrie ; et même en Angleterre, à la suite de la Glorieuse Révolution, une élite de propriétaires terriens gardera les rênes du pouvoir jusqu'aux *Reform Acts* de 1832. Ce n'est qu'à la fin du XIXe siècle, avec la montée des économies industrielles, que les libertés politiques seront étendues et que la démocratie parlementaire sera consolidée dans certains États européens. L'industrialisation précédera les libertés politiques à plusieurs endroits en Europe et non l'inverse (Goldstone, 2009, p. 106 ; Rueschemeyer *et al.*, 1992 ; Ducange, 2014).

Goldstone soutient que les rébellions des XVIIe et XVIIIe siècles ont généré des changements importants sur les plans politique, social et économique. Au sein de l'Empire ottoman, elles ont réduit le contrôle du gouvernement central sur les campagnes, le faisant passer des militaires aux commandants autonomes et aux élites locales. La transition chinoise vers le règne Manchu, en 1644, entraînera, elle, des gains de productivité en raison des changements sur le plan des relations entre l'État et les élites ainsi qu'entre les élites et les paysans. En effet, la transition vers une économie rurale dominée par des structures familiales a contribué à la propagation de nouvelles techniques qui ont permis d'augmenter la production agricole de manière à supporter la croissance de 300 % de la population chinoise durant les deux siècles suivants (Goldstone, 2009, p. 107). Isett rappelle qu'« alors que la population triplait sous les Qing, le nombre d'acres cultivés doublait » (Isett, 2007, p. 251 ; traduction libre). Bref, ce serait une erreur de concevoir l'histoire de l'Asie jusqu'au XIXe siècle comme étant dénuée de changements politiques et celle de l'Europe comme relevant d'une trajectoire cohérente vers la démocratie et la liberté. Ce n'est qu'à partir du XIXe siècle qu'il est possible d'observer des changements qui mèneront à des trajectoires différenciées pour l'Asie et l'Occident.

Wong compare les formes de résistance à la taxation en Europe et en Chine du XVIIIe au XXe siècle afin d'esquisser des hypothèses générales à propos des processus de formations étatiques euroasiatiques (Wong, 1997, p. 231-251). Ses travaux présentent non seulement une image de la Chine aussi prompte aux révoltes que l'Europe, mais également une convergence des motifs de révolte autour d'une conception traditionnelle de la redistribution des ressources et des privilèges. Ces révoltes n'étaient pas contre l'ordre en soi, mais contre ce qui apparaissait aux paysans comme des violations des règles et coutumes traditionnelles (*ibid.*, p. 248-249).

Victor Lieberman, quant à lui, s'intéresse à l'influence de la centralisation des États birman, vietnamien et russe sur les révoltes frontalières du XVIIIe siècle au sein des trois empires. Du côté de l'Asie du Sud-Est, la volonté étatique d'introduire de nouvelles taxes et davantage d'effectifs militaires a précipité des rébellions anticentralisatrices principalement dans les régions frontalières à forte minorité ethnique. Lieberman nous guide à travers l'insurrection de 1740-1752 et la révolte Tayson de 1771 qui ont respectivement causé l'éclatement de l'État birman et de l'État vietnamien, par la destruction des dynasties au pouvoir. De la même manière, en Russie, des groupes situés aux frontières occidentales et australes ont contesté les impositions impériales, sans toutefois gagner le centre impérial (la rébellion ne s'est jamais rendue plus loin que la frontière sud-est).

Devant des résultats différents des révoltes, à savoir la suppression des dynasties au pouvoir en Asie du Sud-Est, contrairement à la défaite de la révolte de Pugachev en Russie, Lieberman cherche à expliquer ces divergences (Lieberman, 2009b, p. 305). À propos des cas birman et vietnamien, il conclut que les révoltes en périphérie sont devenues inévitables, combinées qu'elles étaient à d'autres désordres présents depuis longtemps dans ces régions. En ce qui a trait à la révolte de Pugachev, les paysans du centre ne se sont pas ralliés à la cause des périphéries. Ainsi, là où il était solidement implanté, le système de servage russe s'est révélé plus stable que les systèmes sud-asiatiques. De plus, l'Empire russe, par sa taille, est en mesure de concentrer les forces d'un grand territoire contre des frontières relativement éloignées, alors que les empires sud-asiatiques ne jouissent pas d'une telle marge territoriale en matière de sécurité. L'Empire russe a également tiré un avantage plus décisif que l'Asie du Sud-Est de l'entraînement et de l'organisation des forces impériales. Finalement, le prestige et l'assurance des Romanov au temps de la révolte de Pugachev ont été galvanisés par des victoires récentes contre les Ottomans et les Polonais.

TABLEAU 6.1.

Les caractéristiques convergentes de trois révoltes frontalières

a) Les trois révoltes ont tiré leurs origines des régions périphériques sujettes à des pressions économiques et administratives de la part du centre impérial en phase d'expansion.

b) Les trois sont survenues dans le cadre d'une ère mondialement synchronisée de croissance démographique et commerciale *« which fueled frontier settlement, imperial consolidation, and by extension, frontier resistance »*.

c) Elles ont toutes succédé à des guerres interétatiques (guerres de la Birmanie contre Manipur, guerres du Vietnam contre le Siam et guerre entre la Russie et la Turquie de 1768-1774) dans le cadre desquelles les taxes frontalières avaient été haussées et qui avaient monopolisé les troupes à l'extérieur, négligeant ainsi la pacification interne.

d) Les trois révoltes ont consolidé une alliance instable entre des minorités ethniques et des membres insatisfaits de l'ethnicité dominante.

e) Les trois révoltes s'opposaient au pouvoir idéologique des élites centrales.

f) Les trois révoltes se sont avérées contreproductives, entraînant une accélération de la centralisation et de la colonisation.

Source : Lieberman (2009b, p. 299-305).

6.5. Les mouvements sociaux et la politique du conflit

En 1995, Tilly estime qu'il manque à la sociologie des révolutions « une analyse historique, systématique, des processus révolutionnaires qui met fermement en relation l'étude des processus révolutionnaires avec notre savoir accumulé sur les processus de formation étatique et la politique du conflit en général » (Tilly, 1995c, p. 5 ; traduction libre). À la même période, plusieurs sociologues acquièrent la conviction que le cloisonnement entre des sous-champs de la sociologie politique (l'étude des mouvements sociaux, du nationalisme, de l'identité, des réseaux de confiance, des inégalités sociales, de la violence collective, des révolutions, de l'urbanisation et des processus de démocratisation et de dédémocratisation) a pour effet d'obscurcir le fait que des mécanismes sociaux communs y sont à l'œuvre (McAdam, Tarrow et Tilly, 2001). Dans cette veine, des chercheurs proposent de faire de l'étude des révolutions une division de l'étude des répertoires de contentions sociales, elle-même une partie de l'étude de l'action collective et des mouvements sociaux. Dans cette section, nous survolons ces développements en minimisant les désaccords et les variations au sein des théories du conflit politique au profit des éléments qui les rassemblent.

6.5.1. La politique du conflit, l'action collective et le mouvement social

Les mouvements sociaux et l'action collective ne sont pas des objets propres à la sociologie *historique*. L'étude de la politique du conflit cherche à faire le pont entre celle des mouvements sociaux et celle des révolutions[14]. Tilly et Tarrow définissent la politique du conflit comme

> les interactions où des acteurs élèvent des revendica-tions touchant aux intérêts d'autres acteurs, ce qui conduit à la coordination des efforts au nom d'intérêts ou de programmes partagés ; et où l'État se trouve impliqué, soit en tant que destina-taire de la revendication, soit en tant qu'instigateur, soit comme tierce partie. La politique du conflit réunit donc trois éléments bien connus de la vie sociale : le conflit, l'action collective et la politique (Tilly et Tarrow, 2008, p. 20 ; traduction libre).

Le problème de l'action collective est généralement traité à un niveau d'abstraction qui n'est ni historique ni empirique. C'est notamment à Mancur Olson (1965, 1982) que l'on doit d'avoir provoqué un débat autant chez les théoriciens du natio-nalisme que chez ceux des classes sociales sur le problème du

---

14. Pour une introduction au vocabulaire et à l'opérationnalisation de ces dévelop-pements théoriques, voir les annexes de Tilly et Tarrow, 2008, p. 331-356 ;

passager clandestin[15]. Dans la théorie du choix rationnel, le problème du passager clandestin survient lorsqu'un individu trouve plus rationnel de ne pas participer à un effort collectif dont il bénéficie des retombées. Un passager clandestin, par exemple, arrivera à destination sans avoir déployé de ressources pour son déplacement. Le problème qu'abordent ces théories était déjà exposé chez Weber. La seule présence de classes dites de possession ou d'inégalité sociale ne suppose pas nécessairement que des groupes vont se mobiliser sur la base de ces classes ou de ces inégalités. Les facteurs influençant cette mobilisation sont nombreux et il revient à la théorie de l'action collective de les identifier, de les répertorier et de chercher à les hiérarchiser afin de répondre à la question suivante : Qu'est-ce qui incite les acteurs à se mobiliser ?[16].

Il y a action *collective*, affirme Jon Elster, là où le problème du passager clandestin est surmonté par « un groupe d'individus qui unissent leurs efforts dans un objectif commun » (Elster, 1991, p. 15 ; traduction libre). De façon analogue, Charles et Louise Tilly qualifient d'action collective « l'ensemble des actions au cours desquelles un ensemble de personnes mettent en commun des ressources, incluant leurs propres efforts, à des fins communes » (Tilly et Tilly, 1981, p. 17 ; traduction libre). Alors que les acteurs au pouvoir qualifient les phénomènes en question de « rébellion », « désordre » ou « perturbation » les acteurs en position de subordination les catégorisent en termes de « carnaval », de « luttes de libération », ou en d'autres termes héroïques. Ces luttes pour imposer la terminologie à travers laquelle le public sera amené à se façonner une représentation hégémonique d'un conflit font elles-mêmes partie de ce qui doit faire l'objet de l'analyse de la politique du conflit. Dans l'étude des conflits politiques, la notion d'« action collective » a l'avantage de ne pas reprendre une catégorie pratique utilisée par les acteurs sociaux.

....

15. Nous traduisons l'expression *free rider* par « passager clandestin » ; voir aussi Mathieu, 2004, p. 45-49.

16. Pour la question de l'action de classe sociétisée, voir Weber, 1995a, p. 395 ; pour une introduction à ce problème en sociologie des mouvements sociaux et des révolutions, voir Lachmann, 2013a, p. 45-51.

L'étude des mouvements sociaux constitue un volet de celle de l'action collective. Si elle est généralement empirique, elle n'est pas nécessairement historique. L'étude des « nouveaux mouvements sociaux » coïncide avec un contexte où l'analyse de classe semble inapte à rendre compte, à elle seule, d'un ensemble d'enjeux qui ont, durant et depuis les années 1960 et 1970, suscité de fortes mobilisations à une époque où les sociologues diagnostiquaient un passage marqué à l'ère postindustrielle ou post-matérielle[17]. Tilly et Tarrow définissent un mouvement social comme « une campagne durable de revendication, qui fait usage de représentations répétées pour se faire connaître du plus large public et qui prend appui sur des organisations, des réseaux, des traditions et des solidarités » (Tilly et Tarrow, 2008, p. 27 ; traduction libre)[18]. Un des mérites de Tilly est d'avoir donné une profondeur historique à l'histoire des mouvements sociaux. Ceux-ci apparaissent vers la fin du XVIIIe siècle en Europe de l'Ouest, avant de se diffuser au XIXe siècle (Tilly, 2006a ; Tarrow, 2011). Leur diffusion est indissociable des processus de démocratisation (Tilly, 2006a, p. 182). Tarrow soutient que c'est un changement sur le plan des répertoires d'action qui marque la naissance des mouvements sociaux : répertoire traditionnel (paroissial, segmentaire, particulier) à un répertoire moderne (cosmopolite, modulaire, autonome) (Tarrow, 2011, p. 40-41). Il analyse également les changements permettant la transformation historique de ces répertoires : « *All this would change between the eighteenth and mid-nineteenth centuries. For this change, expansion of roads and printed communications, growth of private associations, the coming of capitalism, and expansion of the modern state were largely responsible* » (*ibid.*, p. 46). Ce qui est propre à la période qui débute avec le XIXe siècle européen,

---

17. Pour la littérature classique sur les nouveaux mouvements sociaux, voir Touraine, 1969 ; Inglehart, 1977 ; Melucci, 1989 ; Offe, 1985. Sur le renouvellement de la littérature sur les mouvements sociaux, voir Ancelovici et Rousseau, 2009 ; McAdam, McCarthy et Zald, 1996.

18. Ailleurs, ils proposent plutôt de les définir comme « une interaction prolongée entre des personnes détenant le pouvoir et d'autres personnes à qui ce pouvoir fait défaut. Il s'agit d'un continuel défi adressé aux détenteurs du pouvoir, au nom d'une population dont les porte-parole déclarent qu'elle subit injustement des préjudices ou qu'elle est menacée de les subir » (McAdam, Tarrow et Tilly, 2001, p. 13).

c'est la généralisation des pratiques des mouvements sociaux au cadre de l'État national auquel ils prennent part. Puis, depuis quelques décennies, la croissance des activités transnationales, sans être nouvelle, serait plus fréquente (Tarrow, 2005; Keck et Sikkink, 1998; Anderson, 2007; Desai, 2005; Mohanty, 2003; Massicotte, 2012). Il ressort aussi des études macrohistoriques sur les mouvements sociaux que, si leur émergence est liée aux processus de démocratisation, ces mouvements ne font pas nécessairement la promotion de la démocratie ou de l'État de droit. Des mouvements sociaux nationalistes et populistes remettent fréquemment en question les droits civils, sociaux et politiques de certaines catégories de citoyens[19], alors que des mouvements d'extrême gauche, comme d'extrême droite, ont régulièrement recours à la diffamation, à la dénonciation anonyme, au procès politique et à des formes de «justice» parallèle, pour arriver à leurs fins.

Les mouvements sociaux ne sont pas propres à la période contemporaine. Cependant, McAdam, Tarrow et Tilly rappellent les raisons pour lesquelles les mouvements sociaux ayant recours à des stratégies non violentes sont généralement plus actifs dans le cadre d'un État de droit disposant déjà d'institutions démocratiques:

> L'adoption de stratégies collectives au sein d'un mouvement social suppose donc l'assurance que l'action non violente puisse avoir des effets politiques précis. De fait, l'action non violente peut avoir des effets politiques durables dans la mesure où: 1) elle permet des alliances fondées sur l'idéologie ou l'intérêt avec des membres du monde politique; 2) elle menace de façon crédible de rompre la routine des processus politiques; 3) elle menace en outre, de manière tout aussi crédible, d'exercer une influence directe dans l'arène électorale; 4) elle permet à des acteurs politiques extérieurs d'exercer des pressions sur les autorités officielles. C'est lorsqu'existent déjà le parlementarisme, des institutions démocratiques et une compétition politique ouverte que les stratégies du mouvement social ont le plus de chances d'être adoptées efficacement (McAdam, Tarrow et Tilly, 2001, p. 14; traduction libre).

....

19. Pour une étude de pratiques participatives, mais non démocratiques, dans la formation des États-Unis, voir Shudson, 1993, p. 158.

L'historicisation des mouvements sociaux permet d'émettre des hypothèses à propos de la variation des répertoires d'action collective dans le temps et dans l'espace (Smith et Wiest, 2012 ; Tarrow, 2005). Les chercheurs se penchant sur les mouvements sociaux dans une perspective sociohistorique qualifient de *répertoire de contentions sociales* « des dispositifs d'action singuliers, constitués historiquement, qui associent les acteurs revendicateurs aux objets de leurs revendications » (McAdam, Tarrow et Tilly, 2001, p. 15 ; traduction libre). Les composantes de ces répertoires varient énormément. Elles peuvent inclure les manifestations, les *sit-in* et les occupations de logement ou de terre ; l'immolation, l'intimidation, le suicide politique ou diverses autres formes de violence politique ; la défense des droits de la personne ; la rédaction de manifestes, de revues, de tracts, de lettres d'opinion, de graffitis ou de sites Web ; l'action directe ; la grève ; la grève du sexe ; les pétitions ; le sabotage de la machinerie agricole ou industrielle ; les émeutes visant à fixer les prix du grain ; la destruction des moulins ; le piratage informatique ; l'incendie des granges ; la corruption ; les diverses formes de résistance passive, etc.[20]. Un répertoire de contentions comprend un ensemble de pratiques mobilisées par des agents dans un contexte historique donné. Des transformations sociales peuvent entraîner des changements de répertoire, de nouvelles options politiques et la marginalisation ou la disparition d'anciennes occasions, stratégies ou formes d'actions collectives. Dès 1959, le sociologue Ralph Darendorf soutient que dans les sociétés industrielles encadrées par un État de droit et une citoyenneté étendue, l'intensité des conflits sociaux est modulée par la superposition des formes d'inégalités ou d'oppressions vécues. Selon lui, l'exploitation sur la seule base de la classe sociale ne suffit plus à déboucher sur d'importants conflits sociaux. Bien que le constat de Darendorf date de plus de cinquante ans, il demeure pertinent dans la mesure où les importants mouvements des dernières

....

20. Thompson, 1993, p. 220-226 ; Scott, 1976 ; Tilly, 1989, 1995b ; McAdam, Tarrow et Tilly, 1988. Dans plusieurs travaux de Tilly, les concepts de classes sociales et de mouvements sociaux semblent interchangeables.

décennies, aux États-Unis notamment, mobilisent moins autour des classes sociales qu'autour de groupes de travailleurs racisés, de travailleurs sans papiers ou d'acteurs subissant de multiples formes d'oppression.

Dans des passages célèbres de son histoire sociale de la classe ouvrière anglaise, E. P. Thompson montre comment le répertoire d'action des paysans et des ouvriers est passé d'un contexte où ils étaient fortement stimulés par les cycles des prix au XVIIIe siècle, celui du pain notamment, à un contexte où la question des salaires a occupé une place de plus en plus centrale un siècle plus tard avec le développement de l'industrialisation (Thompson, 1993, p. 189 et 239). Dans *Les trois ordres ou l'imaginaire du féodalisme*, Duby caractérise l'imaginaire féodal comme évoluant autour de l'idée d'une consistance et d'une homogénéité entre le monde céleste et le monde terrestre. Dans cette cosmologie, l'harmonie sociale est synonyme de la division des ordres au sein du monde terrestre. Le clergé (*oratores*) et les nobles (*bellicores*), dont les relations ne sont pas nécessairement harmonieuses, reproduisent leur pouvoir social en privant les communautés paysannes des surplus de leur production par un ensemble de taxes. Le féodalisme implique à la fois le principe de triplicité – une hiérarchie entre les *oratores, bellatores* et *populi* – et le principe de ternarité – la croyance dans la récipro-cité des liens au sein de la hiérarchie (Duby, 1996, p. 516-518). Cela ne prévient pas les mutineries, les révoltes paysannes et le banditisme à grande échelle. Par contre, à l'exception de quelques mouvements révolutionnaires, les révoltes paysannes exigent l'allégement des redevances féodales et plus d'indé-pendance pour les communautés paysannes ; en somme, une participation plus équitable de tous à un ordre social de statuts inégaux (Moore, 1994).

Les répertoires de contentions sociales résultent de la sédi-mentation historique d'un ensemble d'interactions sociales. Ils varient notamment en fonction des lieux, des contextes historiques, du degré d'intensité d'un conflit, des ressources des acteurs, des cultures organisationnelles et des innovations sociales des acteurs ainsi que du cadre institutionnel au sein duquel sont définies les interactions légales et illégales. Ces répertoires évoluent en fonction des interactions des acteurs et de la capacité du pouvoir à encadrer, institutionnaliser et ritualiser les répertoires de contentions (McAdam, Tarrow et Tilly, 2001, p. 15-16). Ces variations s'observent sur plusieurs échelles. Sur une échelle plus courte, on peut comparer au Québec les grèves étudiantes des années 2005, 2007, 2012 et 2015 ; les mouvements altermondialistes à Seattle en 1999, à Québec et à Gênes en 2001, à Florence en 2002 et à Bombay en 2004 ; ou, encore, les dynamiques de contestation sociale en France, au Québec et dans le reste du Canada (Mills, 2011 ; Ancelovici, 2009, 2013 ; Dufour, 2013 ; Gheller, 2013). Sur une plus grande échelle historique, on peut comparer les lois régissant les contentions sociales « au sein d'empires agraires, de démocraties représentatives en milieu urbain et des systèmes nomades organisés sous la forme de clan » (Tilly, 2006a, p. 58 ; traduction libre). Dans la foulée des travaux de Marshall, que nous verrons au prochain chapitre, de nombreux chercheurs se sont intéressés à l'incidence de l'extension des droits sociaux sur la forme et l'intensité des conflits de classes. Les chercheurs qui étudient ces répertoires veulent, d'une part, montrer comment des contextes d'interactions sont façonnés par l'histoire. D'autre part, ils entendent préciser la récurrence de mécanismes qui font varier la cohérence ou l'efficacité des répertoires d'action dans un contexte donné (*ibid.*, p. 45 et 59).

Évidemment, tous les répertoires d'action n'ont pas la même efficacité politique. Un mouvement social qui n'innove pas s'expose à la redondance, ce qui risque d'entraîner la démobilisation de ses membres. Marcos Ancelovici analyse cette dynamique en montrant comment différentes organisations du travail en France, puis le mouvement Attac, inscrivent leurs pratiques dans des répertoires différents, empruntent et développent des stratégies très différentes durant les dernières décennies (Ancelovici, 2002, 2009, 2013).

Dans un texte intéressant pour interpréter le passage aux extrêmes des mouvements sociaux, McAdam, Tarrow et Tilly attribuent leur radicalisation à la nécessité à laquelle ils sont exposés d'innover afin de se démarquer des mouvements rivaux et de se faire entendre des autorités et du public:

> Répondant à des logiques expressives et instrumentales très diverses, les répertoires concilient, de manière à la fois conflictuelle et créative, l'innovation et la continuité. L'efficacité instrumentale d'un répertoire découle en grande partie de son caractère novateur; de sa capacité à prendre au dépourvu les opposants au mouvement social et les autorités; de son aptitude à engendrer un désordre public coûteux pour les intérêts établis. L'usage répété explique la nécessité d'encourager l'innovation tactique. Il s'agit d'une des principales raisons de la radicalisation des moyens d'action dans de nombreuses campagnes de contestation, de la surenchère dont ils font souvent l'objet. Cela conduit fréquemment les dirigeants d'un mouvement social à faire des concessions vis-à-vis des fractions les plus radicalisées de ce mouvement, au risque d'être condamnés comme «extrémistes» par leurs opposants et les médias (McAdam, Tarrow et Tilly, 2001, p. 16; traduction libre).

Cela contribuerait notamment à expliquer les déboires de certains mouvements sociaux où l'accumulation d'un capital de pureté militante devient un enjeu plus important pour certains militants que l'efficacité politique. Cette dynamique peut également contribuer à expliquer la compétition pour attirer des membres qui caractérise des organisations d'extrême gauche, notamment durant les années 1970-1980; les organisations d'extrême droite en Europe, notamment depuis les années 2000; ainsi que les organisations djihadistes depuis quelques décennies. Cela explique aussi que différentes organisations, appuyant en apparence la même cause, rivalisent plus entre elles qu'avec le pouvoir.

6.5.2. Les régimes, les opportunités politiques et les performances

Le concept de *structure d'opportunité politique* est central dans la théorie des processus politiques, de la politique du conflit et des mouvements sociaux. Tilly et Tarrow le définissent comme un «ensemble de caractéristiques d'un régime ou de ses institutions (par exemple : des divisions au sein de la classe dominante) qui, à un moment donné, facilite ou au contraire entrave l'action collective de certains acteurs politiques» (Tilly et Tarrow, 2008, p. 335). Charles Tilly et Sidney Tarrow soulignent que «les structures d'opportunité politique ne comportent pas seulement des opportunités au sens habituel, mais aussi des menaces» (*ibid.*, p. 94). Les chercheurs analysent les facteurs qui influencent l'émergence d'opportunités, et de menaces, dans le cadre des conflits politiques.

TABLEAU 6.2.

Les facteurs influençant la variation des structures d'opportunité politique

1. La multiplicité des centres autonomes de pouvoir

2. Le degré d'ouverture aux nouveaux acteurs

3. La stabilité ou l'instabilité des alignements politiques

4. La présence ou l'absence d'alliés

5. La capacité et la propension de l'État en matière de répression

6. Les changements importants intervenant dans les cinq domaines ci-dessus.

Source : Tilly et Tarrow, 2008, p. 106.

L'éventail des opportunités politiques varie en fonction des régimes politiques et de l'histoire de chacun. Tilly théorise la variation des régimes en fonction de deux axes. Le premier mesure les capacités dont dispose un État, dans quelle mesure «l'action de l'État a [une incidence] sur la population de son territoire, sa répartition, son activité, ses ressources : lorsqu'un État à fortes capacités intervient en matière de population, d'activité et de ressources, il se passe vraiment quelque chose» (Tilly et Tarrow, 2008, p. 102-103 ; voir aussi Birnbaum, 1983). Le second axe mesure le caractère plus ou moins démocratique d'un régime politique, c'est-à-dire dans quelle mesure

les personnes relevant de l'autorité d'un État donné jouissent de droits politiques larges et égaux, exercent une influence directe sur le personnel politique et les décisions publiques (par le biais, entre autres, d'élections ouvertes et de référendums) et ont les moyens de se protéger de l'arbitraire des agents de l'État, tels que policiers, juges et fonctionnaires (Tilly et Tarrow, 2008, p. 103).

À l'échelle de l'histoire mondiale, les régimes démocratiques aux capacités élevées sont très récents, alors que les régimes autoritaires aux capacités élevées ont été très fréquents (Tilly et Tarrow, 2008, p. 104-105).

Ces développements mésosociologiques, interactionnistes et relationnels de la sociologie des révolutions comportent deux caractéristiques importantes. D'abord, ils tiennent compte d'un nombre beaucoup plus élevé de situations révolutionnaires que dans les approches avoisinant l'histoire sociale et dans les approches macrosociologiques à la Skocpol. Cela permet un éventail de comparaisons plus large et, conséquemment, une plus grande possibilité de dégager des mécanismes et processus explicatifs sans tomber dans les analyses quantitatives décontextualisées. L'heuristicité des modèles proposés est ici une valeur ajoutée recherchée sur le plan épistémologique. De plus, ces développements déprovincialisent l'étude qualitative des révolutions centrée autour des révolutions française, anglaise et américaine[21]. Cela permet non seulement de tenir compte d'un ensemble de cas d'interactions conflictuelles plus récents, mais aussi d'aborder l'évolution des répertoires de contentions à travers le temps et l'espace. Dans cette veine, on assiste à d'importantes reformulations du concept de révolution, ce qui permet la prise en compte d'un grand nombre d'interactions sociales impliquant une mobilisation de masse dans le but de renverser un régime politique.

Le sociologue Misagh Parsa utilise les théories des mouvements sociaux dans ses analyses comparatives de la Révolution iranienne. Il étudie l'incidence de l'environnement social sur les ressources organisationnelles, les réseaux de communication et les possibilités générant l'action collective. La relation entre l'État et la société civile prend également une place importante

....

21. Des listes d'épisodes révolutionnaires contiennent une centaine de cas ; voir Goldstone, 2001, p. 142.

dans son modèle. Il défend que le niveau d'intervention de l'État dans le processus d'accumulation et de distribution du capital affecte la probabilité d'un conflit révolutionnaire. Une intervention élevée dans ce processus tend à politiser et à diminuer la crédibilité des revendications d'autonomie de l'État face aux classes dominantes et aux capitaux étrangers de sorte que l'État est d'emblée identifié comme une source de problème. Ce modèle vise par extension à expliquer la vague révolutionnaire qui s'est produite dans le tiers monde, là où les États ont constitué le vecteur principal de développement économique (Parsa, 1989, 2000, 2004, p. 39-57).

Si les révolutions sont abordées comme une forme de politique du conflit, elles doivent être considérées de façon suffisamment large pour s'appliquer à un grand nombre de cas. Les critères pour définir une révolution doivent donc éviter d'être soit trop précis, soit trop abstraits, afin d'orienter des enquêtes empiriques. Des définitions moins exigeantes ont l'avantage d'accroître le nombre de questions de recherche rendues possibles par une théorie. D'où, chez Tilly et Tarrow, une définition du concept de révolution comme un «transfert forcé du pouvoir d'État, où au moins deux blocs distincts de belligérants élèvent des prétentions mutuellement incompatibles sur celui-ci et où chaque bloc peut se prévaloir de l'adhésion d'une fraction significative de la population» (Tilly et Tarrow, 2008, p. 260). Une telle définition permet, par exemple, de poser les questions suivantes: «Dans quelle mesure et de quelles façons est-ce que les grandes révolutions se conforment aux régularités de la politique non révolutionnaire? En particulier, à quel point les grands changements dans l'organisation des États influencent-ils les révolutions?» (Tilly, 1995c, p. 4; traduction libre). L'analyse d'une révolution, dans cette perspective, gagne à être décomposée analytiquement en deux moments: la situation révolutionnaire et l'issue révolutionnaire. Aucun de ces moments n'est soumis à une seule loi générale. Une *situation* révolutionnaire suppose qu'il y ait

> apparence de rivaux, ou de coalitions rivales qui exercent une prétention différente au contrôle de l'État, ou à certains segments de celui-ci. Adhésion à cette prétention de la part

d'une portion significative de la population. Incapacité ou absence de volonté des gouvernants de supprimer les coalitions optionnelles ou l'adhésion à ces revendications (*ibid.*, p. 10 ; traduction libre).

Les sociologues des conflits doivent expliquer différentes composantes des situations révolutionnaires, notamment «l'émergence des blocs de rivaux en compétition, l'appui de portions importantes de la population à ces blocs, et l'échec des gouvernants existants à supprimer les blocs ou l'appui qu'ils ont auprès des citoyens» (Tilly, 2006a, p. 161 ; traduction libre). C'est en grande partie la problématique gramscienne des luttes pour l'hégémonie. Ces blocs ne sont jamais formés seulement de classes sociales. Ces luttes se forment et se jouent également au sein d'un ensemble d'institutions et d'organisations qui affectent les représentations collectives et prennent part à des actions collectives. La polarisation de ces luttes et leur débordement en dehors du cadre institutionnel prévu à cet effet peut entraîner des situations révolutionnaires. Ces situations sont favorisées par des processus qui ont déjà fait, en partie, l'objet d'une analyse par les théories stato-centrées des révolutions : la guerre et les pressions politiques, fiscales et identitaires qu'elle exerce sur une population, notamment (*ibid.*, p. 173). Les situations révolutionnaires varient également en fonction de la représentation que les citoyens ont de l'État. L'occurrence de ces situations tend à croître quand les citoyens perdent la conviction selon laquelle l'État est juste et en mesure d'assurer son mandat. Puis la cristallisation de l'opposition entre les élites entraîne une situation de polarisation politique. Plus les révolutions sont longues, plus on assiste à une succession de situations révolutionnaires. Les enjeux, les acteurs et les revendications se modifient sans cesse lors de ces successions, souligne Tilly. En analysant ces contextes *a posteriori*, l'analyste tend à leur donner une apparence de clarté, voire de simplicité, qui traduit rarement la complexité des positionnements et repositionnements se succédant au fil des interactions entre les acteurs. Il ne faut donc pas tenir pour acquis que l'issue d'une succession de situations révolutionnaires reflète les intentions qu'avaient les acteurs au début d'un épisode de polarisation.

Un résultat révolutionnaire est le transfert effectif de la souveraineté d'une coalition de forces vers une autre coalition (Tilly, 1995c, p. 14). Peu d'actions collectives et de situations révolutionnaires débouchent sur de tels résultats. Bien souvent, ces actions entraînent des compromis ou des concessions politiques. Elles peuvent également être cooptées, instrumentalisées, réprimées ou elles peuvent s'essouffler. La relation entre l'ampleur d'une mobilisation et l'atteinte des résultats escomptés par les acteurs mobilisés n'est pas mécanique. Elle est médiatisée par les dynamiques et les stratégies politiques d'un ensemble d'acteurs et d'institutions et peut se jouer sur plusieurs terrains à la fois. Une mobilisation qui n'est pas canalisée politiquement à l'intérieur des bons canaux risque fort de tomber à plat, de s'essouffler, d'être réprimée et de mener à la judiciarisation ou à la neutralisation des acteurs qui y prennent part. C'est dans cette veine que le journaliste et essayiste Paul Mason (2013) souligne que plusieurs mouvements sociaux depuis 2008 ont de la difficulté à aller au-delà de pratiques horizontalistes qui, aussi spectaculaires soient-elles sur le plan médiatique, ne débouchent pas sur des gains politiques et encore moins sur des changements sociaux substantiels. Pour évaluer ces dynamiques, le sociologue sera en meilleure compagnie avec Machiavel qu'avec Marx ou Durkheim.

On parle de scénarios d'*issues* révolutionnaires lorsque l'on constate empiriquement : «1) la défection de membres du régime ; 2) l'acquisition de forces armées par la coalition révolutionnaire ; 3) la neutralisation ou la défection des forces armées du régime ; 4) la prise de contrôle de l'appareil d'État par les membres de la coalition révolutionnaire» (Tilly, 2006a, p. 161 ; traduction libre). Ce sont les facteurs à l'origine de chacun de ces scénarios qui devront faire l'objet d'une analyse sociologique afin d'expliquer une séquence révolutionnaire complète. En outre, l'ensemble de facteurs affectant la résilience des régimes politiques devra faire l'objet d'une analyse sociopolitique. Les institutions d'un régime politique ont une forte incidence sur la forme que prennent les relations entre les classes, en ce qui a trait à leur capacité de mobilisation ainsi qu'aux motivations et aux stratégies des acteurs. Parmi ces facteurs, Goldstone souligne notamment : « *a) whether states have the financial and cultural resources to carry out the tasks they set for themselves and are expected to carry out by elites and popular groups, b) whether elites are largely united or deeply divided or polarized, and c) whether elites link up with protest by popular groups* » (Goldstone, 2001, p. 147 ; Foran, 2005 ; Hall, 2013, p. 62-82 ; Mann, 2012c, p. 167-207).

Bien que ces développements de la sociologie des révolutions tendent à intégrer beaucoup d'outils mésosociologiques, ils conservent la volonté d'historiciser les particularités des formes d'actions collectives, de conflits sociaux et, éventuellement, de révolutions. Tilly soutient que les révolutions varient historiquement en fonction des transformations de l'État, d'une part, et du système interétatique, d'autre part. Parce que les États et le système international de l'ère actuelle ne sont plus ce qu'ils étaient il y a deux siècles, les révolutions ne peuvent plus être expliquées avec les mêmes outils. Les événements qu'elles renferment ne s'inscrivent pas dans les mêmes répertoires, les mêmes contextes ni les mêmes structures d'opportunités et de menaces (Tilly, 1995c, p. 5-6). Tilly propose une périodisation de différentes époques historiques au sein desquelles il situe les vagues de révolutions européennes. Sa périodisation de ces époques varie en fonction des relations entre les régimes militaires et les civils.

TABLEAU 6.3.

Les régimes de relations civiles – militaires en Europe, 1492-1991

1. Les régimes militaires sont constitués de forces privées et relativement autonomes généralement hiérarchisées pouvant s'allier afin de réprimer des rébellions.

2. Les régimes militaires sont constitués de mercenaires organisés à la solde des autorités les plus aptes à les payer au moyen d'argent emprunté ou levé par des taxes.

3. Les forces armées sont des armées de conscrits nationaux soumis à une autorité civile centralisée en mesure de les payer grâce aux revenus nationaux.

Source : Adaptation de Tilly, 2006a, p. 174.

L'évolution des relations entre les civils et les militaires est une clé de l'étude de la variation des épisodes de conflits. On trouvera d'importantes analyses de la transformation de ces relations également chez Lachmann (2013b) et Huntington (1985).

CONCLUSION

Comme le note Jack A. Goldstone (2001) dans son appel à une « quatrième génération » de théories des révolutions, l'usage de ce concept a évolué considérablement au cours des trente dernières années. Alors que Skocpol (1985) rapporte une poignée de cas de grandes révolutions sociales, les occurrences révolutionnaires étudiées par les chercheurs se comptent aujourd'hui par dizaines. D'une part, les sociohistoriens se sont intéressés à un nombre toujours grandissant de cas de changement social. D'autre part, le concept de révolution a également évolué en fonction des fins pragmatiques de la recherche. Étant donné le caractère très politisé de ce champ d'études, plusieurs observateurs des mouvements sociaux étant eux-mêmes des militants, l'enjeu de définir le concept de révolution s'avère particulièrement complexe. Nombre de mésententes théoriques résultent de définitions distinctes du concept au sein de différentes traditions politiques.

La sociologie des révolutions se montre par ailleurs plus sceptique qu'auparavant quant aux transformations sociales que provoquent les épisodes révolutionnaires. Comme les interventions des brenneriens l'indiquent dans le débat sur les révolutions bourgeoises, les phénomènes révolutionnaires sont plus révélateurs des caractéristiques des relations sociales qui les produisent que de l'ordre social nouveau qu'ils proclament. La systématisation des études prenant les épisodes révolutionnaires comme *explanandum* a remis en cause une part considérable des usages du concept comme *explanans*. Il n'est pas question de nier l'importance des transformations engendrées par les révolutions, mais les chercheurs s'entendent généralement sur l'importance d'étudier les mécanismes qui expliquent la nature de ces changements, plutôt que de se contenter d'une théorie générale du changement révolutionnaire. Cette insistance sur les mécanismes s'accompagne d'une prise en compte plus systématique du rôle des acteurs et des cadres culturels dans lesquels ils s'inscrivent. L'accent sur l'agentivité et les idéologies qui animent les acteurs révolutionnaires crée une convergence entre la sociologie des mouvements sociaux et celle des révolutions. Ironiquement, ce rapprochement de deux champs restés distincts jusqu'à récemment donne lieu à un éclatement sur le plan théorique. Les usages du concept de révolution s'étant multipliés, il n'est pas évident que les chercheurs qui l'utilisent partagent encore le même vocabulaire conceptuel. Les défis sont donc nombreux pour ces chercheurs. La restructuration de ce champ pourrait avoir des conséquences importantes pour l'étude d'autres objets d'études, tels que la démocratisation, l'étude des fascismes et des totalitarismes, l'étude des origines du capitalisme ou des États modernes.

Lectures complémentaires

Dufour, Pascale (2013). *Trois espaces de protestation particuliers : la France, le Canada et le Québec*, Montréal, Presses de l'Université de Montréal.

Goodwin, Jack (2001). *No Other Way Out: States and Revolutionary Movements. 1945-1991*, Cambridge, Cambridge University Press.

Skocpol, Theda (1985). *L'État et les révolutions sociales*, Paris, Fayard.

Tilly, Charles (2006). *Regimes and Repertoires*, Chicago, Chicago University Press.

Tilly, Charles et Sidney Tarrow (2008). *Politiques du conflit*, Paris, Presses de la Fondation nationale des sciences politiques.

à p. 353

CHAPITRE 7

LA SOCIOLOGIE HISTORIQUE
DES RÉGIMES POLITIQUES

Democracy, once formed, does not stay in place forever.
That is why sites of democracy always display the sign
« UNDER CONSTRUCTION ».

(TILLY, 1995a, p. 385)

L'un des fondateurs de la sociologie britannique, Leonard Trelawny Hobhouse (1864-1929), soutenait que la discipline devait se donner pour défi d'analyser les conditions institutionnelles et historiques favorables au développement du progrès et des libertés. Plus récemment, le politologue Francis Fukuyama, qui pose un regard moins confiant sur l'état de la démocratie dans le monde qu'en 1990, reprend cette quête sur les traces de son mentor, Samuel Huntington (1968). Dans *The Origins of Political Orders*, il suggère que la stabilité des États démocratiques repose sur un fragile équilibre entre trois institutions qui requièrent d'être constamment dynamisées : l'État, la règle de droit et les gouvernements responsables. L'équilibre entre ces institutions est « un miracle de la politique moderne, puisqu'il n'est pas évident qu'elles puissent être combinées » (Fukuyama, 2011, p. 16 ; traduction libre). En 2012, dans un contexte marqué par l'éviscération de la classe moyenne américaine, la montée du *Tea Party* aux États-Unis et celle d'une nébuleuse de partis d'extrême droite en Europe, Fukuyama formule des craintes quant à la capacité des États-Unis à maintenir cet équilibre. Plusieurs sociologues partagent ce pessimisme en constatant les pressions exercées, durant les dernières décennies, sur les composantes politiques, civiques et sociales de la citoyenneté identifiées par T. H. Marshall (Bourque, Duchastel et Pineault, 1999; Somers, 2008, p. 169; Burbank et Cooper, 2011, p. 27).

L'étude de la démocratie est un autre domaine où il est difficile de distinguer les contributions de la politique comparée de celles de la sociologie historique. De façon générale, on peut affirmer que les études en politique comparée ont recours à des analyses plus quantitatives que les approches plus contextuelles de la sociologie historique. Elles portent également sur des périodes historiques plus restreintes. La théorie de la *transitologie*, par exemple, porte sur les cas précis de transitions de régimes autoritaires vers des régimes démocratiques; transitions qui se sont déroulées durant la dernière moitié du XXe siècle et au cours desquelles des pactes entre les élites de régimes autoritaires, au sud de l'Europe et en Amérique latine, ont permis d'amorcer un changement vers le jeu démocratique (O'Donnell et Schmitter, 1986). Des auteurs soulignent cependant la portée heuristique limitée de cette théorie en raison de sa difficulté à rendre compte d'un nombre grandissant de cas depuis la fin de la guerre froide (Dufy et Thiriot, 2013; Stoner et McFaul, 2013). D'autres mentionnent qu'elle renonce un peu rapidement à l'étude des institutions permettant le développement démocratique sur la longue durée (Camau, 1999, p. 5).

Plusieurs sociologues de la démocratie entretiennent une idylle avec la philosophie politique et développent des positions plus normatives que sociologiques en ce qui a trait à l'étude de la démocratisation et de la citoyenneté. Comme le remarque Tilly, cette relation donne lieu à des études guidées par des questions comme «qu'est-ce qui manque pour qu'un régime soit démocratique ou qu'un individu soit un citoyen?» plutôt que par des questions telles que «comment fonctionnent des institutions démocratiques?» (Tilly, 1997a, p. 599; traduction libre). Il est inévitable que la réflexion sur la citoyenneté passe par une analyse normative des libertés et des droits devant encadrer le statut de citoyen dans un régime démocratique, notamment (Jacob, 2008). Comme le souligne Margaret Somers, la question de la citoyenneté n'est pas seulement empirique. Elle prend racine dans différentes traditions de pensée politique, libérale et républicaine, en particulier (Somers, 2008, p. 150-161; Román, 2010)[1]. Pour être sociologiques, cependant, ces analyses ne peuvent faire l'économie de l'étude des mécanismes méso-sociaux et des processus qui sous-tendent les institutions et les conditions d'exercice de la citoyenneté, pas plus qu'elles ne peuvent négliger les trajectoires sociohistoriques qui ont permis l'émergence de régimes démocratiques. Ce sont davantage de tels travaux qui retiendront notre attention dans ce chapitre.

Nous présentons ici des travaux sur les conditions d'émergence et l'évolution des pratiques démocratiques en Europe en abordant une perspective sociohistorique sur le développement des régimes politiques. Pour ce faire, nous omettons sciemment les importantes contributions d'autres domaines ayant contribué à théoriser la démocratie. Un premier domaine que nous laissons de côté est la philosophie politique qui s'intéresse notamment aux enjeux relatifs aux conceptions délibératives, procédurales, radicales, représentatives et directes de la démocratie. Nous ne retiendrons pas non plus les travaux des constitutionnalistes et politologues portant sur les dimensions légales et institutionnelles de la démocratie (Przeworski, 2010; Przeworski *et al.*, 2000; Fung et Wright, 2003; Stoner et McFaul, 2013); ainsi que les travaux sur les organisations infraétatiques ou supraétatiques. Enfin, nous laissons de côté les importantes contributions de l'histoire sociale à l'étude de la démocratie.

Nous nous penchons sur la contribution de travaux sociohistoriques à la réflexion sur la variation des régimes politiques ainsi que sur certains concepts ayant fait l'objet d'un

....

1. Sur les tensions entre la théorie et la pratique des théories de la citoyenneté et de la démocratie, voir Bentley, 1999; Wood, 2008, 2012; Dupuis-Déri, 2013; Losurdo, 2013.

traitement privilégié par des sociologues, ceux d'espace public, de société civile, de démocratisation et de capital social, par exemple. Nous parcourons d'abord les travaux classiques de T. H. Marshall, Jürgen Habermas et Barrington Moore Jr sur la citoyenneté et la démocratie. Ces travaux fournissent plusieurs thèmes constamment revisités par la sociologie politique. Nous nous penchons ensuite sur le virage mésosociologique dans les études de la démocratisation ainsi que sur des enjeux d'ordre conceptuel. Enfin, nous proposons une perspective historique plus large en abordant la question du pouvoir social dans la démocratie antique et moderne.

7.1. LA CITOYENNETÉ ET LA DÉMOCRATIE

Nous présentons dans cette section des travaux classiques de sociologues sur les conditions d'émergence de la démocratie. Contre les théoriciens de la modernisation, les sociohistoriens aiment rappeler que l'histoire des gains démocratiques est indissociable « de la narration épique des résistances contre la violence, l'inégalité et l'exploitation » (Eley et Nield, 2007, p. 35). Nous amorçons ce survol par deux contributions à l'étude de la citoyenneté et de la démocratisation qui procèdent davantage par convergence que par divergence : celle de Marshall, un des doyens de l'étude sociologique de la citoyenneté, et celle de Sandra Halperin, une analyste contemporaine qui situe les processus de démocratisation en Europe dans une perspective historique et globale. Nous nous penchons ensuite avec Habermas sur les conditions d'émergence d'un espace public démocratique. Puis nous présentons les classifications sociohistoriques des régimes politiques de Barrington Moore, Michael Mann et Thomas Ertman.

Citizenship and Social Class de T. H. Marshall est un incontournable de l'étude sociologique de la citoyenneté. Publié en Angleterre en 1950, l'ouvrage de Marshall influencera le mouvement social-démocrate d'après-guerre. Comme l'ouvrage *L'espace public. Archéologie de la publicité comme dimension constitutive de la société bourgeoise* de Jürgen Habermas, *Citizenship and Social Class* sera déterminant autant par son contenu que par la trajectoire des débats qu'il suscitera (Habermas, 1978 ; Calhoun, 1993 ; Boucheron et Offenstadt, 2011 ; Bastien *et al.*, 2014). Relevant d'une démarche qu'il voulait autant typique que chronologique, l'ouvrage de Marshall reconstruit le processus qui mène à l'institutionnalisation de trois composantes de la citoyenneté : les droits civiques, garantis par les institutions juridiques ; les droits de participation politique, garantis par les parlements ; et les droits sociaux, associés au développement de l'État-providence (réduction des inégalités face au marché ; système d'impôt progressif ; système de transferts sociaux par l'entremise de l'État ; système d'éducation et de santé universel) (Mann, 2012c, p. 281 et suiv.).

Pour Marshall, les explications sociologiques de la citoyenneté ne peuvent faire l'économie de l'analyse du régime socio-économique et du cadre politique dans lequel elle s'exerce ou ne s'exerce pas. *Citizenship and Social Class* analyse la relation complexe qu'entretient le développement du capitalisme avec celui des composantes civiques, politiques et sociales de la citoyenneté. La citoyenneté se développera à travers les luttes qui mèneront à l'extension de droits civiques, politiques et sociaux sur une longue période de temps. Le développement du capitalisme engendrera d'abord une lutte qui incitera la bourgeoisie à ériger et à consolider un ensemble de droits civiques et politiques sur les ruines de l'Ancien Régime. Ces droits seront d'abord limités à une minorité d'hommes adultes et propriétaires[2]. Le prolétariat aura à lutter pour obtenir, d'une part, des droits de participation politique et, d'autre part, des droits sociaux[3]. Il faudra attendre la « révolution jacksonienne » aux États-Unis (désignant la présidence d'Andrew Jackson entre 1829-1837)

----

2. Cette limitation a toujours été le choix des élites en place. Dans le contexte de la Révolution anglaise, les mouvements comme les *Diggers* et les *Levellers* qui se sont battus pour l'extension du droit de vote seront mis au pas par les élites qui limiteront l'exercice du droit de vote à une minorité de la population adulte et propriétaire ; voir Kennedy, 2008.

3. L'ouvrage de Polanyi présente une analyse complémentaire de ces transformations dans le contexte européen.

pour voir apparaître les jalons d'un exercice du suffrage s'étendant au-delà des cercles de propriétaires et organisé autour de factions politiques (Osterhammel, 2014, p. 579).

TABLEAU 7.1.	

Le pourcentage de la population
ayant le droit de vote en 1910

Pays	%
Finlande	45
Norvège	33
France	29
Espagne	24
Grèce	23
Suisse	22
Angleterre	18
Roumanie	16
Russie	15
Pays-Bas	14
Portugal	12
Italie	8
Hongrie	6
Allemagne	2

Source : Goldstein, 1983, cité dans Halperin, 1997, p. 168 ; traduction libre.

Le capitalisme engendrera un conflit de classe entre la bourgeoisie et le prolétariat. Ce conflit donnera lieu à un ensemble de négociations entre le mouvement des travailleurs et des travailleuses, le capital et l'État dont il résultera un ensemble de concessions sous la forme de droits sociaux (Katznelson, 2013). Ces droits ne mettront pas un terme aux luttes de classe ni au capitalisme, mais ils pacifieront, dans une certaine mesure, et encadreront les conflits sociaux capitalistes (Beauchemin, Bourque et Duchastel, 1995). Marshall interprète l'extension des droits civiques, politiques et sociaux comme une occasion réelle de développer l'exercice de la citoyenneté même au sein d'un mode de production fondamentalement inégalitaire comme le capitalisme. Son travail est caractéristique de l'optimisme des années 1960 et 1970 quant à la possibilité d'endiguer les principales contradictions du capitalisme dans le cadre de la démocratie libérale. Les politiques keynésiennes de l'après-guerre semblent confirmer l'irrésistible avancée de l'égalitarisme annoncée par Alexis de Tocqueville (1805-1849) (Aron, 1962b). Depuis les années 1980, cependant, les politiques néolibérales ravivent les pronostics moins optimistes quant au lien entre capitalisme, développement et démocratisation.

Plus récents, les travaux de Sandra Halperin s'inscrivent dans la tradition de ceux de Marshall. Ils mettent l'accent sur les éléments de convergence des trajectoires de conflits sociaux en Europe. Halperin analyse les luttes qui ont conduit à l'extension des droits notamment durant le long XIXe siècle, l'industrialisation, l'impérialisme et les deux grandes guerres. Elle analyse la résistance des élites à concéder ces droits (Halperin, 2004, p. 74)[4] en prenant acte du contexte global au sein duquel se développeront les États européens, les classes dominantes et les grandes métropoles européennes durant cette période. Elle relie les réseaux locaux aux réseaux globaux en soulignant le rôle des grandes villes et des États dans la médiation des rapports de pouvoir transnationaux.

Halperin est familière des théories sociohistoriques qui distinguent une trajectoire qui mènera à la démocratie parlementaire, en Angleterre, aux Pays-Bas et en France, des trajectoires continentales menant à l'autoritarisme et au fascisme à l'Est, comme au Sud de l'Europe. Alors qu'une révolution bourgeoise aurait caractérisé les premières trajectoires, ailleurs les élites agraires auraient préservé leur pouvoir, court-circuité les projets révolutionnaires et étouffé les forces démocratiques (*ibid.*, p. 26). Or, Halperin défend l'idée que cette thèse interprète, à tort, la bourgeoisie comme le moteur de la révolution industrielle anglaise. Elle attribue aux anciennes élites agraires

....

4. Pour une analyse de la thèse de Marshall qui approfondit les conflits sociaux à l'origine de l'institutionnalisation des droits, voir Steinberg, 1996.

un rôle clé dans les transformations socioéconomiques de l'Angleterre. Puis elle soutient que, durant le XIXe siècle, la période de libre-échange de 1860 à 1875 deviendra l'exception et non la règle. Enfin, contre les défenseurs des théories de la révolution bourgeoise en Angleterre, elle estime que, comme sur le continent européen, les intérêts des propriétaires terriens et des industriels y convergent plus qu'ils ne s'y opposent : « *Either the aristocracy absorbed the industrial bourgeoisie and dominated it, protecting land and income structures, or the aristocracy resisted the industrial bourgeoisie and dominated it, protecting land and income structures. The road that emerges, either way, is one of dualism and monopoly* » (*ibid.*, p. 27-28). D'où sa thèse selon laquelle, en dépit de leur manque de synchronisme, les trajectoires européennes sont caractérisées par de profondes convergences (*ibid.*, p. 26-27). Ces convergences sont particulièrement claires en ce qui a trait à la politique étrangère :

> Most important of all, states supported an expansion of production based on imperialist exploitation of other states and territories, both within and outside Europe. [...] this process of expansion enabled elites to increase production and profits while retaining their monopoly of land and capital. As a result, industrial expansion in Europe was essentially dualistic : repression and restriction at home and imperialist expansion abroad. It was this double-movement rather than the Polanyian one of protection and expansion that characterized Europe's nineteenth-century industrial capitalism (*ibid.*, p. 12).

Revenant sur les thèses de Marshall, Sylvia Walby (2000, p. 53) et Michael Mann (2012c, p. 282-285) soulignent que sa périodisation de l'obtention des droits doit être amendée en fonction des sexes. Dans le cas des femmes, les droits sociaux (aide aux femmes nécessiteuses) précéderont les droits politiques (le vote), qui, eux, devanceront les droits civiques (droits concernant leur autonomie sur leur corps, protection contre la violence conjugale, etc.). Le développement de l'État-providence et du fordisme ne mettra pas fin au modèle de l'homme pourvoyeur. Même en Europe de l'Ouest, des États comme la France, l'Italie et la Belgique ne concéderont pas de droits politiques aux femmes avant la Seconde Guerre mondiale et la Suisse avant 1970. De surcroît, ces droits seront consentis aux femmes, aux groupes racisés et aux Autochtones à des rythmes différents[5].

TABLEAU 7.2.	
L'année d'obtention du droit de vote par les femmes	
Pays	Année
Nouvelle-Zélande	1883
URSS	1917
Canada (fédéral)	1919
États-Unis	1920
Grande-Bretagne	1928
Espagne	1931
Québec	1940
France	1945
Italie	1946
Belgique	1948
Suisse	1970

Source : Dickinson et Young, 2009, p. 318.

TABLEAU 7.3.		
La séquence du développement des composantes de la citoyenneté		
	Hommes	Femmes
1.	Droits politiques	Droits sociaux
2.	Droits civiques	Droits politiques
3.	Droits sociaux	Droits civiques

Source : Adaptation des modèles de Marshall (1950) et Walby (2000)

---

5. Pour l'évolution de ces droits au Canada, voir Maillé, 1990 ; Dumont et Toupin, 2003 ; MacIvor, 1999 ; Jenson, 1996 ; Lamoureux, 1989 ; Rutland, 2013 ; pour l'Europe, voir Marques-Pereira, 2003 ; Gauthier et Heinen, 1992 ; J. W. Scott, 1998 ; Voet, 1998. Pour une analyse des luttes sociales et racisées entourant le développement de l'État-providence aux États-Unis, voir Katznelson, 2013.

7.2. L'ESPACE PUBLIC

Une dizaine d'années après la publication de l'ouvrage de Marshall, Jürgen Habermas publie *L'espace public. Archéologie de la publicité comme dimension constitutive de la société bourgeoise*[6]. Cet ouvrage aura une influence considérable sur les travaux portant sur le rôle de l'espace public, la démocratie délibérative et la société civile. Représentant du même optimisme de la génération d'après-guerre que Marshall, Habermas défend les fondements de la démocratie délibérative et le potentiel critique de la sphère publique bourgeoise, une dimension négligée par les marxistes[7]. Il défendra ces institutions durant les décennies suivantes comme rempart contre le fascisme et le soviétisme.

L'ouvrage juxtapose des éléments d'histoire des idées politiques et des éléments d'une étude comparative hétérodoxe de la formation des institutions ayant été à l'origine de pratiques démocratiques délibératives principalement en Angleterre, mais également en France et en Allemagne, du XVIIIe siècle jusqu'à la première partie du XXe siècle. Cette enquête sort du cadre étroit d'une comparaison des institutions parlementaires pour faire revivre le contexte qui a permis la formation d'un public bourgeois éclairé : la famille bourgeoise, les cafés, les salons, l'évolution du droit public et des lois sur la censure, la formation d'un journalisme indépendant, l'émergence de partis politiques, etc. En parallèle, Habermas a effectué l'archéologie des notions de publicité et d'opinion publique dans la pensée politique européenne en attribuant notamment la paternité de l'important concept d'opinion publique aux physiocrates (Baker, 1993, p. 197-198). L'ouvrage conclut sur un portrait sombre de la subversion du principe de publicité au cœur de la sphère publique bourgeoise du XIXe siècle. Habermas, souligne le sociologue Craig Calhoun, ne parvient pas à identifier des

----

6. L'ouvrage fut publié en allemand en 1962, en français en 1978 et en anglais en 1989.

7. Le cadre théorique qu'il développe par la suite abandonne le volet comparatif de cet ouvrage, mais il reste rivé à la question des conditions de possibilité d'une rationalité délibérative. Anderson analyse les modalités et les implications de cette rupture théorique chez Habermas dans Anderson, 2005, p. 114-122.

institutions permettant encore l'expression d'une rationalité délibérative dans l'État social de masse, qu'il va plus tard qualifier de capitalisme avancé (Calhoun, 1993, p. 29-30)[8].

L'ouvrage fera l'objet de plusieurs critiques sociohistoriques, chacun y allant de sa liste de doléances : les institutions délibératives antérieures à l'ère bourgeoise sont négligées ; la sphère publique bourgeoise est trop embellie ; sa détérioration est trop amplifiée ; les espaces publics ouvriers et plébéiens sont sans contredit négligés ; le développement de la rationalité au sein des institutions religieuses et scientifiques est laissé pour compte ; l'importance de la révolution de l'imprimé dans le développement de l'espace public n'est pas suffisamment mise en relief ; les mouvements sociaux qui seront écrasés durant leurs luttes pour la franchise sont évacués de l'histoire ; les restrictions de l'accès à l'espace public selon le sexe ne sont pas problématisées, non plus que la dimension genrée de la division entre le public et le privé (Calhoun, 1993, p. 33-36 ; Shudson, 1993, p. 146-155 ; Baker, 1993, p. 190-191 ; Zaret, 1993, p. 213-228 ; Somers, 2008, p. 187-189).

D'autres reprendront les idées phares de l'ouvrage pour les étendre à d'autres domaines. Dans cette veine, Osterhammel effectue une synthèse des travaux sur les espaces publics en Inde, dans l'Empire ottoman, en Chine, au Japon et en Russie, qui met en relief des tendances intéressantes. D'abord, ce ne sont pas tous les endroits où se développent des espaces publics « qui tentent d'imiter l'Ouest ». Ces espaces peuvent être le lieu d'expression d'une compétition institutionnelle ou régionale au cœur de différentes organisations sociales du pouvoir. Aussi, « les espaces publics peuvent être construits dans une variété d'espaces ». En outre, ils ne prennent pas toujours une forme nationale. Enfin, il faut se garder de l'idée selon laquelle ils sont toujours le lieu d'un exercice de la critique politique. Bien

----

8. Le projet philosophique d'Habermas est consacré en partie à redonner un tel fondement à la sphère publique. Toutefois, Habermas abandonnera l'étude des institutions concrètes des sociétés civiles pour chercher ce fondement dans le potentiel d'un « agir communicationnel » inhérent à une analyse pragmatique du langage.

souvent ces espaces traduisent les préoccupations d'élites peu versées dans la remise en cause de l'ordre social (Osterhammel, 2014, p. 597-598 ; Wakeman, 1998).

Calhoun critique également le degré d'abstraction de la réflexion d'Habermas sur la sphère publique. Il souligne l'importance de développer une analyse sociohistorique de l'espace public qui permette de le reconstruire comme un espace de connexions discursives impliquant des groupes ayant leurs propres discours, dont il importe d'analyser le contenu, les frontières, l'organisation interne, ainsi que les raisons expliquant l'existence séparée de ces groupes (Calhoun, 1993, p. 37-38). Cette analyse devrait également théoriser les rapports de pouvoir structurant la société bourgeoise. En négligeant la sphère publique plébéienne, Habermas n'a pas suffisamment souligné le fait que la sphère publique bourgeoise ne sert pas uniquement à neutraliser la domination de l'État sur la société civile, mais aussi à maintenir un système de domination favorisant la classe bourgeoise au sein de la société civile : « *The hegemony of bourgeois publicity was always incomplete and exercised within a field constituted partly by its relation to other insurgent discourses* » (Calhoun, 1993, p. 39). Dans la même veine, Shudson soupçonne les analyses inspirées d'Habermas de plaquer un exercice de la rationalité délibérative à bien des endroits où des coalitions d'acteurs privés manifestent leurs propres intérêts devant le « public » en se souciant bien peu d'éclairer celui-ci sur leurs motivations profondes. Analysant les débats qui structurent la société américaine des XVIIIe et XIXe siècles, Shudson rappelle que la recherche d'un intérêt public général est rarissime et beaucoup moins importante que l'affirmation d'intérêts particuliers à travers des réseaux d'alliances complexes (Shudson, 1993, p. 146 et 161).

Zaret souligne, quant à lui, que le choix de faire remonter le développement de la sphère publique en Angleterre au XVIIIe siècle, plutôt qu'au XVIIe, a des conséquences importantes. Déjà au XVIIe siècle, avec la Révolution anglaise, se développent une opinion publique critique de la monarchie et un appel à la publicité de la part des mouvements révolutionnaires comme de certains parlementaires. Zaret soutient également que la sphère publique est plus forte et plus large au milieu du XVIIe siècle qu'au XVIIIe et que l'importance grandissante de l'opinion publique comme arbitre de la politique tient moins de la culture savante que du milieu social populaire. Enfin, l'analyse de la Révolution anglaise met également en relief l'importance des questions religieuses (Zaret, 1993, p. 220). Les parlementaires feront notamment appel à l'opinion publique dans le débat entre les modèles presbytérien et épiscopalien de l'Église. Les campagnes de 1807 et 1833 pour l'abolition de l'esclavage dans l'Empire britannique, menées notamment par les évangélistes, sont incompréhensibles en dehors du contexte religieux (Israel, 2006, p. 590-614 ; Stamatov, 2013). Puis, soutient-il, il est difficile de comprendre le développement des théories du droit naturel et de l'utilitarisme dans la sphère publique bourgeoise si elles sont sorties du contexte sociolinguistique où elles entrent en conflit avec des discours théologiques (Zaret, 1993, p. 224-230).

Dans une intervention visant à rendre compte de la « domestication » des travaux sur la société civile, Somers reproche à Habermas d'assimiler le concept de culture politique à la rationalité bourgeoise. La sphère publique est le point de médiation entre la société civile, conçue comme la sphère privée du marché, et l'État (Somers, 2008, p. 188 et suiv.). Bien qu'Habermas cherche à reconstruire des lieux d'où une rationalité communicationnelle émerge en dehors des systèmes de l'État bureaucratique et du marché, il demeure, soutient Somers, attaché à une ontologie politique où le privé est la seule sphère où des acteurs peuvent exprimer leur subjectivité politique. Selon la sociologue, la démocratisation, en somme, reste fortement liée au développement du marché chez Habermas. Elle n'a rien de particulièrement politique ou culturel, ce qui entraîne la question suivante : « Qu'est-ce qui est politique ou culturel à propos de la culture politique ou du concept de sphère publique ? » (ibid., p. 192). Cette question, soutient Somers, continuera d'être laissée en plan dans les travaux sur la société civile durant les décennies suivantes, alors que l'analyse pragmatique du langage prendra beaucoup plus de place dans le travail d'Habermas sur la société civile et la démocratie.

Un autre sociohistorien de tradition libérale, John A. Hall (1986, 2013), s'intéresse à la relation entre le développement de l'Occident, celui de l'espace public et celui de la civilité. Hall remonte plus loin qu'Habermas pour rendre compte du développement de la société civile et de la civilité en Occident. Dans une lecture fidèle à Weber, il analyse les différents moments qui ont rendu possibles une séparation des pouvoirs, un exercice de la critique et une tolérance des désaccords ayant conduit à la civilité. Il interprète l'injonction du Christ de « rendre à César ce qui revient à César et à Dieu ce qui revient à Dieu » comme un pilier de la séparation des pouvoirs idéologique et politique ou de ceux de l'Église et de l'État (Hall, 2013, p. 27). Cela constitue un premier moment dans la mise en place d'une séparation institutionnelle des pouvoirs caractéristiques de la trajectoire occidentale. Hall voit ensuite dans l'autonomie des villes occidentales une institution unique où a pu surgir et se développer un exercice critique de la délibération (*ibid.*, p. 28 et 46). La guerre, fréquente dans un Occident féodal multipolaire, contribue elle aussi au développement de la civilité en rendant nécessaire le dialogue entre le pouvoir public et le peuple qu'il représente et qu'il taxe. Puis, au fil du temps, se développent plusieurs arguments et institutions encourageant la tolérance religieuse. Hall rappelle à cet égard les traités d'Augsbourg (1555) et de Westphalie (1648), parmi d'autres. Il résultera de ces développements une société civile favorisant la civilité, c'est-à-dire l'entente préalable sur le fait qu'étant donné que « peu de règles morales sont réellement fondées » (*ibid.*, p. 2), l'expression non létale des désaccords est préférable à l'inverse. La civilité signifie que certains désaccords entre citoyens sont acceptables et valent mieux que la quête d'un absolu moral ou religieux (*ibid.*, p. 27). À ceux qui associent ce principe à une forme de relativisme, Hall rétorque que la civilité est une condition préalable à une recherche « de la morale ou de la vérité » (*ibid.*, p. 3 et 22). Ainsi qu'il la conçoit, elle est donc une variante souple d'un libéralisme moral qui s'oppose au nationalisme et au romantisme. Une société civile n'est pas seulement le lieu passif où la différence est respectée, défend Hall, c'est « une forme d'autoorganisation sociétale qui permet une coopération avec l'État tout en permettant l'individuation » (*ibid.*, p. 19 ; traduction libre). La reconstitution sociohistorique de Hall n'est pas à l'abri des critiques. En dépit de l'injonction du Christ, l'Occident n'a pas été à l'abri de nombreux conflits à travers lesquels l'Église a tenté de réaffirmer sa supériorité face aux pouvoirs temporels. Certes, il y a eu des penseurs importants pour développer l'idée de tolérance religieuse, mais cela n'a pas empêché l'Europe moderne d'être traversée de conflits interconfessionnels extrêmement meurtriers. C'est aussi cet Occident moderne qui engendrera l'impérialisme, l'Holocauste et Hiroshima. Hall n'est pas naïf et il anticipe ces arguments. D'abord, il est conscient que ce n'est qu'après la Seconde Guerre mondiale que les conditions nécessaires à la civilité seront institutionnalisées. Il accepte aussi, dans une certaine mesure, l'argument de Mann selon lequel le développement du libéralisme ne fait pas que des heureux. Si ce développement favorise des institutions prônant l'intégration sociale et assurant la loyauté de celles et ceux qui reçoivent une « voix », il place également dans une position précaire celles et ceux qui sont exclus ou qui se mettent à l'écart de ce processus.

7.3. La variation des régimes : origines et facteurs

Dans un autre registre que celui de Marshall et Habermas, le sociologue Barrington Moore Jr. analyse la variation des régimes politiques à la lumière des répercussions du processus d'industrialisation sur les conflits de classe, en milieu agraire notamment. Moore soutient que les États de l'Ancien Régime ont été confrontés à d'importantes transformations dans la foulée du développement d'une agriculture commerciale à l'échelle internationale. Ces États ont instauré différents mécanismes d'encadrement ou de répression des émeutes paysannes qui ont influencé leur développement ultérieur. Ces transformations ont rééquilibré les relations de pouvoir entre grands propriétaires terriens et paysans en donnant lieu à trois trajectoires distinctes de développement social. Seuls les régimes ayant connu des révolutions bourgeoises engendrent une démocratie capitaliste, selon Moore. Les trajectoires où les révolutions échouent pavent la voie au fascisme, alors que celles où les paysans ont le dessus ouvrent le chemin au socialisme autoritaire. Le choix des propriétaires terriens de se tourner ou non vers l'agriculture commerciale, comme ce sera le cas en Angleterre, plus qu'en France et assurément plus qu'en Europe de l'Est, jouera également un rôle clé. Là où des élites commerciale, aristocratique et urbaine présentent un intérêt commun dans la limitation et le contrôle des taxes auxquelles elles sont exposées, la voie sera favorable au parlementarisme (Moore, 1966, p. 420).

Moore voit dans la révolution bourgeoise l'*explanans* de la transition à la démocratie parlementaire (*ibid.*, p. 418). Il insiste cependant également sur l'importance de deux héritages de l'Europe médiévale : la pensée politique contractualiste et les théories politiques du droit à la résistance à une autorité injuste (*ibid.*, p. 415). Son analyse innove ainsi à la fois sur l'interprétation du fascisme de la théorie de la modernisation (Lipset, 1960) et par rapport à la théorie marxiste classique.

Au-delà de la trajectoire libérale, *Social Origins* identifie deux autres trajectoires : la voie communiste autoritaire et la voie fasciste. Les contextes où une classe de propriétaires terriens n'entame pas de pratiques commerciales et règne sur une énorme paysannerie sont propices à une révolution communiste de la paysannerie ; ceux où la classe de propriétaires terriens cherche à s'engager dans des pratiques commerciales en écrasant la paysannerie, sur fond d'industrialisation, favorisent le fascisme (Moore, 1966, p. 420).

Moore compare les mouvements conservateurs et fascistes en Allemagne nazie, au Japon et en Russie pendant la période qui a suivi la révolution avortée de 1905 (*ibid.*, p. 440-445). Au moment où il publie *Social Origins*, les analyses marxistes attribuent encore au capital financier un rôle central dans le développement du fascisme. Ces analyses sous-estiment le rôle des élites conservatrices qui ont écrasé les forces libérales au XIXe siècle, avant de faire un compromis avec les fascistes durant les années 1930 en Allemagne, comme au Japon (*ibid.*, p. 433). Les classes dominantes de ces deux pays ont été mues par la même volonté de « se moderniser sans transformer leurs

structures sociales» (*ibid.*, p. 442; traduction libre). La solution
à ce problème sera «le militarisme, qui unifiera la classe dominante. Le militarisme intensifiera un climat de conflit international, qui en retour fera du développement industriel une
priorité» (*ibid.*). Éclairant un aspect équivoque de la thèse de
Moore, l'historien Geof Eley montre que trop d'analyses de la
transition en Allemagne reposent sur la prémisse selon laquelle
la bourgeoisie et la tradition libérale sont des figures interchangeables dans le contexte allemand. L'historien souligne qu'«après
les années 1870, le langage de l'affirmation et de la consolidation
bourgeoise et celui du libéralisme constitutionnel commencent
à diverger, au point où ils deviennent mutuellement exclusifs»
(Eley, 1995, p. 106-107; traduction libre). En somme, les conditions nécessaires et suffisantes au développement du capitalisme sont les mêmes que celles qu'exige le développement du
libéralisme politique. Cela vaut pour l'Allemagne, mais aussi
pour la France.

Plusieurs intuitions de Moore seront nuancées ou développées par les études sur le fascisme durant les décennies
suivantes[9]. Le sociologue M. Rayner Lepsius attirera également
l'attention sur la résilience et l'influence d'acteurs de l'ordre
social préindustriel dans l'Allemagne en voie d'industrialisation
rapide comme une condition de la montée du nazisme (Lepsius,
1978; Conrad, 2010; Traverso, 2002). Comparant le fascisme avec
les régimes autoritaires antérieurs, Moore conclut:

> *Plebeian anticapitalism thus appears as the feature that*
> *most clearly distinguishes twentieth-century fascism from its*
> *predecessors, the nineteenth-century conservative and semi-*
> *parliamentary regimes. It is a product of both the intrusion of*
> *capitalism into the rural economy and of strains arising in the*
> *postcompetitive phase of capitalist industry* (Moore 1966, p. 448).

....

9. Dans le cas de l'Allemagne nazie, voir notamment les travaux de Eley, 1995; Herf, 1984.
Sur l'opposition à la pensée des Lumières, voir Sternell, 2010; Mosse, 2006; voir aussi
les travaux de Paxton, 2004; Eatwell, 2003.

Sur ce point, il rejoint l'analyse de Parsons qui, tout en distinguant le conservatisme traditionnel du fascisme, souligne que plusieurs anciens conservateurs ont rejoint les rangs fascistes durant l'entre-deux-guerres.

Plus récemment, Michael Mann s'est imposé comme une figure incontournable de la sociologie historique avec la publication en 1986 du premier de ses quatre ouvrages sur les sources du pouvoir social. Tout en renouant avec les travaux de T. H. Marshall sur le développement de la citoyenneté, il cherche à surmonter l'anglocentrisme de *Citizenship and Social Class* au moyen d'une étude comparative (Mann, 1987, p. 339). Mann part du constat de Marshall selon lequel « l'institution-nalisation des conflits de classe a été le plus grand accomplis-sement de l'Ouest moderne. Elle a généré des États d'abord libéraux, puis sociaux-démocrates » (Mann, 2005, p. 57 ; traduc-tion libre)[10]. Il souligne cependant que le prix à payer pour l'émergence d'un capitalisme à visage humain a entraîné de nombreuses luttes sociales et deux guerres mondiales (Mann, 2012c, p. 280). La question du développement de la citoyen-neté héritée de Marshall occupe une place transversale dans les *Sources of Social Power* de Mann.

Mann voit dans l'industrialisation le processus trans-national à l'origine du développement et de l'institutionnali-sation des droits relatifs à la citoyenneté. Le rythme de cette implantation sera cependant médiatisé par des luttes sociales particulières à chaque État. Il faut donc passer par l'analyse des configurations de ces luttes pour reconstruire le développement de la citoyenneté sociale dans chaque État (Mann, 2012c, p. 314). Or, la trajectoire britannique, décrite par Marshall, apparaît ici comme une issue parmi cinq : les voies libérale et réformiste, de même que les voies monarchiste autoritaire, fasciste et socia-liste autoritaire[11]. Ces différentes issues par le haut, Mann les

....

10. Sur l'analyse comparée de la mise en place des États-providence, voir Mann, 2012c, p. 283 et suiv. ; voir aussi Baldwin, 1990 ; Skocpol, 1995 ; Jenson, 1996 ; Esping-Andersen, 1999.

11. L'analyse des trajectoires présentées ici est tirée de Mann, 1987, p. 340-341 et suiv.

explique par le comportement de la classe dominante dont la capacité de transformer la structure sociale varie en fonction de son pouvoir.

Mann procède, d'une part, à une comparaison diachronique entre des États préindustriels et des États industriels, puis, d'autre part, à l'étude des variations synchroniques entre ces régimes. Il distingue deux régimes politiques préindustriels : l'absolutisme (la Russie, la Prusse et l'Autriche) et le constitutionnalisme (le Royaume-Uni et les États-Unis), les autres régimes se situant à mi-chemin entre ces deux idéaux-types. Les régimes constitutionnels connaissent les balbutiements de la citoyenneté politique et un développement un peu plus substantiel des libertés civiques. Ces libertés sont attribuées inégalement en fonction du sexe, de la race et de la classe. Les États-Unis évoluent lentement vers un régime libéral et restent profondément marqués par des mécanismes de racisation (Katznelson, 2013). La classe ouvrière masculine et blanche sera intégrée au sein de la joute politique court-circuitant l'émergence de courants sociaux plus radicaux. La Grande-Bretagne, quant à elle, évolue vers un modèle à mi-chemin entre le libéralisme et le réformisme. La France, l'Espagne et l'Italie connaissent des trajectoires beaucoup plus mouvementées. L'alliance « des monarchistes et du clergé » freine les avancées de la citoyenneté, notamment de celle des femmes. Les libertés civiles et le développement du parlementarisme seront également limités par l'alliance « du monarque, de la noblesse et du clergé » dans les régimes absolutistes, ces régimes étant plus enclins à concéder certains droits sociaux, comme en Prusse. Mann souligne que la tension principale des régimes absolutistes (Allemagne, Autriche, Russie et Japon) réside dans la volonté du régime « de maintenir la cohérence corporatiste de l'Ancien Régime et de se moderniser en intégrant des sections de la bourgeoisie ». Le tout débouchera sur « une monarchie autoritaire accordant un ensemble distinct de droits relatifs à la citoyenneté – un certain degré de liberté civile, le tout variant en fonction des classes et étant court-circuité de façon tactique par une monarchie arbitraire et des élites centrées sur la cour» (Mann, 1987, p. 347-348; traduction libre)[12].

Les deux autres stratégies, le fascisme (l'Allemagne nazie) et le socialisme autoritaire (l'Union soviétique), verront le jour au lendemain de la Première Guerre mondiale. Ici, le pouvoir infrastructurel rendu possible par les États modernes sera mis au service d'une répression extrêmement violente de l'opposition politique (*ibid.*, p. 349). Les libertés civiques et politiques seront supprimées, alors que certaines composantes de la citoyenneté sociale seront concédées. Mann doute que ces trajectoires aient été viables à long terme, pour des raisons géopolitiques dans le cas de la première et pour des raisons liées à la dynamique interne du régime dans le second cas (*ibid.*, p. 349-350).

Mann adresse certaines critiques à Marshall. D'abord, celle d'avoir universalisé la trajectoire particulière à travers laquelle la citoyenneté se consolidera au Royaume-Uni. Puis celle d'avoir cédé à une téléologie où la logique du développement capitaliste est réconciliée avec celle du déploiement des droits politiques, civiques et sociaux. Or, d'après Mann, les conditions qui mènent à cette réconciliation dans le contexte britannique d'après-guerre ne sont pas universelles et rien ne met les démocraties occidentales à l'abri de reculs démocratiques, comme ce fut le cas par le passé (*ibid.*, p. 351).

Dans *Birth of the Leviathan*, Thomas Ertman soumet une théorie des trajectoires de formation étatique en Europe qui développe et critique plusieurs intuitions d'Otto Hintze, Michael Mann, Charles Tilly et Perry Anderson. Ertman reproche aux théories alternatives de ne pas tenir suffisamment compte du rôle des institutions représentatives sur le développement des régimes politiques et des infrastructures étatiques. Leur principale lacune, soutient-il, est d'avoir été trop «promptes à associer un type de régime politique avec un type d'appareil étatique» (Ertman, 1997, p. 5; traduction libre). Il en résulte

---

12. Pour une analyse qui tend à généraliser davantage la dynamique des États absolutistes à l'ensemble de l'Europe, voir Halperin, 2004.

une association prématurée entre l'absolutisme et la bureaucratie, d'une part, et le constitutionnalisme et le parlementarisme, d'autre part. Ces analyses mettent traditionnellement
l'Allemagne et la France dans le premier camp et le Royaume-Uni
dans le second. L'Europe du XVIIIᵉ siècle formait une fresque
plus compliquée selon l'auteur. Ertman est d'avis que le constitutionnalisme pourrait être associé à la bureaucratie, aussi bien
que l'absolutisme pourrait l'être à une structure non bureaucratique. Il s'appuie sur Weber et distingue les infrastructures
patrimoniales des bureaucratiques afin de créer une matrice
plus subtile de la formation des États qui met en relief la lutte
entre le pouvoir patrimonial et les infrastructures bureaucratiques pour le contrôle de l'administration. Pour Ertman, les
États patrimoniaux et les États bureaucratiques pourraient
être absolutistes ou constitutionnels. Les théories alternatives
lui semblent également avoir sous-estimé la difficulté pour les
États *patrimoniaux* d'adopter des institutions bureaucratiques,
« en réponse aux pressions géopolitiques » (*ibid.*, p. 5 ; traduction libre). *Birth of the Leviathan* est une analyse de la formation de l'État et des régimes politiques qui vise à compléter
celles qui mettent l'accent sur les processus géopolitiques et les
facteurs économiques ainsi que sur l'organisation des gouvernements locaux dans les premiers siècles de la formation des
États modernes.

Analyser la variation des régimes politiques dans la formation des États modernes permet de voir qui détient les pouvoirs
dans les diverses institutions et, de ce fait, de mettre en relief
une dimension importante influençant la trajectoire de consolidation absolutiste ou parlementaire des États. Hintze estime
que les assemblées ou parlements sont structurellement plus
autonomes face aux chefs d'État que les assemblées de groupes
de statuts. Ertman développe cet argument en deux temps.
D'abord, les groupes de statuts auraient pour but de protéger
et d'étendre leurs intérêts, forçant l'assemblée à débattre avec
leurs membres. À l'inverse, les parlements à deux chambres ne
seraient pas divisés en groupes de statuts : « [on] *the contrary,*
members of the different orders were mixed together in both
chambers : higher aristocrats, clergy, and [...] officeholders in

the upper house; and greater and lesser nobles, townsmen, and non-noble landowners in the lower house» (*ibid.*, p. 21). Ensuite, Ertman soutient que les assemblées bicamérales seraient plus aptes à la résilience. En effet, leurs représentants sont directement choisis par le comté et vus comme une extension servant essentiellement à protéger les intérêts du gouvernement local. L'organisation du gouvernement local durant les premiers moments de construction de l'État résulte d'expériences antérieures. L'argument d'Ertman s'articule autour de la faiblesse de la typologie de la construction de l'État en fonction de son degré d'absolutisme ou de constitutionnalisme. Pour lui, en effet, des États absolutistes peuvent avoir un haut taux de bureaucratisation, et vice versa. En somme, Ertman propose une typologie en fonction du régime politique et des infrastructures étatiques.

TABLEAU 7.4.

Les États européens au XVIIIe siècle selon le régime politique et le type d'infrastructure

		Régime politique	
		Absolutiste	Constitutionnel
Infrastructure étatique	Patrimoniale	France, Espagne, Portugal, Toscane, Naples, Savoie, États papaux (Europe latine)	Pologne, Hongrie
	Bureaucratique	États territoriaux allemands, Danemark	Royaume-Uni, Suède

Source : Ertman, 1997, p. 10.

Ce survol ne couvre pas l'ensemble de la littérature sur les causes de la variation des régimes politiques. À titre d'exemple, des études importantes nous renseignent également sur l'évolution de la relation entre la citoyenneté, les forces armées et le service militaire, par exemple (Huntington, 1985 ; Downing, 1992 ; Lachmann, 2013b). Lachmann rappelle, entre autres, les conséquences fiscales et militaires de la conscription : «*For the first time, states were able to enlist armed men beyond their fiscal capacity and without appealing to local elites. Such a radical innovation, which was so destabilizing of existing elite power and privilege, was at first possible only in revolutionary poli-ties, beginning with the United States and France»* (Lachmann, 2013b, p. 47).

L'objectif de ce survol était de distinguer ce type d'études sur les causes macrosociales de la variation des régimes politiques des études sur la démocratie qui recourent, davantage aux outils mésosociologiques.

7.4. LES MÉCANISMES MÉSOSOCIOLOGIQUES DE LA DÉMOCRATISATION

L'étude politique et sociologique de la démocratie est un champ où les développements récents ont été marqués par des recherches dont la facture est plus mésosociologique que macrosociologique. Encore une fois, il s'agit moins d'un abandon des questions macrosociologiques que de la conviction que l'aspect mésosociologique joue un rôle important dans la clarification conceptuelle. Avec la démocratisation de régimes autoritaires d'Amérique du Sud, de l'Europe du Sud, puis de l'Europe de l'Est, il devenait de plus en plus important de pouvoir distinguer différentes formes de régimes démocratiques (Collier et Adcock, 1999 ; Collier et Levitsky, 2009). L'opposition entre démocratie et fascisme, totalitarisme ou autoritarisme devenait moins centrale que la nécessité de mesurer des degrés d'institutions démocratiques ou des mécanismes pouvant être renforcés dans les régimes en voie de transition. Avec cette incursion du mésosociologique dans les études sociologiques de la démocratie, on cherche à compléter les études des relations de classe sur la longue durée en prenant en compte d'autres mécanismes de la société civile. L'historien canadien Ian McKay fait explicitement référence à cet éthos de la société civile en définissant la démocratie comme «un état de la société civile au sein duquel une égalité d'habilitation (*empowerment*) gouverne non seulement la politique formelle, mais aussi la prise de position politique» (McKay, 2005, p. 25 ; traduction libre). Parmi ces mécanismes, on pense par exemple à l'existence de réseaux de confiance auxquels appartiennent les citoyens ; à la protection dont jouissent les citoyens qui participent à la vie démocratique ; ainsi qu'à l'égalité de leurs chances respectives de faire entendre leur voix dans le processus démocratique.

Comme Mann, Charles Tilly ne conçoit pas la démocratisation comme un processus linéaire. La démocratie n'est jamais à l'abri de mécanismes de dédémocratisation (Tilly, 1995a, 2007 ; Kreml, 1991)[13]. L'analyse sociologique de la démocratie doit identifier un ensemble complexe de mécanismes favorisant la démocratisation ; elle doit éviter de se rabattre sur des explications réduisant la démocratie à une seule cause, procédure ou institution, qui constituerait la condition *sine qua non* de son développement. Elle doit aussi être sensible aux variations historiques de ces conditions afin de permettre des comparaisons pertinentes de différents contextes historiques et non des jugements moraux plus ou moins adéquats. Enfin, elle doit résister à la tentation d'inférer par induction des conditions universelles de démocratisation à partir de quelques cas probants (Tilly, 1995a).

Le politologue Robert Dahl réserve quant à lui le concept de démocratie pour des organisations de niveau local ou associatif. Il qualifie de « démocraties polyarchiques » les communautés politiques contemporaines rassemblées en États nationaux. La démocratie se distingue de la démocratie polyarchique par les principes que les deux régimes permettent d'institutionnaliser. La démocratie repose sur cinq processus : la « participation effective », l'« égalité de vote », la « compréhension éclairée », le « contrôle de l'agenda » et l'« inclusion des adultes » (Dahl, 1998, p. 37-38, cité dans Tilly, 2007, p. 9). Bien peu d'États nationaux reposent effectivement sur la pleine institutionnalisation de ces principes aujourd'hui. Les « démocraties polyarchiques », quant à elles, comptent six institutions caractéristiques : « l'élection des dirigeants (*elected officials*) ; des élections libres, justes et fréquentes ; la liberté d'expression ; des sources d'information alternatives ; l'autonomie associative ; et la citoyenneté inclusive » (Dahl, 1998, p. 95, traduction libre ; voir aussi 2005, p. 188-189).

....

13. Sur la dédémocratisation, voir aussi Brown, 2006 ; Cannon et Hume, 2012 ; Song, 2013.

Les sociologues et les économistes se sont toujours intéressés aux liens entre le développement de l'économie de
marché, du capitalisme et de la démocratie. Le développement
d'une vaste économie de marché en Chine depuis une ving-
taine d'années et la transition de la Russie postcommuniste à
l'économie de marché ont ravivé ces questionnements. Dans un
ouvrage qui a fait école, le sociologue Dietrich Rueschemeyer et
une équipe de chercheurs soutiennent que si le capitalisme a,
en général, favorisé la démocratie en soutenant l'industrialisation et certains répertoires de luttes pour les droits politiques
et sociaux, les capitalistes, eux, s'accommodent en général assez
bien de régimes oligarchiques (Rueschemeyer *et al.*, 1992). Ces
chercheurs amendent ainsi la thèse de Barrington Moore en ce
qui a trait au rôle de la bourgeoisie.

Ruschemeyer et ses collègues estiment également que la
démocratie ne peut exister sans «une séparation institutionnelle très forte – le terme technique étant une différenciation –
entre le domaine de la politique et le système des inégalités
sociales au sein d'une société» (Rueschemeyer *et al.*, 1992,
p. 41; traduction libre). Comme Tilly et Dahl, ils proposent des
critères pour distinguer entre une démocratie limitée et une
qui est développée.

Tilly rejoint la thèse macrosociologique de Rueschemeyer
quant au lien entre le capitalisme, l'industrialisation et le développement démocratique ou oligarchique. Les régimes oligarchiques, soutient-il, «permettent aux capitalistes d'utiliser le
pouvoir étatique pour contrôler les travailleurs» (Tilly, 1995a,
p. 382, traduction libre; voir Rueschemeyer *et al.*, 1992). C'est
donc une position moins optimiste que celle de T. H. Marshall
que défendent Tilly et Rueschemeyer. «En l'absence d'une
configuration de classe où des alliances se forment entre
les travailleurs et la bourgeoisie, rappelle Tilly, la voie pavée
par la militarisation de masse peut facilement conduire à la
répression autoritaire de la population» (Tilly, 1995a, p. 384;
traduction libre).

TABLEAU 7.5.

Les critères sociohistoriques d'une démocratie limitée et développée

Démocratie limitée	Démocratie développée
Qualification minimale en termes de propriété ou de taxation qui donne accès au droit de vote. Le système garantit le droit de vote d'au moins 60 % de la population adulte masculine ou le suffrage des hommes adultes éduqués.	Suffrage universel des hommes
Élections populaires directes de l'exécutif ou de la législature.	Absence de proscription des partis politiques
Gouvernement responsable : le cabinet est redevable devant la législature élue ou devant un exécutif élu.	Absence d'intervention des militaires dans la politique.
Plus de 5 % de la population vote (un indicateur des restrictions formelles ou informelles sur la participation).	Absence de pacte ou d'entente pour imposer des restrictions sur le sens des résultats électoraux donnant accès à un poste politique ou à la distribution du pouvoir politique.
Respect du résultat des élections.	Présence de mesures favorisant des élections libres et justes (vote secret et absence d'intervention des notables locaux dans le processus électoral).
Liberté d'association et d'expression, ainsi que protection contre les arrestations arbitraires.	

Source : Adaptation de Rueschemeyer *et al.*, 1992, p. 303-304.

Dans un contexte ayant pour toile de fond la croissance des inégalités sociales au sein des principales puissances économiques et l'influence sans précédent de l'argent dans le cadre des campagnes électorales américaines, Tilly souligne que les définitions strictement procédurales ou constitutionnelles de la démocratie ne permettent pas de mesurer l'érosion de la substance de la vie démocratique. Il soutient notamment que la réflexion sur la démocratie ne peut faire abstraction de l'étude des inégalités sociales. Le caractère démocratique ou non d'un régime se mesure notamment à l'aune du degré auquel « les droits et obligations politiques des citoyens varient en fonction du genre, de la race, de la religion, de l'origine nationale, de la richesse ou de n'importe quel autre ensemble général de catégories» (*ibid.*, p. 371; traduction libre). Plus cette variation est importante, moins le régime en question est démocratique. Plus les régimes politiques ont recours à des mécanismes à travers lesquels sont institutionnalisées des inégalités durables, plus ils prennent la voie de la dédémocratisation. Inversement, la lutte contre ces mécanismes est un volet essentiel de la démocratisation.

Différents ensembles de conditions peuvent favoriser la démocratisation et la dédémocratisation (*ibid.*, p. 381; traduction libre). La forme que prend la relation entre l'État et la citoyenneté est centrale à cet égard. Tilly souligne deux conditions interdépendantes et nécessaires à la démocratisation: la présence d'«un état substantiel et une citoyenneté qui lie les individus à l'État» (*ibid.*, p. 375; traduction libre). Sans un État en mesure de prélever des impôts, d'administrer des ressources, de mettre en œuvre des services et des chantiers, les demandes des citoyens ne peuvent se traduire en résultats concrets. Ces processus varient également en fonction des consultations entretenues entre l'État et les citoyens et en fonction de la «conformité des actions d'un État en réponse aux demandes formulées par les citoyens» (Tilly, 2007, p. 13). Dans cette équation, la «démocratisation suppose un mouvement clair vers des consultations plus larges, plus égales, plus protégées et plus contraignantes» (*ibid.*, p. 13-14; traduction libre).

TABLEAU 7.6.

Les indicateurs de démocratisation et de dédémocratisation

1. L'étendue des consultations va-t-elle en augmentant ou en diminuant?

2. La capacité des différents groupes à exprimer leurs demandes et à les voir traduites en politiques publiques est-elle égale ou inégale?

3. La sécurité de l'expression des demandes des groupes face à l'État va-t-elle en augmentant ou en diminuant?

4. Le caractère contraignant des consultations entre l'État et les citoyens va-t-il en augmentant ou en diminuant?

Source: Adaptation de Tilly, 2007, p. 59.

Un mouvement de dédémocratisation suppose la régression d'au moins une de ces composantes. Dans *Democracy*, Tilly identifie trois processus favorisant la démocratisation :

> l'intégration des réseaux de confiance interpersonnelle dans la politique publique ; [...] l'isolement de la politique publique des inégalités catégorielles ; et la réduction de l'autonomie des centres de pouvoirs coercitifs, avec pour conséquence d'accroître l'influence des gens ordinaires sur les politiques publiques et d'augmenter le contrôle des politiques publiques sur les performances de l'État (*ibid.*, p. 188 ; traduction libre).

Ces critères peuvent être mesurés concrètement à l'aide d'outils mésosociologiques afin de décrire l'incidence des mesures ou des politiques précises au sein d'un État de droit par exemple.

Jusqu'au XXe siècle, l'Europe a connu de nombreux régimes politiques oligarchiques où une citoyenneté limitée et un semblant de représentativité étaient juxtaposés. Tilly infère de l'expérience européenne quatre mécanismes nécessaires à la démocratie.

Ces mécanismes seront institutionnalisés à travers des luttes sociales. La conception de la citoyenneté proposée par Tilly est donc plus dynamique que celle de Marshall. Au-delà de l'identification des droits et libertés grâce auxquels peut se pratiquer et se développer le rôle des citoyens, cette conception spécifie des mécanismes, des relations et des obligations entre des institutions (l'État, le gouvernement, les militaires) et des groupes (partis politiques, organisations sociales, classes sociales et mouvements sociaux) favorisant la démocratie et l'exercice de la citoyenneté.

Ce travail mésosociologique sur les pratiques et les institutions démocratiques s'inscrit dans une perspective sociohistorique en mettant en relief le fait que les moyens des États varient de façon diachronique, selon les époques, et de façon synchronique, selon les contextes. Ces moyens se transforment, d'une part, sur les connaissances effectives pouvant être produites à propos de la population, du territoire et des ressources, et accumulées par les administrations publiques.

Elle se transforme, d'autre part, quant à la capacité des États à administrer et à utiliser ces ressources et ces connaissances en fonction des capacités fiscales et des institutions légales et administratives d'un État. Or, défend Tilly :

> No democracy can work if the state lacks the capacity to supervise democratic decision making and put its results into practice. This is most obvious for protection. A very weak state may proclaim the principle of shielding citizens from harassment by state agents, but can do little about harassment when it occurs. Very high-capacity states run the opposite risk : that decision making by state agents acquires enough weight to overwhelm mutually binding consultation between government and citizens (ibid., p. 15).

Avant le XIXe siècle, les capacités et les connaissances moins développées des États limitaient les possibilités effectives de la démocratie dans un certain nombre de domaines.

TABLEAU 7.7.
Des mécanismes démocratiques et leurs conditions nécessaires

Mécanismes démocratiques	Conditions nécessaires
Protection contre des sanctions arbitraires de l'État	• La subordination des militaires au pouvoir civil. • Des coalitions de classe dans le cadre desquelles les détenteurs de pouvoir traditionnel s'allient avec de larges segments de la population (bourgeois ou ouvriers), en étendant ainsi les privilèges et protections traditionnels.
Le caractère contraignant des consultations	• La subordination des militaires au contrôle civil. • Un système étendu de taxation intérieure (en opposition, par exemple, aux revenus découlant directement des exportations). • Une représentation en ce qui a trait à l'évaluation et à la collecte des taxes.
Une citoyenneté égale	• Larges coalitions de classes qui incluent les détenteurs de pouvoir. • Mise sur pied et extension des systèmes électoraux.
Une citoyenneté étendue	• Taxation intérieure étendue (extensive). • Vastes coalitions de classes. • Recrutement direct d'un éventail de services militaires directement de la population.

Source : Adaptation de Tilly, 1995a, p. 376-377.

L'aspect patrimonial de bien des États impliquait des formes de distribution de pouvoir et de sujétion qui, si elles n'étaient pas incompatibles avec une certaine autonomie, n'avaient rien de démocratique (*ibid.*, p. 18). La conception de la relation entre la démocratie et l'État de Tilly est donc incompatible avec l'aversion idéologique des libertariens pour l'État et avec son rejet infantile par les anarcho-libertaires. Sans État, il n'y a pas de politiques publiques, pas de politiques économiques et pas de politiques sociales.

7.5. Le débat sur le capital social et la société civile

Comme la récente vague de « printemps arabes », l'effondrement du bloc de l'Est a suscité beaucoup d'espoir et de réflexion quant au rôle qu'a pu y jouer la société civile dans l'avènement de la démocratie. Après une période d'engouement, d'autres études soulignent la grande complexité des causes ayant mené à ces transitions. D'abord, faut-il le rappeler, les anciens États du bloc de l'Est n'avaient pas de sociétés civiles à proprement parler. Les trajectoires d'effondrement et de transition sont donc à rechercher davantage du côté du repositionnement de groupes au sein des élites qui se sont alliées avec différentes portions de la population, accélérant ainsi la chute des régimes (Kotkin, 2010 ; Maier, 1997 ; Eyal *et al.*, 2000).

L'enthousiasme pour les explications reposant sur la société civile s'inscrit dans un contexte plus large où plusieurs y voient la pierre angulaire de toutes théories de la démocratie. De la théorie postmarxiste à la Banque mondiale en passant par la redécouverte de Tocqueville, le concept de société civile a connu une popularité exponentielle durant les années 1990. Dans la foulée des travaux du politologue Robert D. Putnam, le capital social est devenu le principal indicateur à la lumière duquel plusieurs chercheurs mesurent la vitalité d'une société civile. Nous revenons ici sur ce développement théorique et sur certaines de ces critiques.

Putnam (2000) analyse le déclin de la participation civique, politique, religieuse, professionnelle et informelle aux États-Unis entre les années 1960 et 1990. Il s'intéresse au rôle de la société civile dans le développement et la stabilisation des institutions et pratiques démocratiques. La trame principale à travers laquelle il interprète ce déclin est l'atrophie du capital social et donc de la vie associative dans la société américaine. La clé de l'explication de Putnam réside dans son concept de capital social qui désigne « des associations volontaires et les réseaux sociaux de la société civile ». Putnam explique que ceux-ci « contribuent à la démocratie de deux façons : ils ont des effets "externes" sur la *polis* en général et des effets "internes" sur les participants » (Putnam, 2000, p. 338 ; traduction libre). D'un côté,

> *externally, voluntary associations, from churches and professional societies to Elks clubs and reading groups, allow individuals to express their interests and demands on government and to protect themselves from abuses of power by their political leaders. Political information flows through social networks, and in these networks public life is discussed* (ibid., p. 338-339).

Puis, « *internally, associations and less formal networks of civic engagement instill in their members habits of cooperation and public-spiritedness, as well as the practical skills necessary to partake in public life* » (*ibid.*).

En somme, les associations de la société civile jouent un rôle dans l'éducation civique et citoyenne (*ibid.*). De plus, le capital social a une incidence importante sur les relations entre le gouvernement et la population :

> *Civic engagement matters on both the demand side and the supply side of government. On the demand side, citizens in civic communities expect better government, and (in part through their own efforts) they get it. [...] On the supply side, the performance of representative government is facilitated by the social infrastructure of civic communities and by the democratic values of both officials and citizens. In the language of economics, social capital lowers transaction costs and eases dilemmas of collection action* (ibid., p. 346).

Plusieurs facteurs ont joué un rôle dans l'atrophie du capital social aux États-Unis : 1) la désaffection du public américain pour la vie associative en raison des « pressions du temps et de l'argent, dont les pressions spéciales sur les familles à deux salaires » ; 2) le développement des banlieues et l'augmentation du temps consacré aux transports et aux déplacements ; 3) et la « privatisation du temps de loisir » (*ibid.*, p. 16 ; traduction libre). Selon Putnam, la principale cause du déclin de l'engagement civique serait cependant une transition générationnelle. Cette transition aurait marqué la vie civique américaine : « *It wasn't so much that old members dropped out – at least not any more rapidly than age and the accidents of life had always meant. But community organizations were no longer continuously revitalized, as they had been in the past, by freshers of new members* » (*ibid.*).

Les effets du passage des générations ne se sont pas fait sentir de façon équivalente pour tous les types d'engagements, explique Putnam. Prononcés sur les « formes plus publiques », ces effets restent plus ténus lorsqu'il s'agit d'engagement privé. En dépit de ces trajectoires inégales, toutes les formes d'engagement civique étudiées par Putnam ont décliné à partir de la génération des baby-boomers (*ibid.*, p. 247-276 et 283). On peut se demander si ce dernier facteur n'est pas un peu circulaire : l'engagement civique aux États-Unis a décliné depuis les années 1960. Ce déclin s'observe par la plus faible participation dans les associations et les organismes communautaires. Cette plus faible participation s'explique par le fait que les baby-boomers et leurs enfants ne s'engagent pas autant que les générations précédentes. Alors que les trois premiers facteurs alimentent l'argument, le dernier semble réaffirmer ce qui doit faire l'objet d'une explication. Plusieurs critiques de la thèse de Putnam soulignent qu'elle fait abstraction des transformations socioéconomiques de la société américaine durant la période étudiée et de leurs répercussions sur les droits civiques, sociaux et politiques (Fine, 2002 ; Somers, 2008, p. 234). Le déclin des organisations syndicales et celui de l'État-providence sont également absents de l'analyse.

Le capital social étant un outil « de résolution des problèmes collectifs » (Putnam, 2000, p. 288), son déclin s'avère dramatique pour la vitalité des institutions démocratiques et la régulation pacifique des conflits sociaux. La revitalisation de la démocratie américaine doit passer selon Putnam par l'élaboration d'une stratégie de dynamisation de la société civile axée sur des politiques institutionnelles et des actions citoyennes.

Ben Fine émet des réserves quant au concept de capital social de Putnam. Le sens du concept est notamment très extensif, vague et parfois contradictoire (Fine, 2002, p. 796). Les recherches très documentées de Putnam lui permettent d'établir un ensemble de corrélations, mais l'explication de celles-ci est parfois moins convaincante. Enfin, si le concept de capital social sert à expliquer des formes d'inégalité dans la sociologie de Pierre Bourdieu, cette dimension n'est plus présente chez Putnam où l'analyse du rapport entre société civile et pouvoir social est anémique (Somers, 2008, p. 234-235 ; Fine, 2002, p. 797 ; Bourdieu, 1980a, p. 2-3). L'absence d'une théorisation substantielle des relations de pouvoir dont dépend l'accès à un travail décent, aux conditions minimales de la reproduction sociale et à la redistribution de la richesse est une limite majeure du travail de Putnam. Les analyses de Susan Spronk (2009, 2012 ; Spronk et Terhorst, 2012 ; Spronk, Crespo et Olivera, 2012) portant sur la résistance au néolibéralisme, l'accès à l'eau potable et la défense d'institutions publiques en Bolivie témoignent bien de l'importance d'une analyse des rapports sociaux qui va bien au-delà de la prise en compte du capital social pour saisir les enjeux liés à la démocratisation, notamment dans un contexte néolibéral.

Sur le plan épistémologique, les critiques soulignent également que, si le concept de capital social semble à première vue présenter un défi face à l'impérialisme de la science économique, en fait, il participe plutôt à une extension des théories néoclassiques de l'action à un ensemble de nouveaux domaines (Fine, 2002, p. 797-799 ; Somers, 2008, p. 218 et 221-223). La notion de capital social participe moins à la critique de l'économie néoclassique qu'à son prolongement. Selon ses détracteurs, « *essentially, economists can bring in the social to complement the individual only because the social has been omitted in the first instance* » (Fine, 2002, p. 798). D'autres auteurs ont souligné les limites et l'anhistoricisme d'approches qui compartimentent l'activité sociale en sphères d'activité distinctes (Sayer, 1987 ;

Wood, 1995a, p. 19-48). Marxistes et libéraux divergent sur cette question. Chez Marx, le social est une totalité qui inclut ce qui, au sein du capitalisme, prend l'apparence de réalités distinctes, telles que l'économie et le politique. L'économie libérale qui inspire les théoriciens du capital social classe dans le social ce qui, parmi les relations entre les êtres humains, ne correspond pas aux sphères économique et politique. Enfin, sur le plan politique, les critiques de Putnam soulignent que la conception de la société civile et du capital social qu'il propose débouche sur un programme antiétatique et sur une célébration acritique du rôle de l'économie de marché (Somers, 2008, p. 218-219 et 242).

Margaret Somers propose une généalogie sociohistorique de la formation des concepts pour faire une généalogie de l'usage du concept de société civile dans la théorie anglo-américaine de la citoyenneté. Elle entend montrer « *how the metanarrative of this theory continues to constrain the political culture, public sphere, and civil society concepts in contemporary political and social research* » (*ibid.*, p. 175). Selon Somers, le concept de capital social contribue à une conception marchande du social de quatre façons.

TABLEAU 7.8.

Le lien entre le capital social et la marchandisation du social

1. Le capital social fournit une solution non-étatique aux externalités que le marché ne peut pas ou ne veut pas régler. Cette fonction sert à prémunir le capitalisme contre ses propres excès.

2. Le capital social fait passer les citoyens de la posture de revendicateurs de droits à celle de détenteurs d'obligations et de devoirs.

3. Le capital social fournit une alternative non-étatique à ce que les conservateurs définissent comme un état providence pourvoyeur de droits et les revendications excessives de droits démocratiques. À travers cette fonction, la citoyenneté est reconstituée à travers une sphère culturelle de régulations morales, de pratiques individualistes et de responsabilités personnelles.

4. Enfin, le capital social fournit un substitut spatial à la société civile à travers le concept de « communauté » – l'espace non-étatique au sein duquel les relations articulées par le capital social sont confinées.

Source : Adaptation de Somers, 2008, p. 242.

Certains chercheurs ont, pour leur part, entrepris de remettre empiriquement en question l'affinité entre capital social et démocratie qui infirme la thèse de Putnam. Hans-Joachim Voth, Nico Voigtländer et Shanker Satyanath (2013; voir aussi Berman, 1997) ont procédé à une analyse quantitative comparée des appuis électoraux aux nazis par ville pendant la République de Weimar. Contrairement à ce que prédirait la théorie de Putnam, ils suggèrent que les appuis au parti national-socialiste ont crû davantage et plus rapidement dans les villes où la vie associative était la plus dense. D'où l'importance, selon John A. Hall, que la société civile ne soit pas seulement un lieu d'auto-organisation du social, mais un lieu d'autoorganisation qui permet l'individuation, l'épanouissement individuel, l'intégration politique et qui s'appuie «sur la règle de droit et sur des capacités étatiques effectives» (Hall, 2013, p. 20; traduction libre). Sans capacités étatiques effectives, celle de désarmer les milieux paramilitaires par exemple, la société civile ne peut contenir les forces qui peuvent la mener à sa perte.

Dylan Riley s'intéresse à l'apparent paradoxe du dynamisme des sociétés civiles des États qui ont connu le fascisme. S'inspirant d'une conception gramscienne de la société civile, il soutient que le développement de la société civile et des associations civiques, à la Putnam, peut engendrer la démocratie. Ce développement prend cependant une trajectoire fasciste lorsque la société civile apparaît avant la consolidation d'institutions politiques fortes, de politiques hégémoniques:

> Civil society development facilitated the emergence of fascism, rather than liberal democracy, in interwar Italy, Spain, and Romania because it preceded, rather than followed, the establishment of strong political organizations (hegemonic politics) among both dominant classes and nonelites (Riley, 2010, p. 2).

Cette thèse s'appuie sur une conception de la démocratie comprise comme mode de légitimation. Il ne s'agit pas de comprendre qui participe aux décisions, mais bien de savoir au nom de qui ces décisions se prennent. Pour Riley:

> *The development of voluntary associations in these countries tended to promote democracy, as it did elsewhere. But in the absence of adequate political institutions, this democratic demand assumed a paradoxically antiliberal and authoritarian form: a technocratic rejection of politics as such. Fascist movements and regimes grew out of this general crisis of politics, crisis that itself was a product of civil society development (ibid.).*

Riley avance deux conclusions importantes pour la théorie sociologique de la démocratisation :

> *The first is that the impact of associational or civil society development depends heavily on the pre-existing structure of political conflict, or what I call, following Gramsci, the presence or absence of hegemonic politics. The second is that fascism, far from being the opposite of democracy, was a twisted and distorted form of democratization that, paradoxically, embraced authoritarian means (ibid.).*

Il soutient :

> *These movements cannot be understood as antidemocratic. Indeed, it was the fact that they positioned themselves as carrying forward the project of a democracy beyond liberalism that explains much of their popular support. The fascists promised to break with the faction-ridden and blocked politics that characterized both the oligarchic liberalism and the young liberal democracies of the respective countries. Their mass appeal was based on the promise of realizing the democratic potential of a developing civil society. Fascist movements, in sum, were authoritarian democratic movements. They rejected elections and parliaments as appropriate institutions for establishing popular rule, but they championed a political project to create more representative, not less representative political institutions (ibid., p. 202).*

Le succès des fascistes repose donc sur les pressions démocratiques exercées sur les institutions politiques :

> *Fascist mass movements were successful, then, where they could exploit the democratic demands produced by civil society, in the context of a nonhegemonic political system. These movements positioned themselves to take advantage of a crisis of politics. Gramsci grasped this best with his concept of organic crisis, which he defined as a situation of conflict, not between classes, but between "represented and representatives" (ibid., p. 203).*

L'absence d'hégémonie entraîne des crises en apparence insolubles au sein du processus politique. La réponse des fascistes et des autres projets autoritaires se veut antipolitique :

> Fascism was a fundamentally antipolitical ideology. For fascists, politics was an unnecessary "superstructure" that distorted the real cohesive nation. Rather than reflecting and channeling different interests, fascists argued, politics was responsible for fomenting social divisions. This was plausible only because fascists hypostatized a real national interest that exists without having to be constructed or shaped through political processes (ibid., p. 201).

Les théories de la société civile et du capital social permettent d'éclairer certains aspects de la vie démocratique. Elles sont toutefois mal outillées pour théoriser le rapport entre la démocratie, le développement du néolibéralisme et la croissance des inégalités sociales. La prochaine section traite des contributions d'Ellen Meiksins Wood, qui mettent en évidence cet aspect fondamental des processus de démocratisation.

7.6. LES DÉMOCRATIES ANCIENNE ET MODERNE

Plusieurs interventions en philosophie sociale et politique comparent la démocratie moderne à la démocratie athénienne. Certains critiques du libéralisme cherchent notamment à revigorer les institutions démocratiques contemporaines en puisant dans la conception de la citoyenneté des Anciens. Tel qu'il a été posé par Benjamin Constant (1767-1830), ce débat oppose généralement les défenseurs de la liberté dite des Anciens, d'une part, et ceux de la liberté des Modernes, d'autre part. Ce débat n'est pas près de s'éteindre en philosophie politique. Nous laisserons aux philosophes le soin d'approfondir cette question.

Nous nous intéresserons cependant à la question de la relation entre le pouvoir social, la démocratie et la souveraineté populaire qui constitue la trame de fond sociohistorique de ce débat. L'historienne des idées politiques Ellen Meiksins Wood analyse la transformation du pouvoir social et des institutions entourant la souveraineté populaire dans ces deux contextes. Sa théorie de la démocratie est étroitement liée à sa conception du capitalisme où se distinguent les moments d'appropriation économique et de coercition politique constitutifs des relations de classe. La démocratie moderne se distingue notamment par une sphère politique reposant sur la séparation du politique et de l'économie, laquelle est placée hors de portée du contrôle démocratique.

Si l'on a raison de souligner que la démocratie athénienne repose notamment sur une importante production esclavagiste, on passe à côté d'importantes caractéristiques de ce régime en se limitant à cette observation. Une de ces caractéristiques est l'institution du *paysan-citoyen*, qui consacre «l'union du travail et de la citoyenneté» (Wood, 1995a, p. 188). Cette caractéristique distingue la démocratie grecque d'autres régimes précapitalistes où les travailleurs ont rarement leur mot à dire sur l'organisation globale de la production. La *polis* grecque institutionnalise ainsi un lieu de délibération allant au-delà de la division sociale statutaire :

> *Although political conflicts between democrats and oligarchs in Athens never neatly coincided with a division between appropriating and producing classes, a tension remained between citizens who had an interest in restoring an aristocratic Monopoly of political status and those who had an interest in resisting it, a division between citizens for whom the state would serve as a means of appropriation and those for whom it served as a protection from exploitation (ibid., p. 191).*

Dans ces circonstances, l'extension de la citoyenneté à une part plus ou moins grande de la population est l'objet d'une lutte dans laquelle les gains des producteurs correspondent inévitablement à des pertes équivalentes pour l'oligarchie. Les relations sociales de propriété sur lesquelles s'appuie la démocratie actuelle diffèrent de celles qui prévalent dans les cités antiques. La séparation formelle du moment économique d'appropriation et du moment politique de coercition rend possible l'octroi de droits politiques aux exploités sans les soustraire à l'exploitation. La relation entre classe, statut, pouvoir social et citoyenneté est institutionnellement distincte entre ces deux régimes démocratiques :

> *The social property relations that set this driving mecha-*
> *nism to work have placed labour in a historically unique position.*
> *Subject to economic imperatives that do not depend directly on*
> *a subordinate juridical or political status, the propertyless wage*
> *labourer in capitalism can enjoy juridical freedom and equality,*
> *even full political rights in a system of universal suffrage, without*
> *depriving capital of its appropriating power. It is here that we find*
> *the greatest difference between the status of labour in ancient*
> *Athenian democracy and in modern capitalism* (ibid., p. 201).

Cette coexistence de relations d'exploitation esclavagistes avec les droits politiques des paysans-citoyens met en évidence le caractère global de la démocratie athénienne : l'accès à la citoyenneté prévient le statut juridique par lequel les travailleurs sont exploités comme esclaves. Au sein des relations sociales de propriétés capitalistes, le pouvoir social qui permet à la classe dominante de s'approprier le travail des travailleurs reste intact sur le plan économique, malgré le fait qu'en théorie possédants et dépossédés jouissent de droits égaux sur les plans juridique et politique.

> *The separation of civic status and class position in capi-*
> *talist societies thus has two sides : on the one hand, the right of*
> *citizenship is not determined by socio-economic position – and in*
> *this sense, capitalism can coexist with formal democracy – on*
> *the other hand, civic equality does not directly affect class*
> *inequality, and formal democracy leaves class exploitation*
> *fundamentally intact* (ibid., p. 201).

Cela est dû au fait qu'au sein du capitalisme les travailleurs sont contraints de se tourner vers le marché pour avoir accès aux moyens de production. L'accès direct des paysans-citoyens de la *polis* athénienne aux moyens de leur travail et de leur subsistance donne à la démocratie ancienne une portée plus grande que celle que la citoyenneté moderne accorde aux travailleurs. Francis Dupuis-Déri (2013) rappelle que les pères fondateurs des démocraties américaine et française sont des antidémocrates reconnus et qu'ils se voient comme des républicains plutôt que comme des démocrates.

La résistance des classes dominantes à la démocratisation s'est poursuivie jusqu'à récemment. À la fin du XXᵉ siècle, pourtant, la revendication du caractère démocratique d'un État ou d'un programme politique est devenue, presque partout, une nécessité pour les gouvernants. À cette nécessité qui explique partiellement la diffusion du langage démocratique, si ce n'est de son contenu, il faut ajouter la réalisation graduelle de la portée réduite d'une démocratie purement politique :

> Yet, however much the ruling classes of Europe and America may have feared the extension of political rights to the laboring multitude, it turned out that political rights in capitalist society no longer had the salience of citizenship in ancient democracy. The achievement of formal democracy and universal suffrage certainly represented tremendous historic advances, but it turned out that capitalism offered a new solution to the age-old problem of rulers and producers (ibid., p. 203).

L'analyse comparée des démocraties antiques et modernes de Wood est indissociable du principe normatif de la lutte démocratique contre le capitalisme. En ce sens, l'analogie vise à se réapproprier la part du contenu social de la démocratie que le capitalisme évacue vers une sphère « purement » économique.

Les travaux de Wood sur la démocratie nous invitent à repenser l'étude de Marshall dans une perspective plus dialectique que linéaire. Alors même que les composantes civiques et politiques de la citoyenneté sont progressivement consenties aux hommes blancs propriétaires, la dimension sociale est évacuée de la notion de démocratie. La correspondance, frôlant parfois l'indistinction, que certains perçoivent entre le capitalisme et la démocratie, tend à obscurcir le parcours historique ambivalent de ces deux phénomènes. D'un côté, l'expansion du capitalisme s'est accompagnée d'une diffusion de la démocratie comme mode de légitimation des régimes ; de l'autre, la citoyenneté sociale fait l'objet d'une lutte constante entre ceux qui ont intérêt à ce que l'égalité reste formelle et ceux qui en réclament une conception substantive.

CONCLUSION

La recherche sur la variation des régimes politiques et sur les processus de démocratisation démontre qu'il n'y a pas de trajectoires simples vers la consolidation de la démocratie. Qu'ils soient de gauche ou de droite, les populistes qui ont cherché à apporter des solutions simples au nom du peuple au cours du XXe siècle ont souvent été les architectes de désastres. Les composantes civique, politique et sociale de la citoyenneté ; les processus délibératifs ; la nature des relations d'inégalité, qu'elles soient genrées, racisées ou de classe ; l'étendue du pouvoir infrastructurel et despotique de l'État ; et la vitalité des organisations de la société civile ont tous une incidence sur les avancées et les reculs de la démocratisation. Ces composantes constituent cependant des facteurs contribuant aux processus dont il est ici question et non des conditions suffisantes. Les processus de démocratisation et de dédémocratisation se sont révélés jusqu'ici résistants face aux tentatives d'élaboration de théories générales de la démocratie.

Trop souvent, le cloisonnement des sous-champs de la démocratisation, de l'espace public, de la société civile et du capital social limite la prise en compte de l'éventail des facteurs liés aux avancées et aux reculs de la démocratie. En présentant ces débats au sein d'une même réflexion, nous souhaitons apporter une modeste contribution à l'instauration d'un dialogue dont la principale prémisse peut être résumée ainsi : il n'y a pas de recette simple pour instaurer, réformer ou approfondir la démocratie.

LECTURES COMPLÉMENTAIRES

Dahl, Robert A. (1998). *On Democracy*, New Haven, Yale University Press.

Hall, John A. (2003). *The Importance of Being Civil*, Princeton, Princeton University Press.

Israel, Jonathan I. (2011). *Democratic Enlightenment*, Oxford, Oxford University Press.

Rueschemeyer, Dietrich *et al.* (1992). *Capitalist Development and Democracy*, Chicago, University of Chicago Press.

Tilly, Charles (2007). *Democracy*, Cambridge, Cambridge University Press.

Wood, Ellen M. (1995). *Democracy against Capitalism*, Cambridge, Cambridge University Press.

CHAPITRE 8

LA SOCIOLOGIE HISTORIQUE DES PRATIQUES NATIONALISTES

La sociologie du nationalisme et de l'ethnicité est un champ d'études en transformation rapide depuis les années 1980. Comme plusieurs domaines explorés dans cet ouvrage, elle a été marquée par une importante période de questions macro-sociologiques, avant d'être influencée par le développement des théories relationnelles et interactionnistes sur le plan méso-sociologique (Lawrence, 2005). Les théories féministes, post-modernes et postcoloniales ont également nourri les débats sur le nationalisme, l'ethnicité et l'identité durant cette période (Yuval-Davis, 1997). Dans ce chapitre, nous revenons d'abord sur la réflexion de Marx et de Weber sur ces questions. Puis nous présentons l'ontologie mésosociologique qui a grandement transformé l'étude de l'ethnicité et du nationalisme au début des années 2000. Nous analysons par la suite les grandes questions qui ont marqué la formation de ce champ, dont certaines qui ont été alimentées par l'engouement récent des travaux comparatifs sur les empires.

8.1. Marx et Weber sur la nation et le nationalisme

Marx et Weber ont vécu à une époque où les mouvements nationalistes étaient en effervescence, mais où l'État national n'était pas encore une organisation politique allant de soi dans une Europe encore fortement morcelée en empires. La question nationale occupe une place dans leurs interventions, mais elle est l'objet d'interprétations divergentes, parfois contradictoires. Il y a deux raisons à cela. D'une part, leurs contributions sur ces thèmes sont dispersées à travers leurs œuvres. D'autre part, il est difficile de délimiter leurs convictions politiques, stratégiques et théoriques sur ces objets.

On trouve chez Marx de nombreuses interventions stratégiques et tactiques sur les mouvements nationalistes (Anderson, 2010 ; Avineri, 1991, p. 638). Ces interventions subordonnent généralement les questions nationales à celles du développement du capitalisme et des révolutions bourgeoise et communiste (Haupt *et al.*, 1997). Durant le XXe siècle, le registre des interventions stratégiques des marxistes s'étend aux mouvements de libération nationale et il atteint son apogée durant la guerre froide avec des figures telles que Ho Chi-min, Che Guevara, Frantz Fanon, Pierre Vallières et Sankara (Young, 2001 ; Prashad, 2009 ; Mills, 2011). Dans ces interventions, l'analyse du nationalisme demeure souvent subordonnée au projet révolutionnaire. Elle porte notamment sur l'enjeu de la désirabilité ou non d'une alliance avec la bourgeoisie pour « accélérer » l'histoire en direction d'une révolution nationale-bourgeoise, puis communiste.

Schlomo Avineri distingue deux paradigmes chez Marx ayant pour point de rupture l'échec des révolutions de 1848. Le premier, dit prémoderne, est surtout représenté par le *Manifeste du Parti communiste*. Dans un passage d'une étonnante actualité, les différences nationales y sont interprétées comme des traits prémodernes destinés à s'effacer sous le poids uniformisant du capitalisme :

> Par l'exploitation du marché mondial, la bourgeoisie a donné une tournure cosmopolite à la production et à la consommation de tous les pays. Au grand regret des réactionnaires,

elle a sapé sous les pieds de l'industrie sa base nationale. Les antiques industries nationales ont été anéanties, et continuent de l'être chaque jour (Marx et Engels, 1998, p. 78).

Dans ce paradigme, la civilisation bourgeoise est un rouleau compresseur. On attend de l'expansion du libéralisme économique qu'elle nivelle les différences et de l'industrialisation qu'elle dissolve les particularismes (Marx et Engels, 1998, p. 79 et 98). Cette analyse sous-estimait à quel point le développement du marché et du capitalisme allait entraîner un ensemble de processus socioculturels contradictoires : l'invention des traditions ; la nostalgie des temps révolus ; la politisation des mémoires ; l'appel d'un sacré intégriste sécularisé ; et le repli sur des mythes de l'authenticité (Hobsbawm et Ranger, 2006 ; Maier, 2012 ; Cooper, 2002 ; Roy, 2008 ; Chua, 2004). Ce paradigme sous-estimait aussi à quel point même les régimes communistes, comme ceux de la Chine maoïste et du Cambodge des Khmers rouges, allaient s'appuyer sur un ensemble de pratiques nationalistes.

Le second paradigme, qu'Avineri qualifie de bourgeois, correspond aux écrits suivant 1848. Devant l'unification de l'Allemagne et de l'Italie, Marx cesse d'interpréter le nationalisme comme le fait de formations économiques prémodernes. Il l'envisage désormais comme une idéologie au service de la bourgeoisie qu'il appuie ou condamne en fonction de considérations stratégiques. Il appuie les unifications nationales de larges entités économiques comme l'Allemagne qui favorisent le développement du capitalisme. Il s'oppose aux mouvements nationalistes en Europe centrale et de l'Est qui, en faisant sécession de l'Empire austro-hongrois, ralentiraient l'industrialisation et l'éventuelle victoire du prolétariat. Il est favorable à l'indépendance irlandaise, un levier potentiel du renversement du capitalisme en Grande-Bretagne (Anderson, 2010, p. 244), et à celle de la Pologne, qui servirait d'État tampon entre l'Europe occidentale et la Russie tsariste, une alliée militaire des conservateurs en Europe (Avineri, 1991, p. 642).

Selon Kevin B. Anderson, le *Manifeste* a été interprété à tort comme hostile aux revendications nationales et à l'idée de nationalité. Bien que, selon eux, les ouvriers «n'aient pas de patrie», Marx et Engels estiment que la lutte du prolétariat pourrait prendre une forme nationale, notamment au sein des empires agraires européens, de façon à y faire avancer la civilisation bourgeoise (Anderson, 2010). Toutefois, la position de Marx reste ambiguë, tout comme son utilisation empirique des catégories de nation et de nationalité qui semblent s'appliquer sans égard aux époques et aux contextes[1].

Marx ne fournit pas les clés d'une compréhension *sociologique* du nationalisme. Il abandonnera son interprétation linéaire et déterministe présente dans le *Manifeste*. Celle qui présente le nationalisme comme un véhicule de la bourgeoisie, où le prolétariat pourrait occasionnellement prendre une place, ne rend pas compte des manifestations concrètes du nationalisme comme ensemble de pratiques sociales (Avineri, 1991, p. 649). Là où l'analyse marxiste demeure la plus perspicace pour décrire le nationalisme, c'est lorsqu'elle met en relief le fait que les représentations nationales et les mouvements nationalistes évoluent et se transforment au gré des relations de pouvoir. L'analyse des uns ne va pas sans celle des autres. La mobilisation des pratiques, représentations et discours nationalistes ne peut être isolée des luttes pour l'hégémonie.

Le legs de Max Weber à la sociologie du nationalisme a longtemps été mitigé. Un nationalisme *völkisch* imprègne clairement sa leçon inaugurale de 1895 (Weber, 1994, p. 1-28). Dix années après la conférence de Berlin qui entérinera le partage de l'Afrique et la colonisation de «l'Allemagne de l'Est», Weber y évoque les nationalités en termes de différences raciales en accentuant «l'infériorité des Polonais» (voir Steinmetz, 2014, p. 46-73; Conrad, 2014, p. 246-264). Il encourage le colonialisme allemand durant sa jeunesse, associant alors la montée des nationalismes à la formation d'un marché mondial et à

---

1. Chakrabarty (2013) propose une critique similaire de l'ouvrage classique de E. P. Thompson à qui il reproche de ne pas problématiser ce qui est «anglais» dans *La formation de la classe ouvrière anglaise*.

la mondialisation de la lutte entre les États (Norkus, 2004). Toutefois, sa pensée politique ne se réduit pas à ses écrits de jeunesse. Plusieurs de ses intuitions théoriques vont au-delà de l'entrepreneuriat politico-identitaire (Norkus, 2004, p. 396; Winter, 2004, p. 91). Sa théorie subjectiviste de la nation est aujourd'hui incontournable pour l'étude du nationalisme (Weber, 1995b, p. 124-144).

Pour Weber, le concept de communauté ethnique correspond à celui de nation. Les deux renvoient à la croyance en une ascendance commune, peu importe le caractère objectif ou non de celle-ci. Tout en soulignant l'importance d'une *ascendance*, Weber s'oppose au biologisme racial. Il propose une définition subjectiviste et constructiviste de la nation :

> De même que « peuple » au sens « ethnique » courant, le terme de « nationalité » suggère normalement l'idée vague que ce qui est ressenti en tant que « commun » devrait avoir pour base une communauté d'origine bien que, dans la réalité des faits, des hommes se considèrent comme des compatriotes tout en étant – non seulement parfois, mais fréquemment – plus éloignés par leur origine [ethnique] qu'ils ne le sont d'autres hommes de nationalité différente, voire ennemie (*ibid.*, p. 139-140).

Une nation ne correspond pas à une communauté de sang. Ce mythe, cependant, sert le développement d'un sentiment national. De plus, bien qu'ils favorisent le sentiment d'appartenance ethnique ou national, le partage de traits communs objectifs, comme la langue, ne suffit pas à la communalisation. La communauté nationale ne correspond pas nécessairement à une communauté linguistique. Weber donne l'exemple des Alsaciens qui, en dépit de leur qualité de germanophones, se sentent appartenir à la nation française. Cela tient notamment au fait qu'ils partagent des souvenirs politiques avec les autres Français. Les « nations du Nouveau Monde » en viendront également à rompre avec leur métropole en dépit de leur affinité linguistique. Weber avance alors l'idée selon laquelle la nation et le nationalisme sont étroitement liés à la communauté politique. Les nations ne sont pas des unités données de l'histoire ; elles sont constituées politiquement : « Le processus historique tout entier montre avec quelle extraordinaire facilité c'est surtout l'activité communautaire politique qui produit l'idée de la "communauté de sang"» (*ibid.*, p. 130). Ainsi, la croyance subjective en une communauté d'origine et l'activité communautaire politique sont des facteurs expliquant l'émergence et le maintien du groupe ethnique et de la nation.

Or, les nations, contrairement aux groupes ethniques, sont animées par une volonté de puissance politique : «Le concept de "nation" nous renvoie constamment à la relation avec la "puissance" politique. Il est donc évident, si tant est que "national" signifie quelque chose d'unitaire, que ce sera aussi une sorte de passion [*pathos*] spécifique» (*ibid.*, p. 143-144). La puissance politique n'est toutefois pas une finalité en soi. Elle sert au rayonnement de la culture nationale. Le prestige qui en découle rejaillit sur la communauté, suscitant la fierté et le sentiment national (Collins, 1999, p. 8 et 39). Ainsi, malgré leur sentiment de communauté, «les Suisses ne constituent en aucune manière une véritable "nation"» (Weber, 1995b, p. 142), puisque l'État suisse a renoncé à la puissance politique. La nation ne représente donc pas exactement la même chose que le *peuple d'État* (Winter, 2004, p. 106). Toutefois, elle renvoie à un groupe ethnique ayant comme visée la création d'une unité politique autonome ou une «communauté affective dont l'expression adéquate est un État authentique» (Weber, cité dans Winter, 2004, p. 106). La relation entre l'État et la nation est donc étroite, mais les deux concepts ne se superposent pas.

La relation établie par Weber entre la nation et la volonté de puissance politique est ambiguë. Elle se veut analytique et normative à la fois. Weber abandonnera «la thèse d'une mission culturelle nationale» (Colliot-Thélène, 1990, p. 109) et se décrira comme un «national antinationaliste» (Norkus, 2004, p. 408) souhaitant voir l'Allemagne freiner l'impérialisme russe et protéger l'autodétermination des minorités nationales d'Europe de l'Est.

Winter souligne pertinemment que «pour Weber, la nation n'est pas une catégorie empiriquement définissable, mais plutôt une notion chargée d'interprétations et de valeurs subjectives» (Winter, 2004, p. 101). Le travail du sociologue n'est alors pas de définir empiriquement la nation selon des données objectives, mais de reconstruire les conditions d'émergence d'un sentiment de communauté et de solidarité prenant une forme nationale. En prenant la nation comme un groupe de statuts, il apparaît que le sentiment national s'appuie sur la croyance en une ascendance commune, encouragée par l'activité communautaire politique, mais aussi que les nations sont des catégories relationnelles. Le sentiment national renvoie donc au contraste avec un autre groupe dit national (Weber, 1995b, p. 141). Cette relation d'altérité renforce la croyance en une origine commune. La croyance en l'appartenance à une communauté nationale est donc indissociable d'une dynamique d'inclusion et d'exclusion (Winter, 2004, p. 117-118).

8.2. La formation du champ

La décennie de 1975 à 1985 sera décisive pour l'étude du nationalisme. C'est à cette époque qu'Ernest Gellner (1964, 1983, 1997) formulera ce qui sera pendant un certain temps « la seule théorie dans ce champ» (Smith, 2001, p. 62, traduction libre; sur Gellner, voir Hall, 1998, 2012). Si le nationalisme a fait l'objet d'études avant 1975 (Hayes, 1926, 1931; Kohn, 1944; Carr, 1945; Deutsch, 1953; Bendix, 1964), c'est à la veille de 1980 qu'un ensemble de chercheurs proposent des hypothèses structurantes sur ce que sont le nationalisme, ses conditions d'émergence, ses conditions de diffusion et ses relations avec d'autres processus, tels que l'industrialisation, la formation étatique ou le développement inégal. On assiste alors à une démarche beaucoup plus systématique ayant pour but la clarification conceptuelle et l'identification de pratiques et de processus permettant de mieux comprendre le nationalisme (Lawrence, 2005).

Un premier débat, chronologique, a porté sur les conditions d'émergence du nationalisme. Les modernistes identifient des facteurs généralement associés à la modernisation pour en expliquer l'émergence, soit la division du travail, l'industrialisation et l'éducation publique standardisée (Gellner, 1964, 1983, 1997); le développement inégal (Nairn, 1977, 1997;

Hechter, 1975) ; le capitalisme de l'imprimé (Anderson, 2006) ; la conscription et la guerre (Wimmer, 2013) ; la centralisation étatique et l'invention des traditions (Breuilly, 1994 ; Hobsbawm et Ranger, 2006). Les primordialistes, quant à eux, identifient des conditions prémodernes de l'émergence du nationalisme (Geertz, 1973 ; Connor, 2004, p. 35-47 ; Armstrong, 1982 ; Roshwald, 2006 ; Gat, 2013). Ces chercheurs soutiennent qu'il existe des phénotypes ayant contribué à une communalisation « primitive » antérieure à l'émergence des institutions ou processus modernes.

Un deuxième débat, lié au premier, porte sur le statut ontologique du concept de nation et de nationalisme. Ernest Renan a posé les jalons de ce débat dans « Qu'est-ce qu'une nation ? ». Après avoir passé en revue, et rejeté, plusieurs critères objectivistes pour définir une nation, il en adopte une conception volontariste. Les débats entre les théories constructivistes et essentialistes de la nation ont mené à un scepticisme croissant au sein des théories du nationalisme (Anderson, 2006 ; Breuilly, 1994 ; Gellner, 1983 ; Smith, 1986 ; Greenfeld, 1993 ; Hall, 1998 ; Hobsbawm, 1992 ; Hobsbawm et Rangers, 2006 ; Hroch, 1985 ; Nairn, 1997 ; Hall, 1997 ; Smith, 1998 ; Yuval-Davis, 1997 ; Özkirimli, 2010). De plus en plus, on arrive à la conclusion que pour l'étude du nationalisme « la difficulté réside dans le concept de nation lui-même » (Mayall, 1990, p. 2 ; traduction libre)[2]. On peut analyser des mouvements nationalistes, répertorier des pratiques nationalistes, mettre en relief des catégories nationalistes, mais on ne peut parvenir à une définition consensuelle de ce qu'est une nation. Plutôt que de concevoir la nation comme une catégorie d'analyse, il vaut mieux, suggère Rogers Brubaker (1996a), de la concevoir comme une catégorie des pratiques sociales.

Aussi problématique soit-elle, cependant, on ne peut faire l'économie de la catégorie *pratique* de « nation » afin de comprendre les subjectivités qui se fracassent dans l'arène

....

2. Parmi les études récentes sur le nationalisme, voir Calhoun, 1997b ; Juteau, 1999 ; Day et Thompson, 2004 ; Brubaker, 2004 ; Lawrence, 2005 ; Özkirimli, 2005 ; Tilly, 2005b ; Dieckhoff et Jaffrelot, 2006 ; De Sernaclens, 2010 ; Wimmer, 2012.

politique afin d'imposer un narratif et une représentation hégémonique de ces communautés imaginées. Comme le souligne l'historien Patrick Geary, le fait que ces nations «soient en quelque sorte imaginées ne les rend pas "imaginaires" ou "insignifiantes"» (2002, p. 16 ; traduction libre). Sur le plan sociohistorique, on peut retracer la genèse de ces *pratiques nationalistes* parmi des modes d'identification concurrents (l'internationalisme libéral et socialiste, le panarabisme, le panafricanisme, les imaginaires diasporiques et cosmopolites, les affinités tribales, les religions globales, etc.). Il ne s'agit pas seulement d'effectuer la généalogie des désignateurs *nation, volk, natio* ou *people* ; ni de constituer un herbier idéal-typique des différentes formes de nationalisme allant des plus civiques aux plus ethniques. Il s'agit ici de comprendre les particularités des processus sociaux qui ont rendu possible l'émergence des pratiques sociales nationalistes et de saisir les relations sociales qui ont constitué, et constituent encore, la matrice génératrice du nationalisme dans ses formes banales ou non (Billig, 1995). Ces questions macrohistoriques ne peuvent plus être abordées comme au début des années 1980. Comme dans d'autres secteurs de la sociologie historique, l'étude du nationalisme et de l'identité a pris un virage mésosociologique, relationnel, interactionnel et processuel d'un grain plus fin.

8.3. LE VIRAGE MÉSOSOCIOLOGIQUE DANS L'ÉTUDE DU NATIONALISME

Alors que durant les années 1970 et 1980 les travaux sur le nationalisme, l'ethnicité et le racisme ont souvent constitué des niches relativement opaques, on assiste dans les années 2000 à une mise en commun de ces savoirs et au développement de la conviction que les uns peuvent difficilement continuer à être étudiés en faisant abstraction des autres (Lalande-Bernatchez, 2013). Avec ce virage mésosociologique, le recours à Max Weber et Fredrik Barth occupe une place importante dans les développements contemporains de la sociologie de l'ethnicité et du nationalisme (Brubaker, 2004 ; Eriksen, 1993 ; Juteau, 1999 ; Wimmer, 2012 ; Tilly, 1999, p. 172-181, 2005b ; Dembinska, 2013).

Le travail de ces auteurs sur les concepts de nation, d'ethnicité, de diaspora et d'identité, par exemple, permet de substituer à des concepts souvent galvaudés, voire contradictoires, une étude des processus et mécanismes au cœur des dynamiques identitaires.

Rogers Brubaker et Frederick Cooper critiquent les conceptions constructivistes fortes de l'identité. Une telle conception débouche sur un paradoxe.

> [Elle] tente de donner au terme un sens très général et à l'exonérer de l'accusation d'essentialisme en posant que les identités sont des notions construites, fluides et multiples. [Elle] rend vaine toute discussion sur les identités et nous laisse mal outillé pour examiner les dynamiques « dures » et les revendications essentialistes des politiques identitaires contemporaines (Brubaker et Cooper, 2010, p. 81-82).

Les limites de ces conceptions sont nombreuses :

> Si l'identité est partout, elle est nulle part. Si elle est fluide, comment expliquer que les autocompréhensions puissent s'affermir, se figer et se cristalliser ? Si elle est construite, alors comment expliquer l'action parfois coercitive d'identifications extérieures ? Si elle est multiple, comment expliquer la terrible singularité que s'efforcent souvent d'obtenir – et parfois obtiennent – des politiciens cherchant à transformer de simples catégories en groupes unitaires et exclusifs ? Comment expliquer le pouvoir et le pathos des politiques identitaires ? (ibid., p. 82).

Brubaker et Cooper recensent cinq usages de la notion d'identité en sciences sociales. En théorie de l'action, des chercheurs y ont recours afin d'expliquer l'intention des acteurs sans faire appel à une explication instrumentale ou stratégique. Dans ce premier cas, « considéré comme justification ou point de départ de l'action sociale ou politique, identité est souvent opposé à intérêt afin de discerner et de conceptualiser les modes non instrumentaux de l'action politique et sociale » (ibid., p. 88). D'autres chercheurs l'utilisent pour désigner des phénomènes collectifs. Dans cet autre cas, la notion d'identité « désigne une similitude fondamentale et significative entre membres d'un groupe ou d'une catégorie » (ibid.). Chez les chercheurs qui se penchent sur un « aspect central du moi », l'identité est «invoquée pour désigner quelque chose qui est soi-disant *profond, fondamental, permanent* ou *fondationnel*» (*ibid.*, p. 89). C'est généralement le sens d'identité que reprennent ceux qui cherchent à mobiliser le public contre une «menace à son identité». Chez les théoriciens des interactions sociales, la notion est utilisée «pour mettre en lumière le développement *processuel* et *interactif* des formes collectives d'autocompréhension, de solidarité ou de groupalité qui rendent possible l'action collective» (*ibid.*). Enfin, chez les poststructuralistes, la notion est mobilisée afin de «révéler la nature *instable, multiple, fluctuante* et *fragmentée* du "moi" contemporain» (*ibid.*).

Ces différents usages sont hétérogènes et contradictoires. Ils renvoient à des conceptions fortes et faibles de l'identité. Les conceptions fortes conservent du langage ordinaire l'intuition que l'identité suppose une continuité à travers le temps. Elles partagent les prémisses suivantes :

1. L'identité est une chose possédée par tout le monde ou que tout le monde devrait posséder ou rechercher.

2. L'identité est une chose possédée par tous les groupes (ethniques, nationaux ou raciaux) ou que tous les groupes devraient posséder.

3. L'identité est une chose que les gens (ou les groupes) peuvent avoir sans en être conscients. À cet égard, l'identité est une chose que l'on découvre et sur laquelle on peut se *tromper*. [...]

4. Les conceptions fortes de l'identité collective impliquent des conceptions fortes de la fermeture et de l'homogénéité des groupes. Elles impliquent un degré élevé de groupalité, une identité ou une similitude entre membres du groupe et une distinction nette avec les non-membres, une frontière claire entre l'intérieur et l'extérieur (*ibid.*, p. 92).

Les compréhensions faibles de l'identité sont en rupture avec l'usage ordinaire du concept. Elles mettent l'accent sur son caractère évanescent, multiple et construit. La principale limite de ces conceptions est qu'elles en viennent à être «trop faibles pour permettre un travail théorique efficace» (*ibid.*, p. 93). Après avoir montré le caractère problématique, parce que polysémique de la notion d'identité, Brubaker et Cooper suggèrent de substituer à cette notion l'analyse de différents processus et mécanismes qui effectuent le même travail théorique avec plus de précision. Ces processus et mécanismes, plus précis sur le plan analytique, font déjà l'objet d'une importante littérature sociologique.

Les deux premiers processus sont l'*identification* et la *catégorisation*. Par l'identification, les auteurs désignent des modes soit relationnels, soit catégoriels, par lesquels des institutions ou des individus en identifient d'autres ou s'identifient eux-mêmes. Alors que les processus d'identification *relationnels* réfèrent à des positions pouvant être reconstruites à partir de l'analyse d'un réseau, les processus d'identification *catégoriels*, eux, portent sur le partage d'un « attribut catégoriel donné (tel que la race, l'ethnicité, le langage, la nationalité, la citoyenneté, le genre, l'orientation sexuelle...) » (*ibid.*, p. 97)[3]. Les processus de *catégorisation* prolongent souvent des processus d'identification. Les auteurs soulignent que sur le plan institutionnel

> l'État moderne a été l'un des plus importants agents d'identification et de catégorisation. Dans les extensions culturalistes de la sociologie wébérienne de l'État, notamment dans celles influencées par Bourdieu et Foucault, l'État monopolise, ou cherche à monopoliser, non seulement la violence physique légitime, mais aussi, pour reprendre Bourdieu, la violence symbolique légitime. Cela inclut le pouvoir de nommer, d'identifier, de catégoriser, de dire quoi est quoi et qui est qui (*ibid.*, p. 97-98).

Deux autres concepts doivent être substitués à celui d'identité : ceux d'*autocompréhension* et de *localisation sociale*. Ces processus renvoient à la dimension subjective que plusieurs chercheurs tentent de cerner au moyen du concept d'identité. Cet enjeu est particulièrement présent chez les chercheurs en théorie de l'action. Si les acteurs n'agissent pas seulement en fonction d'intérêts matériels, instrumentaux ou systémiques, comment peut-on reconstruire le sens de leurs actions ? Certains répondent à cette question en mentionnant *l'identité* ou *les*

----

3. Ces processus sont mis en relief dans le travail de Barth (1995) sur la catégorie comme frontière ethnique et réservoir de la constitution des groupes ; voir Juteau, 1999 ; Wimmer, 2012.

émotions. Cooper et Brubaker estiment que le concept dispositionnel d'*autocompréhension* devrait jouer le rôle du concept d'identité afin de désigner la «"subjectivité située", à savoir le sentiment personnel de ce que l'on est, de sa localisation sociale et des moyens (fonctions de ces deux sentiments) auxquels on est prêt à recourir pour agir» (*ibid.*, p. 101). La distinction entre ces deux processus recoupe celle de Jenkins entre une *catégorie* et un *groupe* :

> *A group is a collectivity which is meaningful to its members, of which they are aware ; a category is a collectivity which is defined according to criteria formulated by the sociologist or anthropologist. A group is a self-conscious collectivity, rooted in processes of internal definition, while a category is externally defined* (Jenkins, 1997, p. 54).

Enfin, Brubaker et Cooper distinguent les mécanismes de *communalité*, de *connectivité* et de *groupalité*. Par communalité, ils entendent le «partage de certains attributs communs». La connectivité est plus dynamique, elle implique «les liens relationnels unissant les gens» (Brubaker et Cooper, 2010, p. 103). Le sentiment d'être un groupe fermé, la groupalité, peut émerger soit de la combinaison des deux premiers mécanismes, soit d'une communalité à laquelle des circonstances particulières apportent un sentiment d'appartenance même en l'absence de connectivité.

Ces mécanismes mésosociologiques ne rendent pas caduque la réflexion macrosociologique. Ils permettent cependant de revoir les questions posées à ce niveau à partir d'outils souvent plus précis. Ils permettent aussi d'interroger un plus grand nombre de pratiques liées à l'«identité». Dans la prochaine section, nous reviendrons sur les formes de communalisation et de clôtures sociales antérieures au nationalisme.

8.4. LA COMMUNALISATION, LA CLÔTURE SOCIALE ET LA COMMUNAUTÉ IMAGINÉE

On ne peut rendre compte de la diversité des manifestations d'appartenance subjective à un groupe dans les sociétés précapitalistes par un seul idéal-type. La groupalité n'est pas plus un processus particulièrement moderne que l'existence de clôture sociale départageant des sentiments d'hostilité, de méfiance ou de dédain[4]. Les formes de communalisation, de catégorisation et d'autoreprésentation varient selon un grand nombre de facteurs : les classes, le statut, la religion, le genre, la lignée sont autant de facteurs autour desquels une groupalité peut prendre forme. Les princes et les nobles sont intégrés à des représentations de solidarité basées sur le sang, la famille et le lignage (Febvre, 1996, p. 101). Ces groupes se reproduisent socialement par le vasselage, les mariages dynastiques et l'expansion territoriale (Teschke, 2006a, p. 536). L'institution du *lordship*, en fusionnant les moyens de domination économique et politique au sein de chaînes hiérarchiques, où la souveraineté est parcellisée, prévient la pétrification d'une dichotomie entre l'intérieur et l'extérieur des unités politiques[5]. Contrairement aux gouvernances nationalistes, la gouvernance médiévale se fractionne selon les mouvements kaléidoscopiques des stratégies d'accumulation politique et sexuelle (Anderson, 2006, p. 20-21 ; Mann, 1999a, p. 33 ; Adams, 2005a, 2005b ; Bogdan, 2005 ; Dorlin, 2009).

Les relations sociales d'appropriation féodale et seigneuriale subordonnent la paysannerie, dont le destin est de travailler et de vivre de façon servile et humble, assujettie à une classe seigneuriale composée d'un bras séculier et d'un bras ecclésiastique (Le Goff, 1982, p. 202 ; Comninel, 2000a). Dans le contexte de la compétition symbolique entre les deux composantes de la classe dominante, les ecclésiastiques ont un avantage important sur les nobles : ils manient à la fois le latin et les langues vernaculaires. Le latin, ciment de la communauté ecclésiastique, leur confère un puissant capital symbolique reflétant le caractère sacré des intermédiaires entre la plèbe et les Écritures (Anderson, 2006, p. 14). De plus, il est fréquent dans ce contexte qu'une région soit gouvernée par un dynaste « étranger », qui ne parle pas la langue locale.

....

4. Sur la reconstruction nationaliste de l'histoire, voir Geary, 2002 ; Özkirimli, 2010.

5. Sur la notion de territoire en histoire des idées politiques, voir Elden, 2013.

Les tentatives de l'Église pour pacifier la chrétienté entrent en contradiction avec une dynamique d'accumulation de pouvoir politique et la géopolitique interdynastique, puis interconfessionnelle (Teschke, 2003, p. 59-60). Même avant la Réforme, l'*ecclésia* chrétienne ne peut empêcher les croisés de massacrer d'autres chrétiens ; pas plus que l'*umma* musulmane ne parvient à freiner les ambitions des empires ottoman, perse et moghol. À la suite de la réforme grégorienne, les croisades, l'Inquisition, les conciles de Latran et les autres conciles de l'Église ont contribué à la formation d'un régime catholique romain de politique intérieure et extérieure. Sous ce régime, la chrétienté fait face à des ennemis communs : les musulmans, les hérétiques, les lépreux, les sorcières et les juifs (R. I. Moore, 1987). Le pouvoir disciplinaire de l'Église est observé avec différents degrés d'enthousiasme et d'opportunisme selon les régions et les avantages qu'il confère aux stratégies géopolitiques des acteurs féodaux. Ici, la communalité ne se traduit pas nécessairement en un sentiment de groupalité. Le cas de l'Inquisition espagnole de 1478-1480, par exemple, révèle que la volonté d'adopter les règles disciplinaires formulées par les conciles de l'Église et la papauté interfère avec les règles de reproduction des classes seigneuriales de la péninsule ibérique. À certaines occasions, le régime disciplinaire de l'Église n'empêche pas la formation d'alliances avec les Maures ou les musulmans contre un voisin chrétien. Durant la guerre de reconquête, les royaumes de Castille et d'Aragon considèrent comme étant plus urgent de régler leur différend dynastique avec le Portugal et la Navarre que d'infliger une défaite décisive au califat de Grenade (Edwards, 2005), alors que le califat de Cordoba connaît un développement important en tant que vassal d'un roi chrétien. Inversement, la division culturelle et religieuse du monde colore les relations sociales de propriété, plusieurs législations féodales interdisant aux juifs l'accès à la propriété terrienne.

Les groupes d'un même lignage, ou les membres d'une guilde, éprouvent un sentiment de connectivité, voire de groupalité, en réaction à un occupant étranger ou à une personne de « sang » étranger. Chez les classes dominantes, cela peut se traduire par un code de distinction linguistique en rupture avec la paysannerie, le français pour l'aristocratie russe, le latin pour le clergé. Cependant, cette groupalité s'active contre un adversaire qui met en péril la distribution de la propriété agraire, l'accès monopolistique à des routes commerciales, les régulations coutumières ou l'économie morale. Cette groupalité n'est cependant pas utilisée contre un membre d'une autre nation violant l'intégrité d'une nation souveraine. L'exclusion résultant du lignage ou de la fermeture sociale pratiquée par les guildes peut être renforcée par le langage ou la religion sans être nationaliste (Bartlett, 1993, p. 236-242; Fredrickson, 2002, p. 24; Geary, 2002, p. 19-21). D'où la nécessité de distinguer le nationalisme moderne des relations amis-ennemis dans le contexte des luttes dynastiques, ces dernières étant incorporées aux conceptions hiérarchiques et non nationales de la *polis*.

Les communautés imaginées précapitalistes partagent donc une caractéristique commune, et l'idée que les représentations de différents ordres forment une chaîne de solidarité horizontale, entre des individus égaux possédant le même bagage national, leur est étrangère. L'institutionnalisation d'un statut inégal est intégrée à une conception organique du cosmos, ancrée dans les principes de réciprocité et de redistribution, venant légitimer les différences de classes et de statuts (Duby, 1996, p. 515-540). Au mieux, les membres des différents ordres sont égaux en tant que créatures de Dieu, mais inégaux en tant que créatures sociales.

8.5. Le nationalisme, l'industrialisation et les classes sociales

Depuis le début des années 1980, les théoriciens modernistes du nationalisme cherchent à expliquer les modalités à travers lesquelles les processus de communalisation se transforment pour engendrer précisément une groupalité nationale. Si plusieurs modernistes, comme Gellner, répondent à cette question en mettant l'accent sur des développements institutionnels, d'autres, comme Halperin et Mann, mettent en relief le rôle des agents qui participent au développement du nationalisme. Nous reviendrons sur la théorie de Gellner, ainsi que sur des interprétations subséquentes du rôle de l'industrialisation et de la transformation des relations de classe dans l'analyse sociohistorique du nationalisme.

Dans le cadre du débat entre primordialistes et modernistes, Gellner soutient que la division sociale du travail et l'industrialisation sont les conditions nécessaires à ce qu'un ensemble de processus entraîne le développement du nationalisme. La transition des sociétés agraires aux sociétés industrielles est la matrice de l'émergence du nationalisme. Le point de départ de Gellner n'est pas une analyse des classes sociales (Smith, 2001, p. 65 ; Anderson, 1992, p. 205 ; O'Leary, 1998, p. 51), mais une analyse de la division sociale du travail. Le mode de subsistance façonne le mode d'organisation de la culture, d'où l'importance de la comparaison entre les sociétés agraires et industrielles. Le nationalisme n'est pas un processus culturel compatible avec les sociétés agraires. Dans celles-ci, « la fonction principale (de la culture) est de renforcer, de souligner et de rendre visible et autoritaire le système de statut social hiérarchique de l'ordre social » (Gellner, 1997, p. 20 ; traduction libre).

Dans le monde moderne, soutient Gellner, la division du travail entraîne la nécessité d'une éducation publique transformant le rôle de la culture. Cette transformation *doit mener* au nationalisme (Gellner, 1983, p. 39). Les relations de solidarité préindustrielles entre les membres de la classe dominante n'impliquent pas « que l'homogénéité culturelle représente un lien politique, ou que la maîtrise d'une haute culture constitue un préalable à la citoyenneté politique, économique ou sociale » (Gellner, 1997, p. 29 ; traduction libre). Le nationalisme émerge de l'homogénéisation culturelle rendue possible par le développement de l'éducation publique, à son tour un « prérequis fonctionnel » à l'industrialisation (Gellner, 1983, p. 34-35). La division du travail des sociétés industrielles requiert un système d'éducation hautement standardisé qui, à son tour, engendre un groupe d'opérateurs de symboles partageant une sémantique commune. Diffusée par l'éducation publique, cette sémantique génère une culture commune transcendant le fossé entre les travailleurs, l'administration publique et l'industrie. En somme, l'industrialisation crée de l'homogénéité, alors que l'agriculture ne le fait pas. Le nationalisme n'est pas une réaction romantique au processus de modernisation et il n'est pas imposé par en haut ; il est inhérent aux sociétés industrielles. Son émergence est « préparée » par « le processus de centralisation bureaucratique amorcée par les despotes éclairés du XVIIIᵉ siècle » et elle fournit un principe de légitimation au monde industriel (Gellner, 1997, p. 23 et 25).

Gellner a défriché un champ de réflexion. Sa théorie a cependant des limites. 1) Elle n'explique pas ce qui est arrivé aux relations sociales qui ont précédé la formation de cultures horizontales homogènes durant des millénaires. 2) Elle met l'accent, sans le théoriser, sur le processus de transition des sociétés agraires aux sociétés industrielles ou capitalistes. 3) Elle ne théorise pas le rôle des agents ou des luttes sociales dans ce processus. En somme, elle offre une fresque où apparaissent les grandes oppositions, mais d'où la dynamique plus fine des pratiques nationalistes est absente (Smith, 2001, p. 67). 4) Enfin, même chez les auteurs qui estiment que la théorie de Gellner est adéquate pour rendre compte de l'émergence des premiers États-nations, plusieurs doutent de sa capacité à constater les vagues ultérieures de diffusion globale du modèle de l'État-nation (Wimmer, 2013, p. 22).

En mettant l'accent sur les agents et sur la transformation du pouvoir social, la théorie des relations sociales de propriété offre des pistes de réflexion pour revoir cette problématique. Dans un argument visant à aller au-delà de l'opposition entre modernistes et primordialistes, Ellen M. Wood soutient que les nationalismes ne résultent pas de la modernité *sui generis* ni d'institutions prémodernes, mais plutôt de contradictions sociales sans cesse renouvelées entre des classes et des institutions confrontées à une crise de reproduction sociale pendant la période de l'État absolutiste (Wood, 1991, p. 25-38). Au lieu d'arrimer la problématique de l'émergence du nationalisme *en général* à l'opposition entre *modernité* et *tradition* ou entre société industrielle et société agraire, elle débute par l'analyse des contradictions sociales et des formes de crise auxquelles

elles mènent. Cette alternative théorique prend comme point de départ l'histoire comparée de la formation des États, ici, de la France et de l'Angleterre, plutôt que d'adopter la vision holiste d'une modernité comme unité organique qui occulte les disparités de trajectoires développementales en Europe.

Sandra Halperin s'intéresse également au rôle de l'industrialisation dans le développement du nationalisme, mais elle remet en question la thèse de Gellner selon laquelle le second résulterait nécessairement de la première. Elle met en relief le rôle des agents, des élites aristocratiques notamment, dans la production des représentations nationalistes. Elle considère que le rôle de la bourgeoisie dans le développement de ces représentations est surestimé. Enfin, elle défend l'idée contre-intuitive selon laquelle le développement de l'autonomie de l'État et celui du nationalisme ne vont pas nécessairement de pair. En ce qui a trait au rôle de la bourgeoisie, Halperin défend le fait que dans plusieurs États européens « la bourgeoisie urbaine [...] est souvent une classe étrangère ou est faible et confinée régionalement, et conséquemment dépendante de la monarchie, de l'Église et de l'aristocratie agraire » (Halperin, 2004, p. 58 ; traduction libre). En Europe centrale et de l'Est, souligne-t-elle, cette situation est amplifiée par la présence d'une bourgeoisie souvent constituée de colons étrangers (ibid. ; Clark, 2007, p. 56). Ces bourgeois auraient de la difficulté à promouvoir un programme nationaliste, sauf dans une variante civique. Halperin souligne ensuite l'origine souvent aristocratique et conservatrice des forces nationalistes en conflit avec la bureaucratie de l'État central et la bourgeoisie (Halperin, 2004, p. 55-57 ; De Sernaclens, 2010, p. 113-144). De plus, souligne Benedict Anderson, l'accession à l'indépendance nationale ne met pas fin aux pratiques donnant accès à la tête de l'État à un dynaste étranger (Anderson, 2006, p. 83, note 1). Les indépendances nationales au XIXe siècle n'amènent pas toujours une extension de la franchise et des droits et libertés politiques (Halperin, 2004, p. 60). Dans bien des cas, ce n'est qu'au XXe siècle que la communauté nationale devient formellement horizontale (ibid., p. 57 ; sur la résilience des pratiques aristocratiques, voir aussi Mayer, 1983 ; Gerstenberger, 2007 ; Žmolek, 2013).

Puis Halperin souligne que le processus d'autonomisation de l'État n'engendre pas nécessairement des pratiques nationalistes. Au contraire, soutient-elle, « la préoccupation centrale du nationalisme est d'éradiquer l'autonomie croissante de l'État, de ses institutions et de son personnel » (Halperin, 2004, p. 55). Plusieurs groupes et réseaux composés de membres de l'aristocratie opposent une résistance locale à la centralisation des États. Ils tentent de canaliser les mouvements nationalistes, notamment en limitant le pouvoir des classes émergentes bénéficiant de l'autonomisation de l'État (*ibid.*, p. 76). Les intérêts, privilèges et monopoles des réseaux locaux et régionaux s'opposent directement à la centralisation des processus décisionnels, du pouvoir juridique et du pouvoir d'extraction économique et financier. Ce qui mène Halperin à conclure que « *the "national" states and governments created in Europe did not bring a new class to power. Rather, they provided a new mechanism of control for traditional elites, one that enabled them to gain control of capitalist development and to channel it into noncompetitive, ascriptive, and monopolistic forms* » (*ibid.*, p. 75).

Mann analyse également les trajectoires des nationalismes européens. Contrairement à Halperin, il estime que la bourgeoisie et les élites libérales sont, dans l'ensemble, à l'avant-plan du processus, du moins en Europe du Nord-Ouest. Dans cette région, soutient-il, « deux choses seront accomplies à la fin du XVIIIe siècle : les conflits religieux déclinent et les institutions libérales et de classe prennent le dessus sur les solidarités ethniques » (Mann, 2005, p. 57 ; traduction libre). Les conflits sociaux seront notamment institutionnalisés avec l'aide des partis politiques. L'idée libérale selon laquelle la société est divisée en intérêts divergents devant être arbitrés par l'État sera acceptée, alors que l'idée organiciste du recours à l'élimination des opposants politiques sera rejetée. Il en résulte, conclut-il, que « le nationalisme et l'étatisme sont contenus par le libéralisme et que le développement des classes et de la nation sont intimement liés » (*ibid.*, p. 56 ; traduction libre). Mann est conscient des importants conflits, linguistiques notamment, qui ont cours durant cette période. Toutefois, ceux-ci recoupent souvent des conflits entre les classes, ce qui les canalise vers des mécanismes institutionnels reconnus et moins violents (*ibid.*, p. 36-41).

Il en va autrement, soutient Mann, aux endroits où une conception organique du peuple prend le dessus sur les identités basées sur les classes. En Europe centrale et de l'Est, en dépit de certaines influences idéologiques en provenance de l'Ouest, les courants libéraux se feront supplanter par une conception organique de la nation et les luttes de classe seront à la remorque des luttes nationalistes (*ibid.*, p. 61-62 ; Berend, 2003). Le climax du développement de ces nationalismes organiques sera atteint avec la remise en question des empires Habsbourg, Romanov et ottoman par les populations sur lesquels ils règnent. C'est dans ce contexte que

> *disprivileged elites initially claimed representative rights only for themselves, as in the Northwest earlier. But faced with pressures from below, they began to speak in the name of the "whole" people against the imperial ethnicity and its local clients [...] The nation, it was argued, would rise up like a proletariat to overthrow its oppressors [...] The three imperial peoples – Germans, Russians, and Turks – then responded with their own counternationalisms. Their very survival, they claimed, was threatened by these revolts* (ibid., p. 62-63).

Ces conflits s'enlisent dans une dynamique où oppresseurs impériaux et oppressés articulent et traduisent leurs luttes à travers une groupalité organiciste dans laquelle l'élimination des adversaires devient une option (Porter, 2000). Les manifestations de ce nationalisme organique précéderont de plusieurs décennies les fascismes européens (De Sernaclens, 2010). Mann prend comme exemple le programme de Linz des nationalistes autrichiens. À côté d'une série de mesures sociales et politiques promues par les mouvements démocratiques en Europe de l'Ouest, ses auteurs développent une conception typiquement organique du peuple :

> *The people, they said, was one and indivisible, united, integral. Thus its state need not be grounded upon the institutionalization of diversity or of conflict. One national movement could represent the whole people, ultimately transcending any conflict*

of interests between social groups within it. Class conflict and sectional interests were not to be compromised but transcended, and displaced onto international conflict (Mann, 2005, p. 63).

On trouve dans cette conception le credo de l'opposition conservatrice à la démocratie libérale. Cette conception sera exacerbée par la Première Guerre mondiale et culminera au cœur des programmes des mouvements fascistes durant les années 1930 (Mann, 2004, 2005, p. 65, 2012b). La composante la plus dangereuse de l'entre-deux-guerres, soutient Mann, «*was that respectable conservatives were moving toward organic nationalism. Instead of justifying their mildly statist rule in the name of an essentially passive people (as in the past), conservatives began to compete with the left by mobilizing the people behind nationalism*» (Mann, 2005, p. 68).

Il ressort de ce qui précède que le nationalisme peut difficilement être expliqué par le développement d'une seule institution ou des intérêts d'une seule classe sociale. Comme l'a souligné Benedict Anderson (2006), c'est la grande modularité du nationalisme qui se dégage de l'analyse de ces manifestations concrètes. Si les institutions, à commencer par l'État, jouent un rôle dans les processus d'identification liés au développement d'une groupalité autour des catégories nationales, ces processus d'identification se déploient également à travers un ensemble d'institutions dont les routines administratives sont beaucoup plus banales (Billig, 1995). Enfin, les acteurs jouent également un rôle clé dans la mobilisation des catégories pratiques liées à l'identification. Ceux-ci doivent faire l'objet d'études empiriques précises au cas par cas. Ces développements institutionnels et les stratégies des agents doivent aussi être replacés dans le contexte plus large des relations interétatiques et transnationales.

8.6. Le développement inégal et les trajectoires croisées

Comme pour bien des débats à propos des processus en sociologie historique, l'étude des pratiques nationalistes oppose des théories diffusionnistes et émergentistes. Ces pratiques se diffusent-elles par émulation à partir d'un épicentre où elles ont d'abord vu le jour? Ou se développent-elles de façon endogène lorsqu'un ensemble de conditions suffisantes est réuni ? Selon les tenants de l'approche diffusionniste, le développement inégal est une matrice clé du développement du nationalisme. Les mouvements nationalistes ne sont pas des unités discrètes selon les diffusionnistes. Leur trajectoire doit être reconstruite au moyen d'une comparaison englobante ou du recours à l'histoire croisée[6].

Gellner observe le développement inégal du nationalisme, mais, contrairement à Tom Nairn (1977), Michael Hechter (1975), ou Reinhard Bendix (1978), il n'en fait pas un principe central de sa théorie. Son adversaire, Tom Nairn, fait pour sa part du développement inégal et combiné du capitalisme un processus central de sa théorie. La limite de sa théorie cependant sera soulignée par John Breuilly (1994), car si la mise en œuvre de pratiques nationalistes doit être interprétée comme une forme de subjectivité politique qui se développe chez différents groupes en réaction à l'essor des premiers États capitalistes, l'Angleterre en tête, alors il faut encore expliquer l'émergence du nationalisme dans ces premiers États capitalistes.

Bendix et Hechter interprètent le « retard » des uns et le ressentiment qu'il entraîne à l'égard des « plus avancés » comme un puissant vecteur de pratiques nationalistes. Le développement de ces sentiments doit être replacé dans le processus global de développement inégal entraîné par la modernisation, selon Bendix (1978, p. 5). Les plus avancés sont généralement en position d'imposer une division du travail au détriment de la périphérie, d'en déterminer les conditions de production, d'y exercer une violence symbolique et d'y coopter les élites politiques et religieuses. Ces conditions fourniraient un terreau fertile à une auto-identification nationale en réaction aux formes d'aliénation sociales, politiques et symboliques vécues au quotidien.

Deux transformations sociales fourniront des conditions favorables au nationalisme : la transition vers le capitalisme en Angleterre et la crise de l'État absolutiste en France. La

---

6. Sur ces méthodes, voir le chapitre 2.

projection régionale et internationale de la puissance de ces États favorisera souvent indirectement la dissémination de pratiques de résistance nationaliste ou la création d'institutions et de catégories qui joueront ensuite un rôle central dans la dissémination internationale du nationalisme.

Après la crise du XVIe siècle, la spécificité des transformations des relations anglaises de propriété contrecarre le développement d'un absolutisme stuartien et favorise le développement d'un premier État capitaliste (Brenner, 2003; Comninel, 2000a), alors que l'exclusion de la sphère publique de certaines conditions privées de la reproduction sociale encourage l'émergence d'une communauté imaginée horizontale de propriétaires mâles et adultes. Cette aristocratie foncière capitaliste donnera une forme *nationale* à ses intérêts sociaux. Si en France les notions de *souveraineté* et de *nation* sont contestées par des forces sociales litigieuses, en Angleterre la classe des propriétaires fonciers forme la nation souveraine au Parlement (Wood, 1991, 2012, p. 147-209). Plus que sur le continent, la classe des propriétaires fonciers s'est identifiée à l'État et à la forme socialement abstraite de la nation, en développant dans cette foulée un intérêt commun dans l'Empire. Après la révolution de 1688, l'État anglais reposera sur une base sociale soutenant une politique étrangère *nationale* impériale. L'Acte d'Union de 1707 donnera naissance à la Grande-Bretagne et créera les conditions favorables à la lente émergence d'un ensemble de codes, rituels et pratiques, assimilés à la *Britishness* (Wellings, 2002, p. 96-97). Parmi ces conditions, on remarque la mise en place d'un système de gouvernement indirect concédant à certains sujets de l'Empire une ressemblance avec les Anglais et la niant à d'autres. Comme le souligne John Darwin, la *Britishness* devient une clôture sociale modulable dans au moins trois directions : 1) à domicile, où l'empire sert de solution au manque d'unité ethnique, en mettant l'accent sur les similarités entre Anglais, Irlandais et Écossais ; 2) dans les colonies britanniques blanches (Canada, Australie et Nouvelle-Zélande), où le fait d'être britannique est redéfini en tant qu'identité supra-locale et non géographique ; et 3) dans les autres colonies, où certains

membres de l'élite indigène ont adopté une version de l'identité impériale et l'ont dotée de qualités physiques et morales
(Darwin, 2013, p. 156-163).

C'est dans le contexte de la projection impériale de la
force britannique que la transition vers une politique étrangère
précisément *nationale* se produira :

> At the end of the seventeenth century, British sovereignty
> lay no longer with the king but with Parliament. Britain's new
> attitude towards Europe was based on the decoupling of foreign
> policy from dynastic interests, brought about by Parliament's
> right – gained in the 1701 Act of Settlement – to limit, co-articulate,
> and even determine British foreign policy. After these constitu-
> tional changes, British foreign policy was no longer conducted
> exclusively on the basis of dynastic interests as formulated in
> Kabinettpolitik, but increasingly on the basis of the "national
> interest" as formulated by the propertied class in Parliament
> (Teschke, 2003, p. 256-257).

Le capitalisme anglais exerce ainsi des pressions géopolitiques sur les organisations politiques du continent. Ces pressions forcent les organisations à intensifier ou à adapter leurs
capacités d'accumulation géopolitique. Les discours nationaux
et impériaux se renforcent mutuellement dans ce mouvement
(Conrad, 2010). Le capitalisme anglais a graduellement formé
un ordre social et international où les stratégies de reproduction
du pouvoir social ont adopté des formes publiques et privées.

Après la chute de Napoléon en 1815 et la fin de l'embargo
mis en place par la France révolutionnaire, l'internationalisation du régime de propriété anglais exerce une pression
géopolitique sur les formations sociales absolutistes de l'Europe
continentale, les poussant à adopter de nouvelles relations de
propriété (Comninel, 2000b, p. 472). Toutefois, puisque ces
pressions s'exercent dans le cadre de la territorialité absolutiste européenne et puisqu'elles ont tendance à soustraire les
sphères publiques nationales des relations sociales privées, elles
ont joué, et jouent encore, un rôle central dans la dissémination d'une compétition *inter*nationale (Teschke, 2003 ; Lacher,
2003, 2006).

À la fin du XIXᵉ siècle, le nouveau régime de relations sociales désintègre lentement les leviers du pouvoir extra-économique de la noblesse agraire. Ce siècle, cependant, sera dans l'ensemble dominé par des empires et non par des États nationaux (Osterhammel, 2014, p. 392; Conrad, 2010). Parallèlement, l'État impérial et colonial développe lentement le pouvoir infrastructurel qui lui permettra de devenir le vecteur de l'intégration sociale et nationale, d'une part, et de vives tensions politiques postcoloniales, d'autre part. Alors que les titres de noblesse se monnaient, l'*habitus* culturel à travers lequel la reproduction du pouvoir de la noblesse est enchâssée se perpétue dans les codes de distinction de la *noblesse*, en France en particulier (Elias, 1985). Bien que le processus de centralisation de l'État français relève d'une dynamique antérieure aux pressions géopolitiques exercées par le capitalisme anglais, il développe une trajectoire nationale influencée par sa position vis-à-vis de l'Angleterre. Comme les protagonistes du *Duel*, une nouvelle de Joseph Conrad, ces États rivaux développent des représentations nationales arrimées à la négation de leurs ressemblances et à la mise en relief de leurs différences.

Dans le contexte français, la catégorie « nation », comprise comme une « profonde camaraderie horizontale » (Anderson, 2006, p. 7), est rendue possible par l'effritement des représentations féodales des *trois ordres*. Toutefois, même jusqu'au début du XIXᵉ siècle, il ne faut pas surestimer l'influence des idéaux nationalistes au sein de la paysannerie en France (Weber, 1976), comme ailleurs en Europe (Halperin, 2004, p. 59). De la Fronde à la Révolution, les institutions étatiques seront caractérisées par une compétition à l'intérieur de la classe dominante ayant pour finalité l'accès aux officines de taxation. Au sein de cet État « balzacien », de nombreux bourgeois accapareront les sinécures et remettront en question les codes de distinction de la noblesse[7]. L'idéologie des *trois ordres* sera érodée par la diminution du pouvoir du clergé et par la remise en question de la moralité de la noblesse de robe. Les huguenots, pour leur part,

....

7. Sur le concept de bourgeoisie balzacienne dans le contexte québécois, voir aussi Gagnon et Paltiel, 1986, p. 731-749.

prendront le relais d'une tradition qui met à mal la réputation du clergé clergé catholique (Geary, 2002, p. 20-21). Dans cette conjoncture, la catégorie de « nation » devient centrale dans le discours politique des nationaux. En effet, les membres du tiers état n'attendront pas des deux autres ordres la reconnaissance en tant qu'égaux et se constitueront en assemblée nationale (Comninel, 2000b, p. 477). L'idée de nation comme unité indivisible est centrale aux conceptions politiques de plusieurs révolutionnaires français (Israel, 2014). Cela a comme corollaire que les privilèges défendus par les huguenots et la noblesse doivent être abolis. Dans cette lutte pour le partage de l'effort de participation à la reproduction de l'État, l'idée de nation est mobilisée par les nationaux contre les privilèges de la noblesse et des différentes corporations. La « nation » cesse d'être une expression désignée pour référer à l'élite dominante, elle devient la voix au nom de laquelle parle le Parlement (Halperin, 2004, p. 57). En se positionnant comme porte-étendard de la nation, ils cherchent à réaliser des buts politiques précis et à surmonter les contradictions sociales qui sous-tendent l'État absolutiste. Comninel résume ce qui distingue cette trajectoire de celle de l'Angleterre :

> If the reconfiguration of the English state as a result of capitalism involved a growing subordination of specifically royal prerogative to representatives of the propertied class, the liberalism of the French bourgeoisie was instead characterized by direct opposition to the political privileges of the aristocracy. [...] Radical Jacobin demands for a representative republic, public education and effective national administration, meanwhile, were directly traceable to pre-capitalist interests of the lesser bourgeoisie in securing meritocratic access to the growing public sector – law and state office being the most characteristic bourgeois careers (Comninel, 2000b, p. 479).

Une des conséquences militaires et sociales du contexte qui suivra immédiatement la Révolution française est la conscription de masse de l'ensemble des citoyens. La *levée en masse* du 23 août 1793 fait non seulement du citoyen un citoyen-soldat, une idée révolutionnaire en soi, mais elle participe, selon Halperin, à l'ascension et à la radicalisation des classes subalternes et moyennes dans le contexte des guerres napoléoniennes. Cette nouvelle armée citoyenne s'avérera donc une arme à double tranchant aux yeux des dirigeants (Halperin, 2004, p. 72-73 ; Osterhammel, 2014, p. 394 ; Keegan, 1990, p. 10-30).

Les guerres napoléoniennes, loin de refléter le nouveau dynamisme des relations sociales capitalistes, traduisent plutôt une crise de reproduction d'un État «absolutiste» qui doit se rabattre sur le pillage pour financer son industrialisation (Wood, 2003, p. 121-122). Dans la foulée de la Révolution française et de la Restauration, l'expansionnisme français et l'occupation des États germaniques transformeront les relations sociales de propriété de ces derniers : réforme et centralisation administrative des États, abolition partielle du système des guildes et extension des droits civils aux juifs (Clapham, 1955). Hans Morgenthau souligne cette importance de la Révolution française et des guerres napoléoniennes comme vecteur du nationalisme. «Avec les guerres napoléoniennes, commente-t-il, commence une période de politiques étrangères et de guerres nationales, c'est-à-dire l'identification de la grande masse des citoyens d'une nation avec le pouvoir national et les politiques nationales, remplaçant l'identification aux intérêts dynastiques» (Clapham, 1973, p. 106 ; traduction libre).

Le développement du nationalisme allemand, avec son insistance sur la résistance culturelle et sa volonté de se prémunir contre le modernisme à la française, participe à ce contexte (Geary, 2002, p. 24 ; Herf, 1984 ; Vick, 2002 ; Gregor *et al.*, 2006). Une partie des libéraux allemands sera entraînée par la vague d'antisémitisme qui suivra l'extension des droits civils aux juifs. Fichte, par exemple, affirme :

> Pour donner des droits civiques aux juifs, je ne vois pas d'autres moyens que de tous leur couper tous la tête, et de la leur remplacer par des têtes où il n'y aurait plus aucune idée juive. Afin de nous protéger contre eux, encore, je ne vois pas d'autres moyens que de conquérir leur terre promise pour eux de façon à les y envoyer (Fichte, cité dans Adorno, 1994, p. 196)[8].

---

8. Sur l'antijudaïsme de Burke et de Fichte, voir aussi Nirenberg, 2014, p. 376-386.

Le nationalisme allemand sera influencé par des relations de compétition entre la France et ses voisins; la tête de l'État, la noblesse agraire et la classe industrielle; les propriétaires fonciers et les paysans; puis entre les États germaniques. Les princes germaniques appuieront le nationalisme de façon mitigée. Ils comprennent, surtout après 1848, que la camaraderie *völkisch* menace la base de leur pouvoir social. L'État et les *junkers* entrent en compétition directe pour l'appropriation des surplus de la paysannerie. Le pouvoir social des *junkers* dépend de la reproduction d'une autorité politique décentralisée leur permettant de consolider leur pouvoir vis-à-vis des uns et des autres, et vis-à-vis de l'État. Pour cette raison, ils cherchent à parasiter l'unification des États germaniques qui a diminué leur pouvoir de taxation au profit d'une autorité centrale. L'État, pour sa part, cherche à gagner la faveur des paysans en accroissant leur pouvoir au détriment de celui des *junkers* (Mooers, 1991, p. 127). Au sein des villes libres, les artisans de la classe moyenne et les guildes s'opposent également à la centralisation étatique. Les guildes sont conçues comme des communautés morales restreignant la compétition dont l'indépendance doit être maintenue.

Paradoxalement, un appui à la centralisation étatique vient de l'extérieur. Les Britanniques cherchent à créer à l'est de la France un État fort en mesure d'exercer une pression géopolitique sur celle-ci (Geary, 2002, p. 24). L'expansionnisme français stimule quant à lui le repli culturel des institutions des États allemands. Les guerres d'invasion napoléoniennes mèneront Freherr von Stein et Frederick Wilhelm III à implanter l'éducation publique élémentaire de façon que les Allemands puissent conserver leur autonomie culturelle malgré la présence française (Geary, 2002, p. 23). Il en résulte un taux d'analphabétisme beaucoup plus faible que dans le reste de l'Europe de l'Ouest (Craig, 1978, p. 159). L'éducation ne garantit toutefois pas l'ascension sociale. C'est ce qu'une génération d'étudiants exposés aux Lumières allemandes apprendra à ses dépens au début du XIXe siècle. Pour ce segment de la classe moyenne, qui a acquis un sens de la distinction sans goûter aux fruits de ses retombées économiques et statutaires, il y a peu de raisons de louanger les avancées de la raison et du progrès (Craig, 1978, p. 31; Greenfeld, 1993, p. 293-302). De plus, les divisions du système d'éducation entre le *Gymnasium*, le *Realgymnasium* et le *Oberrealschule* favorisent la reproduction des classes sociales, plutôt que la mobilité sociale (Ringer, 1990, p. 21). Ces divisions renforcent le sentiment des intellectuels d'être investis de la mission de préserver la *Kultur* allemande contre la *civilisation française* et le pragmatisme anglais (Ringer, 1990, p. 85-90).

La tentative d'unifier les États allemands par la voie constitutionnelle échouera en 1848. La classe moyenne allemande prendra part à une lutte contre l'éducation populaire après 1848 et s'opposera à l'extension du droit de vote (Ringer, 1990, p. 28). La reproduction du pouvoir social et du capital symbolique de ces fonctionnaires est intimement liée à leur accès monopolistique à l'éducation supérieure (Nathans, 2004, p. 39). Certains voient dans l'éducation populaire une menace «contre l'ordre naturel au sein du royaume de l'intellect» (Craig, 1978, p. 188; voir aussi Nathans, 2004, p. 84). La crainte de la révolution stimulera grandement le déploiement de discours réactionnaires qui se retrouvent au cœur de la production du nationalisme allemand: le darwinisme social, la criminologie biologique et la géopolitique (Burleigh et Wippermann, 1998, p. 32-33; Craig, 1978, p. 187).

En 1871, la centralisation et l'unification des États germaniques seront imposées par en haut. Le chancelier du Reich von Bismarck prend la tête d'un État dont la nouvelle constitution unifie formellement quatre royaumes, six grands-duchés, cinq duchés, sept principautés, trois cités libres et un *Reichsland* (Alsace-Lorraine). Les territoires annexés par la Prusse sont soumis à une politique de prussianisation. Avant l'unification, il manque à la Confédération un système de taxation efficace. Avec la moitié de la population des États germaniques, la Prusse constitue démographiquement et économiquement un poids lourd par rapport aux autres territoires. Cependant, l'Empire allemand, comme son prédécesseur, le Saint-Empire romain germanique, ne dispose pas d'un pouvoir de taxation directe et la taxation foncière reste la prérogative des instances inférieures. L'unification remédiera en partie à cette situation sans créer toutefois une harmonie nationale. Comme le rappelle Oded Heilbronner,

> the hatred between the Catholics and Protestants in certain parts of Germany was greater than that of Jews, and in certain spheres discrimination against women was also greater than that toward Jews. At the beginning of the twentieth century there were still some who called socialist workers "forces of destruction" (Umsturzpartei), which had to be fought to the end as the greatest enemies of the German social order. Moreover, the hatred of the southern Germans for the Prussians, of the bourgeoisie for the lower classes and vice versa, of the inhabitants of the Rhineland for those of East Prussia, of the conservative parties for the socialists, and the deep hatred directed toward the Polish, Danish and French minorities, together with hatred of Jews – all this was characteristic of the "restless Reich" from the time it was founded to the beginning of the twentieth century (Heilbronner, 2000, p. 565).

Ces dynamiques de compétition régionales, religieuses et sociales survivront à l'unification de l'Allemagne (King, 2002). Bismarck arrivera au pouvoir en Prusse en 1862. Dans l'esprit de la tradition des *junkers*, il est antiparlementaire, protestant et fermement opposé à l'organisation des travailleurs. Aux expéditions coloniales maritimes, il préfère l'expansion continentale vers l'est. Il considère les catholiques et les socialistes comme des ennemis du Reich (Craig, 1978, p. 69-77 ; 1983, p. 89 et 93 ; Evans, 2001, p. 26 et 30 ; Nathans, 2004 ; Kennedy, 2006, p. 146-164).

La francophobie, l'antiutilitarisme (dirigé contre les Anglais), l'anticosmopolitanisme et l'antisémitisme fusionneront en un nationalisme *völkisch* pangermanique sous Bismarck et le kaiser Wilhelm I. Ce sens commun tapisse les écrits historiques de Heinrich Treitschke. Dans *Histoire de l'Allemagne*, les « vrais » Allemands « enracinés » sont distingués des faux et des artificiels ; les allusions au sang noble, à la lutte raciale et à la guerre perpétuelle entre les nations couvrent la rhétorique historique (Mosse, 2006, p. 43 ; Burleigh et Wippermann, 1998, p. 27). À travers le prisme du nationalisme *völkisch* qui se développe durant le XIXe siècle, le *volk* devient une entité métaphysique qui doit être défendue contre la corruption, l'inauthenticité et le matérialisme du présent. Il incarne la promesse d'une camaraderie plus authentique inspirée des valeurs spirituelles du passé. Le nationalisme *völkisch*, une matrice d'invention de traditions à son apogée chez Wagner, séduira les paysans parce que l'univers symbolique qu'il met en scène reconnaît leur bataille héroïque contre les légions romaines (Mosse, 2006, p. 12 ; Traverso, 2002). Au sommet de la période d'industrialisation (1850-1918), les historiens, les géopoliticiens, les économistes, les philologues et le corps médical participeront tous à la diffusion et à la production symbolique du *volk* allemand. Même au sein du Parti social-démocrate allemand, l'aile nationaliste parviendra à forcer l'appui à l'effort de guerre en 1914.

Les mouvements nationalistes allemand, anglais et français seront façonnés par des contradictions sociales exprimant des représentations contestées et mouvantes de l'empire, de la nation ou du *volk*. Ces grammaires nationalistes s'influencent à travers de multiples zones de médiation internationales. En outre, les mesures prises par les États continentaux pour rattraper la productivité de l'Angleterre façonnent leur trajectoire en les forçant à adapter leurs institutions aux pressions géopolitiques. En retour, les contradictions sociales domestiques engendrées par le développement inégal des États européens débouchent sur un dégradé d'ajustements exprimés dans des grammaires de pratiques et de représentations identitaires où les agents sociaux de l'ensemble de l'Europe sont aspirés dans un tourbillon de luttes pour la reconnaissance. Symétriquement, la France, l'Angleterre, l'Allemagne et les Pays-Bas exportent par l'entremise de leur politique étrangère des modèles nationaux, des schèmes de catégorisations, qui se combinent aux développements endogènes du Japon des Meiji à la Turquie d'Ataturk en passant par le Nouveau Monde, l'Afrique du Sud-Ouest et l'Inde victorienne. En dépit du fait que les colonies s'émancipent politiquement des métropoles, elles demeurent captives des formes nationales et des catégories ethniques forgées par les occupants[9].

....

9. Sur l'institutionnalisation coloniale des catégories de l'ethnicité, voir Mamdani, 2001 ; Mahoney, 2010 ; Tilly, 2005b ; Steinmetz, 2007 ; Cooper, 2014b ; Kiernan, 2007.

Au cours du XIXe siècle, le nationalisme devient un moyen d'intégration sociale s'adaptant au colonialisme, au racisme, au paternalisme, au militarisme et au libéralisme en différents contextes. Durant la décennie qui précède la Première Guerre mondiale, il épouse un chauvinisme acclamant la militarisation des sociétés européennes. Dans chaque État, l'amalgame du nationalisme et du libéralisme se nourrit des contradictions exprimées différemment[10]. Le nationalisme territorialise l'éthique universelle du libéralisme. Symétriquement, le libéralisme renforce une représentation de la nation comme communauté imaginée d'égaux devant la loi, abstraite des contradictions sociales particulières aux relations de propriété capitalistes. Jumeaux de la modernité, le nationalisme et le libéralisme fournissent une représentation idéalisée de la communauté, exempte de contradictions sociales, en distinguant les nationaux ayant des droits, des non-nationaux sans droits.

8.7. L'AUTORITÉ ET LA LÉGITIMITÉ : PRATIQUES IMPÉRIALISTES ET PRATIQUES NATIONALISTES

Plusieurs sociologues se sont intéressés au nationalisme sous l'angle wébérien des conséquences de la transformation des modes de légitimation dans le monde moderne. Michael Mann développe un argument provocateur à propos de la relation entre démocratisation, conceptions de la nation et épuration ethnique. Le monde moderne, soutient Mann, n'engendre pas seulement des régimes où sont amenés à se gouverner des peuples s'autoreprésentant comme «le peuple» (*demos*), mais aussi des peuples se représentant comme «ethnies» (*ethnos*). Les États où le peuple est conçu comme démocratique et stratifié par des clivages économiques et sociaux développent des processus de règlements des conflits pouvant mener à l'institutionnalisation de conflits de classe. Ce sera généralement le cas en Europe du Nord et de l'Ouest. Par contre, là où des conceptions organiques du peuple comme unité indivisible deviennent prédominantes, comme en Europe centrale et de

....

10. Sur la variante allemande, voir Kurlander, 2006 ; Naranch et Eley, 2014.

l'Est, les conflits prennent ultimement la forme d'épuration ethnique (Mann, 2005, p. 55). D'où la thèse principale de Mann selon laquelle «les massacres ethniques sont modernes, parce qu'ils constituent le côté obscur de la démocratie» (Mann, 2005, p. 2; traduction libre)[11]. «Les démocraties libérales, défend Mann, sont construites sur des épurations ethniques, bien qu'à l'extérieur des colonies cela ait pris la forme d'une coercition institutionnalisée, et non de meurtres de masse» (*ibid.*, p. 4; traduction libre). Les sociétés de classes prédémocratiques sont moins portées vers l'épuration ethnique, défend Mann, parce que l'aristocratie y partage une culture commune déconnectée de celle des gouvernés. Inversement, les contextes relationnels les plus à risque de massacres mobilisant des catégories ethniques sont ceux où un ressentiment de classe contre une élite dominante perçue comme «étrangère» s'exprime par le conflit (*ibid.*, p. 5; traduction libre).

Ces massacres ne se limitent pas à l'Europe centrale et de l'Est. Dans les colonies de peuplement, les colons se livrent souvent à des pratiques meurtrières. Leur productivité agraire les incite à s'étendre rapidement au détriment des populations autochtones, avec des conséquences souvent fatales sur le mode de vie de ces dernières. Ces colons revendiquent une souveraineté populaire, dont les Autochtones ne font pas partie. Le caractère démocratique de la gouvernance de ces colons ne freine en rien ces massacres (*ibid.*, p. 4, 7 et 72-73). Mann insiste sur le rôle minimal joué par l'État dans ces massacres rendus possibles par les pratiques de colons forts d'une souveraineté populaire et une communauté horizontale, mais exclusive (*ibid.*, p. 107-109).

Selon David Laitin, Mann amalgame avec la démocratie elle-même des épisodes où des groupes de meurtriers mobilisent un vocabulaire teinté d'une rhétorique démocratique. Laitin ne remet pas en question le fait que des massacres sont commis par des génocidaires qui se revendiquent de la démocratie. Il

---

11. Plus de 70 millions d'hommes et de femmes ont péri durant des conflits ethniques au XXe siècle.

serait cependant naïf, selon lui, de prendre ces génocidaires au mot quand ils se revendiquent de la démocratie. Laitin doute également qu'il y ait une relation causale entre démocratisation et génocide. La synchronicité temporelle des événements ne signifie pas nécessairement qu'ils soient liés causalement (Laitin, 2006, p. 330). À la même époque, soutient Laitin, les colons russes du Caucase et les colons han au Yunnan ont commis des meurtres de masse contre les populations locales dans des contextes où la démocratisation ne pouvait être mise en cause (*ibid.*, p. 333-334). Laitin propose une explication différente des génocides en colonies de peuplement. C'est plutôt la supériorité technologique des colons sur les populations autochtones qui rendrait superflu le travail de ces dernières, elles-mêmes devenant donc « encombrantes pour le processus civilisationnel » et donc exterminables (*ibid.*, p. 334). Enfin, Laitin doute également de l'affirmation selon laquelle aucune période antérieure de l'histoire n'a connu de massacres d'une ampleur analogue à celle de l'âge des démocraties (*ibid.*, p. 337)[12].

Un autre important programme de recherche récent sur le nationalisme est l'étude comparée de la guerre, des modes de légitimation et du nationalisme du sociologue Andreas Wimmer. Comme Mann, Wimmer se penche sur la relation entre la guerre et le nationalisme. Contrairement à Mann dont la stratégie comparative est qualitative, celle de Wimmer est quantitative et porte sur la variation de la fréquence et de l'intensité des vagues de guerre. La thèse de Wimmer est :

> *Nationalism thus motivated a bloody, generation-long struggle over who should rule over whom. It lasted until the like-over-like principle was realized through border changes, expulsions and ethnic cleansings, assimilation and nation building or political accommodation and power sharing between various ethnic elites* (Wimmer, 2013, p. 4-5).

----

12. Sur les massacres prémodernes, voir aussi Kiernan, 2007. Mann répond aux critiques de Laitin. Il attire notamment l'attention sur la fragilité des contextes où, comme en ex-Yougoslavie, au Rwanda ou en Indonésie, des populations fortement divisées selon un clivage ethnique sont amenées à voter dans une jeune démocratie ; voir Mann, 2006, p. 358-362. Sur cet aspect, voir aussi Snyder, 2000.

C'est la prolifération de l'État-nation qui est la variable indépendante à l'origine d'une importante vague de conflits armés meurtriers dans le modèle testé par Wimmer. Or, celui-ci semble parfois tenir pour acquise la présence du nationalisme ou de mouvements nationalistes. Il ne théorise pas son émergence au-delà de l'Europe du Nord-Ouest.

En se basant sur des données portant sur plusieurs territoires du globe depuis 1816, à savoir l'Empire austro-hongrois, l'Empire ottoman, les empires coloniaux français et britannique, l'Empire portugais et l'Empire soviétique, Wesley Hiers et Andreas Wimmer analysent la relation entre la montée des mouvements nationalistes et l'effondrement des empires. Ils constatent d'abord que la fondation d'organisations nationalistes a précédé la transition de l'empire à l'État-nation et y a joué un rôle déterminant (Hiers et Wimmer, 2013, p. 212-213). Les variables qui ont le plus influencé la modalité de ces transitions restent la guerre et l'avènement d'un nouveau principe de légitimité – l'autonomie d'un peuple défini nationalement (*ibid.*, p. 250 ; Darwin, 2013).

Dans *Kings or People. Power and the Mandate to Rule*, Reinhard Bendix souligne l'importance de la renégociation de la légitimité lors de la période de transition où le dynasticisme, l'impérialisme, le nationalisme et le socialisme proposent des options différentes à la question de la souveraineté et de la légitimité. Il met d'abord en relief le grand spectre de régimes politiques engendré à partir de l'idée révolutionnaire selon laquelle la souveraineté doit être exercée au nom du peuple. Puis, il souligne la modularité des modes de gouvernementalité au nom du peuple. Non seulement ces modes sont différents en Europe, mais leur émulation, leur adaptation et leur réinterprétation dans le reste du monde font l'objet d'une très grande modularité (Bendix, 1978, p. 4-5). Cette question du lien entre autorité et légitimité occupe une place centrale dans l'étude de Wimmer. Les principes de légitimation qui voient le jour avec le nationalisme s'avèrent extrêmement puissants, non seulement lorsqu'il s'agit de légitimer les réseaux dominants, mais également en ce qui concerne la guerre par les entrepreneurs politiques (Wimmer, 2013, chapitre 4; Lange, 2013a). Le développement du nationalisme, souligne Wimmer, va de pair avec deux dynamiques: la nécessité de reformuler la légitimité du pouvoir politique et le réalignement des réseaux de ce pouvoir en vue d'établir qui régnera sur qui. Ces dynamiques sont constitutives de la formation d'une identité nationale: «*Depending on how the distribution of resources and power between rulers and ruled change, political alliances form along ethnic lines, or the population at large shifts its loyalty to the state elite and identifies with the overarching national category*» (Wimmer, 2013, p. 5).

8.8. LES EMPIRES ET LES ÉTATS NATIONAUX: CATÉGORISATION ET AUTOREPRÉSENTATION

Plusieurs sociologues considèrent que l'État-nation est l'organisation politique à l'origine des formes de groupalité les plus exclusives (Halperin, 2004, p. 60-61; voir aussi Mann, 2005, p. 57; Hall et Malešević, 2013; Foucault, 2004a, 2004b). Le type de fraternité horizontale qu'incarne dans l'imaginaire la nation à défendre se substitue aux unités politiques traversées de hiérarchies transnationales de nature patriarcale, patrimoniale, sociale et ecclésiastique. Au XIXe siècle, l'unité la plus concrète de la domination patriarcale, la famille paysanne, laisse sa place à de nouvelles fraternités traversées de vieilles hiérarchies et de nouvelles horizontalités au sein desquelles «les thèmes du racisme, du nationalisme, de la langue, de la naissance politique de la masculinité, de la maternité patriotique se diffusent rapidement» (Miller, 1998, p. 142 et 134, traduction libre; voir aussi Adams, 2005a). S'il y a de bons arguments pour défendre que l'émergence de l'État national se fait en parallèle avec le développement d'une obsession pour l'homogénéité du corps social, il ne faut pas négliger d'autres pratiques d'homogénéisation antérieures à l'État-nation, qui renforcent l'idée d'une groupalité organisée autour du clan ou de la communauté religieuse. Ces arguments mettent cependant en relief les pratiques, mécanismes et processus qui font de l'État national un lieu où l'homogénéisation acquiert un caractère central (Sayer, 1998). Il est également nécessaire de rappeler que les empires attribuent rarement le même statut ou les mêmes droits aux différentes confessions en leur sein. Des restrictions peuvent s'appliquer relativement à la hauteur des lieux de culte, en matière d'accès à l'emploi ou à la propriété ou, encore, par des niveaux de taxation variant en fonction de la confession.

À la suite de Tilly, nous proposons de réserver le terme *État-nation* à un petit nombre d'États «dont les membres partagent une identité linguistique, religieuse et symbolique très forte» (Tilly, 1992, p. 3; traduction libre). Nous utilisons *État national* pour désigner les organisations politiques où un État «gouverne de multiples régions continues et leurs villes au moyen de structures centralisées, différenciées et autonomes» (*ibid.*, p. 2; traduction libre). Enfin, il serait plus juste d'utiliser l'expression d'État *nationalisant* afin de souligner les mécanismes, pratiques et rapports de pouvoir constamment actifs dans la production d'une population *nationale* (Brubaker, 1996b). Nous l'employons pour parler du rôle central, systématique et soutenu des États et de plusieurs empires modernes dans la production des clôtures sociales instituant notamment la citoyenneté et la nationalité. Une des distinctions importantes entre les États-empires et les empires *nationalisants* réside dans l'absence du principe de nationalité dans la gouvernance des premiers. Les dirigeants ou membres de l'état-major administratif des empires ne sont pas recrutés en fonction de leur nationalité. Il n'est donc pas rare qu'un empereur ignore la langue des populations qu'il gouverne (Anderson, 2006; Hobsbawm, 1992).

L'histoire a été témoin de différents modèles de «gestion de la diversité» au sein des empires. Gengis Khan répartit ses divisions militaires afin de désactiver la communalité nativiste en leur sein et d'activer une groupalité autour des unités militaires (Chua, 2009, p. 88-125). L'Empire ottoman, comme l'Empire chinois sous la dynastie des Qings, institutionnalise également les différences locales à l'intérieur de catégories administratives. Même l'Empire espagnol au moment d'arriver en Amérique correspond plus à un «conglomérat cosmopolite» regroupant une importante partie de l'Europe qu'à un proto-État national (Cooper, 2010, p. 214-219). La sujétion politique des populations autochtones va de soi pour les impérialistes, que celle-ci soit légitimée par une idéologie paternaliste, civilisationnelle ou non, ou qu'elle soit exercée de façon directe ou indirecte (Cooper, 2010, 2014a). La médiation culturelle à travers laquelle s'exerce cette sujétion, elle, varie. Bien souvent, les us et coutumes des dominants seront codés et traduits dans les termes d'une culture ethnique traditionnelle ; ils seront négociés entre les élites impériales et les indigènes. Ainsi, les organisations impériales participeront souvent à la réification des pratiques et des identités « ethniques » (Darwin, 2013, p. 147-150) ou à la rigidification de statuts, là où existaient préalablement des possibilités de mobilité sociale (Mamdani, 2001). Au Japon, à l'inverse de ce qui se fait en Chine, la restauration des Meiji de 1868 participera à une co-institutionnalisation des imaginaires nationaux et impériaux en intégrant le lien entre l'empire, la nation et l'empereur dans le même récit divin. L'Empire britannique, en donnant lieu à l'idée de *Britishness*, va lui aussi devenir une composante essentielle d'un imaginaire national-impérial. Le même empire peut également varier ses pratiques coloniales en fonction des endroits. Dans une étude où il compare les pratiques coloniales allemandes en Afrique du Sud-Ouest, à Samoa et en Chine, George Steinmetz prend en compte un ensemble de déterminants structurels ou de mécanismes causaux afin d'expliquer la variation des politiques de peuplement colonial :

> 1) les discours et représentations ethnographiques précoloniales ; 2) la compétition symbolique des officiers coloniaux pour la reconnaissance par leurs supérieurs de la supériorité de leur savoir ethnographique ; 3) l'autoreprésentation des colonisateurs avec l'imago[13] des colonisés ; et 4) les réponses des colonisés allant de la résistance à la collaboration (Steinmetz, 2007, p. 2 ; traduction libre).

Son étude passe un peu rapidement sur les mécanismes socioéconomiques de la colonisation, dont il ne nie toutefois pas l'existence, mais elle saura convaincre les sceptiques de l'importance de prendre en compte la subjectivité des acteurs.

....

13. Sur le concept d'imago, voir Steinmetz, 2007, p. 2, note de bas de page 4.

Il convient donc de nuancer deux hypothèses à propos de la relation entre l'État national et l'impérialisme. Selon la première, défendue notamment dans les excellents travaux de Michael Hechter (2000), l'ère des nations aurait mis fin à celle des empires. Selon la seconde, soutenue par exemple par Hannah Arendt, l'importante période de luttes interimpérialistes entre 1870 et 1914 aurait mis un terme au système européen d'États-nations (Arendt, 1958, p. 9-15). L'hypothèse d'Arendt est difficile à défendre empiriquement, puisqu'elle s'appuie sur une représentation d'un âge d'or de l'État-nation qui n'a jamais existé empiriquement. Celle de Hechter doit quant à elle être nuancée. Si, sur la longue durée, le principe nationaliste selon lequel des frontières culturelles doivent correspondre à des frontières politiques met en péril les principes organisateurs beaucoup plus souples des formes de gouvernementalité impériale, le développement des pratiques nationalistes n'est pas étranger à la gouvernance impériale. Il en est un produit contradictoire :

> The age of nationalism and the creation of nation-states in Europe was, from its start, an age of imperialism. Faced by fiscal crises, absolutist monarchs in the eighteenth century had attempted to increase agricultural productivity and urban commerce. The "national" governments and states that emerged beginning at the end of the eighteenth century sought to resolve these crises by expropriating properties owned by foreigners and minorities, and through imperialism. Thus, nationalist movements called not for "nation-states" but for the resurrection or creation of empires [...] They called not for the political independence of national communities within national frontiers but for the widest possible extension of national boundaries, regardless of ethnic considerations and in fundamental opposition to the national idea (Halperin, 2004, p. 62).

Halperin met en relief le processus d'ethnicisation qui accompagne souvent les luttes au sein des élites dominantes lors de la consolidation des États absolutistes, en France notamment.

> But monarchs could not gain autonomy from the local nobility unless they could pay for their bureaucracies and armies from their own treasuries, that is, without having to make concessions to locally powerful groups. One way of doing this was to extend market privileges to foreigners and to found cities with

foreign and minority industrialists and commercial classes in order to obtain high ground rents and subjects capable of paying high taxes (ibid., p. 43).

L'impérialisme des empires nationalisants donne lieu à des stratégies d'inclusion et d'exclusion où des fraternités nationalistes institutionnalisent des rituels par des mécanismes contradictoires visant à affirmer des différences catégorielles et à nier des ressemblances (Harrison, 2003 ; Puri, 2004, p. 101). Ces stratégies sont bâties sur d'importantes études des populations locales et de leurs savoirs. Ces savoirs, collectés sur des bases régionales, passent à travers des processus de traduction, d'interprétation et de centralisation auxquels prennent part souvent autant les Autochtones que les élites coloniales[14]. L'historien Christopher Bayly (1993, p. 3-43) démontre que l'accès à ces informations est crucial pour l'administration des populations colonisées en Asie du Sud, autant pour l'Empire moghol que pour les Britanniques ou la Compagnie des Indes orientales.

Pensons au sort très différent réservé aux Acadiens, déportés par la force et dispersés le long des côtes des colonies américaines jusqu'en Louisiane ; aux Canadiens français, dont lord Durham a recommandé l'assimilation, mais qui ont pu conserver leur Code civil ainsi que leurs libertés en matière religieuse et linguistique ; et aux réfugiés fuyant la politique britannique de la terre brûlée, dont un nombre important a été concentré dans des camps lors de la seconde guerre des Boers (1900-1902) (Lavallée, 2011 ; Darwin, 2013). Ces stratégies de gouvernance influencent généralement différents répertoires de résistance et différents récits d'autoreprésentation[15]. Ces stratégies, toutefois, ne sont jamais entièrement étrangères à la façon dont les classes dominantes traitent les classes ouvrières au sein même des métropoles impériales. Bien souvent, les catégories d'exclusion transcendent la division entre le domestique et le colonial (Wellings, 2002, p. 105 ; voir

----

14. Sur ce processus lors de l'expansion de l'Empire britannique, voir Ballantyne, 2002.

15. Sur les répertoires de récits à travers lesquels les nations du Nouveau Monde s'autoprésentèrent, voir le travail incontournable de Bouchard, 2000.

aussi Thorne, 1997; Hechter, 2013). Autant la classe ouvrière anglaise que les Irlandais seront perçus à travers le prisme de la race. Le discours savant sur l'économie politique rationalise la colonisation de l'Irlande en faisant état des différences en termes de valeur productive entre Anglais et Irlandais (Ellis, 1998; McCormick, 2007, 2009). Certains médecins allemands, qui ont élaboré les théories eugéniques dans le contexte de l'extermination des Hereros et des Namaquas dans le Sud-Ouest africain durant la première décennie du XXe siècle, joueront par la suite un rôle dans la formation des élites scientifiques de l'Allemagne nazie. Dans *Genèse des nations du Nouveau Monde*, le sociologue Gérard Bouchard propose une étude comparative des stratégies très différentes qui seront employées par les nationalismes dans le Nouveau Monde par rapport à leur métropole. La force de la stratégie empruntée par Bouchard est de réintégrer l'agentivité des acteurs dans ces dynamiques à travers lesquelles les imaginaires se créent, se façonnent, s'affrontent et se réinventent (Bouchard, 2000, p. 378-380). Peu de sociologues poussent aussi loin l'analyse des mythes constitutifs des imaginaires nationalistes tout en restant aussi ancrés dans l'histoire concrète des pratiques sociales.

CONCLUSION

La sociologie du nationalisme est un des champs dont les développements ont été les plus fascinants au cours des trente dernières années. Dès le début des années 1980, Ernest Gellner, Benedict Anderson, Anthony Smith et Michael Hechter ont mis la table pour de très ambitieux programmes de recherche sur le nationalisme. Loin d'être opaques et byzantines, les questions de recherche posées par ces auteurs à propos du nationalisme s'inscrivent dans un riche registre de problématiques sociologiques: la question de la légitimité; celle du développement du capitalisme; celle du colonialisme; celle des répercussions de l'industrialisation, pour ne nommer que les plus importantes. Le dialogue, parfois critique, avec un Marx hétérodoxe nourrit souvent ces questionnements plus macrosociaux.

La sociologie du nationalisme est également un des champs où le virage mésosociologique emprunté par un grand nombre de chercheurs désireux de mettre en commun les études sur le nationalisme, l'ethnicité et le racisme a les conséquences les plus importantes. Le recours à Weber et Barth joue un rôle central dans ces développements. Ce virage permet notamment de sortir des analyses pseudo-métaphysiques de l'âme des peuples afin de développer une analyse sociologique des pratiques nationalistes, de l'ethnicité et des processus de racisation. Ces développements ont des conséquences majeures non seulement pour la réflexion sociologique, mais aussi pour la philosophie politique, où une conception présociologique de la culture demeure répandue (sur ces enjeux en philosophie politique, voir Philips, 2007).

La sociologie du nationalisme est peut-être le sous-champ de la sociologie historique qui entre le plus directement en confrontation avec une certaine tradition de la discipline historique. Bien que la sociologie du nationalisme puisse partager un ensemble d'outils communs avec le travail des historiens, comme en témoigne la collaboration d'un sociologue comme Rogers Brubaker avec un historien comme Frederick Cooper, elle a également pour tâche de prendre pour objet certains rituels et pratiques des historiens. Les sociologues analysent notamment le rôle de leurs collègues historiens dans la construction de mythes nationaux, dans la mise en récit de la trame historique des «nations majoritaires» où l'homogénéité de ces majoritaires est amplifiée et où l'agence et la subjectivité des autres est laissée dans la marge de l'histoire.

LECTURES COMPLÉMENTAIRES

Brubaker, Rogers (2004). *Ethnicity without Groups*, Cambridge, Harvard University Press.

Dieckhoff, Alain et Christophe Jaffrelot (dir.) (2006). *Repenser le nationalisme. Théories et pratiques*, Paris, Presses de la Fondation nationale des sciences politiques.

Lawrence, Paul (2005). *Nationalism: History and Theory*, Harlow, Pearson Education.

Özkirimli, Umut (2010). *Theories of Nationalism: A Critical Introduction*, New York, Palgrave Macmillan.

Wimmer, Andreas (2012). *Ethnic Boundary Making*, Oxford, Oxford University Press.

Yuval-Davis, Nira (1997). *Gender and Nation*, Londres, Sage.

BIBLIOGRAPHIE

Abbott, A. (2001). *Chaos of Disciplines*, Chicago, Chicago University Press.

Abbott, A. *et al.* (2005). « Looking backward and looking forward : Social science history at 2000 », dans H. J. Graff, L. Page Moch et P. McMichael (dir.), *Looking Backward and Looking Forward. Perspectives on Social Science History*, Madison, University of Wisconsin Press, p. 69-78.

Abrams, P. (1988). « Notes on the difficulty of studying the state », *Journal of Historical Sociology*, vol. 1, n° 1, p. 58-89.

Abu-Lughod, J. L. (1989). *Before European Hegemony*, New York, Oxford University Press.

Acemoglu, D. et J. A. Robinson (2012). *Why Nations Fail*, New York, Crown Publishers.

Acker, J. (2006). *Class Questions: Feminist Answers*, Lanham, Rowman & Littlefield.

Adam, H. et K. Moodley (1993). *The Negotiated Revolution*, Johannesburg, Jonathan Ball.

Adams, J. (2005a). *The Familial State*, Ithaca, Cornell University Press.

Adams, J. (2005b). « The rule of the father : Patriarchy and patrimonialism in early modern Europe », dans C. Charles, P. S. Gorski et D. M. Trubek (dir.), *Max Weber's Economy and Society: A Critical Companion*, Redwood City, Stanford University Press, p. 237-266.

Adams, J., E. S. Clemens et A. S. Orloff (2005). *Remaking Modernity*, Durham, Duke University Press.

Adelman, J. (2009). *Sovereignty and Revolution in the Iberian Atlantic*, Princeton, Princeton University Press.

Adorno, T. W. (1994). *The Stars Down to Earth*, New York, Routledge.

Afonja, S. (1981). « Changing modes of production and the sexual division of labor among the Yoruba », *Signs*, vol. 7, n° 2, p. 299-313.

Agnew, J. (2005). *Hegemony: The New Shape of Global Power*, Philadelphie, Temple University Press.

Aktürk, Ş. (2012). *Regimes of Ethnicity and Nationhood in Germany, Russia and Turkey*, Cambridge, Cambridge University Press.

Allen, R. C. (2009). *The British Industrial Revolution in Global Perspective*, Cambridge, Cambridge University Press.

Allen, R. C. *et al.* (2011). « Wages, prices, and living standards in China, 1738-1925 : In comparison with Europe, Japan, and India », *Economic History Review*, vol. 64, p. 8-38.

Amelina, A. (2012). *Beyond Methodological Nationalism : Research Methodologies for Cross-Border Studies*, New York, Routledge.

Amin, S. (1991). « The state and development », dans D. Held (dir.), *Political Theory Today*, Redwood City, Stanford University Press, p. 305-329.

Amin, S. *et al.* (1990). *Transforming the Revolution. Social Movements and the World System*, New York, Monthly Review Press.

Ancelovici, M. (2002). « Organizing against globalization : The case of ATTAC in France », *Politics & Society*, vol. 30, n° 3, p. 427-463.

Ancelovici, M. (2009). « Esquisse d'une théorie de la contestation : Bourdieu et le modèle du processus politique ». *Sociologie et sociétés*, vol. 41, n° 2, p. 39-61.

Ancelovici, M. (2013). « The origins and dynamics of organizational resilience : A comparative study of two French labour organizations », dans P. A. Hall et M. Lamont (dir.), *Social Resilience in the Neoliberal Era*, Cambridge, Cambridge University Press, p. 346-376.

Ancelovici, M. et S. Rousseau (dir.) (2009). « Les mouvements sociaux au-delà de l'État », *Sociologie et société*, vol. 41, n° 2, p. 3-352.

Anderson, B. (2006). *Imagined Communities*, Londres et New York, Verso.

Anderson, B. (2007). *Under Three Flags*, Londres et New York, Verso.

Anderson, K. B. (2010). *Marx at the Margins*, Chicago, The University of Chicago Press.

Anderson, P. (1978a). *L'État absolutiste. L'Europe de l'Ouest*, Paris, Maspero.

Anderson, P. (1978b). *L'État absolutiste. L'Europe de l'Est*, Paris, Maspero.

Anderson, P. (1980). *Arguments within English Marxism*, Londres et New York, Verso.

Anderson, P. (1992). *English Questions*, Londres et New York, Verso.

Anderson, P. (2005). *Spectrum*, Londres et New York, Verso.

Anghie, A. (2005). *Imperialism, Sovereignty and the Marking of International Law*, Cambridge, Cambridge University Press.

Anievas, A. et K. Nisancioglu (2014). « The poverty of political marxism », *International Socialist Review*, n° 94, <http://isreview.org/issue/94/poverty-political-marxism>, consulté le 25 février 2015.

Apel, K.-O. (1984). *Understanding and Explanation*, Boston, MIT Press.

Appadurai, A. (2005). *Après le colonialisme*, Paris, Petite Bibliothèque Payot.

Arendt, H. (1958). *The Origins of Totalitarianism*, New York, Meridian Books.

Aristote (1990). *Les politiques*, Paris, Garnier-Flammarion.

Armitage, D. (2013). *Foundations of Modern International Thought*, Cambridge, Cambridge University Press.

Armitage, D. et M. J. Braddick (dir.) (2009). *The British Atlantic World, 1500-1800* (2ᵉ édition), New York, Palgrave MacMillan.

Armstrong, J. (1982). *Nations before Nationalism*, Chapel Hill, University of North Carolina Press.

Arnason, J. P. (2003). *Civilizations in Dispute*, Leyde, Brill.

Aron, R. (1962a). *Paix et guerre entre les nations*, Paris, Calmann-Lévy.

Aron, R. (1962b). *Dix-huit leçons sur la société industrielle*, Paris, Gallimard.

Aron, R. (1967). *Les grandes étapes de la pensée sociologique*, Paris, Gallimard.

Arrighi, G. (1994). *The Long Twentieth Century*, Londres et New York, Verso.

Arrighi, G. (2002). « The rise of East Asia and the withering away of the interstate system », dans C. Bartolovich et N. Lazarus (dir.), *Marxism, Modernity and Postcolonial Studies*, Cambridge, Cambridge University Press, p. 21-42.

Arrighi, G. (2007). *Adam Smith in Beijing*, Londres et New York, Verso.

Arrighi, G. *et al.* (2003). *The Resurgence of East Asia : 500, 150, and 50 Years Perspectives*, New York, Routledge.

Ashworth, J. (1996). *Slavery, Capitalism, and Politics in the Antebellum Republic. Volume 1 : Commerce and Compromise, 1820-1850*, Cambridge, Cambridge University Press.

Ashworth, J. (2007). *Slavery, Capitalism, and Politics in the Antebellum Republic. Volume 2 : The Coming of the Civil War, 1850-1861*, Cambridge, Cambridge University Press.

Aston, T. H. et C. H. E. Philpin (dir.) (1987). *The Brenner Debate*, Cambridge, Cambridge University Press.

Atalas, S. F. (2007). « The historical sociology of Muslim societies : Khaldunian applications », *International Sociology*, vol. 22, n° 3, p. 267-288.

Avineri, S. (1991). « Marxism and nationalism », *Journal of Contemporary History*, vol. 26, n° 3, p. 637-657.

Bach, D. C. et M. Gazibo (dir.) (2011). *L'État néopatrimonial*, Ottawa, Les Presses de l'Université d'Ottawa.

Baechler, J. (1995a). *Le capitalisme. Volume 1 : Les origines*, Paris, Gallimard.

Baechler, J. (1995b). *Le capitalisme. Volume 2 : L'économie capitaliste*, Paris, Gallimard.

Baillargeon, D. (1996). « Les politiques familiales au Québec. Une perspective historique », *Lien social et Politiques*, n° 36, p. 21-32.

Baillargeon, D. (2012). *Brève histoire des femmes au Québec*, Montréal, Boréal.

Bailyn, B. (2005). *Atlantic History. Concept and Contours*, Cambridge, Harvard University Press.

Bairoch, P. (1985). *De Jérusalem à Mexico: villes et économie dans l'histoire*, Paris, Gallimard.

Bairoch, P. (1997). *Victoires et déboires. Tome 1: Histoire économique et sociale du monde du XVIᵉ siècle à nos jours*, Paris, Folio.

Baker, K. M. (1993). « Defining the public sphere in eighteenth-century France: Variations on a theme by Habermas », dans C. Calhoun (dir.), *Habermas and the Public Sphere*, Boston, MIT Press, p. 181-211.

Balazs, E. (1964). *Chinese Civilization and Bureaucracy*, New Haven, Yale University Press.

Baldwin, P. (1990). *The Politics of Social Solidarity: Class Bases of the European Welfare States 1875-1975*, Cambridge, Cambridge University Press.

Ballantyne, T. (2002). « Empire, knowledge and culture: From proto-globalization to modern globalization », dans A. G. Hopkins (dir.), *Globalization in World History*, Londres, Pimlico, p. 115-140.

Banaji, J. (2010). *Theory as History*, Chicago, Haymarket Books.

Bannerji, H. (2011). *Demography and Democracy*, Toronto, Canadian Scholars' Press.

Baran, P. A. (1969). *The Longer View*, New York, Monthly Review Press.

Barkey, K. (1994). *Bandits and Bureaucrats*, Ithaca, Cornell University Press.

Barkey, K. (2008). *Empire of Difference*, Cambridge et New York, Cambridge University Press.

Barkey, K. et M. Von Hagen (1997). *After Empire*, Boulder, Westview Press.

Bartelson, J. (1995). *A Genealogy of Sovereignty*, Cambridge, Cambridge University Press.

Barth, F. (1995). « Les groupes ethniques et leurs frontières », dans P. Poutignat et J. Streiff-Fenard (dir.), *Théories de l'ethnicité*, Paris, Presses universitaires de France.

Bartlett, R. (1993). *The Making of Europe*, Princeton, Princeton University Press.

Baschet, J. (2004). *La civilisation féodale*, Paris, Aubier.

Baskerville, P. (2008). *A Silent Revolution ?*, Montréal et Kingston, McGill-Queen's University Press.

Bastien, P. *et al.* (dir.) (2014). *Justice et espaces publics en Occident. Du Moyen Âge à nos jours*, Montréal, Presses de l'Université du Québec à Montréal.

Bauman, Z. (2002). *Modernité et holocauste*, Paris, La fabrique.

Bayart, J.-F. (1996). *L'illusion identitaire*, Paris, Fayard.

Bayart, J.-F. (2006). *L'État en Afrique. La politique du ventre*, Paris, Fayard.

Bayly, C. A. (1993). « Knowing the country: Empire and information in India », *Modern Asian Studies*, vol. 27, nᵒ 1, p. 3-43.

Bayly, C. A. (2002). « "Archaic" and "modern" globalization in the Eurasian and African arena, c. 1750-1850 », dans A. G. Hopkins (dir.), *Globalization in World History*, Londres, Pimlico.

Bayly, C. A. (2004). *The Birth of the Modern World 1780-1914*, Oxford, Blackwell.

Bayly, C. A. (2007). *La naissance du monde moderne, 1780-1914*, Paris, Les Éditions de l'Atelier.

Bayly, C. A. (2012). *Recovering Liberties*, Cambridge, Cambridge University Press.

Bayly, C. A. *et al.* (dir.) (2011). *History, Historians and Development Policy*, Manchester, Manchester University Press.

Beauchemin, J., G. Bourque et J. Duchastel (1995). « Du providentalisme au néolibéralisme : de Marsh à Axworthy. Un nouveau discours de légitimation de la régulation sociale », *Cahiers de recherche sociologique*, nº 24, p. 15-47.

Beaud, M. (2000). *Histoire du capitalisme de 1500 à 2000* (5ᵉ édition), Paris, Seuil.

Beaud, J.-P. et J.-G. Prévost (2000a). « Systèmes statistiques et traditions nationales / Statistical Systems and National Traditions », dans J.-P. Beaud et J.-G. Prévost (dir.), *L'ère des chiffres : systèmes statistiques et traditions nationales*, Québec, Presses de l'Université du Québec, p. 3-16.

Beaud, J.-P. et J.-G. Prévost (2000b). « L'expérience statistique canadienne », dans J.-P. Beaud et J.-G. Prévost (dir.), *L'ère des chiffres : systèmes statistiques et traditions nationales*, Québec, Presses de l'Université du Québec, p. 61-86.

Beaud, J.-P. et J.-G. Prévost (2005). « Statistics as a science of government : The stillborn British Empire statistical bureau (1918-1920) », *Journal of Imperial and Commonwealth History*, vol. 33, nº 3, p. 369-391.

Beaujard, P. (2009). « Un seul système-monde avant le XVIᵉ siècle ? L'océan Indien au cœur de l'intégration de l'hémisphère afro-eurasien », dans P. Beaujard, L. Berger et P. Norel (dir.), *Histoire globale, mondialisations et capitalisme*, Paris, La Découverte, p. 82-148.

Beaujard, P., L. Berger et P. Norel (dir.) (2009). *Histoire globale, mondialisations et capitalisme*, Paris, La Découverte.

Beblawi, H. A. et G. Luciani (1990). « The rentier state in the Arab world », dans G. Luciani, *The Arab State*, Londres, Routledge.

Beckles, H. (1989). *White Servitude and Black Slavery in Barbados, 1627-1715*, Knoxville, University of Tennessee Press.

Beckwith, C. I. (2009). *Empires of the Silk Road. A History of Central Eurasia from the Bronze Age to the Present*, Princeton, Princeton University Press.

Beetham, D. (1983). *Marxists in the Face of Fascism*, Manchester, Manchester University Press.

Beik, W. (1985). *Absolutism and Society in Seventeenth-Century France. State Power and Provincial Aristocracy in Languedoc*, Cambridge, Cambridge University Press.

Bell, D. (1976). *The Coming of Post-Industrial Society*, New York, Basic Books.

Bendix, R. (1962). *Max Weber. An Intellectual Portrait*, New York, Anchor Books.

Bendix, R. (1964). *Nation Building and Citizenship*, New York, John Wiley and Sons.

Bendix, R. (1978). *Kings or People: Power and the Mandate to Rule*, Berkeley, University of California Press.

Benston, M. (1969). « The political economy of women's liberation », *Monthly Review*, vol. 21, n° 4, p. 13-27.

Bentley, M. (1999). *Politics Without Democracy 1815-1914* (2ᵉ édition), Oxford, Blackwell.

Benton, L. (2009). *A Search for Sovereignty*, Cambridge, Cambridge University Press.

Berend, I. T. (2003). *History Derailed*, Berkeley, University of California Press.

Berger, S., H. Feldner et K. Passmore (dir.) (2003). *Writing History. Theory and Practice*, Londres, Arnold.

Berlin, I. (1998). *The Proper Study of Mankind. An Anthology of Essays*, Londres, Pimlico.

Berman, S. (1997). « Civil society and the collapse of the Weimar republic », *World Politics*, vol. 49, n° 3, p. 401-429.

Bernhardt, K. (1992). *Rents, Taxes, and Peasant Resistance. The Lower Yangzi Region, 1840-1950*, Redwood City, Stanford University Press.

Bernier, B. (1994). « Le Japon, société sans classe ? », *Anthropologie et société*, vol. 18, n° 1, p. 49-75.

Bernier, G. (1976). « Le cas québécois et les théories du développement et de la dépendance », dans E. Orban (dir.), *La modernisation politique du Québec*, Montréal, Boréal, p. 19-54.

Bernier, G. et D. Salée (1995). *Entre l'ordre et la liberté*, Montréal, Boréal.

Bertrand, R. (2011). *L'histoire à parts égales*, Paris, Seuil.

Bessel, R., N. Guyatt et J. Rendall (dir.) (2010). *War, Empire and Slavery, 1770-1830*, Londres, Palgrave.

Bhambra, G. K. (2010). « Historical sociology, international relations and connected histories », *Cambridge Review of International Affairs*, vol. 23, n° 1, p. 127-143.

Bhambra, G. K. (2011). « Talking among themselves? Weberian and marxist historical sociologies as dialogues without "others" », *Millenium: Journal of International Studies*, vol. 39, n° 3, p. 1-15.

Bienvenue, L. et C. Hudon (2005). « Pour devenir homme tu transgresseras... Quelques enjeux de la socialisation masculine dans les collèges classiques québécois (1880-1939) », *Canadian Historical Review*, vol. 86, n° 3, p. 485-511.

Billig, M. (1995). *Banal Nationalism*, Londres, Sage.

Birnbaum, P. (1983). « Mobilisations, structures sociales et types d'État », *Revue française de sociologie*, vol. xxiv, p. 421-439.

Birnbaum, P. (1992). « Nationalism : A comparison between France and Germany », *Historical Sociology*, vol. 133, p. 375-384.

Blackburn, R. (1998). *The Making of New World Slavery*, New York et Londres, Verso.

Blaut, J. M. (1993). *The Colonizer's Model of the World*, New York, Guilford.

Blaut, J. M. (2000). *Eight Eurocentric Historians*, New York, The Guilford Press.

Bloch, M. (1928). « Pour une histoire comparée des sociétés européennes », *Revue de synthèse historique*, n° 46, p. 15-50.

Bogdan, H. (2005). *Histoire des Habsbourg*, Paris, Perrin.

Bohman, J. (2007). *Democracy Accross Borders. From Dêmos to Dêmoi*, Cambridge, MIT Press.

Bois, G. (1985). « Against the neo-malthusian orthodoxy », dans T. H. Aston et C. H. E. Philpin, (dir.), *The Brenner Debate*, Cambridge, Cambridge University Press, p. 107-118.

Bonnell, V. (1980). « The uses of theory, concepts and comparison in historical sociology », *Comparative Studies in History and Society*, vol. 22, n° 2, p. 156-173.

Bosc, S. (2008). *Sociologie des classes moyennes*, Paris, La Découverte.

Bouchard, G. (1996). *Quelques arpents d'Amérique. Population, économie, famille au Saguenay 1838-1971*, Montréal, Boréal.

Bouchard, G. (2000). *Genèse des nations du Nouveau Monde. Essai d'histoire comparée*, Montréal, Boréal.

Boucheron, P. et N. Offenstadt (2011). *L'espace public au Moyen Âge. Débats autour de Jürgen Habermas*, Paris, Presses universitaires de France.

Boukharine, N. (1967). *L'économie mondiale et l'impérialisme*, Paris, Anthropos.

Bourdieu, P. (1979). *La distinction*, Paris, Éditions de Minuit.

Bourdieu, P. (1980a). « Le capital social. Notes provisoires », *Actes de la recherche en sciences sociales*, vol. 31, p. 2-3.

Bourdieu, P. (1980b). « L'identité et la représentation. Éléments pour une réflexion critique sur l'idée de région », *Actes de la recherche en sciences sociales*, vol. 35, p. 63-72.

Bourdieu, P. (1989). *La Noblesse d'État : grandes écoles et esprit de corps*, Paris, Les Éditions de Minuit.

Bourdieu, P. (1993). « Esprits d'État : genèse et structure du champ bureaucratique », *Actes de la recherche en sciences sociales*, vol. 96, n° 1, p. 49-62.

Bourdieu, P. (1997). « De la maison du roi à la raison d'État », *Actes de la recherche en sciences sociales*, vol. 118, n° 1, p. 55-68.

Bourdieu, P. (2000). *Les structures sociales de l'économie*, Paris, Seuil.

Bourdieu, P. (2012). *Sur l'État*, Paris, Seuil.

Bourdieu, P. et J.-C. Passeron (1970). *La reproduction. Éléments pour une théorie du système d'enseignement*, Paris, Éditions de Minuit.

Bourque, G. (1970). *Classes sociales et question nationale au Québec, 1760-1840*, Montréal, Éditions Parti Pris.

Bourque, G., J. Duchastel et É. Pineault (1999). « L'incorporation de la citoyenneté », *Sociologie et sociétés*, vol. 31, n° 2, p. 41-64.

Bozeman, A. (1960). *Politics & Culture in International History*, Princeton, Princeton University Press.

Bradbury, B. (2007). *Working Families*, Toronto, University of Toronto Press.

Brandt, G. C. *et al.* (2010). *Canadian Women : A History* (3ᵉ édition), Toronto, Nelson College Indigenous.

Brandt, L. *et al.* (2014). « From divergence to convergence : Reevaluating the history behind China's economic boom », *Journal of Economic Literature*, vol. 52, n° 1, p. 45-123.

Braudel, F. (1979a). *Civilisation matérielle, économie et capitalisme. XVᵉ-XVIIIᵉ siècle. Volume 1 : Les structures du quotidien*, Paris, Armand Colin.

Braudel, F. (1979b). *Civilisation matérielle, économie et capitalisme. XVᵉ-XVIIIᵉ siècle. Volume 2 : Les jeux de l'échange*, Paris, Armand Colin.

Braudel, F. (1979c). *Civilisation matérielle, économie et capitalisme. XVᵉ-XVIIIᵉ siècle. Volume 3 : Le temps du monde*, Paris, Armand Colin.

Braudel, F. (1996). *Autour de la Méditerranée*, Paris, Éditions de Fallois.

Braudel, F. (1998). *Les mémoires de la Méditerranée*, Paris, Éditions de Fallois.

Braverman, H. (1976). *Travail et capitalisme monopolistique*, Paris, Maspero.

Breaugh, M. (2007). *L'expérience plébéienne*, Paris, Payot.

Brenner, J. (2000). *Women and the Politics of Class*, New York, Monthly Review Press.

Brenner, N. (1994). « Foucault's new functionalism », *Theory and Society*, vol. 23, n° 5, p. 679-709.

Brenner, R. (1977). « The origins of capitalist development : A critique of neo-Smithian Marxism », *New Left Review*, n° 104, p. 25-92.

Brenner, R. (1987). « The agrarian roots of European capitalism », dans T. H. Ashton et C. H. E. Philpin (dir.), *The Brenner Debate*, Cambridge, Cambridge University Press, p. 213-327.

Brenner, R. (1989). « Bourgeois revolution and transition to capitalism », dans A. L. Beier *et al.*, *The First Modern Societies. Essays in English History in Honour of Lawrence Stone*, Cambridge, Cambridge University Press, p. 271-304.

Brenner, R. (1990). « La base sociale du développement économique », *Actuel Marx*, n° 7, p. 65-93.

Brenner, R. (1991). « Economic backwardness in Eastern Europe in light of developments in the West », dans D. Chirot (dir.), *The Origins of Backwardness in Eastern Europe*, Berkeley, University of California Press, p. 15-52.

Brenner, R. (1997). « Property relations and the growth of agricultural productivity in late medieval and early modern Europe », dans A. Bhaduri et R. Skarstein (dir.), *Economic Development and Agricultural Productivity*, Londres, Elgar, p. 9-44.

Brenner, R. (2001). « The low countries in the transition to capitalism », *Journal of Agrarian Change*, vol. 1, n° 2, p. 169-241.

Brenner, R. (2003). *Merchants and Revolution*, Londres et New York, Verso.

Brenner, R. (2006). « From theory to history : "The European dynamic" or feudalism to capitalism ? », dans J. A. Hall et R. Schroeder (dir.), *An Anatomy of Power. The Social Theory of Michael Mann*, Cambridge, Cambridge University Press, p. 189-232.

Brenner, R. (2007a). « Structure and conjuncture », *New Left Review*, n° 43, p. 33-59.

Brenner, R. (2007b). « Property and progress : Where Adam Smith's went wrong », C. Wickham (dir.), *Marxist History-Writing for the Twenty-First Century*, Oxford, Oxford University Press.

Brenner, R. (2011). « The pre-history of core-periphery », dans B. A. Szelenyi et P. H. Reill (dir.), *Cores, Peripheries, Globalization*, Budapest, Central European University Press, p. 203-232.

Brenner, R. et C. M. Isett (2002). « England's divergence from China Yangzi Delta : Property relations, microeconomics and patterns of development », *The Journal of Asian Studies*, vol. 61, n° 2, p. 609-662.

Breuilly, J. (1994). *Nationalism and the State*, Chicago, University of Chicago Press.

Breuilly, J. (2005). « Dating the nation : How old is an old nation ? », dans A. Ichijo et G. Uzelac (dir.), *When is the Nation ?*, New York, Routledge, p. 15-39.

Brewer, J. (1990). *The Sinews of Power*, Cambridge, Harvard University Press.

Bromley, S. (1994). *Rethinking Middle East Politics*, Austin, University of Texas Press.

Bromley, S. (2008). *American Power and the Prospects for International Order*, Londres, Polity.

Brown, W. (2006). « American nightmare : Neoliberalism, neoconservatism, and de-democratization », *Political Theory*, vol. 34, n° 6, p. 690-714.

Browning, C. (2007). *Les origines de la solution finale*, Paris, Les Belles Lettres.

Browning, C. et L. Siegelbaum (2009). « Frameworks for social engineering : Stalinist schema of identification and the Nazi *Volksgemeinschaft* », dans M. Geyer et S. Fitzpatrick (dir.), *Beyond Totalitarianism : Stalinism and Nazism Compared*, Cambridge, Cambridge University Press, p. 231-265.

Brubaker, R. (1993). « L'éclatement des peuples à la chute des empires », *Actes de la recherche en sciences sociales*, n° 98, p. 3-19.

Brubaker, R. (1996a). *Nationalism Reframed*, Cambridge, Cambridge University Press.

Brubaker, R. (1996b). *Citoyenneté et nationalité en France et en Allemagne*, Paris, Belin.

Brubaker, R. (2004). *Ethnicity without Groups*, Cambridge, Harvard University Press.

Brubaker, R. (2011). *The Limits of Rationality*, Londres, Routledge.

Brubaker, R. et F. Cooper (2010). « Identité », dans F. Cooper (dir.), *Le colonialisme en question. Théorie, connaissance, histoire*, Paris, Payot, p. 81-123.

Brubaker, R., M. Loveman et P. Stamatov (2004). « Ethnicity as cognition », *Theory and Society*, vol. 33, n° 1, p. 31-64.

Bruhns, H. (1996). « Max Weber, l'économie et l'histoire », *Annales, histoire, sciences sociales*, 51ᵉ année, n° 6, p. 1259-1287.

Bryant, J. M. (1994). « Evidence and explanation in history and sociology : Critical reflections on Goldthorpe's critique of historical sociology », *The British Journal of Sociology*, vol. 45, n° 1, p. 3-19.

Bryant, J. M. (2000). « On sources and narratives in historical social science : A realist critique of positivist and postmodernist epistemologies », *British Journal of Sociology*, vol. 51, n° 3, p. 489-523.

Bryant, J. M. (2006). « The West and the rest revisited : Debating capitalist origins, European colonialism, and the advent of modernity », *The Canadian Journal of Sociology*, vol. 31, n° 4, p. 403-444.

Buci-Glucksmann, C. (1975). *Gramsci et l'État*, Paris, Fayard.

Bull, H. (1977). *The Anarchical Society*, New York, Columbia University Press.

Buoye, T. M. (2006). *Manslaughter, Markets, and Moral Economy*, Cambridge, Cambridge University Press.

Burawoy, M. (1982). « Introduction : The resurgence of Marxism in American sociology », *American Journal of Sociology*, vol. 88, p. S1-S30.

Burawoy, M. (1989). « Two methods in search of science », *Theory and Society*, n° 18, p. 759-805.

Burawoy, M. (2005). « Conclusion. Provincializing the social sciences », dans G. Steinmetz (dir.), *The Politics of Method in the Human Sciences*, Durham, Duke University Press, p. 508-525.

Burbank, J. et F. Cooper (2011). *Empires. De la Chine ancienne à nos jours*, Paris, Payot.

Burke, P. (2005). *History and Social Theory* (2ᵉ édition), Ithaca, Cornell University Press.

Burleigh, M. et W. Wippermann (1998). *The Racial State Germany 1933-1945*, Cambridge, Cambridge University Press.

Burns, T. (2010). « Capitalism, modernity and the nation-state. A critique of Hannes Lacher », *Capital and Class*, vol. 34, n° 2, p. 235-255.

Buruma, I. et A. Margalit (2006). *L'Occidentalisme*, Paris, Climats.

Buzan, B. et G. Lawson (2014). « Rethinking benchmark dates in international relations », *European Journal of International Relations*, vol. 20, n° 2, p. 437-462.

Buzan, B. et R. Little (1996). « Reconceptualizing anarchy : Structural realism meets world history », *European Journal of International Relations*, vol. 2, n° 4, p. 403-438.

Buzan, B. et R. Little (2000). *International Systems in World History*, Oxford, Oxford University Press.

Cahill, H. A. (2001). « Male appropriation and medicalization of childbirth : A historical analysis », *Journal of Advanced Nursing*, vol. 3, n° 3, p. 334-342.

Caillé, A. et S. Dufoix (dir.) (2013). *Le tournant global des sciences sociales*, Paris, La Découverte.

Cain, P. J. et A. G. Hopkins (2002). « The peculiarities of British capitalism : Imperialism and world development », dans S. Akita (dir.), *Gentlemanly Capitalism, Imperialism, and Global History*, New York, Palgrave, p. 207-255.

Calhoun, C. (dir.) (1993). *Habermas and the Public Sphere*, Boston, Massachusetts Institute of Technology Press.

Calhoun, C. (1997a). « The rise and domestication of historical sociology », dans T. McDonald (dir.), *The Historic Turn in the Human Sciences : Essays on Transformations in the Disciplines*, Ann Arbor, University of Michigan Press, p. 305-337.

Calhoun, C. (1997b). *Nationalism*, Minneapolis, University of Minnesota Press.

Calhoun, C. (1998). « Explanation in historical sociology : Narrative, general theory, and historically specific theory », *American Journal of Sociology*, vol. 104, n° 3, p. 846-871.

Callinicos, A. (1989). « Bourgeois revolutions and historical materialism », *International Socialism*, vol. 2, n° 43, p. 113-171.

Callinicos, A. (1990). « The limits of political marxism », *New Left Review*, n° 184, p. 110-115.

Callinicos, A. (2007). « Does capitalism need the state-system ? », *Cambridge Review of International Affairs*, vol. 20, n° 4, p. 533-549.

Camau, M. (1999). « La transitologie à l'épreuve du Moyen-Orient et de l'Afrique du Nord », *Annuaire de l'Afrique du Nord*, Tome 38, p. 3-9.

Camfield, D. (2004/2005). « Re-Orienting class analysis : Working classes as historical formations », *Science and Society*, vol. 68, n° 4, p. 421-446.

Canaday, M. (2011). *The Straight State*, Princeton, Princeton University Press.

Cannon, B. et M. Hume (2012). « Central America, civil society and the pink tide : Democratization or de-democratization ? », *Democratization*, vol. 19, n° 6, p. 1039-1064.

Cardoso, F. H. et E. Faletto (1978). *Dépendance et développement en Amérique latine*, Paris, Presses universitaires de France.

Carr, E. H. (1945). *Nationalism and After*, Londres, Macmillan.

Carver, T. et P. Thomas (dir.) (1995). *Rational Choice Marxism*, Philadelphie, The Pennsylvania University Press.

Casséus, J. (2013). «Représentations antagonistes de la valeur de la terre et échec des réformes agraires après la Révolution haïtienne», *Revue des sciences sociales*, n° 50, p. 148-157.

Castells, M. (1993). *La société en réseaux*, Paris, Fayard.

Chagnollaud, D. (1991). *Le premier des ordres*, Paris, Fayard.

Chakrabarty, D. (2007). *Provincializing Europe*, Princeton, Princeton University Press.

Chakrabarty, D. (2013). «The lost causes of E. P. Thompson», *Labour / Le travail*, n° 72, p. 207-212.

Chaliand, G. (2006). *Les empires nomades de la Mongolie au Danube*, Paris, Perrin.

Chase-Dunn, C. et T. D. Hall (dir.) (1991). *Core / Periphery Relations in Precapitalist Worlds*, Boulder, Westview Press.

Chase-Dunn, C. et T. D. Hall (1997). *Rise and Demise: Comparing World-Systems*, Boulder, Westview Press.

Chaudhuri, K. N. (1985). *Trade and Civilization in the Indian Ocean: An Economic History from the Rise of Islam to 1750*, Cambridge, Cambridge University Press.

Chaudhuri, K. N. (1990). *Asia before Europe*, Cambridge, Cambridge University Press.

Chernilo, D. (2006). «Social theory's methodological nationalism: Myth and reality», *European Journal of Social Theory*. vol. 1, n° 9, p. 5-22.

Chernilo, D. (2007). *A Social Theory of the Nation-State*, Londres, Routledge.

Chernilo, D. (2011). «The critique of methodological nationalism: Theory and history», *Thesis Eleven*, vol. 106, p. 98-117.

Chesneaux, J. (1960). «Un prémalthuséen chinois: Hong-Liang-Ki», *Population*, vol. 15, p. 89-95.

Chibber, V. (2006a). «On the decline of class analysis in South Asian studies», *Critical Asian Studies*, vol. 38, n° 4, p. 357-387.

Chibber, V. (2006b). *Locked in Places*, Princeton, Princeton University Press.

Chibber, V. (2007). «Sidelining the West?», *New Left Review*, n° 7, p. 130-141.

Chibber, V. (2008), «Developments in marxists class analysis», *Critical Companion to Contemporary Marxism*, Leyde, Brill, p. 353-367.

Chibber, V. (2013). *The Specter of Capitalism*, New York et Londres, Verso.

Chirot, D. (1984). «The social and historical landscape of Marc Bloch», dans T. Skocpol (dir.), *Vision and Method in Historical Sociology*, Cambridge, Cambridge University Press, p. 22-46.

Chirot, D. (dir.) (1991). *The Origins of Backwardness in Eastern Europe*, Berkeley, University of California Press.

Chua, A. (2004). *World on Fire*, New York, Anchor Books.

Chua, A. (2009). *Day of Empire*, New York, Anchor Books.

Clapham, J. H. (1955). *Economic Development of France and Germany, 1815-1914*, Cambridge, Cambridge University Press.

Clark, C. (2007). *Iron Kingdom. The Rise and Downfall of Prussia, 1600-1947*, Londres, Penguin Books.

Clark, T. N. et M. L. Seymour (dir.) (2001). *The Breakdown of Class Politics. A Debate on Post-Industrial Stratification*, Baltimore, Johns Hopkins University Press.

Clarke, S. (1991). *Marx, Marginalism and Modern Sociology* (2ᵉ édition), New York, Palgrave MacMillan.

Coakley, J. (2012). *Nationalism, Ethnicity and the State: Making and Breaking Nations*, Londres, Sage.

Coates, C. M. (1999). «The rebellions of 1837-1838, and other bourgeois revolutions in Québec historiography», *Revue internationale d'études canadiennes*, n° 20, p. 19-34.

Cobban, A. (1964). *The Social Interpretation of the French Revolution*, Cambridge, Cambridge University Press.

Cohen, D. et M. O'Connor (2004). *Comparison and History. Europe in Cross-National Perspective*, New York, Routledge.

Cohen, G. A. (2001). *Karl Marx's Theory of History. A Defense*, Princeton, Princeton University Press.

Cohen, J. L. et A. Arato (1994). *Civil Society and Political Theory*, New York, MIT Press.

Cohn, S. K. Jr. (2006). *Lust for Liberty*, Boston, Harvard University Press.

Collier, D. (1993). «The comparative method», dans A. W. Finifter (dir.), *Political Science. The State of the Discipline II*, Washington, American Political Science Association, p. 105-119.

Collier, D. et R. Adcock (1999). «Democracy and dichotomies. A pragmatic approach to choices about concepts», *Annual Review of Political Science*, vol. 2, p. 537-565.

Collier, D. et S. Levitsky (2009). «Chapter 10. Democracy. Conceptual hierarchies in comparative research», dans D. Collier et J. Gerring (dir.), *Concepts in Method in the Social Sciences. The Tradition of Giovanni Sartori*, Londres, Routledge, p. 269-288.

Collins, R. (1980). «Weber's last theory of capitalism: A systematization», *American Sociological Review*, vol. 45, n° 6, p. 925-942.

Collins, R. (1981). «On the microfoundations of macrosociology», *American Journal of Sociology*, vol. 86, n° 5, p. 984-1014.

Collins, R. (1998). *The Sociology of Philosophies*, Cambridge, Elknap Press of Harvard University Press.

Collins, R. (1999). *Macrohistory*, Redwood City, Stanford University Press.

Colliot-Thélène, C. (1990). «Max Weber, la leçon inaugurale de 1895 ou Du nationalisme à la sociologie comparative», *Les Cahiers de Fontenay*, nᵒˢ 58-59, p. 103-122.

Colliot-Thélène, C. (2004). «Expliquer/comprendre: relecture d'une controverse», *Espaces Temps*, nᵒˢ 84-86, p. 6-23.

Colliot-Thélène, C. (2006). *La sociologie de Max Weber*, Paris, La Découverte.

Comninel, G. C. (1990). *Rethinking the French Revolution*, Londres et New York, Verso.

Comninel, G. C. (2000a). « English feudalism and the origins of capitalism », *The Journal of Peasant Studies*, vol. 27, n° 4, p. 1-53.

Comninel, G. C. (2000b). « Marx's context », *History of Political Thought*, vol. 21, n° 3, p. 467-483.

Comninel, G. C. (2003). « Historical materialist sociology and revolutions », dans G. Delanty et E. F. Isin (dir.), *Handbook of Historical Sociology*, Thousand Oaks, Sage Publications, p. 85-95.

Comninel, G. C. (2013). « Critical thinking and class analysis : Historical materialism and social theory », *Socialism and Democracy*, vol. 27, n° 1, p. 19-56.

Connor, W. (2004). « The timelessness of nations », dans G. Montserrat et J. Hutchinson (dir.), *History and National Destiny : Ethnosymbolism and Its Critics*, Oxford, Blackwell, p. 35-47.

Conrad, S. (2010). *Globalisation and the Nation-State in Imperial Germany*, Cambridge, Cambridge University Press.

Conrad, S. (2012). *German Colonialism. A Short History*, Cambridge, Cambridge University Press.

Conrad, S. (2014). « Internal colonialism in Germany. Culture wars, germanification of the soil, and global market imaginary », dans B. Naranch et G. Eley (dir.), *German Colonialism in a Global Age*, Durham et Londres, Duke University Press, p. 246-264.

Cooper, F. (2002). *Africa since 1942*, Cambridge, Cambridge University Press.

Cooper, F. (2010). *Le colonialisme en question*, Paris, Payot.

Cooper, F. (2014a). *Africa and the World*, Boston, Harvard University Press.

Cooper, F. (2014b). *Français et Africains ? Être citoyen au temps de la décolonisation*, Paris, Payot.

Cooper, F. *et al.* (1993). *Confronting Historical Paradigms*, Madison, University of Wisconsin Press.

Cooper, F. et A. L. Stoler (dir.) (1997). *Tensions of Empire*, Berkeley, California University Press.

Corrigan, P. et B. Curtis (1985). « Education, inspection and state formation : A preliminary statement », *Historical Papers / Communications historiques*, vol. 20, n° 1, p. 156-171.

Corrigan, P., B. Curtis et R. Lanning (1987). « The political space of schooling », dans T. Wotherspoon (dir.), *The Political Economy of Canadian Schooling*, Toronto, Methuen, p. 21-43.

Corrigan, P. et D. Sayer (1985). *The Great Arch : English State Formation as Cultural Revolution*, Oxford, Blackwell.

Côté, J.-F. (2010). « From transculturation to hybridization : Redefining culture in the Americas », dans A. Benessaieh (dir.), *Amériques transculturelles / Transcultural Americas*, Ottawa, Les Presses de l'Université d'Ottawa, p. 121-147.

Côté, J.-F. et A. Bélanger (2009). « Élargir la dialectique des études culturelles au Québec : une critique de Fernand Dumont », *Cahiers de recherche sociologique*, n° 47, p. 143-171.

Cox, R. W. (1976). « On thinking about future world order », *World Politics*, vol. 28, n° 2, p. 175-196.

Cox, R. W. (1987). *Power, Production and World Order*, New York, Columbia University Press.

Cox, R. W. (1996). *Approaches to World Order*, Cambridge, Cambridge University Press.

Crafts, N. et T. C. Mills (2009). « From Malthus to Solow : How did the Malthusian economy really evolve ? », *Journal of Macroeconomics*, vol. 31, n° 1, p. 68-93.

Craig, G. A. (1978). *Germany 1866-1945*, Oxford, Oxford University Press.

Craig, G. A. (1983). *The Germans*, New York, New American Library.

Crompton, R. (2008). *Class and Stratification*, Cambridge, Polity Press.

Curtin, P. D. (1984). *Cross-Cultural Trade in World History*, Cambridge, Cambridge University Press.

Curtin, P. D. (1998). *The Rise and Fall of the Plantation Complex*, Cambridge, Cambridge University Press.

Curtis, B. (1987). « Recension de Corrigan et Sayer », *Canadian Review of Sociology and Anthropology*, vol. 24, n° 4, p. 608-609.

Curtis, B. (1989). « Representation and state formation in the Canadas, 1790-1850 », *Studies in Political Economy*, vol. 28, p. 59-87.

Curtis, B. (1992a). « Révolution gouvernementale et savoir politique au Canada-Uni », dans *Sociologie et sociétés*, vol. 24, n° 1, p. 169-179.

Curtis, B. (1992b). « Class culture and administration : Educational inspection in Canada West », dans A. Greer et I. Radforth (dir.), *Colonial Leviathan : State Formation in Mid-Nineteenth Century Canada*, Toronto, University of Toronto Press, p. 103-133.

Curtis, B. (1995). « Taking the state back out : Rose and Miller on political power », *The British Journal of Sociology*, vol. 46, n° 4, p. 575-589.

Curtis, B. (2001). *The Politics of Population*, Toronto, University of Toronto Press.

Curtis, B. (2006). « The politics of demography », dans R. Goodin et C. Tilly (dir.), *The Oxford Handbook of Contextual Political Analysis*, Oxford, Oxford University Press, p. 619-635.

Curtis, B. (2007). « Comment étudier l'État ? », *Bulletin d'histoire politique*, vol. 15, n° 3, p. 103-108.

Curtis, B. (2013). *Ruling by Schooling*, Toronto, University of Toronto Press.

Curtis, B. et A. Hunt (2007). « The fellatio "epidemic" : Age relations and the access to erotic arts », *Sexualities*, vol. 10, n° 1, p. 5-28.

Dahl, R. A. (1998). *On Democracy*, New Haven, Yale University Press.

Dahl, R. A. (2005). « What political institutions does large-scale democracy require ? », *Political Science Quarterly*, vol. 120, n° 2, p. 187-197.

Dahrendorf, R. (1959). *Class and Class Conflict in Industrial Societies*, Redwood City, Stanford University Press.

D'Aoust, A.-M. (2014). «Love as project of (im)mobility: Love, sovereignty, and governmentality in marriage migration management practices», *Global Society*, vol. 28, n° 3, p. 317-336.

Darroch, G. (2014). *The Dawn of Canada's Century: Hidden Histories*, Montréal et Kingston, McGill-Queen's University Press.

Darwin, J. (1997). «Imperialism and the Victorians: The dynamics of territorial expansion», *The English Historical Review*, vol. 112, n° 447, p. 614-642.

Darwin, J. (2008). *After Tamerlane*, Londres, Penguin Books.

Darwin, J. (2009). *The Empire Project*, Cambridge, Cambridge University Press.

Darwin, J. (2013). «Empire and Ethnicity», dans J. A. Hall et S. Malešević (dir.), *Nationalism and War*, New York, Cambridge University Press, p. 147-171.

Davidson, N. (2012). *How Revolutionary Were the Bourgeois Revolutions?*, Chicago, Haymarket Books.

Day, G. et A. Thompson (2004). *Theorizing Nationalism*, Basingstoke, Palgrave MacMillan.

Dechêne, L. (2008). *Le peuple, l'État et la guerre au Canada sous le Régime français*, Montréal, Boréal.

De Felice, R. (2000). *Les interprétations du fascisme*, Paris, Syrtes.

Delâge, D. (1991). *Le pays renversé. Amérindiens et Européens en Amérique du Nord-Est, 1600-1664*, Montréal, Boréal.

De La Cour, L., C. Morgan et M. Valverde (1992). «Gender regulation and state formation in nineteenth-century Canada», dans A. Greer et I. Radforth (dir.), *Colonial Leviathan State Formation in Mid-Nineteenth-Century Canada*, Toronto, University of Toronto Press, p. 163-191.

Delanty, G. et P. O'Mahony (2002). *Nationalism and Social Theory: Modernity and the Recalcitrance of the Nation*, Londres, Sage.

Delmotte, F. (2008). «La légitimité de l'Union européenne, une affaire de bons sentiments? Réflexions sur l'appartenance à la communauté politique», *Revue internationale de politique comparée*, vol. 15, p. 541-554.

Delmotte, F. (2010). «Une théorie de la civilisation face à "l'effondrement de la civilisation"», *Vingtième siècle. Revue d'histoire*, n° 106, avril-juin, p. 54-70.

Delmotte, F. (2012). «La sociologie historique de Norbert Elias», *Cahiers philosophiques*, n° 128, p. 42-58.

Delumeau, J. (1978). *La peur en Occident*, Paris, Librairie Arthème Fayard.

Dembinska, M. (2013). «Ethnopolitical mobilization without groups: Nation-building in Upper Silesia», *Regional and Federal Studies*, vol. 23, n° 1, p. 47-66.

Deneault, A. (2010). *Offshore*, Montréal, Écosociété.

Derriennic, J.-P. (2001). *Les guerres civiles*, Paris, Presses de Sciences Po.

Desai, M. (2005). « Le transnationalisme : nouveau visage de la politique féministe depuis Beijing », *Revue internationale des sciences sociales*, n° 184, p. 349-361.

De Sernaclens, P. (2010). *Le nationalisme*, Paris, Armand Colin.

Desrosières, A. (2010). *La politique des grands nombres*, Paris, La Découverte.

De Tocqueville, A. (1992). *De la démocratie en Amérique* (1835), Paris, Gallimard.

Deutsch, K. W. (1953). *Nationalism and Social Communication. An Inquiry into the Foundations of Nationality*, Cambridge, Cambridge University Press.

Diamond, J. (1999). *Guns, Germs and Steel*, New York, W. W. Norton.

Diamond, J. (2000). *De l'inégalité parmi les sociétés*, Paris, Folio.

Dickinson, J. A. et B. Young (2009). *Brève histoire socioéconomique du Québec* (4ᵉ édition), Québec, Septentrion.

Dieckhoff, A. (2014). « Le nationalisme québécois dans une perspective comparée », dans A.-G. Gagnon (dir.), *La politique québécoise et canadienne. Une approche pluraliste*, Québec, Presses de l'Université du Québec, p. 507-528.

Dieckhoff, A. et C. Jaffrelot (dir.) (2006). *Repenser le nationalisme. Théories et pratiques*, Paris, Presses de la Fondation nationale des sciences politiques.

Dimmock, S. (2014). *The Origins of Capitalism in England 1400-1600*, Leyde, Brill.

Dobb, M. et P.-M. Sweezy (dir.) (1977a). *Du féodalisme au capitalisme : Problèmes de la transition I*, Paris, Maspero.

Dobb, M. et P.-M. Sweezy (dir.) (1977b). *Du féodalisme au capitalisme : problèmes de la transition II*, Paris, Maspero.

Dorlin, E. (2009). *La matrice de la race*, Paris, La Découverte.

Dosse, F. (1992). *Histoire du structuralisme. Volume 2*, Paris, La Découverte.

Douki, C. et P. Minard (2007). « Histoire globale, histoires connectées : un changement d'échelle historiographique ? », *Revue d'histoire moderne et contemporaine*, vol. 54, n° 4, p. 7-21.

Downing, B. M. (1992). *The Military Revolution and Political Change*, Princeton, Princeton University Press.

Drapeau, T. (2014). *The Atlantic Roots of Working-Class Internationalism : A Historical Re-Interpretation*, Toronto, York University.

Dray, W. H. (1964). *Laws and Explanations in History*, Oxford, Oxford University Press.

Drayton, R. (2002). « The collaboration of labour : Slaves, empires and globalizations in the Atlantic world, c. 1600-1850 », dans A. G. Hopkins (dir.), *Globalization in World History*, Londres, Pimlico, p. 98-114.

Dubois, L. (2006). *A Colony of Citizens*, Chapel Hill, University of North Carolina Press.

Dubois, L. et J. D. Garrigus (2006). *Slave Revolution in the Caribbean, 1789-1804: A Brief History with Documents*, New York, Bedford/St. Martin's.

Dubois, L. et J. S. Scott (2010). *Origins of the Black Atlantic*, New York, Routledge.

Du Bois, W. E. B. (1956). *Black Reconstruction in America*, New York, Russell and Russell.

Duby, G. (1996). *Féodalité*, Paris, Gallimard.

Ducange, J.-N. (2014). *La Révolution française et l'histoire du monde*, Paris, Armand Colin.

Ducharme, M. (2010). *Le concept de liberté au Canada à l'époque des révolutions atlantiques, 1776-1838*, Montréal et Kingston, McGill-Queen's University Press.

Dufault, E. (2010). « L'école anglaise », dans A. Macleod et D. O'Meara (dir.), *Théorie des relations internationales. Contestations et résistance*, Outremont, Athéna, p. 221-241.

Dufour, F. G. (2007). « Social property relations and the uneven and combined development of nationalist practices », *European Journal of International Relations*, vol. 13, n° 4, p. 583-604.

Dufour, F. G. (2008). « Débats sur la transition au capitalisme : une défense des approches qualitatives », *Cahiers de recherches sociologiques*, vol. 45, p. 73-91.

Dufour, F. G. (2012a). « Les relations sociales, la formation de l'État au début de l'ère moderne et le nettoyage religieux : contribution à la sociologie historique des clôtures sociales », *Cahiers de recherche sociologique*, n° 52, p. 161-189.

Dufour, F. G. (2012b). « Proprietas et Dominium au cœur de la réorganisation des relations d'appropriation féodales : le débat entre Guillaume d'Ockham et Jean XXII », dans M.-P. Boucher (dir.), *La propriété et ses multiples*, Montréal, Nota Bene, p. 51-75.

Dufour, F. G. et T. Lapointe (2010a). « La sociologie historique néowébérienne », dans A. Macleod et D. O'Meara (dir.), *Théorie des relations internationales. Contestations et résistance*, Outremont, Athéna, p. 379-401.

Dufour, F. G. et T. Lapointe (2010b). « La sociologie historique néomarxiste », dans A. Macleod et D. O'Meara (dir.), *Théorie des relations internationales. Contestations et résistance*, Outremont, Athéna, p. 403-420.

Dufour, F. G. et J. Martineau (2007). « Le moment libéral et sa critique : pour un retour à l'histoire au-delà du fonctionnalisme », *Études internationales*, vol. 38, n° 2, p. 209-227.

Dufour, F. G. et S. Rioux (2008). « La sociologie historique de la théorie des relations sociales de propriété », *Actuel Marx*, vol. 43, p. 100-139.

Dufour, F. G. et N. Turgeon (2013). « Dipesh Chakrabarty et J. M. Hobson sur l'eurocentrisme et la critique des relations internationales », *Études internationales*, vol. XLIV, n° 1, p. 89-107.

Dufour, P. (2013). *Trois espaces de protestation particuliers : la France, le Canada et le Québec*, Montréal, Les Presses de l'Université de Montréal.

Dufy, C. et C. Thiriot (2013). « Les apories de la transitologie : quelques pistes de recherche à la lumière d'exemples africains et postsoviétiques », *Revue internationale de politique comparée*, vol. 20, p. 19-40.

Duménil, G. et D. Lévy (2003). *Économie marxiste du capitalisme*, Paris, La Découverte.

Duménil, G. et D. Lévy (2014). *La grande bifurcation. En finir avec le néolibéralisme*, Paris, La Découverte.

Dumont, M. et L. Toupin (2003). *La pensée féministe au Québec. Anthologie 1900-1985*, Montréal, Remue-ménage.

Dunn, J. (dir.) (1993). *Democracy*, Oxford, Oxford University Press.

Dupuis-Déri, F. (2013). *Démocratie. Histoire politique d'un mot. Aux États-Unis et en France*, Montréal, Lux.

Durazo-Hermann, J. (2010). « Neo-patrimonialism and subnational authoritarianism in Oaxaca, Mexico », *Journal of Politics in Latin America*, vol. 2, n° 2, p. 85-112.

Durazo-Hermann, J. (2011). « Procès de l'autoritarisme subnational : un regard sur Oaxaca », *Politiques et sociétés*, vol. 30, n° 2, p. 71-92.

Dussel, E. (1995). *The Invention of the Americas*, New York, Continuum.

Easterly, W. (2014). *The Tyranny of Experts : Economists, Dictators and the Forgotten Rights of the Poor*, Providence, Watson Institute for International Studies, Brown University.

Eatwell, R. (2003). *Fascism. A History*, Londres, Random House.

Edwards, J. (2005). *Ferdinand and Isabella*, Édimbourg, Pearson Education.

Eisenstadt, S. N. (1963). *The Political Systems of Empires*, New York, The Free Press.

Eisenstadt, S. N. (1973). *Traditional Patrimonialism and Modern Neopatrimonialism*, Londres, Sage.

Eisenstadt, S. N. (dir.) (1986). *The Origins and Diversity of Axial Age Civilization*, New York, State University of New York Press.

Eisenstadt, S. N. (2000). « Multiple modernities », *Daedalus*, vol. 129, n° 1, p. 1-29.

Elden, S. (2013). *The Birth of Territory*, Chicago, University of Chicago Press.

Eley, G. (1995). « The social construction of democracy in Germany, 1871-1933 », dans G. R. Andrews et H. Chapman (dir.), *The Social Construction of Democracy, 1870-1990*, New York, New York University Press, p. 90-117.

Eley, G. et R. Grigor Suny (dir.) (1996). *Becoming a National : A Reader*, Oxford, Oxford University Press.

Eley, G. et K. Nield (2007). *The Future of Class in History*, Ann Arbor, University of Michigan Press.

Elias, N. (1973). *La civilisation des mœurs*, Paris, Calmann-Lévy.

Elias, N. (1978). *What is Sociology ?*, New York, Columbia University Press.

Elias, N. (1985). *La société de cour*, Paris, Flammarion.

Elias, N. (1987). « The retreat of sociologists into the present », *Theory, Culture and Society*, vol. 4, n° 2, p. 223-247.

Elias, N. (1991). *La dynamique de l'Occident*, Paris, Calmann-Lévy.

Elias, N. (1996). *The Germans*, New York, Columbia University Press.

Eller, J. D. et R. M. Coughlan (1993). « The poverty of primordialism : The demystification of ethnic attachments », *Ethnic and Racial Studies*, vol. 16, n° 2, p. 183-201.

Elliott, J. H. (2007). *Empires of the Atlantic World*, New Haven, Yale University Press.

Ellis, S. (1998). *Ireland in the Age of the Tudors, 1447-1603*, New York, Longman.

Elster, J. (1982). « Marxism, functionalism and game theory : The case for methodological individualism », *Theory and Society*, vol. 11, n° 4, p. 454-482.

Elster, J. (1985). *Making Sense of Marx*, Cambridge, Cambridge University Press.

Elster, J. (1986). *An Introduction to Karl Marx*, Cambridge, Cambridge University Press.

Elster, J. (1991). *Making Sense of Marx* (2ᵉ édition), Cambridge, Cambridge University Press.

Elster, J. (2000). « Rational choice history. A case of excessive ambition », *American Political Science Review*, vol. 94, n° 3, p. 685-695.

Elster, J. (2009). *Alexis de Tocqueville. The First Social Scientist*, Cambridge, Cambridge University Press.

Eltis, D. et L. C. Jennings (1988). « Trade between Western Africa and the Atlantic world in the pre-colonial era », *American Historical Review*, vol. 93, p. 936-959.

Engels, F. (2012 [1884]). *L'origine de la famille, de la propriété privée et de l'État*, Paris, Tribord.

Eriksen, T. H. (1993). *Ethnicity and Nationalism*, Londres, Pluto.

Ertman, T. (1997). *Birth of the Leviathan*, Cambridge, Cambridge University Press.

Espagne, M. (1994). « Sur les limites du comparatisme en histoire culturelle », *Genèse*, n° 17, p. 112-121.

Esping-Andersen, G. (1999). *Les trois mondes de l'État-providence*, Paris, Presses universitaires de France.

Evans, P. (1995). *Embedded Autonomy : States and Industrial Transformation*, Princeton, Princeton University Press.

Evans, R. J. (1976). « Prostitution, state and society in imperial Germany », *Past and Present*, n° 70, p. 106-129.

Evans, R. J. (2000). *In Defense of History*, New York, W. W. Norton.

Evans, R. J. (2001). « Social outsiders in German history : From the sixteenth century to 1933 », dans R. Gellately et N. Stoltzfus (dir.), *Social Outsiders in Nazi Germany*, Oxford, Oxford University Press, p. 20-44.

Eyal, G. *et al.* (2000). *Making Capitalism without Capitalists*, Londres et New York, Verso.

Fahrni, M. (2005). *Household Politics: Montreal Families and Postwar Reconstruction*, Toronto, University of Toronto Press.

Fahrni, M. (2013). « Who now reads E. P. Thompson? Or (re)reading the making at UQAM », *Labour/Le travail*, vol. 72, p. 241-246.

Febvre, L. (1996). « *Honneur et Patrie* ». *Une enquête sur le sentiment d'honneur et d'attachement à la patrie*, Paris, Perrin.

Fecteau, J.-M. (2004). *La liberté du pauvre*. Montréal, VLB.

Fecteau, J.-M. (2007a). « Écrire l'histoire de l'État? », *Bulletin d'histoire politique*, vol. 35, n° 3, p. 109-116.

Fecteau, J.-M. (2007b). « Primauté analytique de l'expérience et gradualisme historique », *Revue d'histoire de l'Amérique française*, vol. 61, n° 2, p. 281-294.

Fecteau, J.-M. (2007c). « En guise de (provisoire) conclusion », *Revue d'histoire de l'Amérique française*, vol. 61, n° 2, p. 299-301.

Federici, S. (2004). *Caliban and the Witch*, New York, Autonomedia.

Federici, S. (2012). *Revolution at Point Zero. Housework, Reproduction, and Feminist Struggle*, Oakland, PM Press.

Filion, J.-F. (2006). *Sociologie dialectique. Introduction à l'œuvre de Michel Freitag*, Montréal, Nota Bene.

Findlay, R. et K. H. O'Rourke (2007). *Power and Plenty*, Princeton, Princeton University Press.

Fine, B. (2002). « They f**k you up those social capitalists », *Antipode*, vol. 34, n° 4, p. 796-799.

Fletcher, J. (1997). *Violence and Civilization*, Cambridge, Polity Press.

Fogel, R. W. et S. Engerman (1974). *Time on the Cross*, Boston, Little & Brown.

Foran, J. (2005). *Taking Power: On the Origins of Third World Revolutions*, Cambridge, Cambridge University Press.

Fortmann, M. (2010). *Les cycles de Mars*, Paris, Economica.

Foucault, M. (1994). *Dits et écrits. Tome IV. 1954-1988*, Paris, Gallimard.

Foucault, M. (1997). *Il faut défendre la société: Cours au Collège de France, 1975-1976*, Paris, Gallimard.

Foucault, M. (2004a). *Naissance de la biopolitique: Cours au Collège de France, 1978-1979*, Paris, Gallimard.

Foucault, M. (2004b). *Sécurité, territoire, population: Cours au Collège de France, 1977-1978*, Paris, Gallimard.

Fowler, M. R. et J. M. Bunck (1995). *Law, Power, and the Sovereign State*, University Park, Penn State University Press.

Fox Piven, F. et R. A. Cloward (1993). *Regulating the Poor* (2ᵉ édition), New York, Vintage Books.

Frank, A. G. (1966). « The development of underdevelopment », *Monthly Review*, vol. 18, n° 4, p. 17-31.

Frank, A. G. (1979). *Capitalisme et sous-développement en Amérique latine*, Paris, Maspero.

Frank, A. G. (1998). *Re-Orient: Global Economy in the Asian Age*, Berkeley, University of California Press.

Frank, A. G. et B. K. Gills (dir.) (1993). *The World System: Five Hundred Years or Five Thousand?*, Londres, Routledge.

Fraser, N. (2000). «Rethinking recognition», *New Left Review*, n° 3, p. 107-120.

Fredrickson, G. M. (2000). *The Comparative Imagination*, Berkeley, University of California Press.

Fredrickson, G. M. (2002). *Racism*, Princeton, Princeton University Press.

Friedländer, S. (2008). *Nazi Germany and the Jews 1939-1945*, New York, Harper Perennial.

Fukuyama, F. (2011). *The Origins of Political Order*, New York, Farrar, Straus and Giroux.

Fukuyama, F. (2012). «The future of history. Can liberal democracy survive the decline of the middle class?», *Foreign Affairs*, vol. 91, n° 1, p. 53-61.

Fulbrook, M. (1983). *Piety and Politics*, Cambridge, Cambridge University Press.

Fung, A. et E. O. Wright (dir.) (2003). *Deepening Democracy*, New York, Verso.

Furedi, F. (2013). *Authority. A Sociological History*, Cambridge, Cambridge University Press.

Furet, F. et D. Richet (1965/1966). *La Révolution française. 2 volumes*, Paris, Hachette.

Fyson, D. (2007). «Réplique de Donald Fyson», *Revue d'histoire de l'Amérique française*, vol 61, n° 2, p. 294-299.

Fyson, D. (2010). *Magistrats, police et société*, Montréal, Hurtubise.

Fyson, D. (2014). «Between the Ancien Régime and liberal modernity: Law, justice and state formation in colonial Quebec 1760-1867», *History Compass*, vol. 12, n° 5, p. 412-432.

Gagnon, A.-G. et K. Z. Paltiel (1986). «Toward "Maîtres chez nous": The ascendancy of a Balzacian bourgeoisie in Québec», *Queen's Quarterly*, vol. 93, p. 731-749.

Gagnon, A.-G. et F. Requejo (dir.) (2011). *Nations en quête de reconnaissance: regards croisés Québec-Catalogne*, Bruxelles, Peter Lang.

Gandy, O. H. (1993). *The Panoptic State*, Boulder, Westview Press.

Gat, A. (2013). *Nations: The Long History and Deep Roots of Political Ethnicity and Nationhood*, Cambridge, Cambridge University Press.

Gautier, A. et J. Heinen (dir.) (1992). *Le sexe des politiques sociales*, Paris, Côté-femmes.

Gazibo, M. (2002). «La démarche comparative binaire: éléments méthodologiques à partir d'une analyse de trajectoires contrastées de démocratisation», *Revue internationale de politique comparée*, vol. 9, n° 3, p. 427-449.

Gazibo, M. (2008). « Pourquoi et comment comparer ? », dans Professeurs du Département de science politique de l'Université de Montréal (dir.), *La politique en questions*, Montréal, Les Presses de l'Université de Montréal, p. 27-34.

Gazibo, M. et J. Jenson (2004). *La politique comparée. Fondements, enjeux et approches théoriques*, Montréal, Les Presses de l'Université de Montréal.

Geary, P. (2002). *The Myth of Nations*, Princeton, Princeton University Press.

Geertz, C. (1973). *The Interpretation of Culture*, New York, Basic Books.

Gellner, E. (1964). *Thoughts and Changes*, Chicago, Chicago University Press.

Gellner, E. (1983). *Nations and Nationalism*, Oxford, Blackwell.

Gellner, E. (1996). « Return of a native », *The Political Quarterly*, vol. 67, n° 1, p. 4-13.

Gellner, E. (1997). *Nationalism*, New York, New York University Press.

Genovese, E. D. (1967). *The Political Economy of Slavery*, New York, Random House.

Genovese, E. D. (1974). *Roll, Jordan, Roll: The World The Slaves Made*, New York, Pantheon Books.

Gerhard, E. L. (1966). *Power and Privilege: A Theory of Social Stratification*, Chapel Hill University of North Carolina Press.

Gerschenkron, A. (1966). « Economic backwardness in historical perspective », dans D. S. Landes (dir.), *The Rise of Capitalism*, New York, MacMillan, p. 111-130.

Gerstenberger, H. (2007). *Impersonal Power*, Leyde, Brill.

Gheller, F. (2013). « From protest marches to city squares and parks : The fight for urban commons under neoliberalism », *Problématique : Journal of Political Studies*, n° 15, p. 3-15.

Giddens, A. (1971). *Capitalism and Modern Social Theory*, Londres, Cambridge University Press.

Giddens, A. (1981). *A Contemporary Critique of Historical Materialism. Volume 1*, Berkeley et Los Angeles, University of California Press.

Giddens, A. (1984). *The Constitution of Society*, Berkeley, California University Press.

Giddens, A. (1987). *The Nation-State and Violence. Volume 2 of A Contemporary Critique of Historical Materialism*, Berkeley, University of California Press.

Giddens, A. (1990). *The Consequences of Modernity*, Redwood City, Stanford University Press.

Gill, S. (dir.) (1993). *Gramsci. Historical Materialism and International Relations*, Cambridge, Cambridge University Press.

Gilpin, R. (1981). *War and Change in World Politics*, Cambridge, Cambridge University Press.

Gilroy, P. (1993). *The Black Atlantic*, Cambridge, Harvard University Press.

Gingras, Y. (2009). «Chapitre 16. Les théories sociologiques de la connaissance», dans R. Nadeau (dir.), *Philosophie de la connaissance*, Québec, Les Presses de l'Université Laval, 437-459.

Glasbeek, A. (dir.) (2006). *Moral Regulation and Governance in Canada: History, Context and Critical Issues*, Toronto, Canadian Scholars' Press.

Go, J. (2011). *Patterns of Empire: The British and American Empires, 1688 to the Present*, Cambridge, Cambridge University Press.

Godelier, M. (1973). «Préface», dans Centre d'études et de recherches marxistes (CERM), *Sur les sociétés précapitalistes, Textes choisis de Marx, Engels, Lénine*, Paris, Éditions sociales, p. 13-142.

Goffman, E. (1974a). *Les rites d'interaction*, Paris, Éditions de Minuit.

Goffman, E. (1974b). *Frame Analysis*, Londres, Harper and Row.

Goldstone, J. (1983). *Revolution and Rebellion in the Early Modern World*, Berkeley, University of California Press.

Goldstone, J. (2000). «The rise of the West – or not? A revision to socio-economic history», *Sociological Review*, vol. 18, n° 2, p. 175-194.

Goldstone, J. (2001). «Toward a fourth generation of revolutionary theory», *Annual Review of Sociology*, vol. 4, p. 139-187.

Goldstone, J. (2009). *Why Europe?*, Boston, McGraw-Hill.

Goldstone, J. et F. Aulagne (1989). «Révolutions dans l'histoire et histoire de la révolution», *Revue française de sociologie*, vol. 30, n°s 3-4, p. 405-429.

Goldthorpe, J. H. (1976). «Mobilité sociale et intérêts sociaux», *Sociologie et sociétés*, vol. 8, n° 2, p. 7-36.

Goldthorpe, J. H. (1991). «The use of history in sociology: Reflections on some recent tendencies», *British Journal of Sociology*, vol. 42, n° 2, p. 211-230.

Goodin, R. et C. Tilly (dir.) (2006). *The Oxford Handbook of Contextual Political Analysis*, Oxford, Oxford University Press.

Goodwin, J. (2001). *No Other Way Out: States and Revolutionary Movements, 1945-1991*, Cambridge, Cambridge University Press.

Goody, J. (1976). *Production and Reproduction*, Cambridge, Cambridge University Press.

Goody, J. (2004). *Capitalism and Modernity. The Great Debate*, Cambridge, Polity Press.

Goody, J. (2006). *The Theft of History*, Cambridge, Cambridge University Press.

Goody, J. (2010a). *The Eurasian Miracle*, Malden, Polity Press.

Goody, J. (2010b). *Renaissance. The One or the Many?*, Cambridge, Cambridge University Press.

Goody, J. (2012). *Metals, Culture and Capitalism*, Cambridge, Cambridge University Press.

Gorski, P. S. (2006). «Pre-modern nationalism: An oxymoron? The evidence from England», dans G. Delanty et K. Kumar (dir.), *The Sage Handbook of Nations and Nationalism*, Londres, Sage, p. 143-156.

Gossage, P. (1999). *Families in Transition: Industry and Population in Nineteenth-Century Saint-Hyacinthe*, Montréal et Kingston, McGill-Queens University Press.

Gould, R. V. (dir.) (2007). *The Rational Choice Controversy in Historical Sociology*, Chicago, University of Chicago Press.

Gragg, L. (2003). *«Englishmen transplanted»: The English Colonization of Barbados, 1627-1660*, Oxford, Oxford University Press.

Gramsci, A. (1971). *Selections from the Prison Notebooks*, Londres, Lawrence & Wishart.

Greene, J. P. et P. D. Morgan (dir.) (2009). *Atlantic History. A Critical Appraisal*, Oxford, Oxford University Press.

Greenfeld, L. (1993). *Nationalism. Five Roads to Modernity*, Cambridge, Harvard University Press.

Greenfeld, L. (2001). *The Spirit of Capitalism*, Cambridge, Harvard University Press.

Greer, A. (1996). *The Patriots and the People*, Toronto, University of Toronto Press.

Greer, A. (2009). *La Nouvelle-France et le monde*, Montréal, Boréal.

Greer, A. et I. Radforth (1992). *Colonial Leviathan*, Toronto, University of Toronto Press.

Gregor, N. *et al.* (dir.) (2006). *German History at the Margins*, Bloomington, Indiana University Press.

Gregory, J. W. et V. Piché (1978). «African migration and peripheral capitalism», *African Perspectives*, vol. 1, p. 37-50.

Gregory, J. W. et V. Piché (1983). «African return migration: Past, present, and future», *Contemporary Marxism*, vol. 7, p. 169-183.

Gregory, J. W. et V. Piché (1985). «Mode de production et régime démographique», *Canadian Journal of African Studies / Revue canadienne des études africaines*, vol. 19, n° 1, p. 73-79.

Grenier, B. (2012). *Brève histoire du régime seigneurial*, Montréal, Boréal.

Griffin, R. (1993). *The Nature of Fascism*, New York, Routledge.

Griffin, R. (2007). *Modernism and Fascism*, New York, Palgrave.

Grosfoguel, R. (2007). «The epistemic decolonial turn: Beyond political economy paradigms», *Cultural Studies*, vol. 21, n°s 2-3, p. 211-223.

Grosfoguel, R. (2008). «World-system analysis and postcolonial studies: A call for dialogue from the "coloniality of power" approach», dans R. Krishnaswamy et J. C. Hawley (dir.), *The Post-Colonial and the Global*, Minneapolis, Minnesota University Press, p. 94-104.

Grosfoguel, R. *et al.* (2006). *Latin@s in the World-System*, New York, Paradigm Publisher.

Guha, R. (1997). *Dominance without Hegemony*, Cambridge, Harvard University Press.

Guillaumin, C. (1978). «Pratiques du pouvoir et idée de Nature. (1) L'appropriation des femmes», *Questions féministes*, n° 2, p. 5-30.

Guillaumin, C. (1992). «Race et nature : système de marques, idée de groupe naturel et rapports sociaux», dans *Sexe, race et pratique du pouvoir*, Paris, Indigo et Côté-Femmes, p. 171-194.

Habermas, J. (1978). *L'espace public*, Paris, Payot.

Habermas, J. (1987). *Logique des sciences sociales*, Paris, Presses universitaires de France.

Habermas, J. (1998). *Théorie de l'agir communicationnel. Tome 1*, Paris, Fayard.

Habermas, J. (2000). *Après l'État-nation : une nouvelle constellation politique*, Paris, Fayard.

Habermas, J. (2012). *Raison et légitimité*, Paris, Payot.

Hacking, I. (1990). *The Taming of Chance*, Cambridge, Cambridge University Press.

Hacking, I. (2000). *The Social Construction of What ?*, Cambridge, Harvard University Press.

Hajnal, J. (1982). «Two kinds of preindustrial household formation system», *Population and Development Review*, vol. 8, n° 3, p. 449-494.

Haldon, J. (1993). *The State and the Tributary Mode of Production*, Londres, Verso.

Hall, C. (1998). «The early formation of Victorian domestic ideology», dans R. Shoemaker et M. Vincent (dir.), *Gender & History in Western Europe*, Londres, Arnold, p. 181-196.

Hall, J. A. (1986). *Power and Liberties*, Oxford, Blackwell.

Hall, J. A. (1988). «States and societies : The miracle in comparative perspective», dans J. Baechler, J. A. Hall et M. Mann (dir.), *Europe and the Rise of Capitalism*, Oxford, Blackwell.

Hall, J. A. (1989). «"They do things differently there" or The contribution of British historical sociology», *British Journal of Sociology*, vol. 40, n° 4, p. 544-564.

Hall, J. A. (1997). «The East in the West by Jack Goody», *American Journal of Sociology*, vol. 102, n° 5, p. 1453-1454.

Hall, J. A. (dir.) (1998). *The State of the Nation*, Cambridge, Cambridge University Press.

Hall, J. A. (2012). *Ernest Gellner : An Intellectual Biography*, Londres, Verso.

Hall, J. A. (2013). *The Importance of Being Civil*, Princeton, Princeton University Press.

Hall, J. A. et S. Malešević (dir.) (2013). *Nationalism and War*, Cambridge, Cambridge University Press.

Hall, R. B. (1999). *National Collective Identity*, New York, Columbia University Press.

Halliday, F. (1999). *Revolutions and World Politics*, Durham, Duke University Press.

Halperin, S. (1997). *In the Mirror of the Third World*, Ithaca, Cornell University Press.

Halperin, S. (1998). « Shadowboxing : Weberian historical sociology *vs* state-centric international relations », *Review of International Political Economy*, vol. 5, n° 2, p. 327-339.

Halperin, S. (2004). *War and Social Change in Modern Europe*, Cambridge, Cambridge University Press.

Halperin, S. (2013). *Re-Envisioning Global Development*, Londres, Routledge.

Hamashita, T. (2008). *China, East Asia and the Global Economy*, Londres, Routledge.

Hamer, J. et I. Hamer (1994). « Impact of a cash economy on complementary gender relations among the Sadāma of Ethiopia », *Anthropological Quarterly*, vol. 67, n° 4, p. 187-202.

Harris, C. I. (1993). « Whiteness as property », *Harvard Law Review*, vol. 106, n° 8, p. 1710-1793.

Harrison, S. (2003). « Cultural difference as denied resemblance : Reconsidering nationalism and ethnicity », *Comparative Study of Society and History*, vol. 45, n° 2, p. 343-361.

Hartman, M. S. (2004). *The Household and the Making of History*, Cambridge, Cambridge University Press.

Hartmann, H. (1976). « Capitalism, patriarchy, and job segregation by sex », *Signs*, vol. 1, n° 3, p. 137-169.

Harvey, D. (2003). *The New Imperialism*, Oxford, Oxford University Press.

Harvey, D. (2010). *Géographie et capital*, Paris, Édition Syllepse.

Haupt, G. *et al.* (1997). *Les marxistes et la question nationale*, Paris, L'Harmattan.

Hayes, C. J. H. (1926). « Essays on nationalism », *The American Political Science Review*, vol. 20, n° 4, p. 887-889.

Hayes, C. J. H. (1931). *The Historical Evolution of Modern Nationalism*, New York, Macmillan.

Headrick, D. R. (2010). *Power over Peoples*, Princeton, Princeton University Press.

Hechter, M. (1975). *Internal Colonialism*, Londres, Routledge.

Hechter, M. (2000). *Containing Nationalism*, Oxford, Oxford University Press.

Hechter, M. (2013). *Alien Rule*, Cambridge, Cambridge University Press.

Heilbronner, O. (2000). « From antisemitic peripheries to antisemitic centres : The place of antisemitism in modern german history », *Journal of Contemporary History*, vol. 35, n° 4, p. 559-576.

Held, D. (2003). *Cosmopolitanism : A Defence*, Cambridge, Polity Press.

Held, D. (2004). *Global Covenant : The Social Democratic Alternative to the Washington Consensus*, Boston, Cambridge et Oxford, Polity.

Held, D. (2010). *Cosmopolitanism : Ideals and Realities*, Cambridge, Polity.

Heller, H. (2011). *The Birth of Capitalism*, Londres, Pluto Press.

Hennis, W. (1983). « Max Weber's "central question" », *Economy and Society*, vol. 12, n° 2, p. 135-180.

Hentsch, T., D. Holly et P.-Y. Soucy (dir.) (1983). *Le système mondial. Rapports internationaux et relations internationales*, Montréal, Nouvelle optique.

Herf, J. (1984). *Reactionary Modernism*, Cambridge, Cambridge University Press.

Hiers, W. et A. Wimmer (2013). « Is nationalism the cause or consequence of the end of Empire ? », dans J. A. Hall et S. Malešević (dir.), *Nationalism and War*, New York, Cambridge University Press, p. 212-254.

Hilferding, R. (1970). *Le capital financier*, Paris, Éditions de Minuit.

Hill, C. (1955). *The English Revolution, 1640*, Londres, Lawrence & Wishart.

Hill, C. (1980). « A bourgeois paradigm ? », dans J. G. A. Pocock et I. Folger (dir.), *Three British Revolutions : 1641, 1688, 1776*, Princeton, Princeton University Press.

Hill, C. (1984). *The World Turned Upside Down*, Londres, Penguin Books.

Hilton, R. (1973). *Bond Men Made Free*, Londres, Methuen.

Hinkle, R. C. (1994). *Developments in American Sociological Theory, 1915-1950*, New York, University of New York Press.

Hintze, O. (1975 [1902]). « The formation of states and constitutional development : A study in history and politics », dans F. Gilbert (dir.), *The Historical Essays of Otto Hintze*, New York, Oxford University Press, p. 159-177.

Hobden, S. (1998). *International Relations and Historical Sociology*, New York, Routledge.

Hobden, S. (1999). « Theorising the international system : Perspectives from historical sociology », *Review of International Studies*, vol. 25, p. 257-271.

Hobden, S. et J. M. Hobson (dir.) (2002). *Historical Sociology of International Relations*, Cambridge, Cambridge University Press.

Hobsbawm, E. J. (1964). *The Age of Revolution, 1789-1848*, New York, Mentor Books.

Hobsbawm, E. (1973). *Revolutionaries : Contemporary Essays*, Londres, Weidenfeld & Nicolson.

Hobsbawm, E. J. (1989). *L'ère des empires, 1875-1914*, Paris, Fayard.

Hobsbawm, E. J. (1992). *Nations et nationalisme depuis 1780*, Paris, Gallimard.

Hobsbawm, E. J. (1994). *Age of Extremes*, Londres, Abacus.

Hobsbawm, E. J. (1997). « Some reflections on "the break-up of Britain" », *New Left Review*, n° 105, p. 3-23.

Hobsbawm, E. J. (1998). *On History*, Londres, Abacus.

Hobsbawm, E. J. (2014). *Aux armes, historiens*, Paris, Fayard.

Hobsbawm, E. J. et T. Ranger (dir.) (2006). *L'invention de la tradition*, Paris, Éditions Amsterdam.

Hobson, J. M. (1998). «Debate : The "second wave" of Weberian historical sociology : The historical sociology of the state and the state of historical sociology in international relations», *Review of International Political Economy*, vol. 5, n° 2, p. 284-320.

Hobson, J. M. (2000). *The State and International Relations*, Cambridge, Cambridge University Press.

Hobson, J. M. (2002). «What's at stake in "bringing historical sociology *back* into international relations"? Transcending "chronofetishism" and "tempocentrism" in international relations», dans S. Hobden et J. M. Hobson (dir.), *Historical Sociology of International Relations*, Cambridge, Cambridge University Press, p. 3-41.

Hobson, J. M. (2004). *The Eastern Origins of Western Civilization*, Cambridge, Cambridge University Press.

Hobson, J. M. (2007a). «Is critical theory always for the White West and for Western imperialism? Beyond Westphalian towards a post-racist critical IR», *Review of International Studies*, vol. 33, n° S1, p. 91-116.

Hobson, J. M. (2007b). «Back to the future of "one logic or two"? : Forward to the past of "anarchy *versus* racist hierarchy"?», *Cambridge Review of International Affairs*, vol. 20, n° 4, p. 581-597.

Hobson, J. M. (2009). «Provincializing Westphalia : The Eastern origins of sovereignty», *International Politics*, vol. 46, n° 6, p. 671-690.

Hobson, J. M. (2012a). *The Eurocentric Conception of World Politics*, Cambridge, Cambridge University Press.

Hobson, J. M. (2012b). «Global dialogical history and the challenge of neo-Eurocentrism», dans A. Bala (dir.), *Asia, Europe, and the Emergence of Modern Science*, Londres, Palgrave Macmillan.

Hobson, J. M., G. Lawson et J. Rosenberg (2010). «Historical sociology», dans *Historical Sociology. A Working Group of the British International Studies Association*, ISA Compendium Project Encyclopedia Entry, <https://historicalsociology.files.wordpress.com/2011/08/hobson-john-george-lawson-and-justin-rosenberg-2010-historical-sociology-isa-compendium.pdf>, consulté le 6 mai 2015.

Hobson, J. M. et R. Malhotra (2008). «Rediscovering Indian civilization : Indian origins of modernity and the rise of the West», *Journal of History and Culture*, vol. 2, n° 2, p. 1-23.

Hobson, J. M. et J. C. Sharman (2005). «The enduring place of hierarchy in world politics : Tracing the social logics of hierarchy and political change», *European Journal of International Relations*, vol. 11, n° 1, p. 63-98.

Hodgson, M. G. S. (1993). *Rethinking World History*, Cambridge, Cambridge University Press.

Hodgson, G. M. (2001). *How Economics Forgot History*, Londres et New York, Routledge.

Hoerder, D. (2012). «Migrations and belongings», dans E. S. Rosenberg (dir.), *A World Connecting, 1870-1945*, Cambridge, The Belknap Press of Harvard University Press, p. 435-589.

Hoffmans, C. (2008). «The balkanization of Ottoman rule: Premodern origins of the modern international system in Southeastern Europe», *Cooperation and Conflict*, vol. 43, n° 4, p. 373-396.

Holis, M. et S. Smith (1991). *Explaining and Understanding International Relations*, Oxford, Clarendon Press.

Honeyman, K. et J. Goodman (1998). «Women's work, gender conflict, and labour markets in Europe, 1500-1900», dans R. Shoemaker et M. Vincent (dir.), *Gender & History in Western Europe*, Londres, Arnold, p. 353-376.

Hooks, B. (2010). *Where We Stand: Class Matters*, New York, Routledge.

Hroch, M. (1985). *Social Preconditions of National Revival in Europe*, Cambridge, Cambridge University Press.

Huang, P. C. (1985). *The Peasant Economy and Social Change in North China*, Redwood City, Stanford University Press.

Huang, P. C. (1990). *The Peasant Family and Rural Development in the Yangzi Delta*, 1350-1988, Redwood City, Stanford University Press.

Huang, P. C. (1991). «The paradigmatic crisis in Chinese studies: Paradoxes in social and economic history», *Modern China*, vol. 17, n° 3, p. 299-341.

Hui, V. T.-B. (2005). *War and State Formation in Ancient China and Early Modern Europe*, Cambridge, Cambridge University Press.

Hudon, C. et L. Bienvenue (2004). «Entre franche camaraderie et amours socratiques: l'espace trouble et ténu des amitiés masculines dans les collèges classiques (1870-1960)», *Revue d'histoire de l'Amérique française*, vol. 57, n° 4, p. 481-507.

Hunt, A. (1999). *Governing Morals*, Cambridge, Cambridge University Press.

Hunt, L. (1995). *Le roman familial de la Révolution française*, Paris, Albin Michel.

Huntington, S. P. (1968). *Political Order in Changing Societies*, New Haven, Yale University Press.

Huntington, S. P. (1985). *The Soldier and the State*, Cambridge, Harvard University Press.

Inglehart, R. (1977). *The Silent Revolution*, Princeton, Princeton University Press.

Isett, C. M. (2004). «Village regulation of property and the social basis for the transformation of Qing Manchuria», *Late Imperial China*, vol. 25, n° 1, p. 124-186.

Isett, C. M. (2007). *State, Peasant, and Merchant in Qing Manchuria, 1644-1862*, Redwood City, Stanford University Press.

Israel, J. I. (1997). *Conflicts of Empires*, Londres et Rio Grande, The Hambledon Press.

Israel, J. I. (1998). *The Dutch Republic*, Oxford, Oxford University Press.

Israel, J. I. (2001). *Radical Enlightenment*, Oxford, Oxford University Press.

Israel, J. I. (2006). *Enlightenment Contested*, Oxford, Oxford University Press.

Israel, J. I. (2010). *A Revolution of the Mind*, Princeton, Princeton University Press.

Israel, J. I. (2011). *Democratic Enlightenment*, Oxford, Oxford University Press.

Israel, J. I. (2014). *Revolutionary Ideas*, Princeton, Princeton University Press.

Jackson, S. (1992). « Towards a historical sociology of housework : A feminist materialist analysis », *Women's Studies International Forum*, vol. 15, n° 2, p. 153-172.

Jacob, L. (2008). « La sociologie du politique », dans J. Lafontant et S. Laflamme (dir.), *Initiation thématique à la sociologie* (2ᵉ édition), Sudbury, Éditions Prise de parole, p. 375-400.

Jacob, R. (2014). « Le juge entre le souverain et l'opinion : notes pour une histoire comparée de la construction de l'espace public », dans P. Bastien *et al.* (dir.), *Justice et espaces publics en Occident. Du Moyen Âge à nos jours*, Québec, Presses de l'Université du Québec, p. 37-57.

James, C. L. R. (1989). *The Black Jacobins*, New York, Vintage Books.

Jenkins, R. (1997). *Rethinking Ethnicity*, Thousand Oaks, Sage Publications.

Jenson, J. (1996). « La citoyenneté à part entière peut-elle exister ? », dans A. Del Re et J. Heinen (dir.), *Quelle citoyenneté pour les femmes ? La crise des États-providence et de la représentation politique en Europe*, Paris, L'Harmattan, p. 24-46.

Jessop, B. (1990). *State Theory*, University Park, Penn State University Press.

Jessop, B. (2002). *The Future of the Capitalist State*, Cambridge, Polity.

Jessop, B. (2008). *State Power*, Cambridge, Polity Press.

Jones, E. L. (1981). *The European Miracle*, Cambridge, Cambridge University Press.

Jones, E. L. (1988). *Growth Recurring*, New York, Oxford University Press.

Juteau, D. (1981). « Visions partielles, visions partiales : visions des minoritaires en sociologie », *Sociologie et sociétés*, vol. 13, n° 2, p. 33-48.

Juteau, D. (1999). *L'ethnicité et ses frontières*, Montréal, Les Presses de l'Université de Montréal.

Kain, R. J. P. et E. Baigent (1992). *The Cadastral Map in the Service of the State*, Chicago, University of Chicago Press.

Kalberg, S. (2002). *La sociologie historique comparative de Max Weber*, Paris, La Découverte.

Kalberg, S. (2010). *Les valeurs, les idées et les intérêts*, Paris, La Découverte.

Karatani, K. (2014). *The Structure of World History*, Durham, Duke University Press.

Katznelson, I. (2013). *Fear Itself*, New York, Liveright Publishing.

Katznelson, I. et A. Zolberg (dir.) (1988). *Working-Class Formation : Nineteenth-Century Patterns in Western Europe and the United States*, Princeton, Princeton University Press.

Kaye, H. J. (1995). *The British Marxist Historians*, New York, St. Martin's Press.

Keck, M. E. et K. Sikkink (1998). *Activists Beyond Borders*, Ithaca, Cornell University Press.

Keddie, Nikki R. (dir.) (1995). *Debating Revolutions*, New York, New York University Press.

Keegan, J. (1990). *The Second World War*, New York, Penguin Books USA.

Kelly-Gadol, J. (1984). « Did women have a renaissance ? », dans J. Kelly (dir.), *Women, History and Theory : The Essays of Joan Kelly*, Chicago, Chicago University Press, p. 19-50.

Kennedy, G. (2008). *Diggers, Levellers and Agrarian Capitalism*, Lanham, Lexington Books.

Kennedy, J. (2013). *Liberal Nationalisms. Empire, State, and Civil Society in Scotland and Quebec*, Montréal et Kingston, McGill-Queen's University Press.

Kennedy, K. (2006). « Black-Red-Gold enemies : Catholics, socialists, and Jews in elementary schoolbooks from Kaiserreich to Third Reich », dans N. Gregor et N. Roemer et M. Roseman (dir.), *German History at the Margins*, Oxford, Oxford University Press, p. 146-164.

Kergoat, D. (2009). « Dynamique et consubstantialité des rapports sociaux », dans E. Dorlin (dir.), *Sexe, race, classe. Pour une épistémologie de la domination*, Paris, Presses universitaires de France, p. 111-127.

Kershaw, I. (1987). *The « Hitler Myth »*, Oxford, Oxford University Press.

Kershaw, I. (1995). *L'opinion publique allemande sous le nazisme*, Paris, Centre national de la recherche scientifique.

Kershaw, I. (2007). *Fateful Choices*, New York, Penguin Press.

Kershaw, I. et M. Lewin (dir.) (1997). *Stalinism and Nazism*, Cambridge, Cambridge University Press.

Khaldun, I. (2013). *Histoire des Berbères*, Alger, Berti.

Kiernan, B. (2007). *Blood and Soil*, New Haven, Yale University Press.

King, J. (2002). *Budweisers into Czechs and Germans*, Princeton, Princeton University Press.

Kiser, E. et J. Baer (2005). « The bureaucratization of states : Toward an analytical Weberianism », dans J. Adams, E. Clemens et A. S. Orloff (dir.), *Remaking Modernity : Politics, History, and Sociology*, Durham et Londres, Duke University Press, p. 225-248.

Kiser, E. et Y. Cai (2003). « War and bureaucratization in Qin China : Exploring an anomalous case », *American Sociological Review*, vol. 68, n° 4, p. 511-539.

Kiser, E. et M. Hechter (1991). « The role of general theory in comparative-historical sociology », *American Journal of Sociology*, vol. 97, n° 1, p. 1-30.

Kiser, E. et M. Hechter (1998). « The debate on historical sociology : Rational choice theory and its critics », *American Journal of Sociology*, vol. 104, n° 3, p. 785-816.

Kiser, E. et A. Linton (2001). « Determinants of the growth of the state : War, revolt, and taxation in early modern France », *Social Forces*, vol. 80, n° 2, p. 411-448.

Kissane, B. (2013). « Victory in defeat ? National identity after the Civil War in Finland and Ireland », dans J. A. Hall et S. Malešević (dir.), *Nationalism and War*, Cambridge, Cambridge University Press, p. 321-340.

Knafo, S. (2007). « Political marxism and value theory : Bridging the gap between theory and history », *Historical Materialism*, vol. 15, n° 2, p. 75-104.

Knafo, S. (2010). « Critical approaches and the legacy of the agent / Structure debate in international relations », *Cambridge Review of International Affairs*, vol. 23, n° 3, p. 493-516.

Klooster, W. (2009). *Revolutions in the Atlantic World*, New York, New York University Press.

Koditschek, T. (2011). *Liberalism, Imperialism and the Historical Imagination*, Cambridge, Cambridge University Press.

Kohli, A. (2004). *State-Directed Development*, Cambridge, Cambridge University Press.

Kohn, H. (1944). *The Idea of Nationalism*, New York, Macmillan.

Könings, M. (2010). « Renewing state theory », *Politics*, vol. 30, n° 3, p. 174-182.

Koselleck, R. (2002). *The Practice of Conceptual History*, Redwood City, Stanford University Press.

Koselleck, R. (2004). *Future Past*, New York, Columbia University Press.

Krasner, S. (1993). « Westphalia and all that », dans J. Goldstein et R. O. Keohane (dir.), *Ideas and Foreign Policy*, Ithaca, Cornell University Press, p. 235-264.

Krasner, S. (1999). *Sovereignty. Organized Hypocrisy*, Princeton, Princeton University Press.

Krasner, S. (2009). *Power, the State, and Sovereignty*, Londres, Routledge.

Kratochwil, F. (1986). « Of systems, boundaries, and territoriality : An inquiry into the formation of the state system », *World Politics*, vol. 34, n° 1, p. 27-52.

Kreml, W. P. (1991). *Losing Balance : The De-Democratization of America*, Armonk, M.E. Sharpe.

Kuran, T. (2011). *The Long Divergence*, Princeton, Princeton University Press.

Kurasawa, F. (2013). « The Durkheimian school and colonialism. Exploring the constitutive paradox », dans G. Steinmetz (dir.), *Sociology and Empire*, Durham, Duke University Press, p. 188-209.

Kurlander, E. (2006). « Völkisch-nationalism and universalism on the margins of the Reich : A comparison of majority and minority liberalism in Germany, 1898-1933 », dans N. Gregor, N. Roemer et M. Roseman (dir.), *German History from the Margins*, Oxford, Oxford University Press, p. 84-126.

Lacher, H. (1999). « The politics of the market : Re-reading Karl Polanyi », *Global Society*, vol. 13, n° 3, p. 313-326.

Lacher, H. (2003). «Putting the state in its place: The critique of state-centrism and its limits», *Review of International Studies*, vol. 29, n° 4, p. 521-541.

Lacher, H. (2005). «International transformation and the persistence of territoriality: Towards a new political geography of capitalism», *Review of International Political Economy*, vol. 12, n° 1, p. 26-52.

Lacher, H. (2006). *Beyond Globalization*, New York, Routledge.

Lacher, H. (2007). «The slight transformation: Contesting the legacy of Karl Polanyi», dans A. Bugra et K. Agartan (dir.), *Reading Polanyi for the Twenty-First Century*, New York, Palgrave Macmillan, p. 49-64.

Lacher, H. et J. Germann (2012). «Before hegemony: Britain, free trade, and nineteenth-century world order revisited», *International Studies Review*, vol. 14, n° 1, p. 99-124.

Lachmann, R. (1989). «Elite conflict and state formation in 16th- and 17th-century France and England», *American Sociological Review*, vol. 54, n° 2, p. 141-162.

Lachmann, R. (2000). *Capitalists in Spite of Themselves*, Oxford, Oxford University Press.

Lachmann, R. (2013a). *What is Historical Sociology?*, Malden, Polity Press.

Lachmann, R. (2013b). «Mercenary, citizen, victim: The rise and fall of conscription in the West», dans J. A. Hall et S. Malešević (dir.), *Nationalism and War*, New York, Cambridge University Press, p. 44-70.

Laclau, E. et C. Mouffe (1985). *Hegemony and Socialist Strategy*, Londres, Verso.

Lafrance, X. (2012). «Sociétés contemporaines et actualité de l'analyse de classe: une critique des théories de la société postindustrielle et des conceptions statiques des classes sociales», *Cahiers de recherche sociologique*, n° 52, p. 215-242.

Lafrance, X. (2013). *Citizens and Wage-Labourers: Capitalism and the Formation of a Working Class in France*, Thèse de doctorat en science politique, Toronto, York University.

Laiou, A. E. (2009). «Family structure and the transmission of property», dans J. Haldon (dir.), *A Social History of Byzantium*, Malden et Oxford, Wiley-Blackwell, p. 51-75.

Laitin, D. D. (2006). «Mann's dark side: Linking democracy and genocide», dans J. A. Hall et R. Schroeder (dir.), *An Anatomy of Power: The Social Theory of Michael Mann*, New York, Cambridge University Press, p. 328-339.

Laitin, D. D. (2007). *Nations, States and Violence*, Oxford, Oxford University Press.

Lalande-Bernatchez, J. (2013). *Aux limites de la nation: les théories du nationalisme et le débat conceptuel sur l'articulation du racisme et du nationalisme*, Mémoire de maîtrise, Montréal, Département de science politique, Université du Québec à Montréal.

Lamoureux, D. (1989). *Citoyennes? Femmes, droit de vote et démocratie*, Québec, Remue-ménage.

Landers, J. G. (2010). *Atlantic Creoles in the Age of Revolutions*, Cambridge, Harvard University Press.

Landes, D. S. (1969). *The Unbound Prometheus*, Cambridge, Cambridge University Press.

Landes, D. S. (1983). *Revolution in Time*, Cambridge, Harvard University Press.

Landes, D. S. (1999). *The Wealth and Poverty of Nations*, New York, W. W. Norton.

Landes, D. S. (2006). « Why Europe and the West? Why not China? », *Journal of Economic Perspectives*, vol. 20, n° 2, p. 3-22.

Lane, F. C. (1973). *Venice: A Maritime Republic*, Baltimore, Johns Hopkins University Press.

Lange, M. (2012). *Educations in Ethnic Violence: Identity, Educational Bubbles, and Resources Mobilization*, Cambridge, Cambridge University Press.

Lange, M. (2013a). « When does nationalism turns violent? A comparative analysis of Canada and Sri Lanka », dans J. A. Hall et S. Malešević (dir.), *Nationalism and War*, New York, Cambridge University Press, p. 124-144.

Lange, M. (2013b). *Comparative Historical Methods*, Los Angeles, Sage.

Langlois, S. (2002). « Au Québec et ailleurs : comparaisons de sociétés », *Recherches sociographiques*, vol. 43, n° 1, p. 9-18.

Langlois, S. (2004). « Classes sociales et stratification au Québec et au Canada », dans J.-N. Chopart et C. Martin (dir.), *Que reste-t-il des classes sociales?*, Rennes, Éditions de l'École nationale de la santé publique, p. 187-224.

Langlois, S. *et al.* (2002). « Inequality : The structuring effect of social class in four countries », dans Y. Lemel et H. H. Noll (dir.), *Changing Structures of Inequality: A Comparative Perspective*, Montréal et Kingston, McGill-Queen's University Press, p. 369-428.

Lapointe, T. (2012). « Au-delà de l'historicisme sans sujet : les antinomies du tournant discursif en Relations internationales », *Cahiers de recherche sociologique*, vol. 52, p. 105-135.

Lapointe, T. et F. G. Dufour (2012). « Assessing the historical turn in IR : An anatomy of second wave historical sociology », *Cambridge Review of International Affairs*, vol. 25, n° 1, p. 97-121.

Laslett, P. (1972). *Household and Family in Past Time*, Cambridge, Cambridge University Press.

Laslett, P. (1977). « Characteristics of western family considered over time », *Journal of Family History*, vol. 2, n° 2, p. 89-115.

Laslett, P. (1984). *The World We Have Lost: Further Explored*, New York, Scribner.

Laurin-Frenette, N. (1978). Classes et pouvoir. *Les théories fonctionnalistes*, Montréal, Les Presses de l'Université de Montréal.

Lavallée, L. (2011). *Sociologie historique internationale de l'impérialisme : le cas de l'Empire britannique dans la province de Québec et en Acadie*, Mémoire de maîtrise en sociologie, Montréal, Université du Québec à Montréal.

Lawrence, P. (2005). *Nationalism : History and Theory*, Harlow, Pearson Education.

Lawson, G. (2004). *Negotiated Revolutions : the Czech Republic, South Africa and Chile*, Ashgate, Aldershot.

Lawson, G. (2005). « Negotiated revolutions : The prospects for radical change in contemporary world politics », *Review of International Studies*, vol. 31, n° 3, p. 473-493.

Lawson, G. (2007). « Historical sociology in international relations : Open society, research programme and vocation », *International Politics*, vol. 44, n° 4, p. 343-368.

Lazarus, N. (2002). « The fetish of the "West" in postcolonial theory », dans C. Bartolovich et N. Lazarus (dir.), *Marxism, Modernity and Postcolonial Studies*, Cambridge, Cambridge University Press, p. 43-64.

Lee, J. et F. Wang (1999). *One Quarter of Humanity*, Cambridge, Harvard University Press.

Lefebvre, G. (1947). *The Coming of the French Revolution*, Princeton, Princeton University Press.

Legg, S. et M. Brown (2013). « Moral regulation : Historical geography and scale », *Journal of Historical Geography*, vol. 42, p. 134-139.

Le Goff, J. (1982). *La civilisation de l'Occident médiéval*, Paris, Flammarion.

Lénine, V. I. (1917). *L'impérialisme, stade suprême du capitalisme*, Paris, Éditions sociales.

Lepsius, M. R. (1978). « From fragmented party democracy to government by emergency decree and national socialist takeover », dans J. J. Linz et A. Stepan (dir.), *The Breakdown of Democratic Regimes : Europe*, Baltimore, Johns Hopkins University Press, p. 34-79.

Lewis, B. (2002). *Que s'est-il passé ? L'Islam, l'Occident et la modernité*, Paris, Gallimard.

Lewis, M. W. et K. Wigen (1997). *The Myth of Continents*, Berkeley, California University Press.

Li, B. (1998). *Agricultural Development in Jiangnan, 1620-1850*, Londres, Macmillan.

Li, B. et J. L. Zanden (2012). « Before the great divergence ? Comparing the Yangzi Delta and the Netherlands at the beginning of the nineteenth century », *The Journal of Economic History*, vol. 72, n° 4, p. 956-989.

Lieberman, V. B. (2009a). *Strange Parallels : Southeast Asia in Global Context, c. 800-1830. Volume 1 : Integration on the Mainland*, Cambridge, Cambridge University Press.

Lieberman, V. B. (2009b). *Strange Parallels : Southeast Asia in Global Context, c. 800-1830. Volume 2 : Mainland Mirrors : Europe, Japan, China, South Asia, and the Islands*, Cambridge, Cambridge University Press.

Linebaugh, P. (2008). *The Magna Carta Manifesto*, Berkeley, University of California Press.

Linebaugh, P. (2014). *Stop, Thief! The Commons, Enclosures, and Resistance*, Oakland, PM Press.

Linebaugh, P. et M. Rediker (2000). *The Many-Headed Hydra*, Boston, Beacon Press.

Lipset, S. M. (1960). *Political Man*, New York, Doubleday.

Lipset, S. M. (2003). *The First New Nation*, Piscataway, Transaction Publishers.

Lipset, S. M. et R. Bendix (1962). *Social Mobility and Industrial Society*, Berkeley, University of California Press.

Liu, X. (2010). *The Silk Road in World History*, Oxford, Oxford University Press.

Lloyd, C. (1993). *The Structures of History*, Oxford, Blackwell.

Lopez, R. S. (1976). *The Commercial Revolution of the Middle Ages, 950-1350*, Cambridge, Cambridge University Press.

Losurdo, D. (2013). *Contre-histoire du libéralisme*, Paris, La Découverte.

Löwy, M. (1973). « Marx et Weber. Notes sur un dialogue implicite », *Dialectique et révolution*, Paris, Anthropos.

Löwy, M. (2010). *The Politics of Combined and Uneven Development*, Chicago, Haymarket Books.

Löwy, M. (2013). *La cage d'acier*, Paris, Stock.

Luxemburg, R. (2004 [1913]). *Œuvres IV. L'accumulation du capital II : Contribution à l'explication économique de l'impérialisme* [1913], Saguenay, Les classiques des sciences sociales, <http://classiques.uqac.ca/classiques/luxemburg_rosa/luxemburg_rosa.html>, consulté le 2 mars 2015.

MacFarlane, A. (1978). *The Origins of English Individualism*, Oxford, Blackwell.

MacFarlane, A. (1986). *Marriage and Love and England : Mode of Reproduction*, Oxford, Blackwell.

MacFarlane, A. (1987). *The Culture of Capitalism*, Oxford, Blackwell.

MacIvor, H. (1999). *Women and Politics in Canada*, Peterborough, Broadview Press.

Magubane, Z. (2005). « Territories and intertwined histories : Historical sociology's global imagination », dans J. Adams *et al.* (dir.), *Remaking Modernity. Politics, History and Sociology*, Durham, Duke University Press, p. 92-108.

Mahoney, J. (2000). « Path dependence in historical sociology », *Theory and Society*, vol. 29, n° 4, p. 507-548.

Mahoney, J. (2004). « Comparative-historical methodology », *Annual Review of Sociology*, vol. 30, p. 81-101.

Mahoney, J. (2010). *Colonialism and Postcolonial Development*, Cambridge, Cambridge University Press.

Mahoney, J. et D. Rueschemeyer (2003). *Comparative Historical Analysis in the Social Sciences*, Cambridge, Cambridge University Press.

Mahoney, J. et D. Schensul (2006). « Historical context and path dependence », dans R. E. Goodin et C. Tilly (dir.), *The Oxford Handbook of Contextual Political Analysis*, Oxford, Oxford University Press, p. 454-471.

Maier, C. S. (1997). *Dissolution*, Princeton, Princeton University Press.

Maier, C. S. (1998). *The Unmasterable Past*, Cambridge, Harvard University Press.

Maier, C. S. (2012). *Leviathan 2.0: Inventing Modern Statehood*, Cambridge, The Belknap Press of Harvard University Press.

Maillé, C. (1990). *Les Québécoises à la conquête du pouvoir politique*, Montréal, Éditions Saint-Martin.

Malešević, S. (2013). *Nation-States and Nationalisms*, Cambridge, Polity Press.

Malešević, S. et K. Ryan (2013). « The disfigured ontology of figurational sociology : Norbert Elias and the question of violence », *Critical Sociology*, vol. 39, n° 2, p. 165-181.

Malthus, T. (1963). *Essai sur le principe de population* (1803), Paris, Gonthier.

Mamdani, M. (2001). *When Victims Become Killers*, Princeton, Princeton University Press.

Mann, M. (1984). « The autonomous power of the state : Its origins, mechanisms and results », *Archives européennes de sociologie*, vol. 25, p. 185-213.

Mann, M. (1987). « Ruling class strategies and citizenship », *Sociology*, vol. 21, n° 3, p. 339-354.

Mann, M. (1988). *States, War and Capitalism*, Oxford, Blackwell.

Mann, M. (1999a). « The dark side of democracy : The modern tradition of ethnic and political cleansing », *New Left Review*, n° 235, p. 18-45.

Mann, M. (1999b). « The history of previous society is the history of durable dichotomies », *Contemporary Sociology*, vol. 28, n° 1, p. 29-30.

Mann, M. (2004). *Fascists*, Cambridge, Cambridge University Press.

Mann, M. (2005). *The Dark Side of Democracy*, Cambridge, Cambridge University Press.

Mann, M. (2006). « The sources of social power revisited : A response to criticism », dans J. A. Hall et R. Schröder (dir.), *An Anatomy of Power*, Cambridge, Cambridge University Press, p. 343-386.

Mann, M. (2012a). *The Sources of Social Power. Volume 1: A History of Power from the Beginning to AD 1760*, Cambridge, Cambridge University Press.

Mann, M. (2012b). *The Sources of Social Power. Volume. 2 : The Rise of Classes and Nation-States, 1760-1914*, Cambridge, Cambridge University Press.

Mann, M. (2012c). *The Sources of Social Power. Volume 3 : Global Empires and Revolution, 1890-1945*, Cambridge, Cambridge University Press.

Mann, M. (2012d). *The Sources of Social Power. Volume 4 : Globalisations, 1945-2011*, Cambridge, Cambridge University Press.

Manning, P. (2013). *Migration in World History* (2e édition), Londres, Routledge.

Markoff, J. (1996). *The Abolition of Feudalism: Peasants, Lords, and Legislators in the French Revolution*, Pittsburgh, Pennsylvania State University Press.

Marques-Pereira, B. (2003). *La citoyenneté politique des femmes*, Paris, Armand Colin.

Marshall, T. H. (1950). *Citizenship and Social Class: And Other Essays*, Cambridge, Cambridge University Press.

Marshall, T. H. (1967). *Social Policy in the Twentieth Century*, Londres, Hutchinson University Library.

Martineau, J. (dir.) (2013). *Théories marxistes anglo-américaines contemporaines*, Montréal, Lux.

Martineau, J. (2015). *Time, Capitalism and Alienation*, Leyde, Brill.

Martiniello, M. et P. Simon (2005). « La catégorisation et la classification comme enjeu de pouvoir. Rapports de domination et luttes autour de la représentation dans les sociétés postmigratoires », *Revue européenne des migrations internationales*, vol. 21, n° 2, p. 7-17.

Marx, A. (1998). *Making Race and Nation*, Cambridge, Cambridge University Press.

Marx, K. (1969). *Le capital. Livre I*, Paris, Garnier-Flammarion.

Marx, K. (1973). *Grundrisse*, Londres, Penguin Books.

Marx, K. (1981). *Capital. Volume 3*, Londres, Penguin.

Marx, K. (1999). *Manuscrits de 1844* (1844), Paris, Flammarion.

Marx, K. et F. Engels (1968 [1845]). *L'idéologie allemande*, Paris, Éditions sociales.

Marx, K. et F. Engels (1998 [1848]). *Manifeste du Parti communiste*, Paris, Flammarion.

Mason, P. (2013). *Why It's Still Kicking Off Everywhere. The New Global Revolutions*, Londres et New York, Verso.

Massicotte, M.-J. (2012). « Transborder activism », dans G. Ritzer (dir.), *The Wiley-Blackwell Encyclopedia of Globalization*, Malden et Oxford, Wiley-Blackwell, p. 2012-2015.

Mathieu, L. (2004). *Comment lutter: sociologie et mouvements sociaux*, Paris, Textuel.

Matin, K. (2008). « The Islamic republic and the world: Global dimensions of the Iranian revolution », *Capital and Class*, vol. 32, n° 3, p. 159-161.

Matin, K. (2012a). « International relations in the making of political Islam: Interrogating Khomeini's Islamic government », *Journal of International Relations and Development*, n° 16, p. 1-28.

Matin, K. (2012b). « Democracy without capitalism: Retheorizing Iran's constitutional revolution », *Middle East Critique*, vol. 21, n° 1. P. 37-56.

Matin, K. (2013a). « Redeeming the universal: Postcolonialism and the inner life of Eurocentrism », *European Journal of International Relations*, vol. 19, n° 2, p. 353-377.

Matin, K. (2013b). *Recasting Iranian Modernity*, Londres, Routledge.

Maurel, C. (2009). « La *World / Global History* », *Vingtième siècle. Revue d'histoire*, vol. 4, n° 104, p. 153-166.

Maurel, C. (dir.) (2013). *Essais d'histoire globale*, Paris, L'Harmattan.

Mayall, J. (1990). *Nationalism and International Society*, Cambridge, Cambridge University Press.

Mayer, A. (1983). *La persistance de l'Ancien Régime*, Paris, Flammarion.

Mazumdar, S. (1998). *Sugar and Society in China*, Cambridge, Harvard University Press.

Mazumdar, S. (2001). « Rights in people, rights in land : Concepts of customary property in late imperial China », *Extrême-Orient, Extrême-Occident*, vol. 23, n° 23, p. 89-107.

McAdam, D., J. D. McCarthy et M. N. Zald (dir.) (1996). *Comparative Perspectives on Social Movements : Political Opportunities, Mobilizing Structures, and Cultural Framings*, Cambridge, Cambridge University Press.

McAdam, D., S. Tarrow et C. Tilly (1988). « Pour une cartographie de la politique contestataire », *Politix*, vol. 11, n° 41, p. 7-32.

McAdam, D., S. Tarrow et C. Tilly (2001). *Dynamics of Contention*, Cambridge, Cambridge University Press.

McCarthy, T. (2009). *Race, Empire, and the Idea of Human Development*, Cambridge, Cambridge University Press.

McClennand, K. (1996). « Rational and respectable men : Gender, the working class, and citizenship in Britain, 1850-1867 », *Gender and Class in Modern Europe*, Ithaca, Cornell University, p. 280-293.

McCormick, T. (2007). « Transmutation, inclusion, and exclusion : Political arithmetic from Charles II to William III », *Journal of Historical Sociology*. vol. 20, n° 3, p. 259-278.

McCormick, T. (2009). *William Petty and the Ambitions of Political Arithmetic*, Oxford, Oxford University Press.

McDonald, L. (1993). *The Early Origins of the Social Sciences*, Montréal et Kingston, McGill-Queen's University Press.

McKay, I. (2005). *Rebels, Reds, Radicals. Rethinking Canada's Left History*, Toronto, Between the Lines.

McKay, I. (2010). « The Canadian passive revolution, 1840-1950 », *Capital & Class*, vol. 34, n° 3, p. 361-381.

McLellan, D. (2003). « Asian communism », dans T. Ball et R. Bellamy (dir.), *The Cambridge History of Twentieth Century Political Thought*, Cambridge, Cambridge University Press, p. 267-281.

McLennan, G. (2000). « Sociology's eurocentrism and the "rise of the West" revisited », *European Journal of Social Theory*, vol. 3, n° 3, p. 275-291.

McMichael, P. (1990). « Incorporating comparison within a world-historical perspective : An alternative comparative method », *American Sociological Review*, vol. 55, p. 385-397.

McMichael, P. (1991). « Slavery in capitalism : The rise and demise of the U.S. ante-bellum cotton culture », *Theory and Society*, vol. 20, n° 3, p. 321-349.

McNally, D. (1993). *Against the Market*, Londres, Verso.

McNally, D. (2000). « Political economy to the fore : Burke, Malthus and the Whig response to popular radicalism in the age of the French Revolution », *History of Political Thought*, vol. 21, n° 3, p. 427-447.

McNally, D. (2001). *Bodies of Meaning*, New York, State University of New York Press.

McNally, D. (2006). *Another World Is Possible*, Winnipeg, Arbeiter Ring.

McNally, D. (2012). *Monsters of the Market*, Chicago, Haymarket Books.

McNeill, W. H. (1991). *The Rise of the West*, Londres, University of Chicago Press.

Mearsheimer, J. J. (2003). *The Tragedy of Great Power Politics*, New York, W. W. Norton.

Médard, J. F. (1982). « The underdeveloped state in Africa : Political clientelism or neo-patrimonialism ? », dans C. Clapham (dir.), *Private Patronage and Public Power : Political Clientelism and the Modern State*, Londres, Frances Pinter, p. 162-189.

Medick, H. (1976). « The proto-industrial family economy : The structural function of household and family during the transition from peasant society to industrial capitalism », *Social History*, vol. 1, n° 3, p. 291-315.

Melson, R. (1996). *Revolution and Genocide*, Chicago, Chicago University Press.

Melucci, A. (1989). *Nomads of the Present*, Philadelphie, Temple University Press.

Menard, R. (2006), *Sweet Negotiations, Sugar, Slavery and Plantation Agriculture in Early Barbados*, Charlottesville, University of Virginia Press.

Mendels, F. F. (1972). « Proto-industrialization : The first phase of the industrialization process », *Journal of Economic History*, vol. 32, n° 1, p. 241-261.

Mercure, D. (dir.) (2001). *Une société-monde ?*, Québec, Les Presses de l'Université Laval.

Mielants, E. H. (2008). *The Origins of Capitalism and the Rise of the West*, Philadelphie, Temple University Press.

Mies, M. (1986). *Patriarchy and Accumulation on a World Scale*, Londres, Zed Books.

Miliband, R. (1961). *Parliamentary Socialism. A Study of the Politics of Labour*, Londres, Allen & Unwin.

Miliband, R. (1983). *Class Power and State Power*, Londres, Verso.

Miliband, R. (1989). *Divided Societies*, New York, Oxford University Press.

Miliband, R. (2012 [1969]). *L'État dans la société capitaliste*, Bruxelles, Éditions de l'Université de Bruxelles.

Miller, B. D. (2001). « Female-selective abortion in Asia : Patterns, policies, and debates », *American Anthropologist*, vol. 103, n° 4, p. 1083-1095.

Miller, P. (1998). *Transformations of Patriarchy in the West, 1500-1900*, Bloomington, Indiana University Press.

Mills, J. S. (1886). *A System of Logic, Ratiocinative and Inductive: Being a Connected View of the Principles of Evidence and the Methods of Scientific Investigation. Volume 1* (1843), New York, Harper & Brothers.

Mills, S. (2011). *Contester l'empire*, Montréal, Hurtubise.

Minard, P. (1998). *La fortune du colbertisme*, Paris, Fayard.

Mintz, S. W. (1985). *Sweetness and Power*, New York, Penguin Books.

Mitani, T. (1988). « The establishment of parti cabinets 1898-1932 », dans P. Duss (dir.), *Cambridge History of Japan*, Cambridge, Cambridge University Press, vol. 6, p. 55-96.

Mitterauer, M. et R. Sieder (1982). *The European Family*, Oxford, Blackwell.

Mohanty, C. (2003). *Feminism without Borders*, Durham, Duke University Press.

Mokyr, J. (1976). *Industrialization in the Low Countries, 1795-1850*, New Haven, Yale University Press.

Molyneux, M. (1979). « Beyond the domestic labour debate », *New Left Review*, vol. 116, p. 3-27.

Mommsen, W. (1987). « Personal conduct and societal change », dans S. Lash et S. Whimster (dir.), *Max Weber, Rationality and Modernity*, Londres, Allen & Unwin, p. 35-51.

Montesquieu, C. (1748), *De l'esprit des lois*, Genève, Barillot.

Mooers, C. (1991). *The Making of Bourgeois Europe*, Londres et New York, Verso.

Moore, B. (1966). *Social Origins of Dictatorship and Democracy*, Boston, Beacon Press.

Moore, B. (1987). *Authority and Inequality under Capitalism and Socialism*, Oxford, Clarendon Press.

Moore, B. (2000). *Moral Purity and Persecution in History*, Princeton, Princeton University Press.

Moore, R. I. (1987). *The Formation of a Persecuting Society*, Oxford, Blackwell.

Moore, R. I. (1994). *The Origins of European Dissent*, Toronto, Toronto University Press.

Morgenthau, H. J. (1973). *Politics Among Nations*, New York, Alfred A. Knopf.

Morin, M. (1997). « Les changements de régimes juridiques consécutifs à la Conquête de 1760 », *Revue du Barreau*, vol. 57, n° 3, p. 689-700.

Morin, M. (2014). « Les premières controverses concernant la justice au Québec sous le régime de la Proclamation royale de 1763 », dans P. Bastien *et al.* (dir.), *Justice et espaces publics en Occident. Du Moyen Âge à nos jours*, Québec, Presses de l'Université du Québec, p. 147-156.

Morishima, M. (1987). *Capitalisme et confucianisme*, Paris, Flammarion.

Morris, I. (2010). *Why the West Rules – For Now*, Toronto, McClelland and Stewart.

Morton, A. D. (2010a). « The continuum of passive revolution », *Capital and Class*, vol. 34, n° 3, p. 315-342.

Morton, A. D. (2010b). «Reflections on uneven development : Mexican revolution, primitive accumulation, passive revolution», *Latin American Perspectives*, vol. 37, n° 1, p. 7-34.

Mosse, G. L. (1985). *Nationalism and Sexuality*, New York, Howard Fertig.

Mosse, G. L. (1996). *The Image of Man*, New York, Oxford University Press.

Mosse, G. L. (2006). *Les racines intellectuelles du Troisième Reich*, Paris, Calmann-Lévy.

Moulier Boutang, Y. (1998). *De l'esclavage au salariat bridé. Économie historique du salariat bridé*, Paris, Presses universitaires de France.

Murray, M. (2005). *The Law of the Father ? Patriarchy in the Transition from Feudalism to Capitalism*, Londres, Routledge.

Muthu, S. (2003). *Enlightenment against Empire*, Princeton, Princeton University Press.

Nagy, P. et D. Boquet (dir.) (2009). *Le sujet des émotions au Moyen Âge*, Paris, Beauchesne.

Nagy, P. et D. Boquet (dir.) (2010). *Politiques des émotions au Moyen Âge*, Florence, Sismel-del Galluzzo.

Nakano Glenn, E. (2009). «De la servitude au travail de service : les continuités historiques de la division raciale du travail reproductif payé», dans E. Dorlin (dir.), *Sexe, race, classe. Pour une épistémologie de la domination*, Paris, Presses universitaires de France, p. 21-63.

Nairn, T. (1977). *The Break Up of Britain*, Londres, New Left Books.

Nairn, T. (1997). *Faces of Nationalism*, Londres, Verso.

Naranch, B. et G. Eley (dir.) (2014). *German Colonialism in a Global Age*, Durham, Duke University Press.

Nathans, E. (2004). *The Politics of Citizenship in Germany*, Oxford, Berg.

Nirenberg, D. (2001). *Violence et minorités au Moyen Âge*, Paris, Presses universitaires de France.

Nirenberg, D. (2014). *Anti-Judaism. The Western Tradition*, New York, W. W. Norton.

Nisbet, R. A. (1984). *La tradition sociologique*, Paris, Presses universitaires de France.

Nobles, M. (2000). *Shades of Citizenship*, Redwood City, Stanford University Press.

Nootens, T. (2007). *Fous, prodigues et ivrognes. Familles et déviance à Montréal au XIXᵉ siècle*, Montréal et Kingston, McGill-Queen's University Press.

Norkus, Z. (2004). «Max Weber on nations and nationalism : Political economy before political sociology», *The Canadian Journal of Sociology*, vol. 29, n° 3, p. 389-418.

North, D. C. (1990). *Institutions, Institutional Change, and Economic Performance*, Cambridge, Cambridge University Press.

North, D. C. et R. P. Thomas (1973). *The Rise of the Western World : A New Economic History*, Cambridge, Cambridge University Press.

Novick, P. (1988). *That Noble Dream*, Cambridge, Cambridge University Press.

Noyes, C. R. (1936). *The Institution of Property*, New York, Longman.

O'Connor, J. S., A. S. Orloff et S. Shaver (1999). *States, Markets, Families: Gender, Liberalism, and Social Policy in Australia, Canada, Great Britain, and the United States*, Cambridge, Cambridge University Press.

O'Donnell, G. et P. C. Schmitter (1986). *Transitions from Authoritarian Rule*, Baltimore et Londres, Johns Hopkins University Press.

Offe, C. (1985). «New social movements: Challenging the boundaries of institutional politics», *Social Research*, vol. 52, n° 3, p. 817-868.

Ogilvie, S. C. et M. Cerman (dir.) (1996). *European Proto-Industrialization*, Cambridge, Cambridge University Press.

O'Leary, B. (1998). «Ernest Gellner's diagnoses of nationalism: A critical overview, or, What is living and what is dead in Ernest Gellner's philosophy of nationalism?», dans J. A. Hall (dir.), *The State of the Nation. Ernest Gellner and the Theory of Nationalism*, Cambridge, Cambridge University Press, p. 40-88.

Ollman, B. (1976). *Alienation* (2ᵉ édition), Cambridge, Cambridge University Press.

Olson, M. (1965). *The Logic of Collective Action*, Cambridge, Harvard University Press.

Olson, M. (1982). *The Rise and Decline of Nations*, New Haven, Yale University Press.

O'Meara, D. (1996). *Forty Lost Years*, Randburg, Ravan Press.

Oppenheimer, F. (1975 [1914]). *The State*, Montréal, Black Rose Books.

Orloff, A. S. (1993). «Gender and the social rights of citizenship: The comparative analysis of gender relations and welfare states», *American Sociological Review*, vol. 58, p. 303-328.

Orloff, A. S. et T. Skocpol (1984). «Why not equal protection: Explaining the politics of public social spending in Britain, 1900-1911, and the United States, 1880s-1920», *American Sociological Review*, vol. 49, n° 6, p. 726-750.

Osiander, A. (2001). «Sovereignty, international relations, and the Westphalian myth», *International Organization*, vol. 55, n° 2, p. 251-287.

Osterhammel, J. (2014). *The Transformation of the World. A Global History of the Nineteenth Century*, Princeton, Princeton University Press.

Özkirimli, U. (2005). *Contemporary Debates on Nationalism: A Critical Engagement*, New York, Palgrave MacMillan.

Özkirimli, U. (2010). *Theories of Nationalism: A Critical Introduction*, New York, Palgrave Macmillan.

Padgen, A. (1995). *Lords of all the World*, New Haven, Yale University Press.

Paige, J. M. (1978). *Agrarian Revolutions*, New York, Free Press.

Paige, J. M. (1997). *Coffee and Power*, Cambridge, Harvard University Press.

Paige, J. M. (1999). «Conjuncture, comparison, and conditional theory in macrosocial inquiry», *The American Journal of Sociology*, vol. 105, n° 3, p. 781-800.

Pakulski, J. et M. Waters (1996). *The Death of Class*, Londres, Sage.

Palan, R. (2003). *The Offshore World*, Ithaca, Cornell University Press.

Palan, R. *et al.* (2010). *Tax Havens*, Ithaca, Cornell University Press.

Palmer, B. D. (1990). *Descent into Discourse*, Philadelphie, Temple University Press.

Palmer, B. D. (2006). «Historical materialism and the writing of Canadian history: A dialectical view», *Journal of the Canadian Historical Association*, vol. 17, n° 2, p. 33-60.

Palmer, B. D. (2014). *Revolutionary Teamsters*, Londres, Haymarket.

Palumbo-Liu, D., B. Robbins et N. Tanoukhi (dir.) (2011). *Immanuel Wallerstein and the Problem of the World*, Durham, Duke University Press.

Panah, M. (2007). *The Islamic Republic and the World*, Londres, Pluto Press.

Panitch, L. (dir.) (1977). *The Canadian State*, Toronto, University of Toronto Press.

Panitch, L. (1999). «The impoverishment of state theory», *Socialism and Democracy*, vol. 13, p. 19-35.

Panitch, L. et G. Albo (dir.) (2014). *Transforming Classes. Socialist Register 2015*, New York, Monthly Review.

Panitch, L. et S. Gindin (2012). *The Making of Global Capitalism*, New York, Verso.

Pâquet, M. (2005). *Tracer les marges de la Cité*, Montréal, Boréal.

Parker, G. (1979). *Dutch Revolt*, Londres, Penguin Books.

Parker, G. (1988). *The Military Revolution*, Cambridge, Cambridge University Press.

Parsa, M. (1989). *Social Origins of the Iranian Revolution*, New Brunswick, Rutgers University Press.

Parsa, M. (2000). *States, Ideologies, and Social Revolutions: A Comparative Analysis of Iran, Nicaragua, and the Philippines*, Cambridge, Cambridge University Press.

Parsa, M. (2004). «Conflicts and collective action in the Iranian revolution: A quantitative analysis», *Journal of Iranian Research and Analysis*, vol. 20, n° 2, p. 39-57.

Parsons, T. (1966). *The Structure of Social Action*, New York, Free Press.

Parsons, T. H. (2010). *The Rules of Empires*, Oxford, Oxford University Press.

Parthasarathi, P. (2011). *Why Europe Grew Rich and Asia Did Not*, Cambridge, Cambridge University Press.

Pateman, C. (1988). *The Sexual Contract*, Cambridge, Polity Press.

Patriquin, L. (2007). *Agrarian Capitalism and Poor Relief in England, 1500-1860: Rethinking the Origins of the Welfare State*, Houndmills, Palgrave Macmillan.

Paxton, R. O. (2004). *Le fascisme en action*, Paris, Seuil.

Péan, L. (2009). *Aux origines de l'État marron en Haïti (1804-1860)*, Port-au-Prince, Les Presses de l'Université d'État d'Haïti.

Peters, M. A. *et al.* (dir.) (2009). *Governmentality Studies in Education*, Rotterdam, Sense Publishers.

Petitclerc, M. (2011/2012). « À propos de "ceux qui sont en dehors de la société". L'assistance publique au Québec durant la première moitié du XXe siècle », *Revue d'histoire de l'Amérique française*, vol. 65, n°s 2-3, p. 227-256.

Petitclerc, M. et M. Robert (2015). « La "solution miracle" : le droit de grève et la loi spéciale au Québec », dans P. Crevier, H. Forcier et H. Trépanier (dir.), *Renouveler le syndicalisme. Pour changer le Québec*, Montréal, Écosociété, p. 71-86.

Pfefferkorn, R. (2007). *Inégalités et rapports sociaux : rapports de classes, rapports de sexes*, Paris, La Dispute.

Philips, A. (2007). *Multiculturalism without Culture*, Princeton, Princeton University Press.

Philpott, D. (2001). *Revolutions in Sovereignty*, Princeton, Princeton University Press.

Pierson, P. (2003). « Big, slow-moving, and... invisible », dans J. Mahoney et D. Rueschemeyer (dir.), *Comparative Historical Analysis in the Social Sciences*, Cambridge, Cambridge University Press, p. 177-207.

Piotte, J.-M. (2010). *La pensée politique de Gramsci*, Montréal, Lux.

Pirenne, H. (1969 [1925]). *Medieval Cities*, Princeton, Princeton University Press.

Piketty, T. (2013). *Le capital au XXIe siècle*, Paris, Seuil.

Pitts, J. (2006). *A Turn to Empire*, Princeton, Princeton University Press.

Poggi, G. (1990). *The State. Its Nature, Development and Prospects*, Redwood City, Stanford University Press.

Polanyi, K. (1994). *La grande transformation*, Paris, Gallimard.

Polanyi, K. (2008). *Essais de Karl Polanyi*, Paris, Seuil.

Pomeranz, K. (2000). *The Great Divergence*, Princeton, Princeton University Press.

Pomeranz, K. (2008). « Chinese development in long-run perspective », *Proceedings of the American Philosophical Society*, vol. 152, n° 1, p. 83-100.

Pomeranz, K. (2010). *Une grande divergence*, Paris, Éditions de la Maison des sciences de l'homme.

Pomeranz, K. et S. Topik (2006). *The World That Trade Created*, New York, M. E. Sharpe.

Pomper, P. (1995). « World history and its critics », *History and Theory*, vol. 34, n° 2, p. 1-7.

Porter, B. (2000). *When Nationalism Began to Hate*, New York, Oxford University Press.

Porter, B. D. (1993). *War and the Rise of the State*, New York, The Free Press.

Porter, T. (1995). *Trust in Number*, Princeton, Princeton University Press.

Post, C. (2002). «Comments on the Brenner-Wood exchange on the Low Countries», *Journal of Agrarian Change*, vol. 2, n° 1, p. 88-95.

Post, C. (2012). *The American Road to Capitalism*, Chicago, Haymarket Books.

Postone, M. (2009). *Temps, travail et domination sociale*, Paris, Fayard.

Poulantzas, N. (1968). *Pouvoir politique et classes sociales de l'état capitaliste*, Paris, Maspero.

Poulantzas, N. (1978). *L'État, le pouvoir, le socialisme*, Paris, Presses universitaires de France.

Poulantzas, N. (1980). *Repères, hier et aujourd'hui : textes sur l'État*, Paris, Maspero.

Poutanen, M. A. (2002). «Regulating public space in early-nineteenth-century Montreal : Vagrancy laws and gender in a colonial context», *Histoire sociale*, vol. 35, n° 69, p. 35-54.

Prashad, V. (2009). *Les nations obscures*, Montréal, Écosociété.

Prévost, J.-G. (2002). «Genèse particulière d'une science des nombres. L'autonomisation de la statistique en Italie entre 1900 et 1914», *Actes de la recherche en sciences sociales*, vol. 141-142, p. 98-109.

Prévost, J.-G. (2003). «Espace public, action collective et savoir social : Robert Gourlay et le Statistical Account of Upper Canada», *Histoire sociale*, vol. 35, n° 69, p. 109-139.

Prévost, J.-G. (2009). *A Total Science*, Montréal et Kingston, McGill-Queen's University Press.

Przeworski, A. (2010). *Democracy and the Limits of Self-Government*, Cambridge, Cambridge University Press.

Przeworski, A. *et al.* (dir). (2000). *Democracy and Development*, Cambridge, Cambridge University Press.

Puri, J. (2004). *Encountering Nationalism*, Oxford, Blackwell.

Putnam, L. (2006). «To study the fragments / whole : Microhistory and the Atlantic world», *Journal of Social History*, vol. 39, n° 3, p. 615-630.

Putnam, R. D. (2000). *Bowling Alone : The Collapse and Revival of American Community*, New York, Simon & Schuster.

Quadagno, J. (1984). «Welfare capitalism and the Social Security Act of 1935», *American Sociological Review*, vol. 49, p. 632-647.

Quadagno, J. (1985). «Two models of welfare state development : Reply to Skocpol and Amenta», *American Sociological Review*, vol. 50, p. 575-578.

Quick, P. (2010). «Feudalism and household production», *Science and Society*, vol. 74, n° 2, p. 157-183.

Quijano, A. (2007). «"Race" et colonialité du pouvoir», *Mouvement*, vol. 3, n° 51, p. 111-118.

Ragin, C. C. (1989). *The Comparative Method*, Berkeley, University of California Press.

Ragin, C. C. (1994). *Constructing Social Research*, Londres, Pine Forge Press.

Ragin, C. C. (2000). *Fuzzy-Sets Social Science*, Chicago, Chicago University Press.

Raynaud, P. (1996). *Max Weber et les dilemmes de la raison moderne*, Paris, Presses universitaires de France.

Rawski, E. S. (1972). *Agricultural Change and the Peasant Economy of South China*, Cambridge, Harvard University Press.

Rediker, M. (1989). *Between the Devil and the Deep-Blue Sea*, Cambridge, Cambridge University Press.

Rediker, M. (2004a). *Villains of all Nations*, Boston, Beacon Press.

Rediker, M. (2004b). « Toward a people's history of the sea », dans D. Killingray *et al.* (dir.), *Maritime Empires*, Rochester, The Boydell Press, p. 195-206.

Rediker, M. (2007). *The Slave Ship*, New York, Penguin Books.

Restall, M. (2003). *Seven Myths of the Spanish Conquest*, Oxford, Oxford University Press.

Reus-Smit, C. (1999). *The Moral Purpose of the State*, Princeton, Princeton University Press.

Richardson, R. C. (1998). *The Debate on the English Revolution* (2e édition), Manchester, Manchester University Press.

Riesebrodt, M. (1986). « From patriarchalism to capitalism : The theoretical context of Max Weber's agrarian studies (1892-1893) », *Economy and Society*, vol. 15, n° 4, p. 476-502.

Riley, D. (2010). *The Civic Foundations of Fascism in Europe : Italy, Spain, and Romania 1870-1945*, Baltimore, Johns Hopkins University Press.

Riley, D. (2015). « Property leading the people ? », *New Left Review*, vol. 95, p. 109-125.

Ringer, F. K. (1990). *The Decline of the German Mandarins*, Londres, University Press of New England.

Robert, M. (2013). *Analyse sociohistorique de l'influence des invasions vikings sur le processus de formation étatique en Angleterre*, Mémoire de maîtrise, Montréal, Département de sociologie, Université du Québec à Montréal.

Roberts, J. (2013). *Slavery and the Enlightenment in the British Atlantic, 1750-1807*, New York, Cambridge University Press.

Robinson, W. I. (2004). *A Theory of Global Capitalism : Transnational Production, Transnational Capitalists, and the Transnational State*, Baltimore, Johns Hopkins University Press.

Robinson, W. I. (2014). *Globalization and the Crisis of Humanity*, Cambridge, Cambridge University Press.

Rocher, G. (1972). *Talcott Parsons et la sociologie américaine*, Paris, Presses universitaires de France.

Roediger, D. R. (2007). *The Wages of Whiteness*, Londres, Verso.

Rokkan, S. (1975). «Dimensions of state formation and nation-building: A possible paradigm for research on variations within Europe», dans C. Tilly (dir.), *The Formation of National States in Western Europe*, Princeton, Princeton University Press, p. 562-600.

Román, E. (2010). *Citizenship and Its Exclusion*, New York, New York University Press.

Rosenberg, J. (1994). *The Empire of Civil Society*, Londres et New York, Verso.

Rosenberg, J. (1996). «Isaac Deutscher and the lost history of international relations», *New Left Review*, n° 215, p. 3-15.

Rosenberg, J. (2002). *The Follies of Globalisation Theory*, Londres et New York, Verso.

Rosenberg, J. (2005). «Globalization theory. A post-mortem», *International Politics*, vol. 42, n° 1, p. 2-74.

Rosenberg, J. (2006). «Why is there no international sociology?», *European Journal of International Relations*, vol. 12, n° 3, p. 307-340.

Rosenberg, J. (2010). «Basic problems in the theory of uneven and combined development. Part II: Unevenness and political multiplicity», *Cambridge Review of International Affairs*, vol. 23, n° 1, p. 165-189.

Rosenthal, J. et R. B. Wong (2011). *Before and Beyond Divergence*, Cambridge, Harvard University Press.

Roshwald, A. (2006). *The Endurance of Nationalism*, Cambridge, Cambridge University Press.

Rowbotham, S. (1976). *Woman's Consciousness, Man's World*, Harmondsworth, Penguin Books.

Roy, O. (2008). *La sainte ignorance*, Paris, Seuil.

Rudin, R. (1998). «Le rôle de l'histoire comparée dans l'historiographie québécoise», dans R. Comeau et B. Dionne (dir.), *À propos de l'histoire nationale*, Québec, Septentrion, p. 103-104.

Rueschemeyer, D. (2003). «Can one or a few cases yield theoretical gains?», dans J. Mahoney et D. Rueschemeyer (dir.), *Comparative Historical Analysis in the Social Sciences*, Cambridge, Cambridge University Press, p. 305-336.

Rueschemeyer, D. *et al.* (1992). *Capitalist Development and Democracy*, Chicago, University of Chicago Press.

Ruggie, J. G. (1986). «Continuity and transformations in the world polity: Towards a neorealist synthesis», dans R. O. Keohane (dir.), *Neorealism and Its Critics*, New York, Columbia University Press, p. 131-157.

Ruggie, J. G. (1993). «Territoriality and beyond: Problematizing modernity in international relations», *International Organization*, vol. 47, n° 1, p. 139-174.

Russell, C. (1990). *The Causes of the English Civil War*, Oxford, Clarendon Press.

Rutland, T. (2013). «"Where the little life unfolds": Women's citizenship, moral regulation and the production of scale in early twentieth-century Halifax, Nova Scotia», *Journal of Historical Geography*, vol. 42, p. 167-179.

Sachsenmaier, D. (2011). *Global Perspective on Global History*, Cambridge, Cambridge University Press.

Saïd, E. (1980). *L'orientalisme*, Paris, Robert Laffont.

Sassen, S. (2006). *Territory, Authority, Rights*, Princeton, Princeton University Press.

Sayer, A. (2005). *The Moral Significance of Class*, Cambridge, Cambridge University Press.

Sayer, D. (1987). *The Violence of Abstraction*, Oxford, Blackwell.

Sayer, D. (1991). *Capitalism and Modernity*, Londres, Routledge.

Sayer, D. (1998). *The Coasts of Bohemia*, Princeton, Princeton University Press.

Schwartz, S. (1985). *Sugar Plantations in the Formation of Brazilian Society: Bahia, 1550-1835*, Cambridge, Cambridge University Press.

Scott, J. C. (1976). *The Moral Economy of the Peasant*, New Haven, Yale University Press.

Scott, J. C. (1998). *Seeing Like a State*, New Haven, Yale University Press.

Scott, J. C. (2010). *The Art of Not Being Governed*, New Haven, Yale University Press.

Scott, J. W. (1998). *La citoyenne paradoxale*, Paris, Albin Michel.

Scott, J. W. (1999). «Women's history», *Gender and the Politics of History*, New York, Columbia University Press, p. 15-27.

Scott, J. W. (2012). *De l'utilité du genre*, Paris, Fayard.

Seccombe, W. (1992). *A Millennium of Family Change*, Londres, Verso.

Seccombe, W. (1993). *Weathering the Storm*, Londres, Verso.

Seidman, S. (1983). *Liberalism and the Origins of European Social Theory*, Berkeley, University of California University Press.

Selwyn, B. (2011). «Trotsky, Gerschenkron and the political economy of late capitalist development», *Economy and Society*, vol. 40, n° 3, p. 421-450.

Sewell, W. (2005). *Logics of History*, Chicago, Chicago University Press.

Sharman, J. C. (2003). «Culture, strategy, and state-centered explanations of Revolution, 1789 and 1989», *Social Science History*, vol. 27, n° 1, p. 1-24.

Shaw, M. (2003). *War and Genocide*, Cambridge, Polity Press.

Shaw, M. (2005). *The New Western Way of War*, Cambridge, Polity Press.

Shilliam, R. (2009a). *German Thought and International Relations*, Londres, Palgrave.

Shilliam, R. (2009b). «The Atlantic as a vector of uneven and combined development», *Cambridge Review of International Affairs*, vol. 22, n° 1, p. 69-88.

Shilliam, R. (2010). *International Relations and Non-Western Thoughts*, Londres, Routledge.

Shudson, M. (1993). « Was there ever a public sphere ? If so, when ? Reflections on the American case », dans C. Calhoun (dir.), *Habermas and the Public Sphere*, Boston, MIT Press, p. 143-163.

Sindjoun, L. (2010). « Entre les faux universalismes et le régionalisme de ghetto : penser une perspective africaine des relations internationales », dans H. Pellerin (dir.), *La perspective en relations internationales*, Outremont, Athéna, p. 199-216.

Sintomer, Y. (2013). « Introduction », dans M. Weber, *La domination*, Paris, La Découverte, p. 11-39.

Skinner, Q. (1978). *The Foundations of Modern Political Thought. Volume 1*, Cambridge, Cambridge University Press.

Skinner, Q. (2010). « The sovereign state : A genealogy », dans H. Kalmo et Q. Skinner (dir.), *Sovereignty in Fragments. The Past, Present and Future of A Contested Concept*, Cambridge, Cambridge University Press, p. 26-46.

Sklair, L. (2008). « Discourses of globalization : A transnational capitalist class analysis », dans R. Krishnaswamy et J. C. Hawley (dir.), *The Post-Colonial and the Global*, Minneapolis, Minnesota University Press, p. 215-227.

Skocpol, T. (1973). « A critical review of Barrington Moore's social origins of dictatorship and democracy », *Politics and Society*, vol. 4, n° 1, p. 1-34.

Skocpol, T. (1977). « Wallerstein's world historical system : A theoretical and historical critique », *American Journal of Sociology*, vol. 82, n° 5, p. 1075-1090.

Skocpol, T. (1982). « Rentier-state and Shi'a Islam in the Iranian revolution », *Theory and Society*, vol. 2, n° 2, p. 265-283.

Skocpol, T. (dir.) (1984). *Vision and Method in Historical Sociology*, Cambridge, Cambridge University Press.

Skocpol, T. (1985). *L'État et les révolutions sociales*, Paris, Fayard.

Skocpol, T. (1987). « Social history and historical sociology : Contrasts and complementarities », *Social Science History*, vol. 11, n° 1, p. 17-30.

Skocpol, T. (1994). *Social Revolutions in the Modern World*, Cambridge, Cambridge University Press.

Skocpol, T. (1995). *Protecting Soldiers and Mothers*, Cambridge, Harvard University Press.

Skocpol, T. et M. R. Somers (1980). « The uses of comparative history in macrosocial inquiry », *Comparative Studies in Society and History*, vol. 22, n° 2, p. 174-197.

Smith, A. (1986). *The Ethnic Origins of Nations*, Oxford, Blackwell.

Smith, A. (1998). *Nationalism and Modernism*, New York, Routledge.

Smith, A. (2001). *Nationalism*, Cambridge, Polity Press.

Smith, D. (1991). *The Rise of Historical Sociology*, Philadelphie, Temple University Press.

Smith, J. et D. Wiest (2012). *Social Movement in the World-System : The Politics of Crisis and Transformation*, New York, Russel Sage Foundation.

Snyder, J. L. (2000). *From Voting to Violence*, New York, W. W. Norton.

Soboul, A. (1974). « L'historiographie classique de la Révolution française. Sur des controverses récentes », *La pensée*, n° 177, p. 40-58.

Somers, M. R. (1998). « We're no angels : Realism, rational choice and rationality in the social sciences », *American Journal of Sociology*, vol. 104, n° 3, p. 722-784.

Somers, M. R. (2008). *Genealogies of Citizenship*, Cambridge, Cambridge University Press.

Song, H.-Y. (2013). « Democracy against labour : The dialectic of democratization and de-democratization in Korea », *Journal of Contemporary Asia*, vol. 43, n° 2, p. 338-362.

Soukar, M. (1993). « Armée, politique et histoire », dans G. Barthélemy et C. Girault (dir.), *La République haïtienne. État des lieux et perspectives*, Paris, Karthala, p. 170-176.

Sperber, J. (2014). *Karl Marx. A Nineteenth Century Life*, New York, W. W. Norton.

Spronk, S. (2009). « Water privatization and the prospects for trade union revitalization in the public sector : Case studies from Bolivia and Peru », *Just Labour*, vol. 14, p. 164-176.

Spronk, S. (2012). « Neoliberal class formation(s) : The informal proletariat and "new" workers' organizations in Latin America », dans J. R. Webber et B. Carr (dir.), *The Resurgence of Latin American Radicalism*, Lanham, Rowman & Littlefield, p. 75-93.

Spronk, S., C. Crespo et M. Olivera (2012). « Struggles for water justice in Latin America : Public and "social-public" alternatives to commercial models of water delivery », dans D. McDonald et G. Ruiters (dir.), *Alternatives to Privatization in the Global South*, New York, Routledge, p. 421-452.

Spronk, S. et P. Terhorst (2012). « Social movement struggles for public services », dans D. McDonald et G. Ruiters (dir.), *Alternatives to Privatization in the Global South*, New York, Routledge, p. 133-156.

Spruyt, H. (1994). *The Sovereign State and Its Competitors*, Princeton, Princeton University Press.

Stamatov, P. (2013). *The Origins of Global Humanitarianism*, Cambridge, Cambridge University Press.

Stave, B. (1998). « A conversation with Charles Tilly : Urban history and urban sociology », *Journal of Urban History*, vol. 24, n° 2, p. 184-225.

Steinberg, M. (1996). « "The great end of all government..." : Working people's construction of citizenship claims in early nineteenth-century England and the matter of class », dans C. Tilly (dir.), *Citizenship, Identity and Social History*, Cambridge, University of Cambridge, p. 19-50.

Steinmetz, G. (dir.) (1999). *State / Culture. State-Formation after the Cultural Turn*, Ithaca, Cornell University Press.

Steinmetz, G. (2004). «Odious comparisons? Incommensurability, the case study, and "small N's" in sociology», *Sociological Theory*, vol. 22, n° 3, p. 371-400.

Steinmetz, G. (2007). *The Devil's Handwriting*, Chicago, University of Chicago Press.

Steinmetz, G. (dir.) (2013). *Sociology and Empire*, Durham et Londres, Duke University Press.

Steinmetz, G. (2014). «Scientific autonomy and empire: Four German sociologists», dans B. Naranch et G. Eley (dir.), *German Colonialism in a Global Age*, Durham, Duke University Press, p. 46-73.

Sternell, Z. (2010). *Les anti-Lumières*, Paris, Gallimard.

Stinchcombe, A. (1978). *Theoretical Method in Social History*, New York, Academic Press.

Stone, J. F. (1996). «Republican ideology, gender and class: France, 1860s-1914», *Gender and Class in Modern Europe*, New York, Cornell University, p. 238-259.

Stone, L. (1965a). *The Crisis of the Aristocracy, 1558-1641*, Oxford, Clarendon Press.

Stone, L. (1965b). *Social Change and Revolution in England, 1540-1640*, Londres, Longmans.

Stone, L. (1972). *The Causes of the English Revolution, 1529-1642*, Londres, Routledge.

Stone, L. (1977). *The Family, Sex and Marriage in England, 1500-1800*, New York, Harper and Row.

Stoner, K. et M. McFaul (dir.) (2013). *Transitions to Democracy*, Baltimore, Johns Hopkins University Press.

Strange, C. et T. Wood (1997). *Making Good: Law and Moral Regulation in Canada, 1867-1939*, Toronto, University of Toronto Press.

Subrahmanyam, S. (2007). «Par-delà l'incommensurabilité: pour une histoire connectée des empires aux temps modernes», *Revue d'histoire moderne et contemporaine*, vol. 54. n° 4, p. 34-53.

Sweeny, R. C. H. (1990). «Paysan et ouvrier: du féodalisme laurentien au capitalisme québécois», *Sociologie et sociétés*, vol. 22, n° 1, p. 143-161.

Sweeny, R. C. H. (2006/2007). «Property and gender: Lessons from a nineteenth century town», *London Journal of Canadian Studies*, vol. 22, p. 9-34.

Taguieff, P. A. (2007). *L'illusion populiste*, Paris, Flammarion.

Tarrow, S. (2005). *The New Transnational Activism*, Cambridge, Cambridge University Press.

Tarrow, S. (2011). *Power in Movement*, Cambridge, Cambridge University Press.

Tawney, R. H. (1941). «The rise of the gentry: 1588-1640», *Economic History Review*, vol. 11, p. 1-38.

Tawney, R. H. (1990 [1922]). *Religion and the Rise of Capitalism*, Londres, Penguin.

Tenbruck, F. (1980). « The problem of thematic unity in the works of Max Weber », *British Journal of Sociology*, vol. 31, n° 3, p. 316-351.

Teschke, B. (1998). « Geopolitical relations in the European Middle Ages : History and theory », *International Organization*, vol. 52, n° 2, p. 325-358.

Teschke, B. (2002). « Theorising the Westphalian system of states : International relations from absolutism to capitalism », *European Journal of International Relations*, vol. 8, n° 1, p. 5-48.

Teschke, B. (2003). *The Myth of 1648*, Londres et New York, Verso.

Teschke, B. (2005). « Bourgeois revolution, state formation and the absence of the international », *Historical Materialism*, vol. 13, n° 2, p. 3-26.

Teschke, B. (2006a). « Debating "The myth of 1648" : State formation, the interstate system and the emergence of capitalism in Europe – A rejoinder », *International Politics*, vol. 43, n° 5, p. 531-573.

Teschke, B. (2006b). « Geopolitics », *Historical Materialism*, vol. 14, n° 1, p. 327-335.

Teschke, B. (2006c). « The metamorphoses of European territoriality : A historical reconstruction », dans M. Burgess et H. Vollaard (dir.), *State Territoriality and European Integration*, Londres et New York, Routledge, p. 37-67.

Teschke, B. (2014). « International relations theory, historical materialism and the false promise of uneven and combined development », *Spectrum. Journal of Global Studies*, vol. 6, n° 1, p. 1-66.

Teschke, B. et H. Lacher (2007). « The changing "logics" of capitalist competition », *Cambridge Review of International Affairs*, vol. 20, n° 4, p. 565-580.

Therborn, G. (2008). *What Does the Ruling Class Do When It Rules ?*, Londres et New York, Verso.

Thibault, J.-F. (2005). « La mondialisation et l'horizon d'attente de la justice mondiale », *Horizons philosophiques*, vol. 15, n° 2, p. 87-100.

Thibault, J.-F. (2007). « La politique comme pur acte de guerre : Clausewitz, Schmitt et Foucault », *Monde commun*, vol. 1, n° 1, p. 114-129.

Thibault, J.-F. (2013). *De la responsabilité de protéger les populations menacées*, Québec, Les Presses de l'Université Laval.

Thompson, A. et R. Fevre (2001). « The national question : Sociological reflections on nation and nationalism », *Nations and Nationalism*, vol. 7, n° 3, p. 297-315.

Thompson, E. P. (1977). *Whigs and Hunters*, New York, Penguin Books.

Thompson, E. P. (1993). *Customs in Common*, New York, The New Press.

Thompson, E. P. (1995). *The Poverty of Theory*, Londres, Merlin Press.

Thompson, E. P. (2012). *La formation de la classe ouvrière anglaise*, Paris, Points.

Thompson, M. J. (2012). *The Politics of Inequality*, New York, Colombia University Press.

Thorne, S. (1997). « The conversion of Englishmen and the conversion of the world inseparable : Missionary imperialism and the language of class in early industrial Britain », dans F. Cooper et A. L. Stoler (dir.), *Tensions of Empire*, Berkeley, University of California Press, p. 238-262.

Thornhill, C. (2011). *A Sociology of Constitutions*, Cambridge, Cambridge University Press.

Tilly, C. (1964). *The Vendée*, Cambridge, Harvard University Press.

Tilly, C. (dir.) (1975). *The Formation of National States in Western Europe*, Princeton, Princeton University Press.

Tilly, C. (1981). *As Sociology Meets History*, New York, Academic Press.

Tilly, C. (1984). *Big Structures, Large Processes, Huge Comparisons*, New York, Russel Sage Foundation Publications.

Tilly, C. (1989). *The Contentious French*, Cambridge, Belknap Press.

Tilly, C. (1992). *Coercion, Capital, and European States, AD 990-1990*, Cambridge, Blackwell.

Tilly, C. (1995a). « Democracy is a lake », dans G. R. Andrews et H. Chapman (dir.), *The Social Construction of Democracy, 1870-1990*, New York, New York University Press, p. 365-385.

Tilly, C. (1995b). *Popular Contention in Great Britain, 1758-1834*, Cambridge, Harvard University Press.

Tilly, C. (1995c). *European Revolutions, 1492-1992*, Oxford, Blackwell.

Tilly, C. (1997a). « A primer on citizenship », *Theory and Society*, vol. 26, p. 599-602.

Tilly, C. (1997b). « How empires end », dans K. Barkey et M. Von Hagen (dir.), *After Empire : Multiethnic Societies and Nation-Building : The Soviet Union and the Russian, Ottoman, and Habsburg Empires*, Boulder et Oxford, Westview Press, p. 1-11.

Tilly, C. (1999). *Durable Inequality*, Berkeley, University of California Press.

Tilly, C. (2000). « La guerre et la construction de l'État en tant que crime organisé », *Politix*, vol. 13, n° 49, p. 97-117.

Tilly, C. (2003). *The Politics of Collective Violence*, Cambridge, Cambridge University Press.

Tilly, C. (2005a). *Trust and Rule*, Cambridge, Cambridge University Press.

Tilly, C. (2005b). *Identities, Boundaries and Social Ties*, Boulder, Paradigm.

Tilly, C. (2006a). *Regimes and Repertoires*, Chicago, Chicago University Press.

Tilly, C. (2006b). « Why and how history matters », dans C. Tilly et R. E. Goodin (dir.), *The Oxford Handbook of Contextual Political Analysis*, Oxford, Oxford University Press, p. 417-437.

Tilly, C. (2007). *Democracy*, Cambridge, Cambridge University Press.

Tilly, C. (2008). *Explaining Social Processes*, Boulder, Paradigm Publishers.

Tilly, C. et S. Tarrow (2008). *Politiques du Conflit*, Paris, Presses de la Fondation nationale des sciences politiques.

Tilly, L. A. et C. Tilly (dir.) (1981). *Class Conflict and Collective Action*, Londres, Sage Publications.

Tilly, L. A. et C. Tilly (1987). « Women's history and family history : Fruitful collaborations or missed connection ? », *Journal of Family History*, vol. 12, n° 1, p. 303-315.

Tomich, D. W. (2004). *Through the Prism of Slavery*, Oxford, Rowman and Littlefield.

Topolski, J. (1994). *The Manorial Economy in Early-Modern East-Central Europe*, Aldershot, Variorum.

Torpey, J. (2000). *The Invention of the Passport*, Cambridge, Cambridge University Press.

Touraine, A. (1969). *La société post-industrielle*, Paris, Denoël.

Traverso, E. (2002). *La violence nazie. Une généalogie européenne*, Paris, La Fabrique.

Traverso, E. (2011). *L'histoire comme champ de bataille*, Paris, La Découverte.

Tribe, K. (1995). *Strategies of Economic Order*, Cambridge, Cambridge University Press.

Trigger, B. (1992). *Les Indiens, la fourrure et les Blancs*, Montréal, Boréal.

Trivellato, F. *et al.* (2014). *Religion and Trade*, Oxford, Oxford University Press.

Troeltsch, E. (1991). *Protestantisme et modernité*, Paris, Gallimard.

Trotski, L. (1950). *Histoire de la Révolution russe*, Paris, Seuil.

Trotski, L. (1971). « Bonapartism, fascism and war », dans *The Struggle against Fascism in Germany*, New York, Pathfinder Press, p. 444-452.

Tully, J. (dir.) (1989). *Meaning and Context*, Princeton, Princeton University Press.

Turner, B. S. (2002). *From History to Modernity*, Londres, Routledge.

Tyrrell, I. (1991). « American exceptionalism in an age of international history », *American Historical Review*, vol. 96, n° 4, p. 1033-1038.

Vajda, M. (1976). « Fascism and bonapartism », *Fascism as a Mass Movement*, Londres, Allison & Busby, p. 93-104.

Valverde, M. (2008). *The Age of Light, Soap, and Water Moral Reform in English Canada, 1885-1925*, Toronto, University of Toronto Press.

Valverde, M. (2012). « Analyser les risques et la gestion du risque en dehors de l'opposition binaire entre tradition et modernité », dans D. Niget et M. Petitclerc (dir.), *Pour une histoire du risque : Québec, France, Belgique*, Québec et Rennes, Presses de l'Université du Québec et Presses universitaires de Rennes, p. 337-347.

Van der Linden, M. (2008). *Workers of the World*, Leyde, Brill.

Van der Pijls, K. (1984). *The Making of an Atlantic Ruling Class*, Londres, Verso.

Van der Pijls, K. (2007). *Nomads, Empires, States*, Londres, Pluto Press.

Van de Ven, H. (2002). «The onrush of modern globalization in China», dans A. G. Hopkins (dir.), *Globalization in World History*, Londres, Pimlico, p. 167-193.

Vega, J. A. (2003). «Enlightenment's differences, Today's identities», dans Q. Skinner et B. Strath (dir.), *States and Citizens. History, Theory and Prospects*, Cambridge, Cambridge University Press, p. 115-130.

Viau, R. (2013). *Du pain ou du sang*, Montréal, Les Presses de l'Université de Montréal.

Viau, R. (2015). *Amerindia. Essais d'ethnohistoire autochtone*, Montréal, Les Presses de l'Université de Montréal.

Vick, B. E. (2002). *The 1848 Frankfurt Parliamentarians and National Identity*, Cambridge, Harvard University Press.

Voet, R. (1998). *Feminism and Citizenship*, Londres, Sage.

Vogel, L. (2014). *Marxism and the Oppression of Women*, Chicago, Haymarket Books.

Von Clausewitz, C. (1955). *De la guerre*, Paris, Éditions de Minuit.

Voth, H. J., N. Voigtländer et S. Satyanath, (2013). *Bowling for fascism: Social capital and the rise of the Nazi Party*, Cambridge, National Bureau of Economic Research, Working Paper Series n° 19201, <http://papers.ssrn.com/sol3/papers.cfm?abstract_id=2284907>, consulté le 19 mai 2015.

Wahnich, S. (2010). *L'impossible citoyen. L'étranger dans le discours de la Révolution française*, Paris, Albin Michel.

Wakeman, F. Jr. (1998). «Boundaries of the public sphere in Ming and Qing China», *Daedalus*, vol. 127, n° 3, p. 167-189.

Walby, S. (2000). «La citoyenneté est-elle sexuée?» dans T.-H. Ballmer-Cao, V. Mottier et L. Sigier (dir.), *Genre et politique. Débats et perspectives*, Paris, Gallimard, p. 51-87.

Walker, K. L. (1999). *Chinese Modernity and the Peasant Path. Semicolonialism in the Northern Yangzi Delta*, Redwood City, Stanford University Press.

Wall, R., J. Rodin et P. Laslett (dir.) (1983). *Family Forms in Historic Europe*, Cambridge, Cambridge University Press.

Wallerstein, I. (1974). «The rise and future demise of the capitalist world-system: Concepts for comparative analysis», *Comparative Studies in Society and History*, vol. 26, n° 4, p. 387-415.

Wallerstein, I. (1980). *Le système du monde du xve siècle à nos jours. Capitalisme et économie-monde. 1450-1640*, Paris, Flammarion.

Wallerstein, I. (2000). «From sociology to historical social science: Prospects and obstacles», *British Journal of Sociology*, vol. 51, n° 1, p. 25-35.

Wallerstein, I. (2006). *European Universalism*, New York et Londres, The New Press.

Wallerstein, I. (2011a). *The Modern World System – 1. With a New Prologue*, Berkeley, California University Press.

Wallerstein, I. (2011b). *The Modern World System – 2. With a New Prologue*, Berkeley, California University Press.

Wallerstein, I. (2011c). *The Modern World System – 3. With a New Prologue*, Berkeley, California University Press.

Wallerstein, I. (2011d). *The Modern World System – 4. With a New Prologue*, Berkeley, California University Press.

Waltz, K. N. (1979). *Theory of International Politics*, New York, Random House.

Walzer, M. (1965). *Revolution and the Saints*, Cambridge, Harvard University Press.

Ward, K. (2009). *Networks of Empire*, New York, Cambridge University Press.

Weatherford, J. (2010). *Indian Givers*, New York, Three Rivers Press.

Weaver, J. C. (2003). *The Great Land Rush and the Making of the Modern World. 1650-1900*, Montréal et Kingston, McGill-Queen's University Press.

Weber, E. (1976). *Peasants into Frenchmen*, Redwood City, Stanford University Press.

Weber, M. (1963). *Le savant et le politique*, Paris, 10/18.

Weber, M. (1991). *Histoire économique*, Paris, Gallimard.

Weber, M. (1994). « The nation state and economic policy », dans P. Lassman et R. Speirs (dir.), *Weber. Political Writings*, Cambridge, Cambridge University Press, p. 1-28.

Weber, M. (1995a). *Économie et société – 1. Les catégories de la sociologie*, Paris, Pocket.

Weber, M. (1995b). *Économie et société – 2. L'organisation et les puissances de la société dans leur rapport avec l'économie*, Paris, Pocket.

Weber, M. (2001). *Économie et société dans l'Antiquité*, Paris, La Découverte.

Weber, M. (2010). *Le judaïsme antique*, Paris, Flammarion.

Weber, M. (2013). *La domination*, Paris, La Découverte.

Weiss, L. (1998). *The Myth of the Powerless State*, Ithaca, Cornell University Press.

Wellings, B. (2002). « Empire-nation : National and imperial discourses in England », *Nations and Nationalism*, vol. 8, n° 1, p. 95-109.

Wells, D. (1982). « Resurrecting the dismal parson : Malthus, ecology, and political thought », *Political Studies*, vol. 30, n° 1, p. 1-15.

Werner, M. et B. Zimmermann (2003). « Penser l'histoire croisée : entre empirie et réflexivité », *Annales, histoire, sciences sociales*, vol. 58, n° 1, p. 7-36.

Whimster, S. et S. Lash (dir.) (1987). *Max Weber, Rationality and Modernity*, Londres, Allen & Unwin.

Williams, E. (1994 [1944]). *Capitalism and Slavery*, New York, Russel & Russel.

Williams, R. (1980). *Problems in Materialism and Culture*, Londres, Verso.

Wilson, p. H. (2000). *Absolutism in Central Europe*, Londres et New York, Routledge.

Wimmer, A. (2009). « Herder's heritage and the boundary-making approach : Studying ethnicity in immigrant societies », *Sociological Theory*, vol. 27, n° 3, p. 244-270.

Wimmer, A. (2012). *Ethnic Boundary Making*, Oxford, Oxford University Press.

Wimmer, A. (2013). *Waves of War*, Cambridge, Cambridge University Press.

Wimmer, A. et N. Glick Schiller (2002). « Methodological nationalism and beyond : Nation-state building, migration and the social sciences », *Global Networks*. vol. 4, n° 2, p. 301-334.

Winter, E. (2004). *Max Weber et les relations ethniques*, Québec, Les Presses de l'Université Laval.

Wittfogel, K. (1957). *Oriental Despotism*, New Haven, Yale University Press.

Wohlforth, W. C. *et al.* (2007). « Testing balance-of-power theory in world history », *European Journal of International Relations*, vol. 13, n° 2, p. 155-185.

Wolf, E. R. (1997). *Europe and the People without History*, Los Angeles, University of California Press.

Wong, R. B. (1997). *China Transformed*, Ithaca, Cornell University Press.

Wood, E. M. (1991). *The Pristine Culture of Capitalism*, Londres et New York, Verso.

Wood, E. M. (1995a). *Democracy against Capitalism*, Cambridge, Cambridge University Press.

Wood, E. M. (1995b). « Rational action marxism : Is the game worth the candle ? (with a postscript 1994) », dans T. Carver et P. Thomas (dir.), *Rational Choice Marxism*, Philadelphie, The Pennsylvania University Press, p. 79-135.

Wood, E. M. (1998). *The Retreat from Class*, Londres et New York, Verso.

Wood, E. M. (2002a). *The Origins of Capitalism. A Longer View*, Londres et New York, Verso.

Wood, E. M. (2002b). « The question of market dependence », *Journal of Agrarian Change*, vol. 2, n° 1, p. 50-87.

Wood, E. M. (2003). *Empire of Capital*, Londres et New York, Verso.

Wood, E. M. (2008). *Citizens to Lords*, Londres et New York, Verso.

Wood, E. M. (2012). *Liberty and Property*, Londres et New York, Verso.

Wood, E. M. et N. Wood (1997). *A Trumpet of Sedition*, New York, New York University Press.

Wright, E. O. (1979). *Class, Crisis and the State*, Londres et New York, Verso.

Wright, E. O. (1995). « What is analytical marxism ? », dans T. Carver et P. Thomas (dir.), *Rational Choice Marxism*, Philadelphie, The Pennsylvania University Press, p. 11-30.

Wright, E. O. (1997a). *Class Counts*, Cambridge, Cambridge University Press.

Wright, E. O. (1997b). *Classes*, Londres et New York, Verso.

Wright, E. O. (dir.) (2005). *Approaches to Class Analysis*, Cambridge, Cambridge University Press.

Wright, E. O. (2009). « Understanding class. Toward an integrated analytical approach », *New Left Review*, vol. 60, p. 101-116.

Wright Mills, C. (1967). *L'imagination sociologique*, Paris, Maspero.

Wrigley, A. E. (1988). *Continuity, Chance and Change*, Cambridge, Cambridge University Press.

Young, B. (1994). *The Politics of Codification: The Lower Canadian Civil Code of 1866*, Montréal et Kingston, McGill-Queen's University Press.

Young, I. M. (2004). « Five faces of oppression », dans L. Heldke et P. O'Connor (dir.), *Oppression, Privilege and Resistance*, Boston, McGraw-Hill, p. 37-63.

Young, R. J. C. (2001). *Postcolonialism*, Oxford, Blackwell.

Yuval-Davis, N. (1997). *Gender and Nation*, Londres, Sage.

Zagorin, P. (1954). *A History of Political Thought in the English Revolution*, New York, Routledge.

Zaret, D. (1993). « Religion, science, and printing in the public spheres in seventeenth-century England », dans C. Calhoun (dir.), *Habermas and the Public Sphere*, Boston, MIT Press, p. 212-235.

Zeitlin, I. M. (2001). *Ideology and the Development of Sociological Theory* (7e édition), Upper Saddle River, Prentice Hall.

Zemon Davis, N. (1977). « Ghosts, kin and progeny: Some features of family life in early modern France », *Daedalus*, vol. 106, n° 2, p. 87-114.

Ziblatt, D. (2008). *Structuring the State*, Princeton, Princeton University Press.

Zimmerman, A. (2013). « German sociology and empire: From internal colonization to overseas colonization and back again », dans G. Steinmetz (dir.), *Sociology and Empire. The Imperial Entanglements of a Discipline*, Durham, Duke University Press, p. 166-187.

Žmolek, M. A. (2013). *Rethinking the Industrial Revolution*, Leyde, Brill.

Zolberg, A. R. (1981). « International migrations in political perspective », dans M. M. Kritz *et al.* (dir.), *Global Trends in Migration: Theory and Research on International Population Movements*, New York, Center for Migration Studies, p. 3-27.

Zolberg, A. R. (1983). « Are the industrial countries under siege? », dans G. Luciani (dir.), *Migration Policies in Europe and the United States*, Dordrecht, Kluwer Academic Publishers, p. 53-81.

 **Directeur de collection**
Alain-G. Gagnon

MIXTE
Papier issu de
sources responsables
FSC FSC® C100212
www.fsc.org

Achevé d'imprimer
sur les presses de l'imprimerie Gauvin,
Gatineau, Québec, Canada